KB048775

■ 국내 최신판 · 완벽한 사진 해설!

# 정통 배드민턴

太乙出版社

# 배드민턴이야말로 범국민적 건강 스포츠

◀다이내믹한 점프! 보다 높이, 보다 빨리 공을 잡지 않으면 안 된다. 마치 새가 된 듯한 점프야말로 승리에의 지름길이다.

◀격렬한 되받아 치기가 어느 쪽인가가 포인트를 얻을 때까지 계속됨. 바로 배드민턴이라는 것은, 네트를 끼고 대결하는 격투기라고도 할 수 있을 것이다. 최대의 무기는 투쟁심이다. 지킨다! 우선 자기 코트를 확실히 지키는 것이다. 상대가 쳐오는 어떤 공도 계속 달려서 건져 내는 것이다. 그리고 친다!

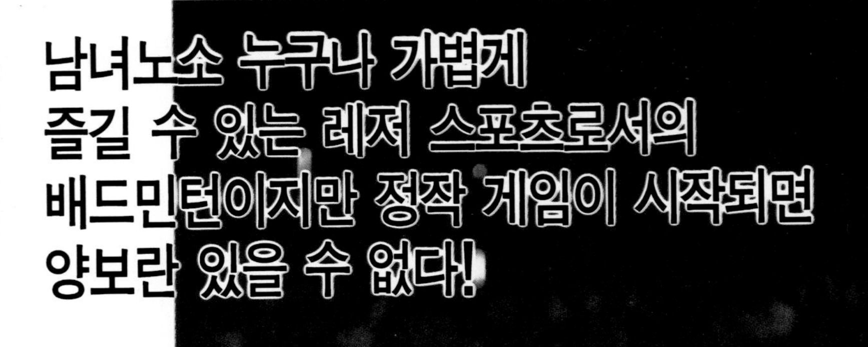

▲자신의 플레이에 자신을 갖자. 과감함이 배드민턴의 정신인 것이다.

◀서비스부터 게임이 시작된다. 집중력은 여기부터 시작이다.

□언제 어디서나, 남녀노소 즐길 수 있는

# 정통 배드민턴

# BADMINTON

현대레저연구회 편

太乙出版社

□머리말

# 배드민턴에 관심을 갖는 독자에게

배드민턴은 그 탄생지 영국에서는 이미 110년 이상 오래전부터 행해져 왔다.

한국에서는 시작된 지 얼마 안 되었고, 1957년에 대한 배드민턴 협회가 창립되고 부터 급격히 보급되기 시작했다.

배드민턴에서 사용하는 셔틀콕(깃털공)은 독특한 구조상 델리케이트한 라켓 다루기에 따라서 클리어, 스매시, 드롭, 네트 샷 등으로 공중을 나는 작은 새와 같이 변화무쌍하게 난다. 이런 기초적인 기술을 몸에 익혀서 게임을 하면 금방 배드민턴 특유의 매력에 빠지게 될 것이다.

지금부터 배드민턴을 시작하려고 하는 사람은 물론이고 어느 정도의 경험을 가진 사람도 자기 방식에만 의지하지 말고 확실하게 기초 기술을 몸에 익히면 한층 더 숙달된 플레이어가 될 수 있다.

이 책은 초보자도 이해하기 쉽도록 사진이나 그림을 많이 넣어서 설명하였고 될 수 있는 한 간단명료하게 하였다. 한 사람이라도 배드민턴에 대한 이해를 깊게 하고 배드민턴 특유의 매력을 맛볼 수 있다면 애호가의 한 사람으로서 더이상 말할 수 없는 기쁨이 되겠다.

# 정통 배드민턴

***차 례***

□머리말 / 배드민턴에 관심을 갖는 독자에게 ······ 11

## 제1부 배드민턴의 기초 지식

**제1장 / 배드민턴이라는 것은 ······ 23**

1. 배드민턴의 특색 ······ 24
2. 배드민턴의 역사 ······ 27

**제2장/시설과 용구 ······ 33**

1. 배드민턴 경기장의 시설 ······ 34
2. 용구 ······ 41

**제3장/경기 방법 ······ 49**

1. 경기 종목 ······ 50
2. 시합의 승패 결정법 ······ 50
3. 반칙(Fault) ······ 56
4. 게임의 구체적인 진행법 ······ 64

**제4장/실기를 시작하기 전에** ······ 79
1. 스트로크(Stroke) ······ 80
2. 플라이트(Flight)의 분류 ······ 83
3. 서비스(Service)의 분류 ······ 87

**제5장/실기편—기본 스트로크** ······ 89
1. 라켓을 쥐는 방법 ······ 90
2. 스트로크의 기본적 요령 ······ 96
3. 오버 헤드 스트로크 ······ 97
4. 라운드 더 헤드 스트로크 ······ 106
5. 언더 핸드 스트로크 ······ 110
6. 네트 스트로크 ······ 115
7. 사이드 암 스트로크 ······ 119

**제6장/실기편—풋 워크** ······ 123
1. 풋 워크의 요점 ······ 124
2. 풋 워크의 기본적인 스텝 ······ 125
3. 코트 이용의 기본적 요령 ······ 128

**제7장/실기편—서비스와 리시브** ······ 135
1. 서비스 ······ 136

2. 서비스 리시브(Service receive) …… 148

**제8장/실기편—기초 기술의 연습 …… 153**
1. 스트로크의 연습 …… 154
2. 풋 워크의 연습 …… 172
3. 기초 체력의 양성 …… 177

**제9장/시합 중의 작전 요점 …… 179**
1. 각종 스트로크의 사용법 …… 180
2. 작전의 요점 …… 184
3. 더블스의 포메이션 …… 186

## 제2부 배드민턴의 고급 기술

**제1장 / 배드민턴은 즐거운 게임이다 …… 193**
1. 배드민턴은 누구나 즐길 수 있는 가벼운 스포츠이다 …… 194
2. 자신에게 알맞는 라켓을 고르는 것이 실력을 빨리 향상시킬 수 있다 …… 196
3. 그립 사이즈, 무게, 밸런스가 라켓의 개성을 결정한다 …… 199
4. 셔틀콕의 속도는 시속 250km, 고속 전철보다 빠르다 …… 202

5. 스트링, 슈즈, 웨어 등 필요한 것을 준비하자 ........ 204
6. 싱글스와 더블스를 병용하는 코트 ........ 207
7. 초보자가 범하기 쉬운 오버 웨이스트와 오버 핸드 ........ 209
8. 랠리 중의 폴트에는 거듭거듭 정신을 차리자 ........ 213
9. 세팅은 배드민턴 특유의 연장전 ........ 216
10. 서비스를 가진 쪽이 이겼을 때에만 포인트가 가산되어 간다 ........ 219
11. 서버가 득점을 계속하는 한, 우측 좌측으로 순서대로 위치를 바꾼다 ........ 222
12. 더블스에서는 서비스와 리시브의 진행을 알기 어렵다 ........ 225

**제2장/대담하게 코트로 뛰쳐나가자 ........ 229**
1. 코트에 들어가기 전에 준비 운동을 꼭 하자 ........ 230
2. 먼저, 라켓과 셔틀콕에 빨리 익숙해지는 것이 중요하다 ........ 232
3. 엄지와 검지가 만드는 V자 형이 그립을 쥐는 법의 기준이 된다 ........ 235
4. 몸의 위치와 치는 높이에 의해서 스트로크는 분류된다 ........ 239
5. 여러 가지의 플라이트가 배드민턴을 극적으로 장식한다 ........ 244

**제3장/자, 힘있게 스윙해 보자 ........ 249**
1. 몸 전체를 잘 이용하여 바른 스윙을 익힌다 ........ 250

2. 네트의 정면을 향해 긴장을 풀고 겨눈다 ........ 255
3. 배드민턴에서 가장 많이 사용하고 있는 것은 오버 헤드 스트로크이다 ........ 257
4. 셔틀콕의 낙하 지점에 재빨리 움직이고 확실하게 백 스윙을 한다 ........ 260
5. 드롭에서는 임팩트할 때 손목을 그다지 쓰지 않는다 ........ 267
6. 커트는 라켓을 오른쪽 위에서부터 왼쪽 아래로 각도를 붙여 꺾어 내린다 ........ 270
7. 백 핸드를 잘 하기 위해서는 빨리 익숙해져야 한다 ........ 272
8. 포 핸드로 돌아왔다면 상체를 대담하게 젖혀서 친다 ........ 276
9. 오른발을 앞으로 내면 높은 타점에서 공을 칠 수 있다 ........ 279
10. 강렬한 손목의 반동으로 공을 건져 올린다 ........ 286
11. 네트 샷에는 푸시와 헤어핀이 있다 ........ 291

**제4장/서비스 앤드 리시브는 게임의 가장 중요한 대목이다 ........ 299**

1. 서비스는 상황에 대응하여 롱과 쇼오트로 나누어 사용하자 300
2. 배드민턴의 서비스는 방어적 요소가 강하다 ........ 303
3. 안정된 서비스를 치는 데는 타점을 일정하게 유지하는 것이 중요하다 ........ 306
4. 서둘러서 치면 필요없는 힘이 들어가서 몸이 딱딱해지고 만다

……………………………………………………………………………… 309
5. 임팩트면을 60도로 유지하면 셔틀콕은 깊게 높이 날아간다 … 312
6. 쇼오트 서비스는 스피드보다 컨트롤을 중시한다 ………………… 317
7. 리시버를 크게 당혹하게 하는 백 핸드 서비스 ……………………… 321
8. 리시브는 에이스를 노릴 작정으로 적극적으로 치자 …………… 323
9. 리시브의 패턴을 단단히 머리에 넣어 두자……………………… 325
10. 될 수 있으면 포핸드로 리시브할 수 있도록 위치를 정한다 328

**제5장/이기기 위한 전법을 마스터하자** ……………………………… 333
1. 발의 이동은 왼발을 축으로 해서 오른발을 앞으로 내는 것이 원칙이다……………………………………………………………… 334
2. 최초의 한 발은 작게, 그 후는 유연하게 최단 거리를 이동한다 ……………………………………………………………………………… 337
3. 양 발의 위치 관계를 바꾸지 않고, 이동할 수 있는 샤세 ……… 340
4. 4개 코너의 대각선 교차점이 홈 포지션의 기준이 된다………… 342
5. 코트의 구석을 정성껏 공격하여 상대의 페이스를 흐트린다 … 346
6. 상대를 후방에 고정시켜서 헤어핀을 치면 효과적이다 ………… 348
7. 포메이션에는 두 사람이 옆으로 나란히 하는 형과 앞뒤로 나란히 하는 형이 있다 …………………………………………………… 351
8. '쳐올린다'는 스트로크보다 '쳐내린다'는 스매시를 노린다 …… 356
9. 남녀의 콤비네이션이 가장 중요한 혼합 더블스 ………………… 358

**제6장/효과적인 연습이야말로 잘하는 비결이다** 361
1. 초보의 연습에서는 주어진 공을 정확하게 반구할 것 362
2. 두 사람이 1대 1이 되어서 같은 스트로크를 연속해서 되받아 친다 366
3. 싱글스와 더블스로 나누어서 실전적인 연습을 쌓자 369

**제3부 배드민턴의 숙달 훈련**

1. 라켓에 익숙해지자 379
2. 셔틀콕에 익숙해지자 386
3. 풋 워크를 연습하자 395
4. 서비스를 쳐보자 407
5. 서비스를 리시브하자 417
6. 치는 방법을 연습하기 전에 426
7. 클리어를 연습하자 438
8. 드라이브를 연습하자 451
9. 스매시를 연습하자 460
10. 스매시의 반구를 연습하자 475
11. 푸시를 연습하자 486
12. 드롭을 연습하자 494

13. 드롭의 반구를 연습하자 ........................ 503
14. 로브를 연습하자 ........................ 508
15. 헤어핀을 연습하자 ........................ 514
16. 종합적인 연습을 하자 ........................ 522
17. 더블스를 연습하자 ........................ 536

부록(1) 심판원의 마음가짐 ........................ 543

부록(2) 콜하는 법 ........................ 561

부록(3) 배드민턴의 용어 해설 ........................ 567

# 제1부

# 배드민턴의 기초 지식

# 제 1 장

## 배드민턴이라는 것은

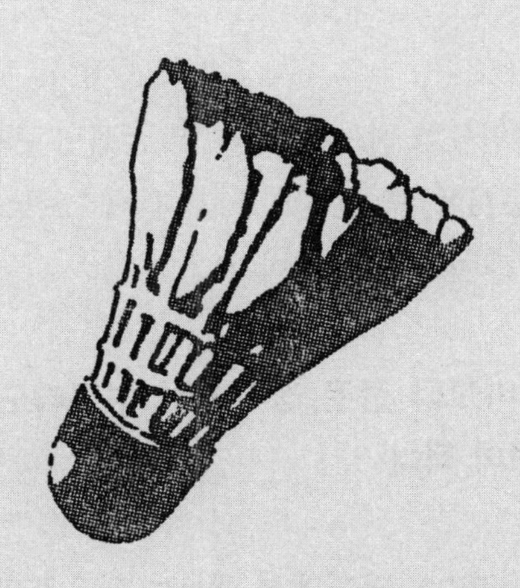

# 1. 배드민턴의 특색

배드민턴은 일반인들이 레크레이션으로 손쉽게 즐길 수 있는 운동 종목의 하나임과 동시에, 또 한편으로 근대 스포츠로서 고도의 기술과 체력을 필요로 하는 운동 경기이다.

## □배드민턴은 비교적 좁은 장소에서 누구라도 손쉽게 행할 수 있고 또 위험성이 적다

배드민턴의 공식 경기는 옥내에서 행하는 것으로 되어 있다. 그러나 일반인들이 레크레이션으로 행하는 경우는 바람만 없다면 옥외에서도 그런대로 즐겁게 할 수 있다. 원래 배드민턴 탄생의 유래가 된 푸나 게임이 인도에서 행해졌을 때는 옥외 게임이었다고 한다.

장소는 길이 13.4m, 폭6.1m의 코트로 비교적 좁은 공간이 있으면 된다.

또 용구도 가벼운 라켓과 셔틀콕, 거기에 네트를 준비하기만 하면 되기 때문에 학교는 물론 회사나 가정, 혹은 교회의 소풍 등에서도 누구나 손쉽게 행할 수 있다.

게다가 네트를 사이에 두고 게임을 하므로 위험성이 거의 없고 안심하고 즐겁게 할 수 있다.

## □배드민턴은 레크레이션으로써 적합한 운동량이다

일반인들이 순백색의 셔틀콕을 쫓고 코트를 돌아다니기에 적당한 운동량이며 단순히 신체적인 면만이 아니고, 정신적인 면에서도 좋은 효과를 준다.

## □배드민턴은 근대 스포츠로서 고도의 즐거움을 가지고 있다

숙련된 플레이어에 의해 맞은 셔틀콕은 그 델리케이트한 라켓 다루기에 따라서 수 미터의 높은 곳에서 상대 코트의 후방 끝으로 바닥에 빨려 들듯이 수직 강하하는 하이 클리어, 혹은 네트를 따라서 기어오르고 1번 네트 위에 걸터 앉듯이 한 후 흔들거리며 상대 코트에 낙하하는 네트 샷, 또 맹렬한 스피드로 코트면에 푹 박히는 듯한 예리한 스매시 등 정말 변화 무쌍하게 날아간다. 이 나는 새와도 같은 셔틀콕을 쫓아서 달릴 때에는 순식간에 맥박이 상승하고 호흡은 거칠어져서 예상 외의 코트 넓이에 무의식 중에 눈을 의심하고 싶어지는 느낌이다.

일류의 플레이어가 스매시 했을 때의 셔틀콕의 초속은 시속 250 km 이상이나 되고 또 1시합의 달리는 거리는 축구 시합에서 포워드가 달리는 거리에 필적하는 일도 있다고 한다.

이와 같은 배드민턴 플레이어로서 진수를 터득하기 위해서는 매일 끊임없는 노력이 필요함과 동시에 그 하나하나의 기술을 정확하게 마스터해 가야 한다.

# 2. 배드민턴의 역사

## □배드민턴의 기원

배드민턴은 일종의 깃털치기 게임이 근대 스포츠화 되어진 것이다.

배드민턴과 비슷한 게임으로서 일본에는 '오이바네'(배드민턴과 비슷한 아이들의 설 놀이)가 상당히 오래전부터 행해지고 있었다. 기록에 의하면 1685년경 여자의 유희로 행해지기 시작하여 1720년대에는 남자도 섞여서 어른의 놀이로 행해지게 되었다. 그러나 그 후는 주로 여자가 집안에서 노는 놀이가 되어 정월 풍경의 하나가 되었다고 한다.

또 중국에서도 그 옛날 '배틀둘 올'이라고 불리는 유희가 성하게 행해지고 있었고, 그 방법은 장식이 붙은 1개의 볼을 작은 판자로 서로 치고 받는 것으로 볼은 현재의 셔틀콕과 같은 비행을 했다고 한다.

영국 왕실 기록 중에 12세기경 이미 배드민턴과 관계가 있는 몇 가지의 기록이 보이고, 18세기 초 유럽의 그림에 라켓과 셔틀콕을 쥔 초상화를 볼 수 있고, 그 당시 배드민턴이 이미 영국이나 유럽에서 행해지고 있었다는 설도 있다.

이와 같이 배드민턴과 비슷한 게임은 꽤 오래전 부터 세계의 각지에서 행해지고 있었던 것 같으나 배드민턴이 탄생한 직접적인 유인으로 된 것은 인도에서 행해지고 있던 '푸나 게임(Poona game)'이라고 전해지고 있다.

푸나 게임은 1820년대에 인도의 봄베이 주에 있는 푸나라고 하는 마을에서 처음 행해지면서부터 서서히 인도 전역으로 보급된 것으로, 게임의 명칭도 그것이 처음 행해진 마을의 이름을 딴 것이라고 한다. 또 이 푸나 게임을 별칭으로 인디안 게임(Indian game)이라고도 불렀다.

이 푸나 게임이 영국에 전해지면서 배드민턴이라고 명칭을 바꾸고 근대 스포츠로서 훌륭히 성장한 것이다.

푸나 게임이 언제쯤 영국에 전해졌는가에 대해서는,

"1844년 영국 군인에 의하여 영국의 바스(지명)에 전해지고 거기서 푸나 클럽이 설립되었으나, 그 후 보포트령 그로스터 주의 배드민턴 사람들에게 애호되어 게임의 이름도 배드민턴으로 고치게 되었다."

는 설이 있고 또 한 쪽에서는,

"배드민턴은 영국에서는 1873년경에 처음으로 게임이 행해진 것 같다. 배드민턴이라는 명칭은 영국 그로스터 주(Gloucester shire)의 보포트 공작(Duke of Beaufort)의 저택의 이름에서 딴 것이다."

라는 설이 있다. 거기다 또,

"873년 어느날 그로스터 주의 보포트 공작의 저택 배드민턴 별장에서 평상시와 같이 파티가 열렸을 때 인도에서 돌아온 육군 사관이 푸나 게임을 소개하여 샴페인의 코르크 마개에 구멍을 내어 새의 깃털을 꽂아서 즉석에서 셔틀콕을 만들어 테니스 라켓으로 치고받기를 했던 것이 그 시작이다."

라는 설과 그외의 설이 있고 명백하지 않은 점도 있지만 지금까지 배드민턴에 대한 정설은 셋으로 요약된다.

① 푸나 게임은 영국 육군 사관에 의해서 영국 본토에 전해졌다.

② 영국에서 이 게임이 최초로 행해진 것은 1873년경이다.

③ 영국에서는 그로스터 주의 영주 보포트 공작이 이 게임에 아주 열심이어서 게임의 방법도 점차 다듬어져 갔고 게임의 명칭도 그의 저택의 이름에 연유하여 배드민턴이라고 불려지게 되었다.

보포트 경의 저택 '배드민턴'에서는 정기적으로 게임이 행해졌다고도 하며 아주 성대하게 그리고 적극적으로 행해진 것 같다.

그 당시의 배드민턴은 귀족의 게임으로서 아주 매너가 엄격하고 높은 컬러가 붙은 셔츠에 상의를 말쑥하게 입고 실크 모자를 쓰고 복장을 바르게 하여 게임을 했다고 한다.

## □영국에서의 보급과 발달

배드민턴 저택을 중심으로 행해졌던 이 게임은 그 후 차츰 영국 본토에 보급되어 1893년에는 영국 배드민턴 협회(Badminton Association of England)가 창설되어 경기 규칙이 통일(1887년에 바스 배드민턴 클럽이 만들었던 규칙과 1876년의 푸나 규칙에 기준하여 새로운 경기 규칙이 만들어 졌다)되었고 기술적으로도 상당히 진보했다.

이 영국 배드민턴 협회는 전국적 규모의 협회로서 세계에서 가장 오래된 것이며, 그 후 배드민턴의 보급에 따라 1899년에는 아일랜드 배드민턴 연맹이 1911년에는 스코틀랜드 배드민턴 연맹이 각각 독립하여 연맹을 설립했다.

1899년에는 제1회 전영 선수권 대회가 런던에서 개최되어 남자 더블스, 여자 더블스, 혼합 더블스의 시합이 행해졌다.

다음 해 1900년에는 남녀의 싱글스 시합이 추가되어 배드민턴의 보급 발달에 한층 박차를 가하는 결과가 되었다.

그 이래 전영 선수권 대회는 제1차 세계대전, 또는 제2차 세계대전 때문에 중단된 이외는 현재까지 계속해서 매년 개최되고 있고 세계 제일선의 플레이어가 참가하여 개인전에 있어서 사실상 왕좌 결정전으로 불리어 그 성황은 유명한 윔블던 테니스 대회에도 필적한다고 한다.

## □세계적 발전

영국 전역에 걸쳐서 보급된 배드민턴은 거듭 바다를 넘어서 유럽 대륙, 아메리카 대륙, 그외의 세계 각국에 전해져서 특히 제1차 세계 대전이 끝난 1918년경부터는 세계적으로 눈부신 보급 발전을 나타내었다. 1934년에는 국제 배드민턴 연맹(International Badminton Federation= I.B.F)이 결성되어 현재 우리 나라를 비롯하여 많은 나라들이 가맹하고 있다.

### 세계 선수권 대회(토마스 컵 · 유버 컵 대회)

1902년에 잉글랜드 대 아일랜드의 공식 대항 시합이 행해지면서부터 유럽 각국 사이에서 점차로 국제 시합이 행해지게 되었다.

1939년에는 '국제 배드민턴 경기 규칙'이 제정되었고 또 세계 선수권 대회를 위하여 이른바 토마스 컵이 기증되는 등 세계적인 규모의 대회 준비가 착착 진행되었으나 그 실현은 제2차 세계대전의 영향도 있어서 상당히 늦어져 1948년의 제1회 세계 남자 선수권 대회부터 개시되었다.

### 세계 남자 배드민턴 선수권 대회

토마스 컵을 걸고 행해지는 나라 별 대항의 세계 남자 선수권 대회이다.

토마스 컵　　　　유버 컵

대회의 방법은 세계를 4개의 지역 즉, 유럽 존 (European Zone), 아메리카 존(American Zone), 아시아 존(Asian Zone), 오스트레일리아 존(Australasian Zone)으로 나누어 먼저 각자의 존에서 예선전을 행하고 난 다음, 그 대표팀에 대회 개최국과 전회 우승팀이 합세하여 결승 대회를 행한다.

최초는 4년마다 개최되고 있었으나 1948년 규정개정에 의해서 현재는 3년마다 개최되고 있다.

### 토마스 컵(Thomas Cup)

세계 남자 선수권 대회의 우승팀에 주어지는 컵으로서 국제 배드민턴 연맹의 초대 회장 죠지 토마스 경이 1939년에 기증한 것이다.

# 제 2 장

# 시설과 용구

# 1.
# 배드민턴 경기장의 시설

## □코트(court)

① 정식 코트는 싱글스 코트와 더블스 코트를 갖춘 병용 코트를 만들도록 되어 있다.(그림1 참조)

② 만일 장소 관계로 정식 코트를 만들 만큼 여유가 없는 경우는 싱글스 코트를 만들고 이 코트에서 더블스 게임을 해도 괜찮다.

이 경우, 백 바운더리 라인은 더블스의 롱 서비스 라인을 겸하는 것이 된다.(그림2 참조)

③ 정식으로 더블스 전용의 코트는 없지만 이해하기 쉽도록 참고로만 나타내면 그림3과 같이 된다.

④ 코트는 중앙에 친 네트로 자기 코트와 상대방 코트로 이등분

그림1. 정식 코트(싱글스, 더블스 병용 코트)

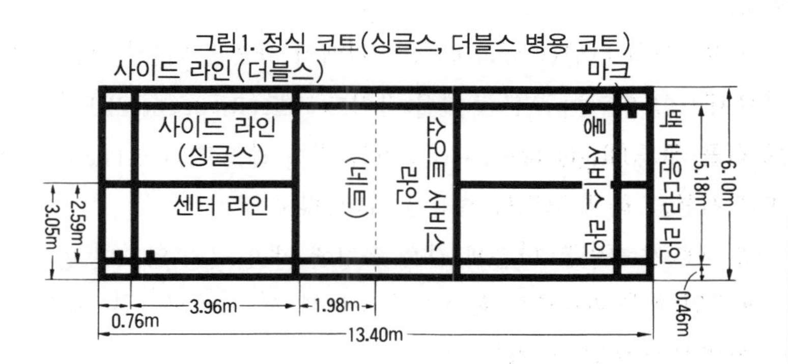


그림2. 싱글스 코트(굵은선 부분)

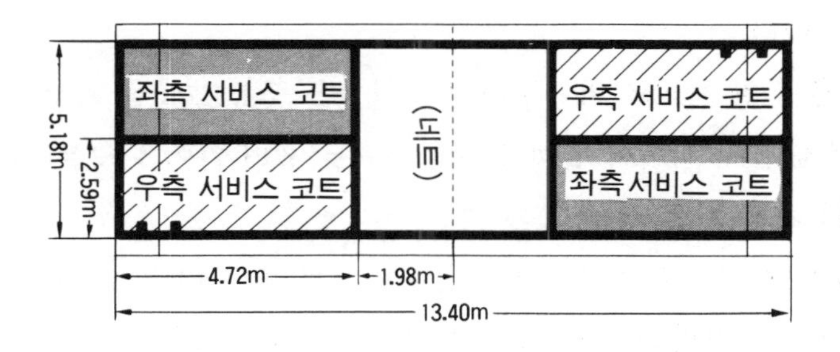


그림3. 더블스 코트(굵은선 부분)
정식으로는 더블스 전용의 코트를 만들어야만 하는 것이
아니지만, 참고로 표시한다.

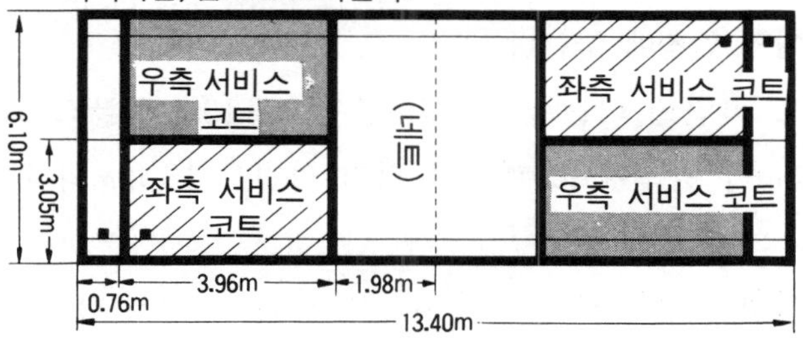

된다.

⑤ 또, 센터 라인(Center line)에 의해서 좌우로 이등분 되어 있고 각각 네트를 향하여 오른쪽 반을 라이트 코트(Right court) 또는 라이트 하프 코트(Right half court), 왼쪽 반을 레프트 코트(Left court) 또는 레프트 하프 코트(Left half court)라고 한다.

⑥ 코트의 라인은 다음과 같은 규정에 따라 긋지 않으면 안 된다.

• 라인 폭은 4cm로서 흰색이나 노란색, 또는 바닥이나 다른 라인이 확실히 구별될 수 있는 색으로 긋는다.

• 센터 라인의 폭은 좌우의 서비스 코트에 의해서 평등하게 분할되도록 긋는다.

즉, 최초에 양 사이드 라인부터의 중심선을 긋고 그것을 기준으로 해서 좌우로 2cm 재어서 합계 4cm의 폭으로 센터 라인을 긋는 것이다.(그림4 참조)

• 쇼오트 서비스 라인(Short Service line)과 롱 서비스 라인(Long Service line)은 서비스 코트의 규정 길이 3.96m의 안쪽으로 긋는다.(그림5 참조)

• 사이드 라인(Side line)과 백 바운더리 라인(Back boundary line)은 규정 길이의 안쪽에 긋는다.

즉, 사이드 라인은 더블스 코트의 경우는 6.10m 싱글스 코트의 경우는 5.18m의 안쪽에 또 백 바운더리 라인은 13.40m의 안쪽에 긋는다.

이 결과 라인은 전부 코트의 안쪽에 포함되는 것이 된다.

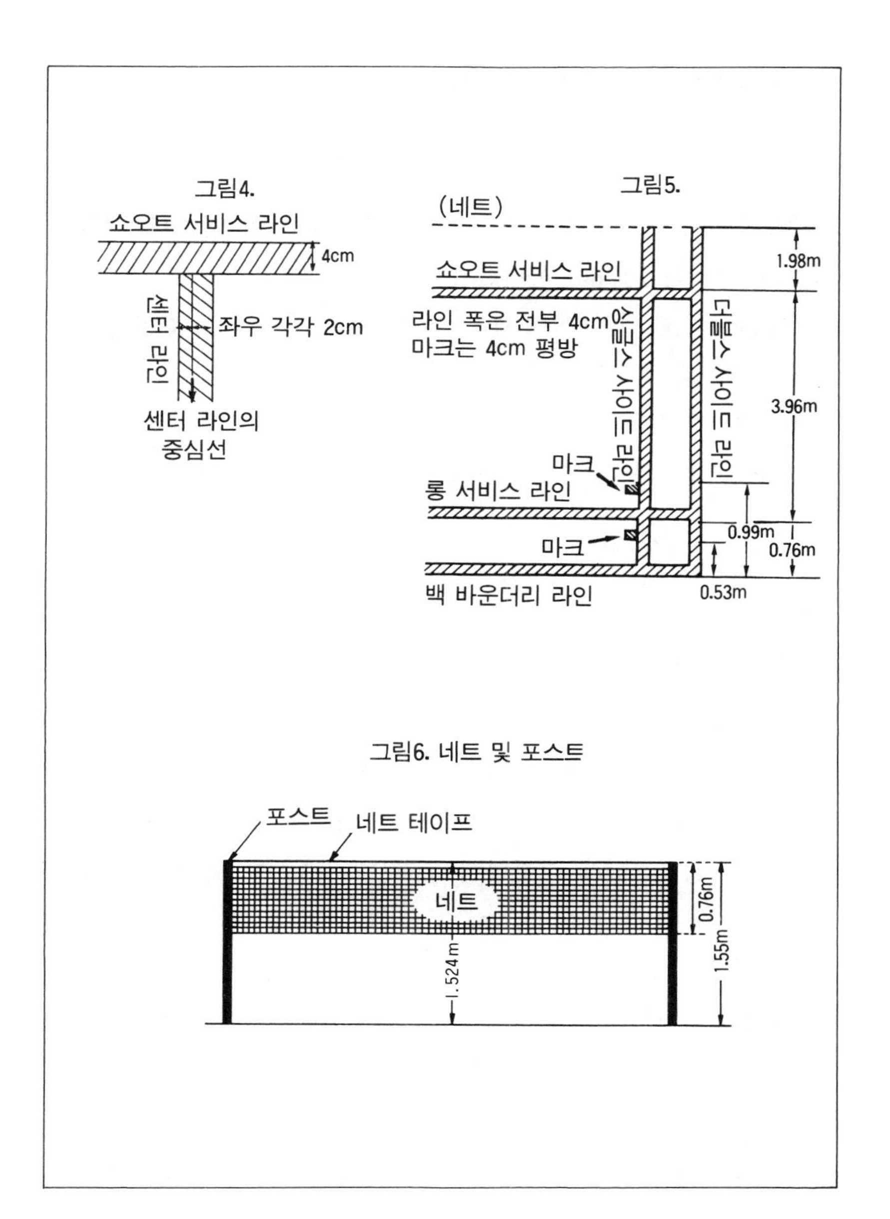
그림4.
쇼오트 서비스 라인
4cm
센터 라인
좌우 각각 2cm
센터 라인의
중심선
그림5.
(네트)
쇼오트 서비스 라인
1.98m
라인 폭은 전부 4cm
마크는 4cm 평방
싱글스 사이드 라인
더블스 사이드 라인
3.96m
마크
롱 서비스 라인
0.99m
0.76m
마크
백 바운더리 라인
0.53m
그림6. 네트 및 포스트
포스트
네트 테이프
네트
0.76m
1.524m
1.55m

## □네트(Net) 및 포스트(Post)

### 네트

네트 1.5~2.0cm 평방의 그물코로서 가느다란 검은색 실로 만들어져 있고 길이는 76cm가 아니면 안 된다.

또 7.5cm의 흰 헝겊(네트 테이프=Net tape)을 반으로 접어서 네트 위의 가장자리에 붙인다.

네트의 높이는 중앙 부분에서 바닥으로부터 1.524m, 포스트(네트를 치는 지주) 부분에서 1.55m로 되도록 단단하게 친다.(그림6 참조)

### 포스트

포스트는 1.55cm 높이의 것을 사이드 라인(정식 코트의 경우는 더블스 코트의 사이드 라인)의 위에 수직으로 세운다.

만일 사이드 라인의 위에 튼튼한 포스트를 세울 수 없는 경우에는 사이드 라인의 위치를 나타내기 위하여 포스트 또는 4.0cm의 얇은 흰띠를 사이드 라인에 고정하여 수직으로 세우지 않으면 안 된다.

### 코트의 설치 조건

코트를 설치하는 장소는 정식 경기 대회에서는 옥내에 설치하는 것으로 되어 있으나 그 외의 경우는 옥내에서나 옥외에서나 상관없다.

그러나 셔틀콕은 그 독특한 구조상 공기 저항에 민감하고 조그만 바람에도 바른 비행이 방해받기 쉽다.

이것은 배드민턴의 약점인 반면 공기 저항에 대한 셔틀콕의 델리케이트한 반응이 배드민턴 게임의 특징이며 또 게임의 재미를 증대시키고 있는 요인이기 때문에 될 수 있는 대로 바람의 영향이 적은 장소를 골라서 코트를 설치하는 것이 바람직하다.

### 옥외에 코트를 설치하는 경우

주위가 높은 건물 등으로 둘러싸여 있고 될 수 있는 한 바람의 영향이 적은 장소를 골라서 코트를 만들 필요가 있다.

그렇지 않으면 셔틀콕이 바람에 날리어서 같은 탑법을 구사해도 그때마다 비행 코스가 변해서 게임의 흥미가 반으로 감소하는 결과가 되는 일이 많다.

약간의 바람에는 그다지 영향을 받지 않도록 만들어진 옥외 연습용의 셔틀콕도 있지만 이것은 배드민턴 독특의 델리케이트한 테크닉을 충분히 발휘하기 어려우므로 우리 나라와 같이 1년을 통하여 비교적 바람이 많은 곳에서는 본격적인 배드민턴을 행하는 경우 역시 옥내 코트 쪽이 바람직하다.

### 옥내에 코트를 설치하는 경우

천정이 높고 도중에 장해물이 없으며 판자를 깐 마루 바닥으로 거기다 머리 위나 코트의 정면으로부터 직사광선이 들어오지 않도록 한 건물이 바람직하다.

머리 위나 코트의 정면으로부터 강한 광선이 들어오면 셔틀콕이나

이상적인 옥내 코트의 일례

상대 플레이어의 움직임 등을 보기 어렵게 되므로 바람직하지 않다.

공식 경기 대회를 행하는 경우의 이상적인 코트의 설치 조건

- 옥내에 코트를 설치한다.
- 외기의 통풍을 일체 차단한다.
- 천정의 높이는 12m 이상이며 도중에 장해물이 없다.
- 코트의 외측 주위의 공간이 각각 2m 이상이고 그 사이에 장해물이 없다.
- 바닥은 미끄럽지 않고 판자를 두겹으로 깐 것이 좋다.
- 자연 광선을 일체 차단하고 인공 광선을 사용한다. 이 경우의 조도는 네트 위의 테두리 중앙부에서 1200럭스 이상일 것.
- 광원은 코트의 외측에 설치한다. 광원의 위치는 플레이어가 코트 위의 어느 위치에서도 상대 코트를 내다보았을 경우에 광원이 플레이어의 눈에 들어가지 않을 듯한 장소에 설치하는 것이 바람직하다.
- 코트 주위의 벽, 커텐 등의 색깔은 셔틀콕을 명확히 분별할 수 있도록 검은색 또는 다크 그린 등이 바람직하다.

# 2. 용구

## 셔틀콕(Shattlecock)

셔틀콕이라는 것은 배드민턴의 깃털공을 말하는 것으로 통상 셔틀이라고 부르고 있다.

### □셔틀콕의 구조와 종류

#### 새깃털로 만든 셔틀콕

셔틀콕은 깃털과 받침대의 부분으로 나누어져 받침대의 부분은 반구 상태의 코르크의 표면에 상질의 가죽이 붙여져 있다. 깃털 부분은 단단한 새의 깃털을 한 개 한 개 코르크에 꽂아서 접착하여 깃털

셔틀콕의 종류

[상]: 왼쪽에서부터 물오리제 셔틀콕, 닭털제 셔틀 콕,
[하]: 왼쪽에서부터 나이론제 셔틀콕(영국제), 나이론제 셔틀콕 (일본제)
플라스틱제 셔틀콕(옥외 연습구)

의 축을 실로 묶어서 형태를 가다듬어 접착제로 굳힌다.

깃털의 종류는 닭털, 물오리털 등이 있고 현재 국제 표준구의 영국제 R. S. L구는 물오리의 깃털로 만들어져 있다.

일본제의 셔틀콕은 이전에는 닭털로 만들었던 것이 주였으나, 현재는 물오리제의 셔틀콕이 많이 만들어져 시합용, 연습용 등으로 사용되고 있다.

### 그 외의 셔틀콕

깃털 부분이 나일론이나 플라스틱제의 것이 있다.

• 나이론제 셔틀콕은 깃털제와 비교하여 내구성에서 우수하나, 일반적으로 셔틀콕 독특의 델리케이트한 비상성(飛翔性)에서 약간 떨어지는 느낌이 있다.

그러나 그 형태나 무게, 나는 모양 등의 점에서 규정에 합격했다면 배드민턴 협회가 특별히 정한 경기 대회에 한하여 공식 경기에서 사용해도 좋도록 되어 있다. 특히 그 내구성을 살려서 초보자용으로 사용하는 것은 효과가 있다고 생각된다.

• 나이론제 셔틀콕과 비슷하지만 깃털 부분이 프라스틱으로 되어 있고, 받침대의 부분이 고무제인 것이 있다. 이것은 옥외 연습구로서 정식 배드민턴 게임용의 것이 아니다.

## □셔틀콕의 규격

• 무게——4.74～5.50g

• 코르크——직경 2.50～2.80cm

• 깃털의 갯수——16개

• 깃털의 길이——끝에서 코르크의 받침대까지가 6.4～7.0cm로서 깃털의 끝 부분에서 직경이 5.8～6.8cm의 벌어짐이 되도록 할 것.

• 비행성——보통의 플레이어가 백 바운더리 라인의 정면 위에서 반대측의 백 바운더리 라인을 향하여 언더 핸드 스트로크로 전력을 다해 타구했을 때 반대측의 백 바운더리 라인의 바로 앞 53～99cm의 사이에 셔틀콕이 떨어졌다면 그 셔틀콕은 바르게 날아왔다고 판단된다.

셔틀콕을 시타(試打)했을 때에 바른 페이스로 낙하하는 범위를 나타내기 위하여 싱글스의 각 오른쪽 서비스 코트의 안쪽에서 백 바운더리 라인으로부터 53cm와 99cm의 위치에 가로 세로 4cm의 마크를 4군데 설치하도록 되어 있다.

이 마크들의 폭은 치수 안에 포함되므로 하나는 백 바운더리 라인에서 53~57cm의 위치 다른 하나는 95~99cm의 위치가 된다.(그림5를 참조)

## 라켓(Racket)

타원형의 라켓 헤드(Racket head)에 샤프트(Shaft)를 붙인 것으로 형태 및 각 부의 명칭은 그림7과 같다.

그림7. 라켓의 명칭

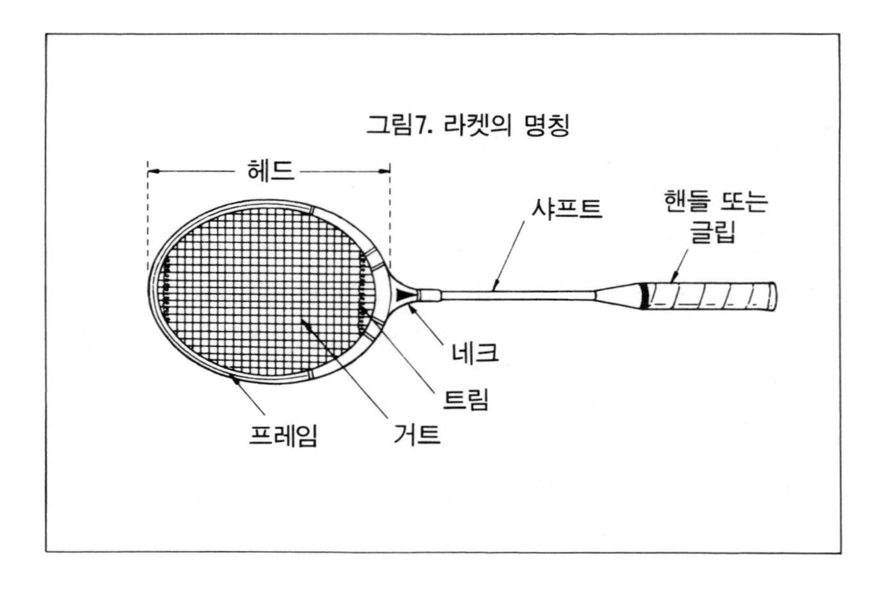

## □라켓의 규격

• 라켓은 핸들 부분을 포함해서 전체가 길이 68cm 이내이고, 폭은 23cm 이내로 한다.

• 라켓 헤드의 부분은 길이를 29cm 이래로 한다.

• 스트링(거트)을 친 면의 세로의 길이는 28cm 이내, 폭은 22cm 이내로 규정되어 있다.

라켓의 중량에 대해서의 규정은 없으나 현재 시판되고 있는 것은 라켓의 소재에 따라 다르지만 보통 100~130g 정도이다.

## □라켓의 종류

라켓은 크게 구분하면 다음의 3종류가 있다.

① 전체가 목제의 것

② 샤프트의 부분이 스틸 파이프제(또는 글래스 화이버 등)의 것

③ 프레임(Frame)과 샤프트의 부분이 스틸 파이프제(또는 글래스 화이버 등)의 것

①의 전 목제의 라켓은 이전에는 이 한 종류였으나 지금은 거의 눈에 띄지 않고 현재 시판되고 있는 것은 ②와 ③의 라켓이다.

②와 ③의 라켓은 라켓 헤드의 프레임의 재질이 다르다.

즉, ②의 프레임은 목제이다. 재료는 난티나무, 너도 밤나무, 히코리 나무(주:호두나무과의 낙엽목) 등의 얇은 판자를 몇 장인가 붙여

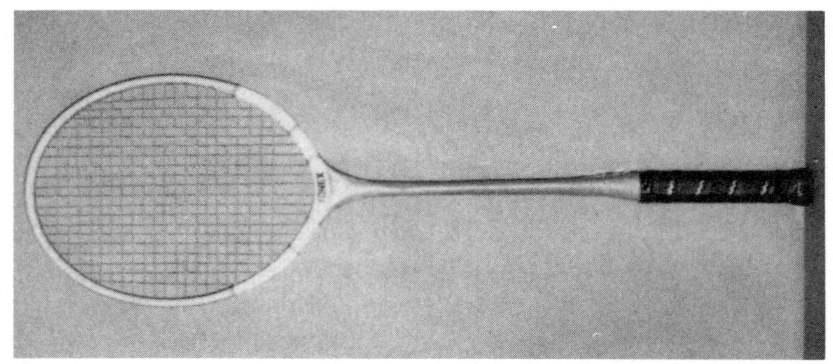

① 전목제

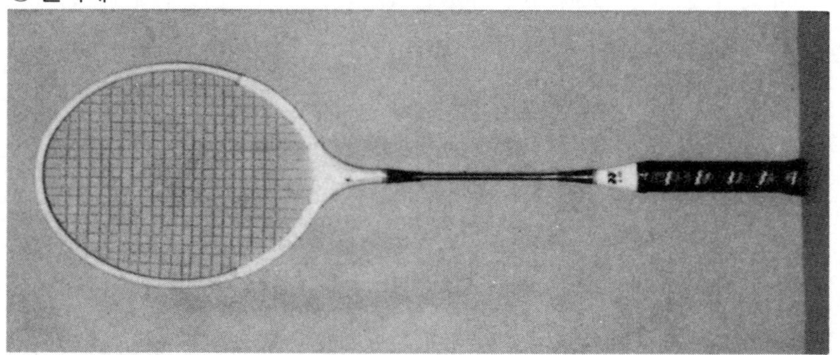

② 스틸 샤프트제

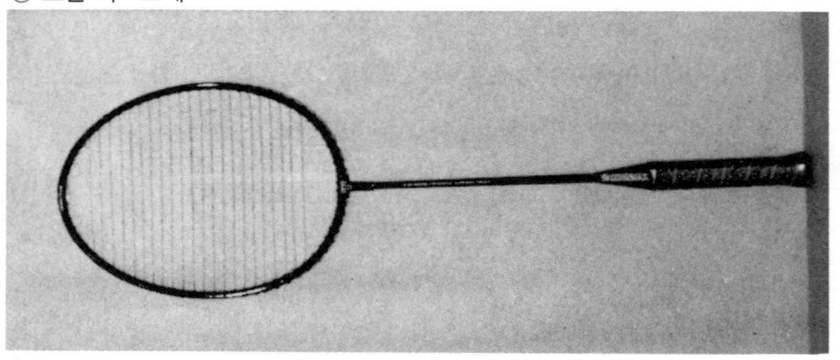

③ 올 스틸제

라켓의 종류

서 만든 합판제의 것으로서 좋고 나쁨의 선별은 재질에도 의하지만 합판을 붙인 장수가 많을수록 튼튼하고 탄력성이 있고 프레임의 비틀어짐이 생기지 않는다.

또 ③의 스틸 프레임제의 라켓에 비하여 라켓 전체의 중량에 있어서 특히 라켓 헤드가 다소 무겁다.

## □거트(Gut)

스트링(String)이라고도 하며 라켓 헤드에 치는 실을 말한다. 본래의 의미는 짐승의 창자로 만든 실을 말하고 주로 양의 창자로 만든 것을 가리킨다.

거트의 당김새의 강약은 개인에 따라 다소 기호가 틀리지만 일반적으로는 조금 강한 듯하게 치는 편이 좋다.

## □라켓 고르는 법

초보자들은 라켓이 사용하기 쉬운 것인가 혹은 사용하기 어려운 것인가에 대해 그다지 문제삼지 않는 듯하다. 그러나 경험을 쌓음에 따라 아주 델리케이트한 나는 법을 하는 셔틀콕을 컨트롤하는 용구로서 라켓의 선택은 중요한 요소가 되므로 이것에 대해 그 개요를 말해 보겠다.

## 중량

거트를 친 전 중량이 나무 프레임제가 120g 전후 스틸 프레임제가 105g 전후의 것이 일반적으로 많이 사용되어지고 있는 듯하다.

무거운 라켓은 타력을 크게한다는 점에서 유리하지만 라켓의 조작면에서는 다소 불리하다.

일반적으로는 가벼운 것이 사용하기 쉽고 특히, 여자나 초보자는 비교적 가벼운 것을 사용하는 것이 좋은 듯하다. 단, 너무 가벼운 것은 타력이나 라켓 강도의 면에서 문제가 있다.

## 밸런스(Balance)

라켓의 밸런스라는 것은 라켓 전체 무게의 평형을 이루는 것을 말하나 구체적으로는 라켓을 휘둘렀을 때에 라켓 헤드가 무겁다거나 가볍다는 말이다.

이 밸런스는 라켓의 조작상 아주 중요한 것이며 사용하기 쉬운 라켓, 사용하기 어려운 라켓의 원인의 대부분은 핸들과 함께 라켓 밸런스의 좋고 나쁨에 달려 있다고 해도 과언이 아니다. 라켓 헤드가 너무 무거운 것은 사용하기 어려운 것이며 일반적으로는 라켓 헤드가 가벼운 것이 사용하기 쉽다. 그러나 강타를 목적으로 하는 듯한 경우는 다소 라켓 헤드가 무거운 듯한 것이 유효하다.

## 핸들(Handle)

핸들의 굵기, 쥐는 방법도 라켓의 조작에 큰 영향을 끼치므로, 라켓을 쥐어봐서 자기 손에 꼭 맞는 것을 고르는 것이 중요하다.

# 제 3 장

## 경기 방법

# 1.

# 경기 종목

남자 싱글스, 여자 싱글스, 남자 더블스, 여자 더블스, 혼합 더블스(남녀가 한 조가 된다)의 5종목이 있다.

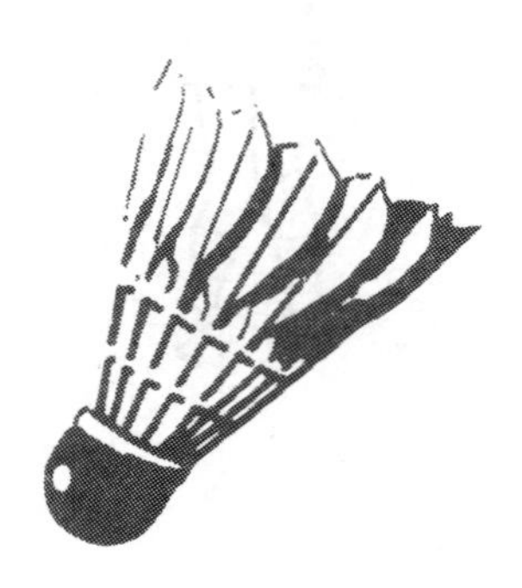

# 2. 시합의 승패 결정법

## □1시합의 게임 수

1시합은 3게임중 2게임을 선취한 쪽이 그 시합의 승자가 된다.

## □1게임의 득점 수

① 더블스와 남자 싱글스는 15점(경기 규칙에서는 21점의 게임을 행하여도 좋다고 되어 있으나 보통은 행해지지 않고 있으므로 이후의 설명에서는 생략한다.)

② 여자 싱글스만은 11점을 선취한 쪽이 그 게임의 승자가 된다.

## □세팅(Setting)

세팅이란 연장전을 말하는 것으로 테니스나 탁구 등의 다른 스포츠 종목과는 다른 독특한 방법으로 행해진다.

즉, 15점 게임에서는 13대 13점과 14대 14점인 때에 또 11점 게임에서는 9대 9점과 10대 10점인 때에 그 득점을 선취하고 있던 플레이어의 생각으로 세팅을 할 것인가 세팅을 하지 않을 것인가를 선택하는 것이다.

이상과 같이 1게임중에 세팅의 찬스는 2번 있지만 실시하는 것은 1번밖에 없다. 조금 더 구체적으로 말하면,

**15점 게임인 경우의 세팅**

• 13대 13점인 때는 13점을 선취하고 있던 쪽에 세팅의 선택권이 있다.

세팅한 경우에 양자의 득점은 0대 0이 되고 처음부터 5점의 연장전을 행한다.(재연장은 없으므로 이 경우에는 합계 18점의 게임이 된다)

만일 세팅을 하지 않는다면 그대로의 득점에서 게임이 계속되어 15점을 선취한 쪽이 그 게임의 승자가 된다.

• 같은 식으로 14대 14점의 경우도 14점을 선취하고 있던 쪽에 세팅의 선택권이 있다.

세팅한 경우는 처음부터 다시 3점의 연장전을 행한다.(이 경우는 합계 17점의 게임이 된다)

싱글스 게임

더블스 게임

그림8. 세팅했을 경우의 1게임의 득점

| (1게임의 득점) | (세팅 후의 득점 수) (합계 득점 수) |
|---|---|
| 15점 게임 | ① 13대 13점의 경우+5점 ……18점<br>② 14대 14점의 경우+3점……17점 |
| 11점 게임 | ① 9대 9점의 경우 +3점……12점<br>② 10대 10점의 경우+2점……12점 |

11점 게임인 경우의 세팅

9대 9점일 때에 세팅하면 처음부터 다시 3점(합계 12점), 또는 10대 10점일 때에는 처음부터 다시 2점(합계 12점)의 연장전을 행한다.(그림8 참조)

## □체인지 엔드(Change End)

1게임마다 코트를 교체하는 것을 체인지 엔드라고 한다.

또 게임 카운트가 1대 1로 되어서 3게임째를 행하는 경우에는 제3게임의 도중에서 또 한 번 엔드를 교체한다.

그 시기는 15점 게임에서는 8점, 11점게임에서는 6점을 어느쪽인가가 선취했을 때이다.

## □각 게임의 최초의 서비스

① 제 1게임은 토스로 결정한다.

② 제 2게임은 제1게임의 승자, 제3게임은 제2게임의 승자가 행한다.

## □득점(Point)

① 서비스한 쪽이 반칙한 경우는 어느 쪽의 득점으로도 되지 않고 서비스권만 이동한다.

② 리시브쪽이 반칙한 경우는 서비스 쪽에 1점의 득점이 주어지고 득점을 하고 있는 사이는, 같은 플레이어가 서비스 코트를 좌, 우로 바꾸어서 서비스를 계속한다.

# 3.
# 반칙 (Fault)

중요한 반칙을 예를 들면 다음과 같다.

## □서비스에 관한 반칙

서비스할 때 라켓과 셔틀콕의 최초의 접촉점이 셔틀콕의 받침대 부분이 아니면 안 된다.

오버 웨이스트(Over Waist)

서비스가 타구된 순간 셔틀콕의 일부가 서버의 웨이스트보다도 높은 위치에 있는 것.(그림9 참조)

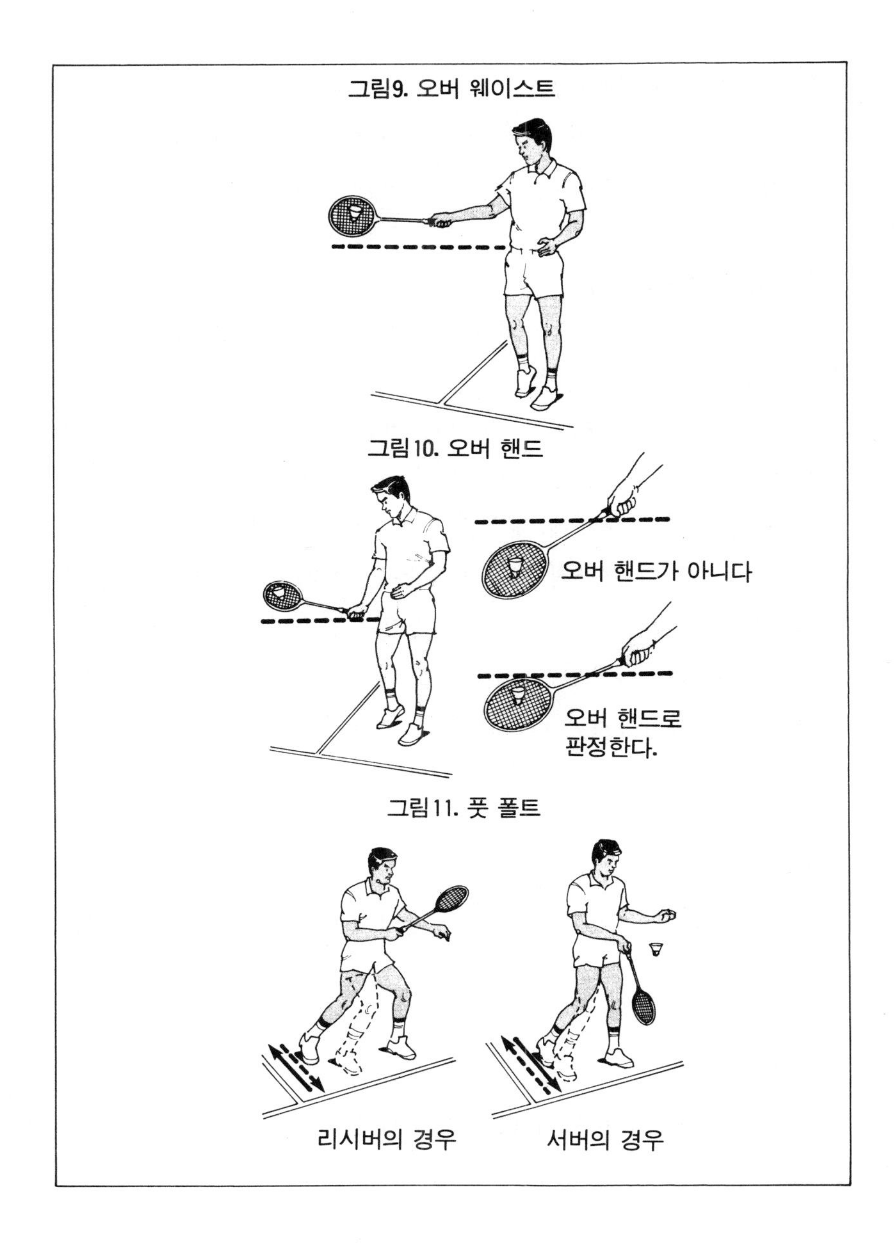
그림9. 오버 웨이스트
그림10. 오버 핸드
오버 핸드가 아니다
오버 핸드로
판정한다.
그림11. 풋 폴트
리시버의 경우
서버의 경우

오버 핸드(Over hand)

서비스가 맞는 순간에 라켓 헤드 전체가 라켓을 쥐고 있는 손보다도 분명하게 아래 방향이 아닌 것.(그림10 참조)

풋 폴트(Foot fault)

서비스할 때 서버 및 리시버의 양발의 일부가 코트면에 정지하고 있지 않은 것.(그림11 참조)

〈주〉 서비스의 경우에 잘 보이는 것인데 서버가 서비스의 준비자세를 하고 있을 때는 양발의 일부를 코트 면에 붙이고 있으나 셔틀콕을 치려고 하는 순간에 뒷발을 앞쪽으로 끌듯이 하여 코트 면을 이동하게 하는 것은 반칙이 되므로 특히 주의하지 않으면 안 된다.

또, 리시버는 서비스가 맞아질 때까지는 양발의 일부를 코트 면에 정지시켜서 있지 않으면 안 되지만 셔틀콕이 맞고 난 뒤에는 코트 면에서 발을 떼어보거나 리시브 코트의 밖에 나와서 리시브해도 좋다.

라인 크로스(Line cross)

서비스할 때에  서버나 리시버의 발이 라인을 밟거나 넘어가거나 하는 것.

아웃(Out)

서브한 셔틀콕이 바르게 리시브 코트에 들어가지 않는 것(그림12 참조).

그림12. 서비스의 아웃과 인

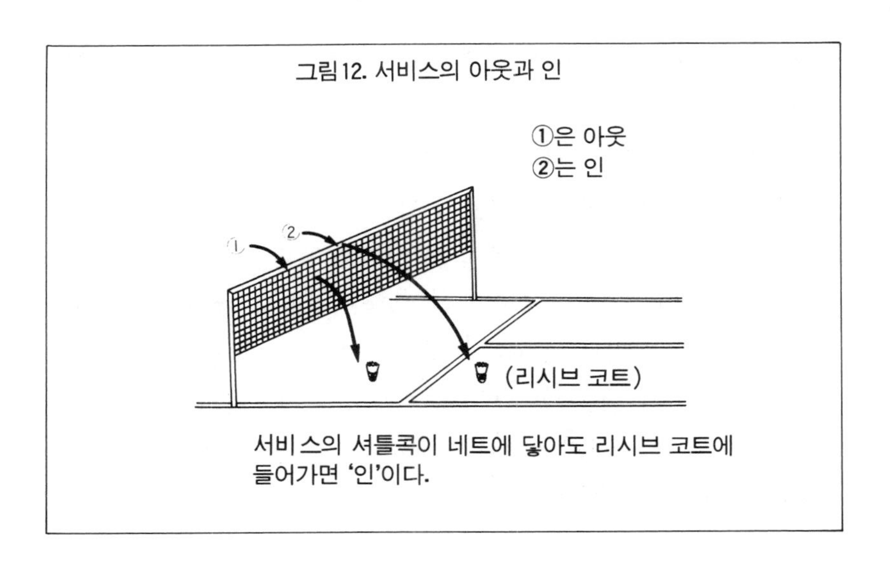


서비스의 셔틀콕이 네트에 닿아도 리시브 코트에 들어가면 '인'이다.

셔틀콕이 리시브 코트의 라인 위에 떨어지거나 네트에 닿아서 리시브 코트에 떨어진 경우는 '인'이다.

〈주〉 서비스가 아웃의 경우에도 리시버가 그것을 되받아 친 경우, 서비스는 들어간 것으로 해서 그대로 플레이를 계속한다. 단, 리시버가 치려고 하였으나 헛치게 되고 셔틀콕이 리시브 코트 밖에 떨어진 경우는 서버의 실패가 된다.

- 서비스의 동작은 1회이다.
- 서비스를 1회에 실패하면 서비스권을 잃는다.
- 서비스를 헛치는 것은 반칙이다.
- 더블스의 경우는 정해진 리시버만이 리시브한다.

리시버의 파트너가 리시브하거나 혹은 파트너의 신체나 의복에 셔틀콕이 닿았을 경우도 반칙이 된다.

• 서버가 코트를 틀리게 서비스하거나 또는 더블스에서 순서를 틀리게 서비스한 경우는,

① 서버쪽이 이겼을 때에 다음 서비스가 쳐지기 전에 틀린 것이 발견된 경우는 그 플레이는 무효가 되고 고쳐서 한다.

② 리시브쪽이 이겼을 때에 다음 서비스가 맞은 후에 틀린 것이 발견되었을 경우는 그 플레이는 인정되어 게임은 그대로 계속된다. 단, 플레이어의 위치는 그 게임이 끝나기까지 정정하면 안 된다.

③ 리시브쪽이 졌을 경우는 그 플레이는 인정되어 서비스쪽의 득점으로 된다. 그리고 잘못된 플레이의 위치는 그대로 계속하여 게임이 끝날 때까지 정정하면 안 된다.

### 보크(Balk)

서비스할 때에 서버 또는 리시버가 의식적으로 상대를 현혹시키는 듯한 행위를 하는 것이다. 예를 들어 서비스하려고 앞으로 내민 라켓을 도중에서 멈추는 것 등이다.

## □그 밖의 반칙

### 아웃

셔틀콕이 상대 코트 안으로 바르게 되받아 쳐지지 않은 것을 말한다. 즉, 셔틀콕이 상대 코트의 바깥에 떨어지거나 네트의 밑을 통과한 경우 등이다.

단, 셔틀콕이 네트에 닿아서 상대의 코트에 들어간 경우나 서비스

이외의 셔틀콕이 포스트의 바깥쪽을 통해서 상대의 코트에 들어간 경우는 아웃이 아니다.

**오버 더 네트(Over the net)**

라켓이나 신체의 일부, 또는 전부가 네트를 넘어서 상대의 코트로 나가는 것.(그림13 참조)

**터치 더 네트(Touch the net)**

라켓 또는 신체나 의복의 일부가 네트나 포스트에 닿는 것.(그림14 참조)

**터치 더 보디(Touch the body)**

셔틀콕이 플레이어의 신체나 의복에 닿는 것.(그림15 참조)

**드리블(Dribble)**

같은 플레이어가 셔틀콕을 계속하여 치는 것.(그림16 참조)

**더블 터치(Double touch)**

더블스에서 1사람이 셔틀콕을 치고, 그 파트너가 계속해서 한 번 더 타구하는 것.

**홀딩(Holding)**

셔틀콕을 순간적으로 치지 않고 라켓에 일시 정지시키는 것 같은

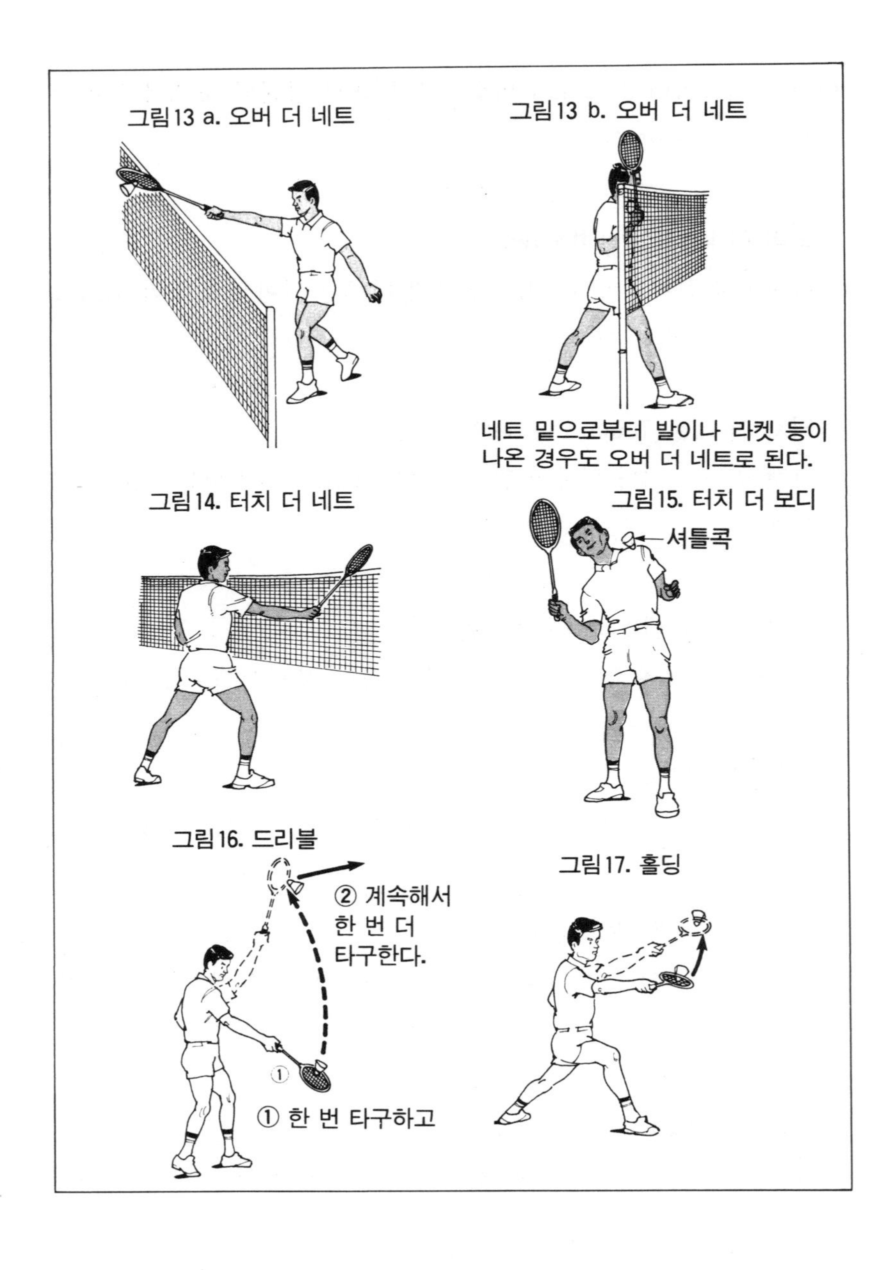
그림 13 a. 오버 더 네트
그림 13 b. 오버 더 네트
네트 밑으로부터 발이나 라켓 등이
나온 경우도 오버 더 네트로 된다.
그림 14. 터치 더 네트
그림 15. 터치 더 보디
셔틀콕
그림 16. 드리블
② 계속해서
한 번 더
타구한다.
①
① 한 번 타구하고
그림 17. 홀딩

불명확한 타법을 하는 것.(그림17 참조)

인터페어(Interfere)

상대의 플레이를 방해하는 일

예를 들어 상대가 네트의 바로 근처에서 셔틀콕을 아래쪽으로 치는 것 같은 경우에, 셔틀콕이 튀어서 되돌아 올지도 모르는 상태에서 네트 가까이에서 라켓을 위로 올리는 듯한 동작은 인터페어라고 간주한다.

그러나 상대의 플레이를 방해하지 않고 셔틀콕이 얼굴에 맞는 것을 방지하기 위해서 라켓을 올리는 것은 반칙이 되지 않는다.

**친 셔틀콕이 코트의 바깥으로 날아간 경우**

상대가 그것을 치려고해서 라켓을 휘두르고 라켓이 셔틀콕에 닿은 경우는 들어간 것으로 간주하여 그대로 게임을 계속한다.

만일 헛치게 된 경우는 코트의 밖으로 셔틀콕을 친 쪽의 실패로 된다.

# 4. 게임의 구체적인 진행법

앞 항에서 시합의 승패 결정법이나 반칙 등에 대해서 말하였지만 실제 게임의 진행법에 대해서 조금 구체적으로 기술하겠다.

## □싱글스 게임

플레이어 A와 B가 15점 게임으로 싱글스 시합을 한다고 가정한다.

① 최초에 토스를 한다.

토스에 이긴 쪽은 (1) 최초에 서브하기, (2) 엔드(코트에서 어느 쪽인가의 한 쪽)를 고르기 중에 1개를 고른다.

진 쪽은 남은 것 중에서 1개를 고른다.

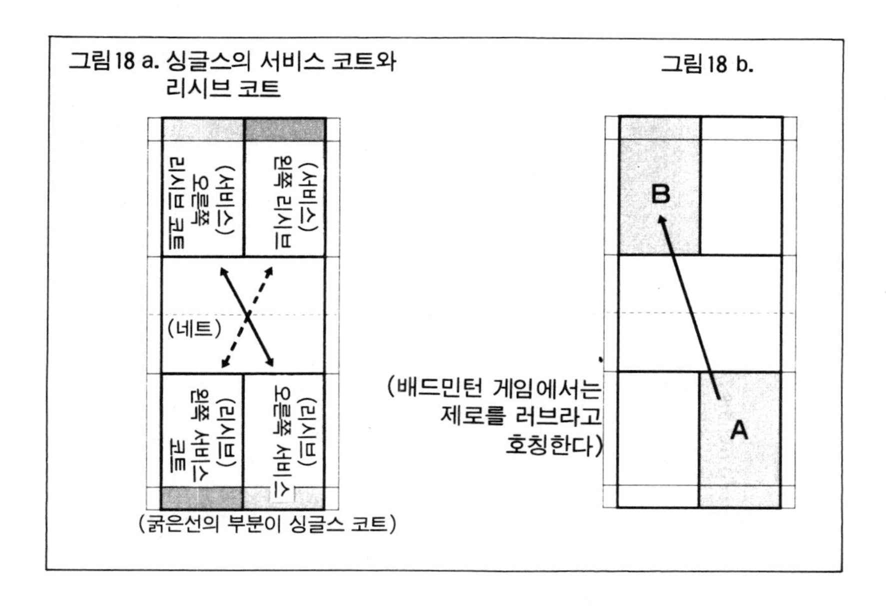


그림18 a. 싱글스의 서비스 코트와 리시브 코트

그림18 b.

토스의 결과, A가 서비스권을, B가 엔드를 고른 것으로 한다.(A를 서빙 사이드, B를 리시빙 사이드라고 한다)

② 최초의 서버 A는 우측 서비스 코트에서 대각선상의 우측 리시브 코트를 향하여 서비스를 한다.(그림18 a, b참조)

서비스 한 후 네트에서 후방의 자기 코트 전체를 사용하여 플레이한다.

③ 리시버 B는 우측 리시브 코트 안에 정지해서 리시브의 자세를 취하고 서비스가 쳐진 후는 네트에서 후방의 자기 코트 전체를 사용하여 플레이한다.

④ 계속 공을 치고 받는(랠리=Rally) 도중에 리시버 B가 반칙을 했다.

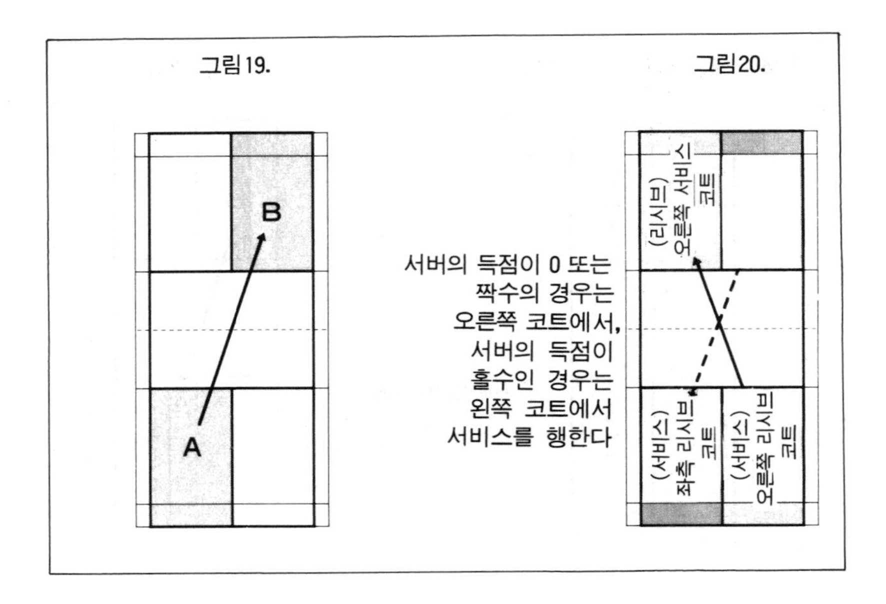


서버 A의 득점으로 되고 카운트는 1대 0이 된다.(득점의 카운트는 항상 서비스쪽의 득점을 먼저 말한다)

A는 득점하였으므로 다시 서비스를 행한다. 이번에는 좌측 서비스 코트에서 대각선상의 좌측 리시브 코트를 향해서 서비스를 행하고 리시버 B는 좌측 리시브 코트에 위치하여 리시브를 한다.(그림19 참조)

이와 같이 서버가 득점을 계속하고 있는 동안은 득점할 때마다 좌, 우로 서비스 코트를 바꾸어서 서비스하고 리시버는 그 대각선상의 리시브 코트에 위치해서 리시브를 한다.

〈주〉 서버가 좌, 우 어느 쪽 코트에서 서비스를 행하는지를 결정한다.

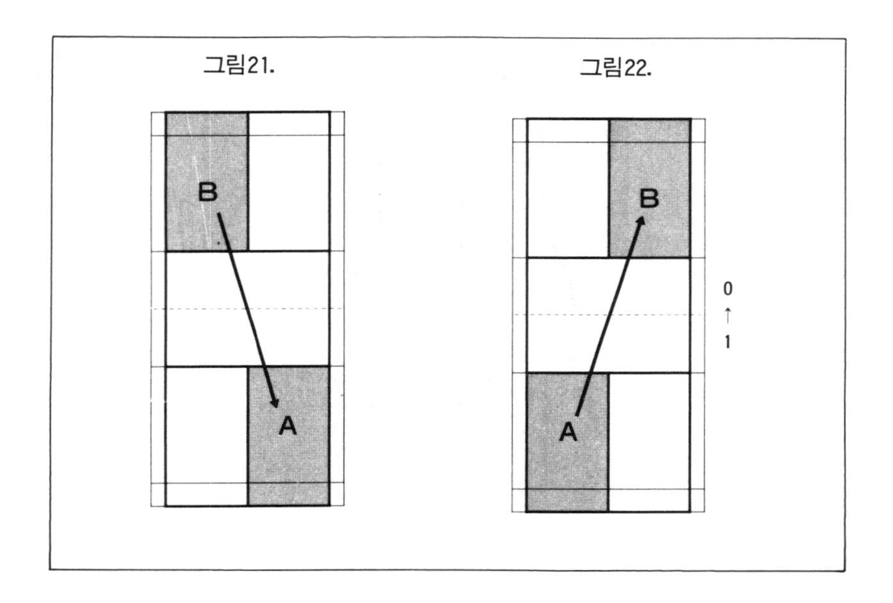


서버의 득점이 0 또는 짝수의 경우는 우측 서비스 코트에서 서비스한다.

서버의 득점이 홀수의 경우는 좌측 서비스 코트에서 서비스한다. (그림20 참조)

세팅의 경우는 세팅까지의 득점에 세팅 후의 득점을 더한 합계점이 짝수일 때는 우측 서비스 코트에서, 홀수일 때는 좌측 서비스 코트에서 서비스를 한다.

⑤ A가 1점, B가 0점일 때 서버 A가 반칙을 하였다.

A, B 어느 쪽의 득점으로도 되지 않고 서비스권이 B에 옮겨질 뿐이다. 득점의 카운트는 0대 1로 된다.

B의 득점이 0이기 때문에 우측 서비스 코트에서 서비스를 하고

그림23. 체인지 엔드

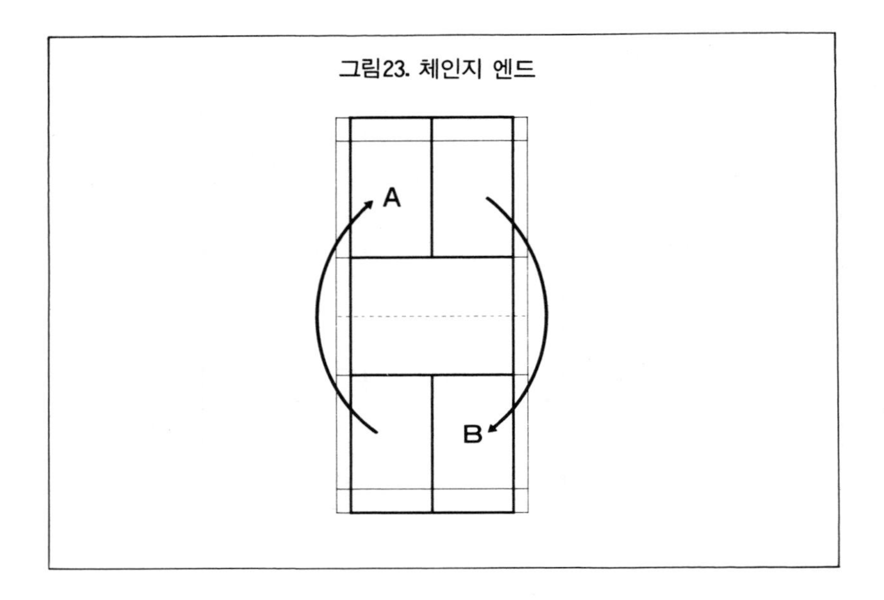


리시버 A는 대각선상의 우측 리시브 코트에 위치하여 리시브를 한다.(그림21 참조)

⑥ B가 서비스를 실패하였다.

어느 쪽의 득점으로도 되지 않고 서비스권이 A로 옮겨진다. 득점의 카운트는 1대 0이 된다.

서버 A의 득점이 홀수이므로 좌측 서비스 코트에서 서비스한다. (그림22 참조)

⑦ 게임이 진행되어 A가 13점, B가 12점으로 되고 그 다음에 B가 득점하여 13대 13점으로 되었다.

이 경우는 13점을 선취하고 있던 A에게 세팅의 선택권이 있다.

만일 A가 세팅 한다면 두 사람의 득점 카운트는 0대 0으로 되고 처음부터 다시 5점의 게임을 행하여서 5점을 선취한 쪽이 그 게임의 승자가 된다.

⑧ 13대 13점인 때에 A가 세팅을 하지 않고 그대로 게임을 계속하여 다음으로 B가 먼저 14점이 되고 A가 따라 붙어서 14대 14점으로 되었다.

이 경우는 먼저 14점이 되어 있던 B에게 세팅의 선택권이 있다.

만일 B가 세팅을 한다면 처음부터 다시 3점의 게임을 한다.

⑨ 제2게임은 A, B 동시에 엔드를 교체(체인지 엔드)한다.(그림23 참조)

⑩ 제2게임에서 최초의 서버는 제1게임에 이긴 플레이어이다.

만일 제1게임, 제2게임 전부 A(또는 B)가 이기면 게임 카운트는 2대 0으로 되고, 시합은 종료된다.

또 제1게임은 A가, 제2게임은 B가 이긴 경우 게임 카운트는 1대 1이 되고, 제3게임을 한다.

제3게임을 하는 경우는 A, B는 체인지 엔드를 하고 제2게임의 승자가 최초에 서비스를 한다.

제3게임 도중에 A, B 어느 쪽인가가 먼저 8점이 되었을 때에 한 번만 체인지 엔드를 하고 게임을 계속한다.(여자의 11점 게임의 경우는 한 쪽이 6점이 되었을 때에 한 번 체인지 엔드를 한다)

## □더블스 게임

더블스 게임의 진행법은 코트의 가로 폭이 넓게 되어서 롱 서비스

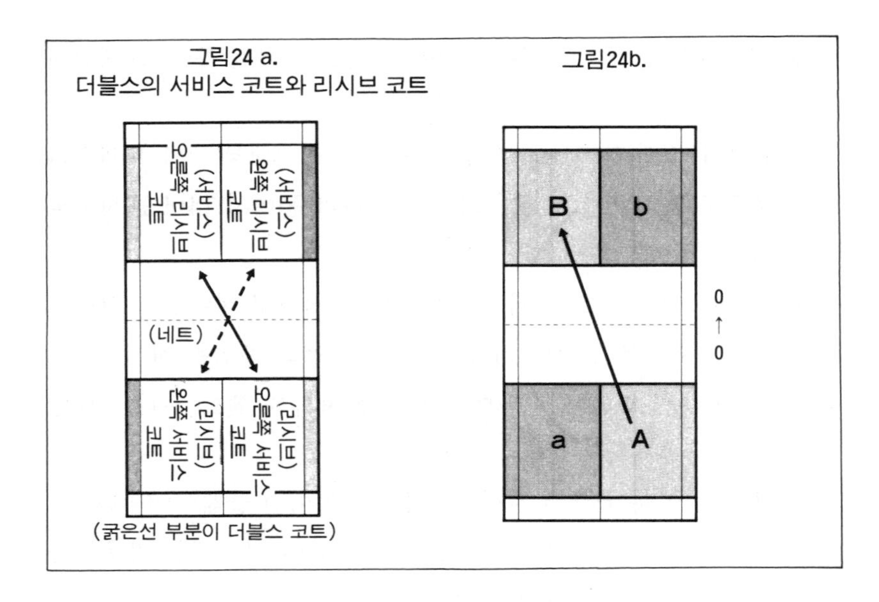


그림24 a.
더블스의 서비스 코트와 리시브 코트
(굵은선 부분이 더블스 코트)

그림24b.

라인이 한 줄 늘었다는 점을 제외하면 게임의 승패나 반칙 등 거의 싱글스의 경우와 같다.

그러나 2인조이므로 서버와 리시버에 대해서 초보자는 특히 틀리기 쉬우므로 구체적으로 예를 들어서 게임의 순서에 따라 설명하겠다.

지금 플레이어 A a조와 B b조가 15점 게임으로 시합을 한다고 가정한다.

① 최초에 토스를 한다.

토스의 결과 A a조가 서비스를 B b조가 엔드를 골랐다고 가정한다.

② 각 조의 최초의 리시버는 B로 한다.

③ 서버 A는 우측 서비스 코트에서 우측 리시브 코트로 서비스를 한다. 리시버 B는 우측 리시브 코트에 위치해서 리시브한다. 득점의 카운트는 0대 0이다.(그림24 a, b 참조)

〈주〉 각 게임의 최초의 서비스는 우측 코트에서 한다.

파트너 a와 b는 서비스나 리시브에 방해가 되지 않는 장소에 위치한다.

서비스가 리시버 B에 대해서 행해진 경우에 그 파트너 b는 리시브해서는 안 된다. 잘못해서 리시브한 경우 반칙이 된다.

④ 리시버 B에 의해서 셔틀콕이 되받아 쳐진 뒤에 양 조의 각 플레이어는 네트에서 후방의 자기 코트 전체를 사용하여 플레이하며 두 사람 중 어느 쪽이 타구해도 좋다.(그림25 참조)

〈주〉 파트너끼리 계속하여 셔틀콕을 치는 것은 반칙이다.

단, 한 사람이 치려고 해서 헛치게 되고 파트너가 친 경우는 반칙이 아니다.

⑤ 공을 치고 받는 도중에 리시브쪽의 B b조가 반칙을 했다.

A a조의 득점이 되고 득점의 카운트는 1대 0이 된다.

서비스측 A a조는 코트의 좌우를 바꾸어 A가 계속해서 서버가 되고 좌측 서비스 코트에서, 좌측 리시브 코트에 위치하는 b에게 서비스를 한다.

〈주〉 리시브측 B b조는 코트의 좌, 우를 바꾸지 않는다.(그림26 참조)

⑥ A가 서비스에 실패했다.

득점에 관계없이 서비스 권이 B b조로 옮겨진다. 득점의 카운트는

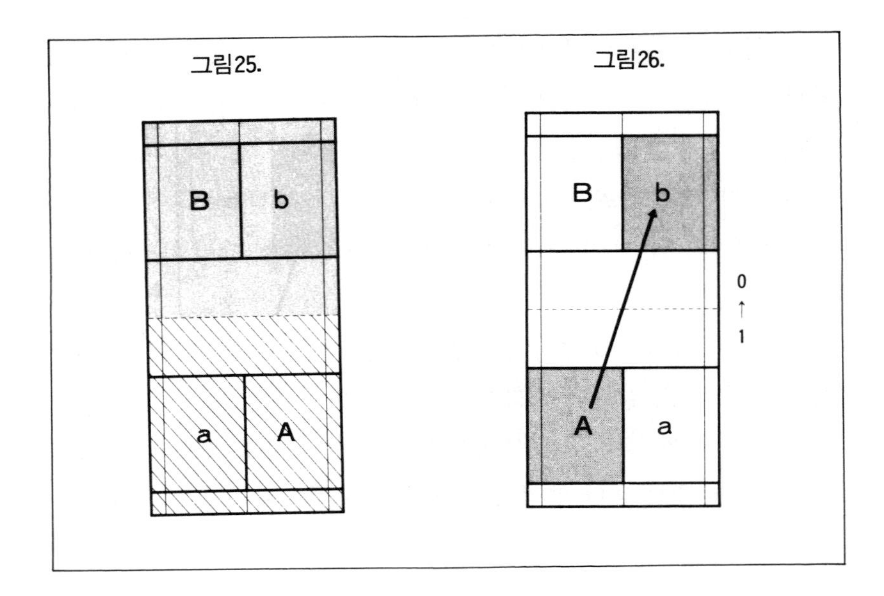


0대 1이 된다.

B b조는 게임의 최초에 우측 코트에 위치한 B가 제1서버가 되어서 우측 서비스 코트에서 서비스를 한다.

리시브측 A a조는 1점을 득점하여 코트의 좌우가 최초와 교체되어 있으므로 a가 우측 리시브 코트에 위치하여 리시브한다.(그림27 참조)

〈주〉 더블스 게임의 경우 각 게임의 최초에 서비스권을 얻은 조는 최초의 이닝(서비스권이 상대쪽으로 옮겨지는 것=서비스 오버(Service over라고 한다)만이 서버가 한 사람 뿐이다.

한 번 서비스 오버로 되었다면 그 후는 1조에서 2사람 다 각각 서비스권을 가지고 2사람이 서비스권을 잃었다면 서비스 오버로

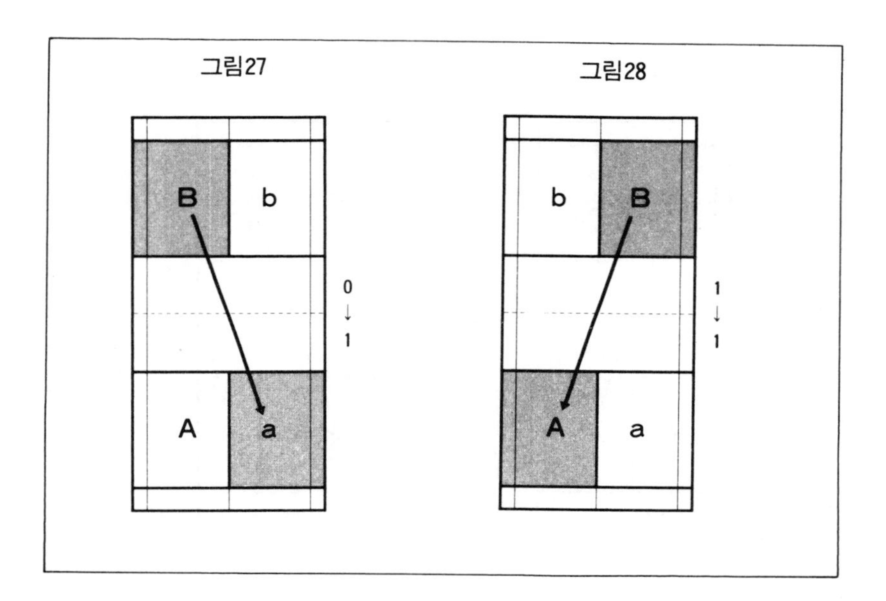


된다.

서비스 오버 직후의 서비스는 반드시 우측 서비스 코트에서 한다.

⑦ 리시브측인 A a조가 반칙을 했다.

서비스측 B b조의 득점이 되고 득점의 카운트는 1대 1이 된다.

리시브측 A a조는 그대로 코트에 위치하고 서비스측 B b조는 코트의 좌우를 바꾸어서 B는 계속하여 서버로 되고 좌측 서비스 코트에서 좌측 리시브 코트에 위치하는 A로 서비스를 한다.(그림28 참조)

⑧ 서비스측 B b조가 반칙을 했다.

득점은 어느 쪽의 조에도 관계없이 득점의 카운트는 1대 1인 그대로이다.

서비스 측 B b조 중에서 아직 서비스를 하지 않은 b가 제2서버로

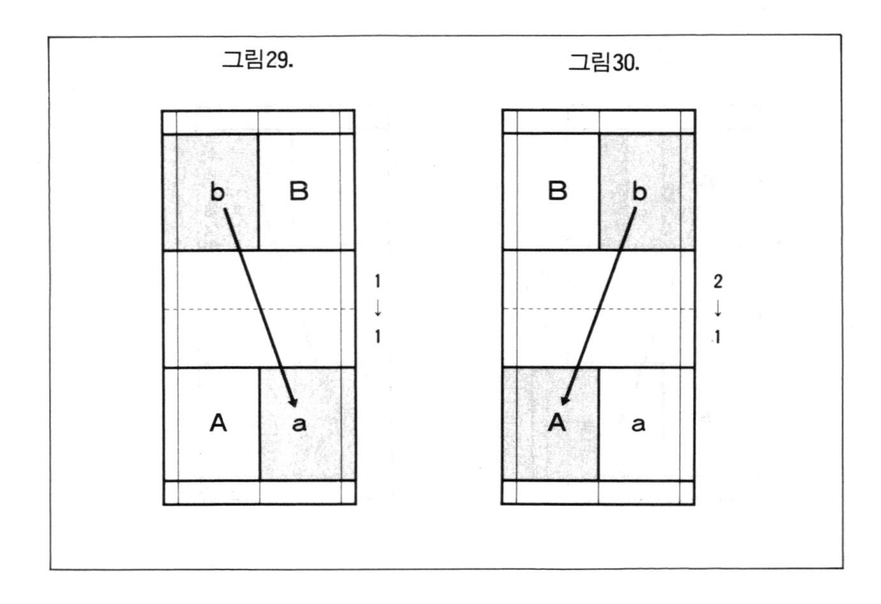


되고 B로 계속되어 우측 서비스 코트(제1서버 B가 최후로 서비스한 좌측 서비스 코트와 반대쪽의 서비스 코트)에서 우측 리시브 코트에 위치하는 a에 서비스를 한다.(그림29 참조)

⑨ 공을 치고 받는 도중에 리시브측 A a조가 반칙을 하였다.

서비스 측 B b조의 득점이 되고 득점의 카운트는 2대 1이 된다.

서버 b는 코트를 바꾸어 좌측 서비스 코트에서 좌측 리시브 코트에 위치하는 A로 서비스를 한다.(그림30 참조)

⑩ 서비스측 B b조가 반칙을 하였다.

어느 쪽 조의 득점으로도 되지 않는다.

서비스측은 B와 b 두 사람 다 서비스권을 잃었으므로 서비스권은 A a조로 옮겨가고 득점의 카운트는 1대 2가 된다.

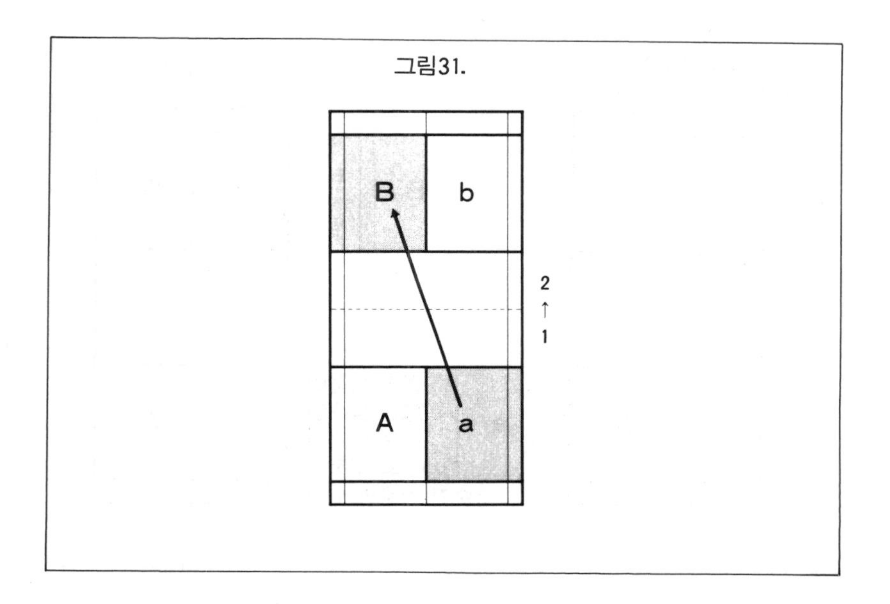


그림31.

A a조는 1점을 얻어서 게임의 최초와 코트가 좌, 우 교체되어 있고 a는 우측 코트, A는 좌측 코트에 위치하고 있다.

우측 코트에 위치하고 있는 a가 제1서버로 되고 우측 서비스 코트에서 우측 리시브 코트에 위치하는 B로 서비스를 한다.(그림31 참조)

〈주〉 서비스 및 리시브할 때 자신이 좌우 어느쪽 코트에 위치할 것인가는 득점에 따라 다르고 초보자들은 틀리기 쉬우므로, 다음과 같이 기억해 두면 좋다.

자기 조의 득점이 0 또는 짝수일 때는 그 게임의 최초에 위치하고 있던 쪽의 코트에 위치한다.

자기 조의 득점이 홀수일 때는 그 게임의 최초에 위치하고 있던

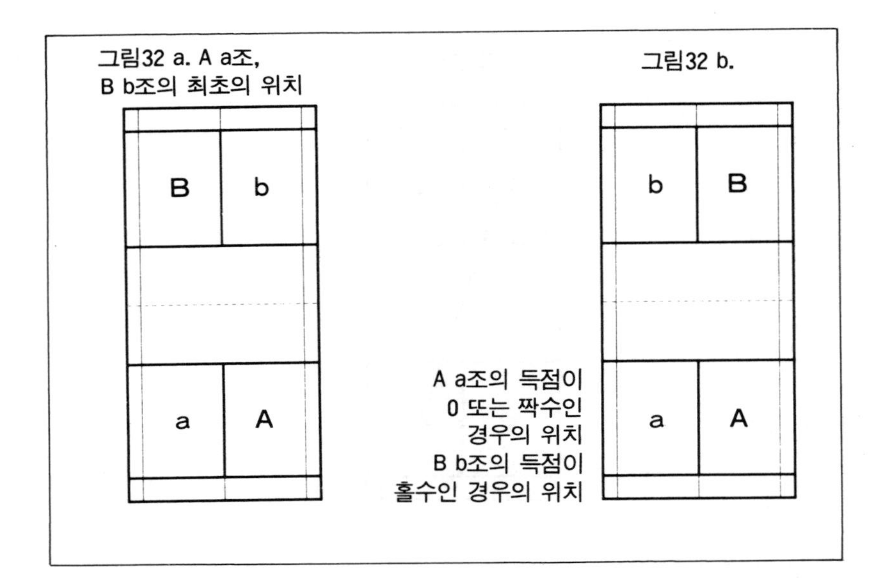


쪽의 반대쪽 코트에 위치한다.(그림32 a, b 참조)

또, 서비스권이 다른 조로 옮겨진 경우는 우측 코트에 위치하는 플레이어가 제1서버가 되고 우측 서비스 코트에서 서비스를 한다.

⑪ 서비스 측 A a조가 반칙을 했다.

득점에 관계없이 카운트는 변함없이 1대 2이다.

A a조에서 남아있는 A가, 제2서버로서 a에 이어서 좌측 서비스 코트에서 좌측 리시브 코트에 위치하는 b로 서비스를 한다.(그림33 참조)

⑫ 이와 같이하여 게임을 계속하여, 어느 쪽인가 한 쪽의 조가 15점을 선취하면 제1게임은 종료된다.

세팅이 행해진 경우는 18점 또는 17점의 게임으로 생각해서 그대

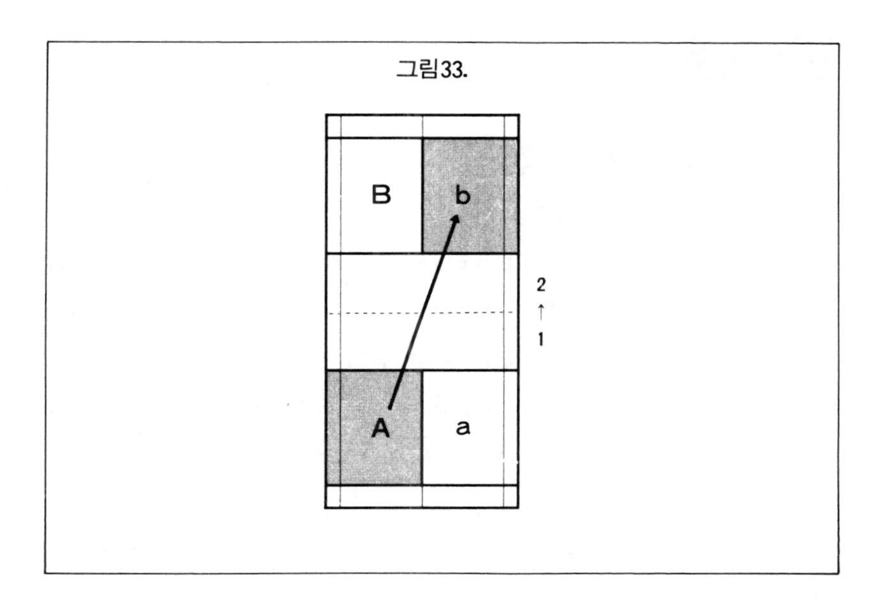


그림33.

로 속행하면 된다.

⑬ 제2게임

먼저 체인지 엔드를 하고 제1게임의 승자쪽이 최초로 서비스를 한다. 이 경우 제2게임의 최초의 서버 또는 리시버는 제1게임의 최초의 경우와 순서를 바꾸어도 좋다. 단 제2게임에는 변경한 그대로의 순서로 해야 한다.

⑭ 제3게임이 행해진 경우는 게임의 도중에 어느 쪽인가의 조가 8점을 선취했을 때 한 번만 체인지 엔드를 하는 것 이외에는 제2게임과 같은 요령으로 한다.

칼럼 1

## 배드민턴의 탄생

배드민턴의 기원을 거슬러 올라가보면, 배드민턴과 비슷한 게임이 옛날부터 세계 각지에서 행하여져 왔던 것을 잘 알 수 있게 된다.

예를 들어, 일본에서는 에도 시대 초기부터 성하게 행해져 왔던 '하네츠키(깃털 치기)'를 들 수 있다. 룰같은 것은 없으나 배드민턴과 많이 닮았다. 이것은 당시 아이들과 어른들이 즐길 수 있는 놀이로 유행해 오다 오늘날에는 정월 풍속의 하나로 이어져 가고 있다. 중국에도 비슷한 게임이 있었다. 그것은 장식이 붙은 볼을 판자 조각으로 치고 받는 것으로, 꽤 성하게 행해졌던 모양이다.

또 영국 왕실의 기록 중에서도 12세기 초, 유럽의 회화에 부인들이 라켓과 셔틀콕으로 놀이를 하고 있는 것이 있어서 이 당시부터 배드민턴이 널리 행해졌던 것을 엿볼 수 있다.

그러나 그것들은 배드민턴과 닮았다는 것 뿐으로 배드민턴의 원형인가 어떤가는 확실하지 않았다. 배드민턴의 기원으로 해서 정설로 되어 있는 것은 인도에서 행해져 왔던 푸너 게임을 19세기 후반 영국 육군의 사관이 본국에 전하여, 그로스타 주의 영주인 보포트 공작이 이것을 보급시켰고, 그의 저택의 이름에 연유하여 '배드민턴'이라고 불리워지게 되었다.

# 제 4 장

# 실기를 시작하기 전에

# 1.
# 스트로크
# (Stroke)

스트로크라는 것은 라켓으로 치는 법을 말한다.

실제 게임에서는 상대로부터 반구되는 셔틀콕의 높이, 방향, 스피드 등이 일정하지 않으므로 명확하게 구별하는 것이 어렵지만 기본적인 스트로크로서 다음과 같이 크게 나눌 수가 있다.(그림34 참조)

## □셔틀콕을 치는 위치의 좌우에 따른 분류

### 포핸드 스트로크(Forehand Stroke)

라켓을 쥐고 있는 손과 같은 몸쪽에서 셔틀콕을 치는 스트로크.

그림34. 스트로크의 분류

| 셔틀콕을 치는 높이에 의한 분류 | 셔틀콕을 치는 몸의 방향에 의한 분류 |
|---|---|
| ○오버 헤드 스트로크 | ○포핸드 스트로크 |
| ○사이드 암 스트로크 | ○백 핸드 스트로크 |
| ○언더 핸드 스트로크 | ☆라운드 더 헤드 스트로크 |

백 핸드 스트로크(Back hand Stroke)

라켓을 쥐고 있는 손과 반대되는 몸쪽에서 셔틀콕을 치는 스트로크.

## □셔틀콕을 치는 위치의 높이에 따른 분류

오버 헤드 스트로크(Over head stroke)

셔틀콕을 머리 위 높은 위치에서 치는 스트로크.

사이드 암 스트로크(Side arm Stroke) 또는 사이드 핸드 스트로크(Side hand Stroke)

셔틀콕을 대강 어깨에서 허리의 높이 정도까지의 위치에서 몸 옆에서 치는 스트로크.

언더 핸드 스트로크(Under hand stroke)

셔틀콕을 낮은 위치에서 윗방향으로 치는 스트로크.

## □그 외의 분류

라운드 더 헤드 스트로크(Round the head stroke)

오버 헤드 스트로크의 변형으로 몸의 좌측(오른손에 라켓을 쥐고 있는 경우)에서 거기다 머리 위에 날아온 셔틀콕을 본래라면 백 핸드로 치는 것이나 그것을 포핸드로 치는 방법으로 배드민턴 특유의 스트로크이다.

## 2. 플라이트(Flight)의 분류

플라이트라는 것은 셔틀콕이 날아가는 방법이란 뜻이다.

셔틀콕은 그 구조상에서 생기는 독특한 비행성을 가지고 있고 치는 법에 따라 다양하다. 그러나 배드민턴 게임에 보여지는 원칙적인 플라이트를 비행 코스에 따라 분류하면 대개 다음과 같이 된다.(그림 35 참조)

### □클리어(Clear)

셔틀콕이 상대의 백 바운더리 라인 가까이까지 높고 빠르게 포물선을 그리는 듯한 플라이트로서 다음의 2종류가 있다.

① 하이 클리어(High clear)

셔틀콕이 높게 올라가서 백 바운더리 라인에 거의 수직으로 낙하하는 듯한 플라이트.

② 드리블 클리어(Driven Clear)

상대의 라켓이 적당히 닿지 않을 정도의 높이로, 어느 정도의 스피드를 가지고 코트의 안쪽 깊숙이 낙하하는 듯한 플라이트.

## □스매시(Smash)

높은 위치에서 대단한 스피드로 상대의 코트 면에 예각적(銳角的)으로 일직선으로 셔틀콕이 돌진하는 듯한 플라이트.

## □드롭(Drop)

네트에서 어느 정도 떨어진 위치에서 친 셔틀콕이 네트를 넘는 것과 동시에 스피드를 떨어뜨려서 네트를 따라 상대의 코트에 낙하하는 듯한 플라이트.

## □드라이브(Drive)

셔틀콕이 네트 위 가장자리의 닿을 듯 말 듯한 높이로 그것도 되도록 코트 면에 평행으로 상당한 스피드로 나는 듯한 플라이트.

그림35. 플라이트의 분류

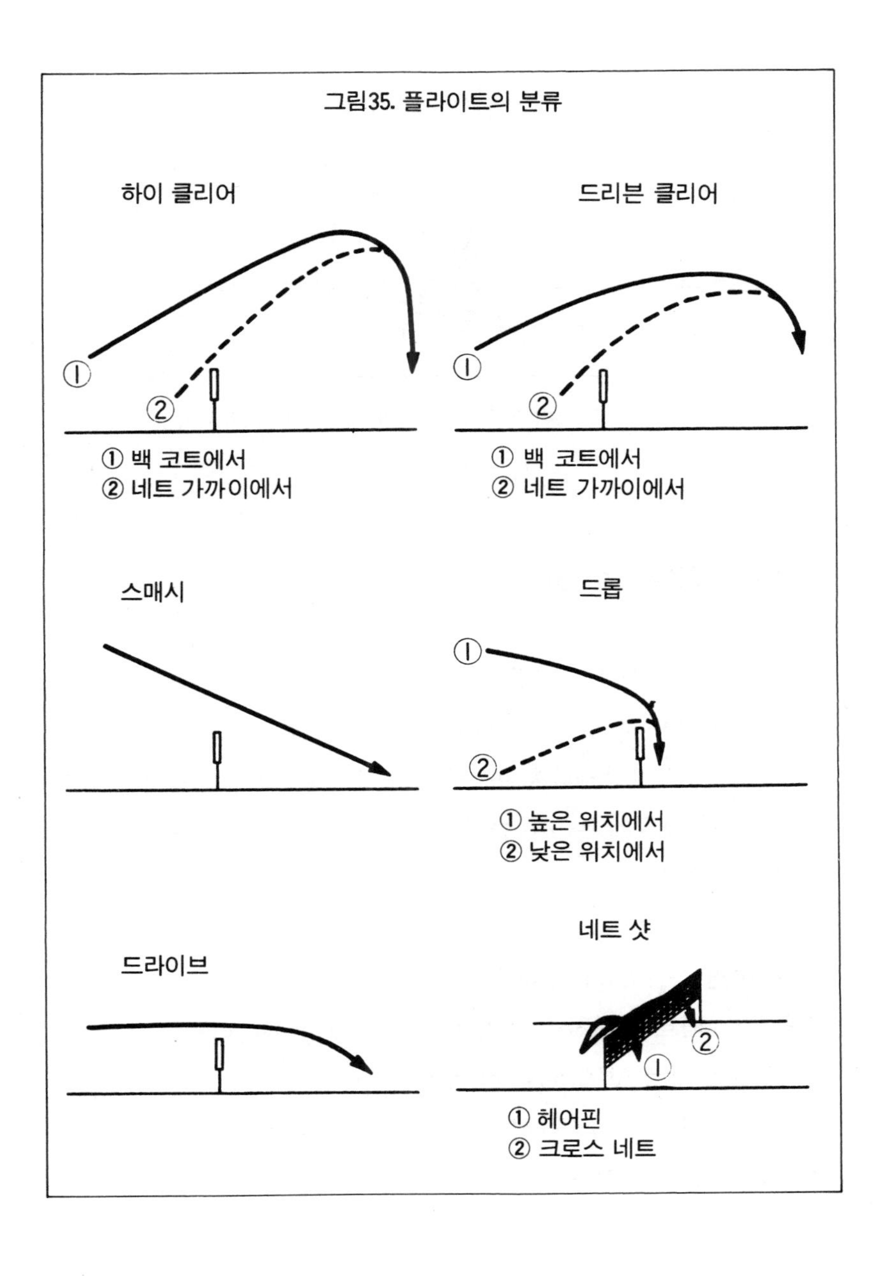

그림36. 서비스의 분류

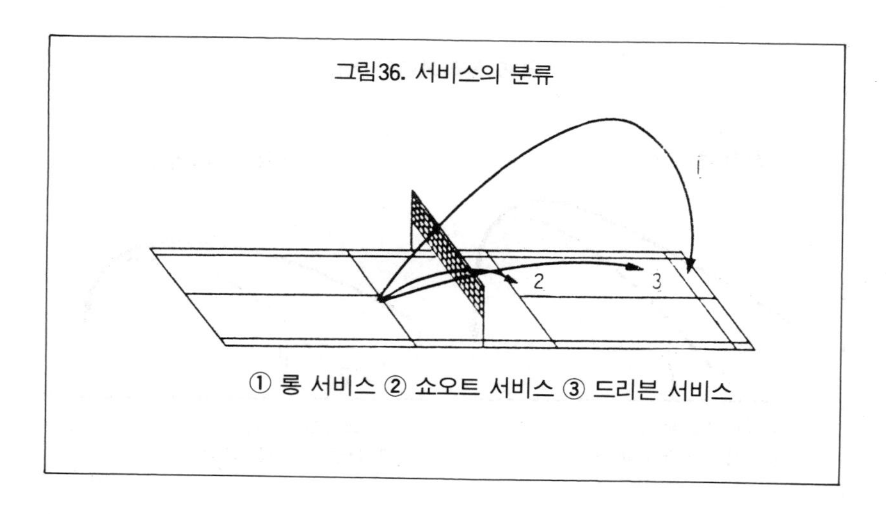


① 롱 서비스 ② 쇼오트 서비스 ③ 드리븐 서비스

## □네트 샷(Net shot)

네트 플라이트라고도 말한다.

네트의 가까이에 떨어뜨려진 셔틀콕을 천천히 스피드를 죽여서 다시 네트 위의 가장자리를 아슬아슬하게 넘는 것과 동시에 네트를 따라 상대의 코트에 낙하하는 듯한 플라이트로서 다음의 2종류로 크게 나누어진다.

① 헤어핀 샷(Hairpin shot)

셔틀콕이 네트에 대하여 직각으로 넣는 듯한 플라이트.

② 크로스 네트 샷(Cross net shot)

셔틀콕이 네트를 비스듬히 넘어서 상대의 사이드 라인 가까이로 낙하하는 듯한 플라이트.

# 3. 서비스(Service)의 분류

## □롱 서비스(Long Service)

롱 하이 서비스(Long high service)라고도 말한다.

셔틀콕이 높이 멀리 상대의 리시브 코트 후방 빠듯한 지점으로 거의 수직으로 낙하하는 듯한 서비스로서 주로 싱글스 게임에 많이 사용된다.(앞 페이지 그림36 ① 참조)

## □쇼오트 서비스(Short Service)

쇼오트 로우 서비스(Short low service)라고도 한다.

네트 위의 가장자리에 닿을 듯 말 듯한 높이로 상대의 쇼오트 서비스 라인 위나, 라인을 조금 넘은 지점에 낙하하는 듯한 서비스로서 주로 더블스 게임에 많이 사용된다.(앞 페이지 그림36② 참조)

## □드리븐 서비스(Driven service)

상당한 스피드가 있는 셔틀콕이 네트 위의 가장자리에 닿을 듯 말 듯한 높이로 네트를 넘어서 상대 코트의 안쪽 깊숙이(혹은 상대의 몸에 쳐넣듯이 예리하게) 낙하하는 듯한 서비스로서 싱글스, 더블스의 양 게임에 사용된다.(앞 페이지 그림36 ③ 참조)

# 제 5 장

# 실기편—기본 스트로크

# 1.
# 라켓을 쥐는 방법

라켓을 쥐는 법, 즉 그립(Grip)은 특별히 규정된 어떤 방법이 있는 것이 아니다. 개인마다 쥐는 방법이 다를 수도 있고, 어떤 형태로 쥐든 상관이 없지만 보통 배드민턴 경기에서는 이스턴 글립이 적당한 것으로 알려져 있다.

## 이스턴 그립(Eastern grip)

이 그립을 타구할 때에, 몸의 오른쪽에서 치는 경우와 왼쪽에서 치는 경우가 있는데, 이때는 각각 다른 타면(打面)을 사용하는 그립으로서 포핸드 그립(Fore hand grip)과 백 핸드 그립(Back hand grip)의 2종류로 나누어진다.

즉, 오른손잡이인 사람이(이후 이 책에서는 오른손잡이인 사람의 경우에 대해 말하겠다. 왼손잡이인 사람은 그 반대의 동작을 하면 된다), 몸의 오른쪽(포핸드쪽)에서 타구하는 경우는 포핸드 그립을 사용하고 몸의 왼쪽(백 핸드쪽)에서 타구하는 경우는 백 핸드 그립을 사용한다.

### □포핸드 그립의 요령

① 라켓의 타면을 바닥에 수직으로 한다

② 엄지와 검지로 V자를 만들 듯이 하여 라켓 위쪽에서 가볍게 핸들을 쥔다. 그 경우 엄지는 핸들 측면의 가장 넓게 깎인 면에 닿도록 하고 새끼 손가락은 핸들의 하단보다도 조금 위쪽의 위치에 있도록 한다.

③ 손목을 중심으로 해서 팔안과 라켓의 샤프트가 V자를 만들도록 가볍게 손목을 구부린다.

④ 손목의 힘을 빼고 타구의 순간에 스냅(Snap)을 살리도록 한다.

언제나 라켓을 가볍게 강하게 쥐나, 손목에 딱딱하게 힘을 주고 있으면 타구할 때 충분히 스냅을 살릴 수가 없기 때문에 특히 주의해야 한다.

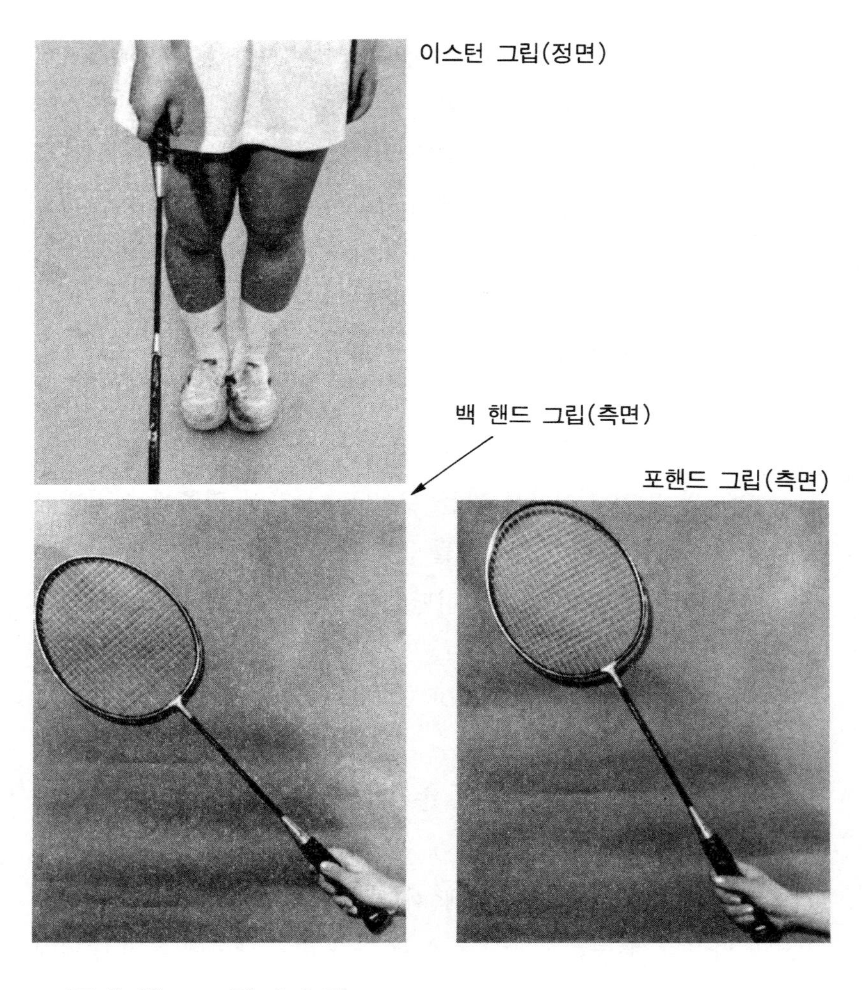

이스턴 그립(정면)

백 핸드 그립(측면)

포핸드 그립(측면)

## □백 핸드 그립의 요령

포핸드 그립과 대체로 비슷하지만,

① 포핸드 그립의 경우보다도 손 위치를 조금 핸들의 왼쪽으로

비켜서 잡는다.

② 엄지를 핸들 측면의 가장 넓은 면에 대고 핸들을 따라서 가볍게 편다.

라는 점이 다소 다르다.

다시 말하면 포핸드 그립으로 라켓을 쥐고 엄지를 핸들을 따라서 가볍게 펴면서 핸들을 조금 오른쪽으로 돌리듯이 하면 백 핸드 그립이 된다.

③ 타구할 때에는 엄지로 라켓을 누르듯이하여 스냅을 살려서 친다.

## 웨스턴 그립(Western grip)

초보자는 처음에는 좀처럼 이스턴 그립에 익숙하지 못하는 듯하여 가지 각색으로 그립을 쥔다.

그중에서도 가장 많은 것이 웨스턴 그립이다.

웨스턴 그립이라는 것은 라켓의 타면을 코트 면과 평행으로 해서 정면 위에서 핸들을 쥐는 방법이다.

이 그립은 라켓의 한 쪽만을 사용하는 것으로 백 핸드측의 타구에 있어서는 아주 불리하다. 또 포핸드측의 타구도 이스턴 그립에 비교해서 스냅을 충분히 살리기 힘든 결점이 있다.

그러나 네트 가까이에서 몸의 정면 특히 머리 높이 정도로 날아온 셔틀콕을 라켓을 밀어내듯이 하여 타구하는 듯한 특별한 경우는 이스턴 그립보다 유리한 듯하다.

웨스턴 그립

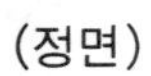

(정면)

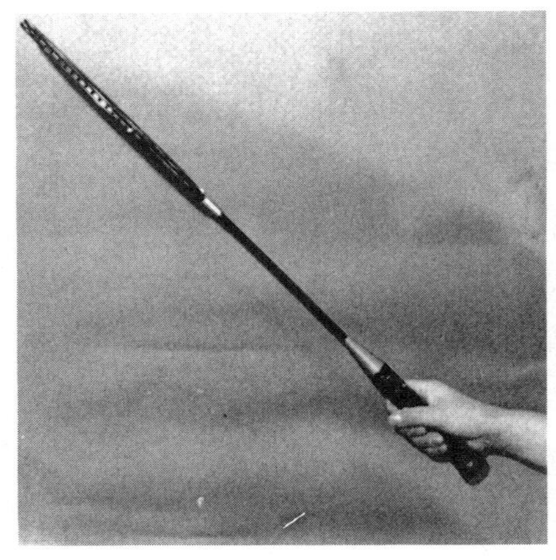

(측면)

## 그 외의 그립

그 외 다음에 예를 든 사진과 같은 여러 가지 그립을 보자.

이 그립들은 처음에는 치기 쉽다고 생각할지도 모르지만, 실제의 플레이에서는 여러 가지 불리한 점이 많다.

배드민턴의 기술 향상을 위해서는 처음부터 배드민턴에 적당한 그립으로 연습하는 것이 중요하다.

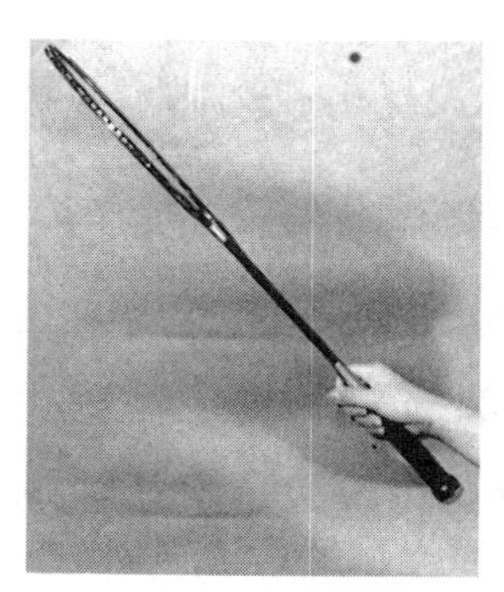

라켓을 너무 짧게 쥔다.

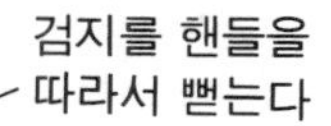

검지를 핸들을
따라서 뻗는다

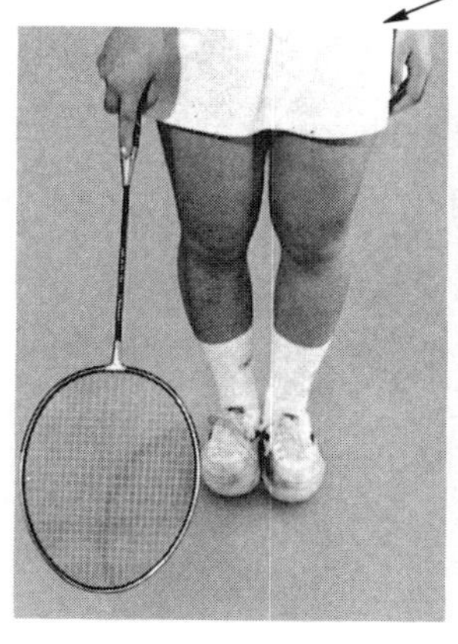

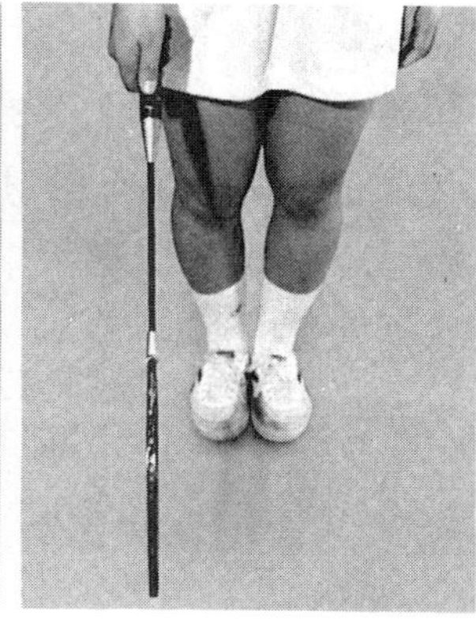

엄지를 핸들을
따라서 뻗는다.

# 2. 스트로크의 기본적 요령

스트로크는 단순히 팔만으로 셔틀콕을 치는 것이 아니고, 전신의 조화를 유지하면서 치는 것이라는 것을 항상 염두해 두는 것이 중요하다.

타구 때의 준비 자세, 타구의 자세, 치고난 뒤의 자세, 풋 워크 등이 조화있게 작용하여야 좋은 스트로크가 가능하다.

다음으로 각각의 스트로크의 기본적 요령에 대해 설명해 두겠다.

# 3.
# 오버 헤드 스트로크

머리 위 높은 위치에서 타구하는 것을 오버 헤드 스트로크라고 한다.

## 포핸드 스트로크의 요령

① 네트에 정면으로 대하고 전신을 릴랙스 시킨다. 팔꿈치, 손목을 가볍게 구부려서 라켓 헤드를 위로 올려서 두 발꿈치를 뜨게 해서 어느 방향으로도 재빨리 이동할 수 있는 자세로 준비한다.

〈주〉 이 자세는 기본적인 준비 자세이며 어느 스트로크의 경우에도 공통이므로 이후는 설명을 생략하고 기본 준비 자세만 설명하겠다.

② 오른발을 뒤쪽으로 당기고 상체를 가볍게 후방으로 젖히면서 오른쪽 팔꿈치, 오른쪽 어깨를 뒤쪽으로 당기고 라켓을 어깨에 짊어지는 듯한 기분으로 자연스럽게 뒤쪽으로 쳐올린다.(어깨에 힘이 들어가지 않도록 주의한다)

양 어깨를 이은 선이 네트에 대해서 거의 직각이 되도록 상체를 오른쪽으로 돌린다.

③ 동시에 왼손을 앞쪽으로 올려서 몸의 밸런스를 취한다. 체중은 오른발에 걸린다.

④ 오른쪽 팔꿈치를 전방 위쪽으로 끌어 올리듯이 하여 팔을 펴면서 라켓을 치도록 머리 위에서 높게 원을 그리듯이 하여 전방 위쪽으로 쳐낸다.

이 경우 팔이 어깨의 바로 위로 직립할 때 까지는 팔꿈치, 손목이 라켓보다 전방에 있도록 즉, 팔꿈치 손목으로 라켓을 전방의 위쪽으로 끌어내듯이 한다.

체중은 조금씩 왼발로 옮겨지고, 동시에 젖혀진 상체를 앞쪽으로 되돌린다.

⑤ 오른팔이 어깨의 정면 위로 다 뻗은 곳에서, 스냅을 살려서 라켓을 팔꿈치 손목보다도 전방으로 쳐내고 되도록 높은 위치에서 타구한다.

타구의 순간은 체중은 완전히 왼발로 옮겨지고 라켓 헤드에서 발끝까지를 잇는 선이 거의 일직선이 된다.

⑥ 타구 후에는 힘을 빼고 라켓을 자연스럽게 쳐내리고 기본의 '준비 자세'로 되돌아간다.

오버 헤드 스트로크, (클리어를 치는 경우의 예)

## 오버 헤드 스트로크에서의 플라이트

### □하이 클리어의 치는 법

① 머리 위 되도록 높은 위치 즉, 오른팔이 어깨 위에 다 뻗쳐졌을

하이 클리어

쯤 셔틀콕이 높게 멀리 상대의 백 바운더리 라인 부근으로 낙하하도록 타구한다.

② 타구할 때는 셔틀콕을 밀어내는 것이 아니고, 튀겨내는 듯한 느낌으로 강하게 친다.

〈주〉 포핸드의 오버 헤드 스트로크로 하이 클리어를 치는 것은 배드민턴의 스트로크 중에서도 가장 기본적인 것이기 때문에 다음의 점에 주의해서 충분히 시간을 들여서 연습할 필요가 있다.

낙하해 오는 셔틀콕을 어느 위치에서 기다릴까?

초보자는 일반적으로 낙하하는 셔틀콕의 밑으로 너무 들어가므로 (기다리는 위치가 너무 앞쪽이다), 타구점이 몸의 후방이 되어, 친 셔틀콕이 떠서, 멀리 날지 않는 결과를 낳는다.

어떤 높이에서 셔틀콕을 칠까?

타구점이 낮으면 팔꿈치가 구부러져서 이른바 짧은 타구가 되기 쉽다.

타구의 순간에 라켓의 타면이 셔틀콕에 바르게 닿고 있는가 어떤가?

## □스매시 치는 법

① 하이 클리어의 경우보다도 타구점을 조금 앞쪽으로 한다.

② 스냅을 충분히 살려서 라켓의 타면을 셔틀콕의 위에서 덮어 씌우는 듯한 기분으로 타구한다.

③ 셔틀콕을 되도록 높은 위치에서 잡아 급각도로 그것도 빠른 스피드로 직선적으로 상대의 코트에 낙하하도록 강타한다.

〈주〉 단지 무턱대고 강하게 치자고만 생각하면 어깨에 너무 힘이 들어 가서 타구할 때에 충분한 스냅을 살리기 힘들게 되거나, 라켓의 타면이 셔틀콕에 바르게 닿지 않는 경우가 많다.

타구의 직전까지는 라켓을 가볍게 쥐고, 치는 순간에 스냅을 살리면서 강하게 쥐는 듯이 하면 좋다.

스매시는 그저 단순하게 스피드가 있는 것만이 아니고 상대에게 최후의 일격을 가하는 것으로서 노린 장소에 정확히 쳐넣는 듯이 유의해서 연습한다.

## □드롭 치는 법

① 타구의 순간에 팔의 힘을 빼고 셔틀콕의 스피드를 컨트롤해서 네트 위의 가장자리를 노려서 셔틀콕을 떨어뜨리는 듯한 기분으로 가볍게 타구한다.

② 타구 후는 라켓을 밑에까지 다 휘두르지 않도록 주의한다

③ 또 타구의 순간에 셔틀콕을 커트(cut)하는 방법도 있다. 커트의 요령은 셔틀콕을 자르듯이 즉, 셔틀콕이 라켓의 타면에 닿았을 때에 라켓을 옆으로 미끌어지게 하도록 친다.

〈주〉 드롭 치는 법은 아주 델리케이트한 라켓 조작을 필요로 하는 것이며 실패한 경우는 상대가 알맞게 치기 좋은 높이에서 그것도 스피드가 느슨한 셔틀콕을 네트 가까이로 송구하는 것으로 되기 때문에 셔틀콕이 되도록 네트 위의 가장자리에 가까운 높이로, 그것도 네트를 넘었다면 급속히 감속해서 낙하하도록(적어도 상대 코트의 쇼오트 서비스 라인보다도 네트 가까이에 낙하하도록) 유의해서 연습한다.

## □드라이브 치는 법

오버 헤드 스트로크 등 스트로크이다.

이것은 상대로부터의 반구가 비교적 코트의 전방쪽으로, 그것도 얼굴 정면 부근으로 날아온 경우 등에 사용되는 방법이다.

① 오른쪽 팔꿈치를 구부려서 라켓을 어깨 가까이에 세우도록 해서 준비하고, 몸의 전방에서 셔틀콕을 잡아서

② 팔을 앞쪽으로 뻗어 네트 위의 가장자리에 닿을 듯 말 듯한 높이를 노려서 셔틀콕을 전방으로 밀어내듯이 하여 스냅을 살려서 예리하게 타구한다.

〈주〉 셔틀콕이 네트에 닿을 듯 말 듯한 높이로 그것도 거의 코트면과 평행으로 상당한 스피드로 상대 코트의 안쪽 깊숙하게 날도록 유의해서 연습한다.

하이 백 핸드 스트로크, (클리어를 치는 경우의 예)

## 백 핸드 스트로크의 요령

백 핸드의 오버 헤드 스트로크를 보통 하이 백 핸드 스트로크(High back hand stroke)라고 부르고 있다.

스트로크의 요령은 다음과 같다.

① '기본 준비 자세'에서 오른발을 몸의 왼쪽에 내디디고 네트에 등을 향하는 정도로 상체를 왼쪽으로 돌린다.

② 오른쪽 팔꿈치를 구부리고 팔꿈치를 올려서 라켓 헤드를 내리듯이 하여 라켓을 왼쪽 후방으로 당기면서 몸을 후방으로 젖힌다. 체중은 왼발에 걸린다.

③ 젖혀진 상체를 전방으로 되돌리면서 팔꿈치를 위쪽으로 끌어올리듯이 하여 오른발을 뻗어 라켓은 되도록 머리 위에서 높게 원을 그리듯이 하여 전방의 위쪽(네트의 방향)으로 휘두른다. 체중은 오른발로 이동하기 시작한다.

④ 셔틀콕을 되도록 높은 위치에서 잡아 스냅을 충분히 살리면서 타구한다. 체중은 완전히 오른발로 옮겨진다.

⑤ 타구 후는 힘을 빼고 라켓을 자연스럽게 내리고 '기본의 준비 자세'로 되돌아 간다.

〈주〉 하이 백 핸드 스트로크는 초보자에게 꽤 어려운 스트로크이기 때문에 바르게 백 핸드 그립법을 쓴다.

팔뿐만 아니라 특히 전신을 조화있게 사용하여 타구한다.

하이 백 핸드 스트로크로부터의 플라이트

포핸드의 오버 헤드 스트로크의 경우와 같은 요령으로 클리어, 스매시,드롭 등을 타구할 수가 있다.

# 4.

# 라운드 더 헤드 스트로크

몸의 왼쪽에서 그것도 머리 위로 날아온 셔틀콕을 백 핸드로 치지 않고 포핸드 그립인 그대로 포핸드의 타면을 사용하여 몸의 왼쪽에서 타구하는 배드민턴 독특의 스트로크이다.

초보자는 물론이고 보통의 플레이어는 포핸드 스트로크에 비해서 백 핸드 스트로크가 일반적으로 어렵고 특히 하이 백 핸드 스트로크는 힘이 들어가기 어렵다.

그 경우에 이 스트로크를 행하면 포핸드로 친 경우나 거의 같은 힘으로 타구할 수가 있다.

## 스트로크의 요령

① '기본의 준비 자세'로 네트에 정면으로 대하고 양발을 조금 넓은 듯하게 좌우로 벌린다.

② 오른쪽 팔꿈치를 구부려서 오른쪽 어깨를 뒤쪽으로 당기면서 라켓을 머리 위로 높이 쳐들듯이 하여 뒤쪽으로 당긴다.

③ 상체를 젖혀서 몸을 왼쪽으로 기울이면서 라켓을 머리의 뒤쪽에서 왼쪽으로 반원을 그리듯이 하여 쳐낸다.

④ 젖혀진 상체를 앞쪽으로 되돌리면서 오른쪽 팔을 뻗어서 머리 위 왼쪽에서 포핸드의 타면으로 타구한다. 타구의 순간은 체중이 왼쪽 발에 걸린다.

⑤ 타구 후는 힘을 빼고 라켓을 자연스럽게 내리고 최초의 준비 자세로 되돌아간다.

〈주〉 몸의 유연성이 특히 필요하다.

타구할 때에 몸의 밸런스가 무너지기 쉬우므로 밸런스의 조화에 주의한다.

라운드 더 헤드 스트로크로부터의 플라이트.

클리어, 스매시, 드롭 등의 플라이트를 쳐낼 수가 있다.

라운드 더 헤드 스트로크, (클리어를 치는 경우의 예)

# 5. 언더 핸드 스트로크

허리보다 낮은 위치에 날아온 셔틀콕을 윗방향으로 타구하는 스트로크이다.

## 포핸드 스트로크의 요령

① '기본의 준비 자세'에서 셔틀콕이 낙하하는 방향으로 오른발을 내디딘다.

② 오른쪽 어깨를 뒤쪽으로 당기고 오른쪽 팔꿈치를 가볍게 구부린 채로 손목을 뒤쪽으로 구부려서 라켓 헤드를 뒤쪽으로 당긴다.

③ 내디딘 오른발에 체중을 이동시키면서 손목으로 라켓을 내밀듯이 하여 팔꿈치를 뻗어서 라켓을 아래쪽에서 앞쪽으로 쳐낸다.

언더 핸드 스트로크, (포핸드로 클리어를 치는 경우의 예)

④ 스냅을 살려서 팔과 라켓이 거의 일직선이 되었을 쯤에 타구한다. 체중은 오른발에 걸린다.

⑤ 타구 후는 팔의 힘을 빼고 자연스럽게 라켓을 전방의 위쪽으로 쳐올리고 오른발을 당겨서 최초의 준비 자세로 되돌아간다.

언더 핸드 스트로크, (백 핸드로 클리어를 치는 경우의 예)

## 백 핸드 스트로크의 요령

① '기본의 준비 자세'에서 셔틀콕이 낙하하는 방향으로 오른발을 내디딘다.

② 오른쪽 어깨를 왼쪽으로 돌리면서 팔꿈치, 손목을 구부려서 라켓을 세우는 듯이 하여 몸의 왼쪽으로 당긴다.

③ 오른발로 체중을 이동시키면서 라켓 헤드가 몸의 뒤쪽에서 아래쪽으로 향하여 원을 그리듯이 손목을 뒤집는다.

④ 오른팔을 뻗어서 라켓 헤드를 아래쪽에서 전방으로 쳐내고 스냅을 살려서 팔과 라켓이 거의 일직선으로 되었을 쯤에 타구한다. 체중은 오른발에 걸린다.

⑤ 타구 후는 팔의 힘을 빼고 자연스럽게 라켓을 위쪽으로 치켜 올려서 오른발을 당기고 최초의 준비 자세로 되돌아간다.

## 언더 핸드 스트로크로부터의 플라이트

언더 핸드 스트로크로 클리어, 드롭, 네트 샷 등의 플라이트를 쳐낼 수가 있다.

### □클리어 치는 법

클리어는 셔틀콕이 높이, 멀리 상대 코트의 백 바운더리 라인 가까이에 낙하하도록 치지 않으면 안 된다. 그러기 위해서는,

① 처음에 라켓을 뒤쪽으로 당기는 것을 조금 크게 하고 손목을 충분히 뒤쪽으로 구부린다.

② 타구 직전까지 손목을 뒤쪽으로 구부려 두고 타구의 순간에 스냅을 충분히 살려서 강타한다.

③ 타구 후는 포핸드 스트로크의 경우는 라켓이 왼쪽 어깨 가까이 까지, 백 핸드 스트로크의 경우는 오른쪽 어깨 가까이 까지 라켓

을 치켜 올리듯이 한다.

### □드롭 치는 법

코트의 후반 구역에서 상대 코트의 네트 가까이로 드롭을 치는 것도 꽤 효과가 있는 일이다.

그러나 셔틀콕이 네트를 넘어서도 한층 상승해서 날아가는 듯한 경우는 상대에게 공격을 위한 절호의 찬스가 되기 쉬우므로,

① 네트 위의 가장자리를 노려서,

② 타구의 순간에 힘을 컨트롤해서 셔틀콕이 네트를 넘었다면 곧 낙하하도록 타구하는 것이 중요하다.

〈주〉 클리어를 치는 경우와 같이 타구 후 라켓을 반대쪽 어깨 부근까지 치켜 올리지 않고 타구의 순간에 일시적으로 라켓을 멈추는 듯한 기분으로 친다.

### □네트 샷

네트 샷을 타구하는 네트 스트로크는 언더 핸드 스트로크의 일종이라고 생각되어지는데 스트로크의 요령이 다소 틀리므로 다음 항에서 별개로 말하겠다.

# 6.
# 네트 스트로크

상대로부터의 송구가 네트 가까이로 낮게 낙하했을 때 다시 네트 가까이로 낮게 반구하는 경우의 스트로크이다.

## 헤어핀 샷의 치는 법

### □포핸드 스트로크

① '기본의 준비 자세'에서 상체는 네트에 정면으로 대한 채로, 오른발을 전방 즉, 셔틀콕의 낙하 방향으로 내디딘다.

② 오른팔을 뻗어서 라켓을 바닥면에 평행으로 하고 타면은 네트에 가까운 쪽을 조금 내리듯이 하여 앞쪽으로 낸다.

헤어핀 샷(포핸드)

③ 셔틀콕을 되도록 네트 위의 가장자리에 가까운 위치에서 잡아서 '라켓을 들어 올린다'는 기분으로 셔틀콕의 스피드를 죽여서 네트 위의 가장자리에 닿을 듯 말 듯한 높이로 네트에 대하여 직각으로 넘도록 가볍게 타구한다. 체중은 자연히 오른발에 걸린다.

④ 타구 후는 오른발을 당기고 최초의 준비 자세로 되돌아간다.

## □백 핸드 스트로크

① '기본의 준비 자세'에서 오른발을 왼쪽 전방 측, 셔틀콕의 낙하 방향으로 내디디고 몸을 왼쪽으로 돌리면서 오른쪽 팔꿈치를 구부려서 라켓을 몸의 왼쪽으로 당긴다.

② 팔을 가볍게 뻗어서 라켓을 바닥면에 평행으로 하고 네트에 가까운 타면을 조금 내리듯이 하여 앞쪽으로 낸다.

③ 될 수 있는 한 네트 위의 가장자리에 가까운 위치에서 셔틀콕을 잡아서 '라켓을 들어 올린다'는 기분으로 셔틀콕의 스피드를 죽여서 가볍게 타구한다. 체중은 자연스럽게 오른발에 걸린다.

헤어핀 샷(백 핸드)

④ 타구 후는 오른발을 당겨서 최초의 준비 자세로 되돌아간다.

### 숙련자가 많이 사용하는 타법

숙련자가 많이 사용하는 방법으로서 네트 위의 가장자리 가까이에서 셔틀콕을 잡은 경우에,

① 라켓을 바닥면에 평행으로 하고 네트에 가까운 타면을 조금 내리듯이 하여 팔꿈치를 가볍게 구부려서 준비하며,

② 팔을 뻗으면서 라켓을 네트쪽으로 밀어내듯이 하여 타구한다.

이상의 방법이 있다.

## 크로스 네트 샷의 치는 법

포핸드, 백 핸드 모두 헤어핀 샷의 경우와 거의 같은 요령이지만,

① 타구의 순간에 스냅을 살려서 라켓을 세우는 듯한 느낌으로 라켓 헤드로 반원을 그리듯이 하여,

② 셔틀콕이 네트 위의 가장자리에 닿을 듯 말 듯한 높이로 네트를 비스듬히 가로지르고 상대 코트의 사이드 라인 가까이로 낙하하도록 타구한다.

크로스 네트 샷(포핸드)

# 7. 사이드 암 스트로크

어깨에서 허리의 높이 사이에서 셔틀콕을 몸 옆에서 치는 스트로크이다.

## 포핸드 스트로크의 요령

① '기본의 준비 자세'에서 오른발을 오른쪽으로 경사지게 앞쪽으로 낸다.

② 오른쪽 어깨를 뒤쪽으로 당기면서, 상체를 오른쪽으로 돌리고 손목을 뒤집어서 라켓을 충분히 뒤쪽으로 당긴다.

③ 허리의 회전을 이용하여 상체를 틀어서 되돌리도록 하여 오른팔을 팔꿈치, 손목의 순서로 앞쪽으로 쳐낸다. 체중은 서서히 오른발

사이드 암 스트로크(포핸드)

로 옮겨진다.

④ 타구의 순간에 팔과 라켓이 거의 일직선으로 그 위에 마루면과 거의 평행이 되도록 팔꿈치, 손목으로 라켓을 앞쪽으로 끌어내고 최후로 스냅을 살려서 타구한다. 체중은 완전히 오른발로 옮겨진다.

⑤ 오른발을 되돌리고 최초의 준비 자세로 된다.

## 백 핸드 스트로크의 요령

① '기본의 준비 자세'에서 오른발을 좌측으로 경사지게 앞으로 내고 오른팔을 몸에 감아 붙이는 듯한 느낌으로 몸의 좌측으로 당긴다.

② 상체를 왼쪽으로 돌리면서 라켓을 몸의 좌측 후방으로 당긴다. 이 때 양 어깨를 이은 선이 네트에 대하여 거의 직각이 될 정도로 한다.

③ 허리의 회전을 이용하고 몸에 감아 붙힌 오른팔을 풀 듯이 휘둘러서 상체를 오른쪽으로 돌리고 팔꿈치, 손목의 순으로 전방으로 휘둘러 낸다.

④ 타구의 순간에 팔과 라켓이 거의 일직선으로 그 위에 바닥면과 거의 평행이 되도록 팔꿈치, 손목으로 라켓을 전방으로 끌어내고 최후에 스냅을 살려서 타구한다. 체중은 완전히 오른발로 옮겨진다.

⑤ 오른발을 되돌리고, 최초의 준비 자세로 된다.

## 사이드 암 스트로크로부터의 플라이트

### □드라이브의 치는 법

① 타구할 때는 네트에 아슬아슬한 높이를 노려서 셔틀콕을 밀어 내는 듯한 느낌으로 예리하게 타구한다.

② 셔틀콕이 상당한 스피드로 상대의 백 코트로 날도록 허리, 상체

사이드 암 스트로크(백 핸드)

를 비틀고 스냅을 살려서 타구한다.

## 그 외의 플라이트

그 외에 드롭 클리어 등의 플라이트를 타구할 수가 있으나, 기본 연습으로는 드라이브에 중점을 두어서 연습하는 것이 중요하다고 생각되므로 여기서는 생략하겠다.

# 제 6 장

# 실기편——풋 워크

# 1.
# 풋 워크의 요점

① 셔틀콕이 날아오는 지점을 예측하여,

② 경쾌한 발이동이 되도록 하고 빨리, 정확한 스트로크를 하기에 가장 좋은 위치에 도달하고,

③ 밸런스가 이루어진 안정된 자세로 준비하여,

④ 타구 후는 되도록 빨리 홈 포지션(Home position＝코트 중앙부 수비의 기본 위치)으로 간다.

라는 일이다.

실제 게임에서는 거의 정지하는 일 없이 상대로 부터 반구된 셔틀콕을 따라가서 코트 내를 이동하고 있다.

정위치에서 기본 스트로크가 일단 될 수 있어도 풋 워크가 동반되지 않으면 모처럼의 기본 스트로크의 연습 효과를 발휘할 수가 없고 공연히 상대에게 농락당하는 결과가 되기 쉬우므로 스트로크와 풋 워크와는 떼놓을 수 없는 밀접한 관계를 이루고 있다.

# 2. 풋 워크의 기본적인 스텝

배드민턴의 게임에서 사용되는 기본적인 스텝(발을 옮기는 방법)은 대체로 다음과 같은 것이다.

## □러닝 스텝(Running step)

보통 구보할 때와 같이 좌, 우, 좌로 교대로 발을 옮기는 방법.

## □슬라이드 스텝(Slide step)

오른쪽(왼쪽) 발을 한 걸음 내디디고 왼쪽(오른쪽) 발을 오른쪽(왼쪽) 발 가까이로 끌어당김과 동시에 오른쪽(왼쪽) 발을 다시 내디디는 방법.

## □홉 스텝(Hop step)

같은 쪽의 한쪽 발로 연속해서 가볍게 뛰는 방법.

## □피보트(Pibot)

한쪽 발을 축으로 하여 몸방향을 오른쪽 또는 왼쪽으로 바꾸는 방법이다.

실제 게임에서는 이런 스텝들을 단독으로 하거나 혹은 2개 이상을 섞어서 행한다.

다음은 실제로 코트를 이동하는 경우의 기본적 요령에 대해 말하겠다.

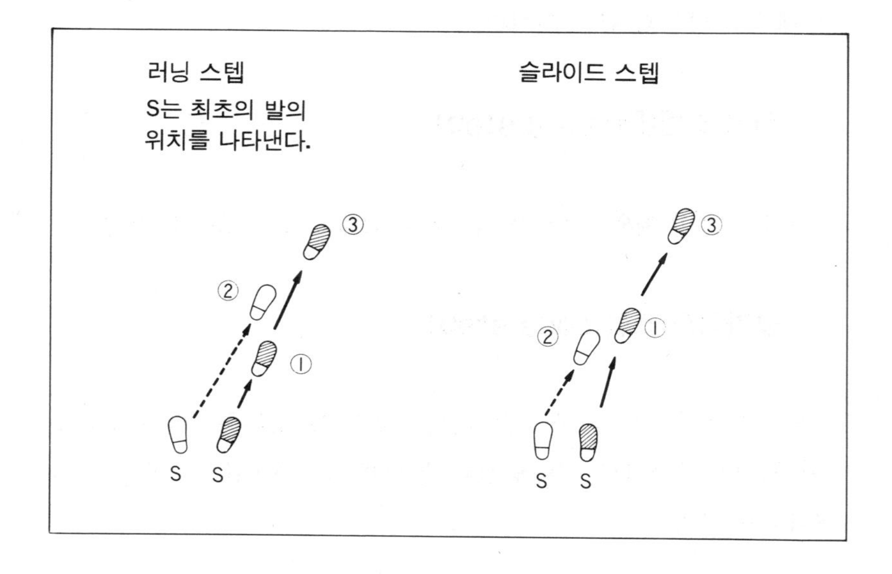

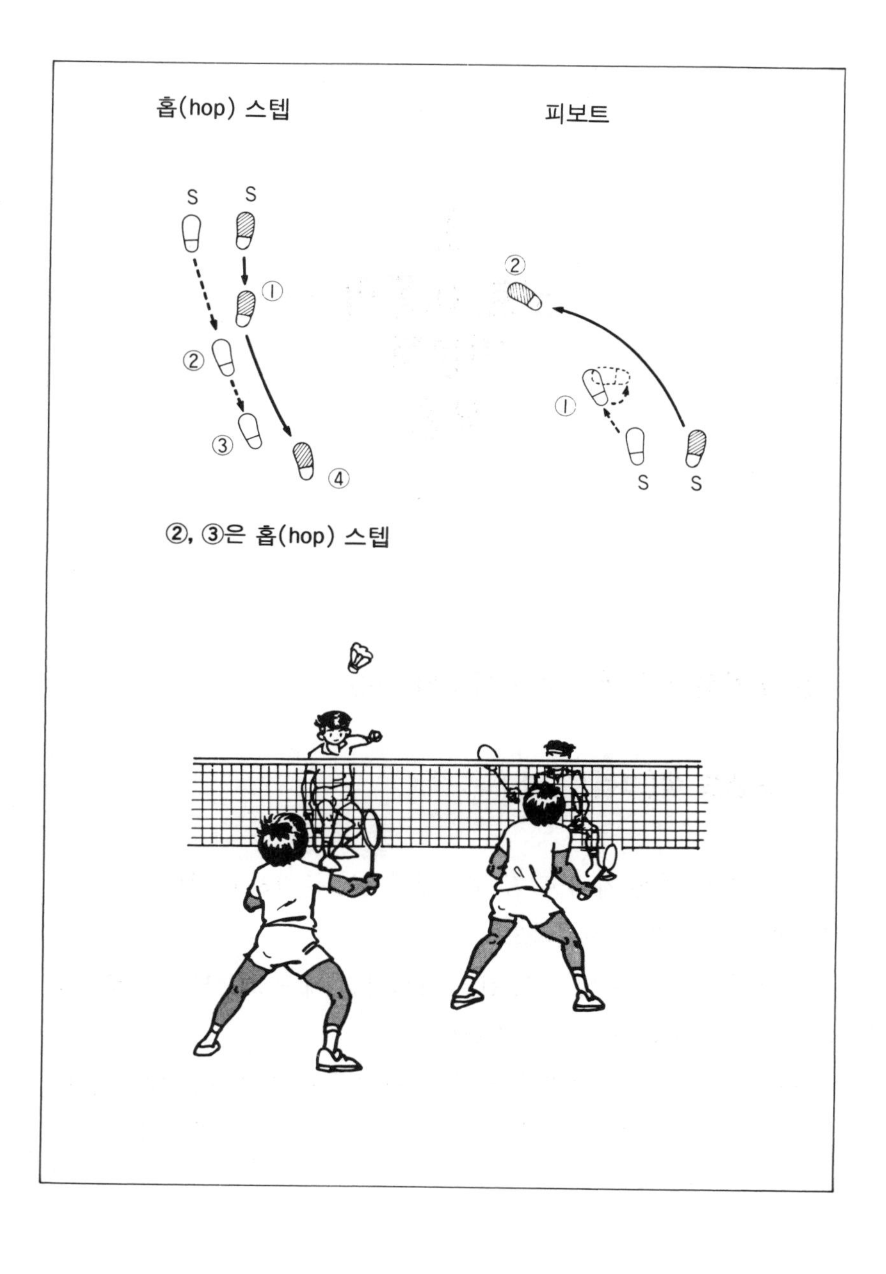
홉(hop) 스텝
피보트
S
S
①
②
③
④
②
①
S
S
②, ③은 홉(hop) 스텝

# 3.
# 코트 이동의 기본적 요령

## 홈 포지션에서 네트 가까이로의 전진

### □포핸드 쪽(그림1 참조)

① '기본의 기본 자세'로 홈 포지션에서는 준비하고 러닝 스텝이나 슬라이드 스텝으로 전진하고,

② 최후로 오른발 앞으로, 왼발 뒤로의 자세로 포핸드 스트로크로 타구한다. 체중은 오른발에 걸린다.

〈주〉 일 보 전진하면 타구할 수 있는 경우는 오른발을 내디딘다.

③ 앞으로 낸 오른발로 바닥을 차는 듯이 하여 왼발부터 후퇴하고, 홈 포지션으로 바꾼다.

그림1. 홈 포지션에서 네트 가까이로의 전진(포핸드 측)

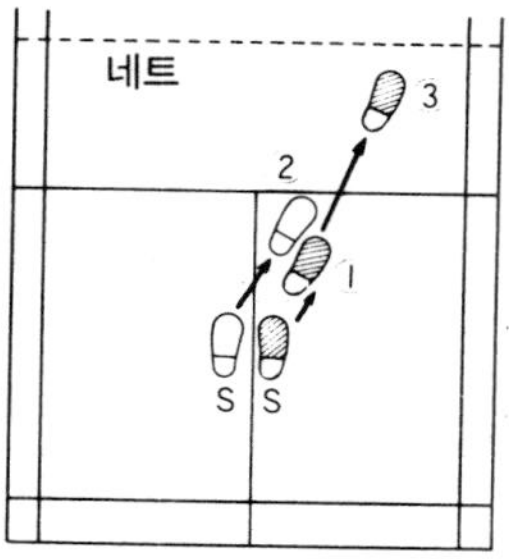

S는 최초의 발의 위치를 나타낸다

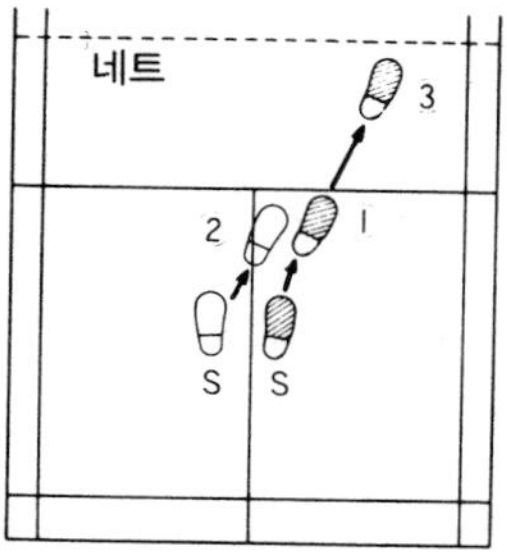

(a) 러닝 스텝

(b) 슬라이드 스텝

그림2. 홈 포지션에서 네트 가까이로의 전진 (백 핸드 측)

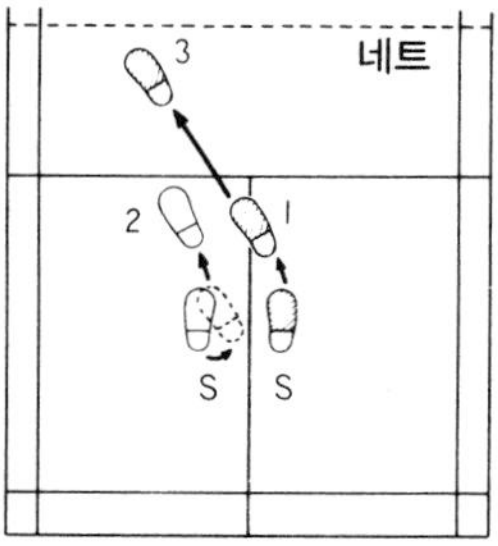

(a) 러닝 스텝

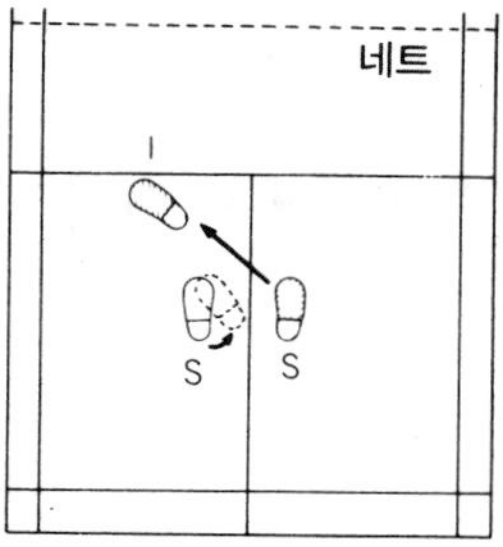

(b) 한 걸음 내디뎌서 타구할 수 있는 경우는 왼발로 피보트하고 오른발을 내디딘다.

그림3. 홈 포지션에서 사이드로의 이동(포핸드 측)

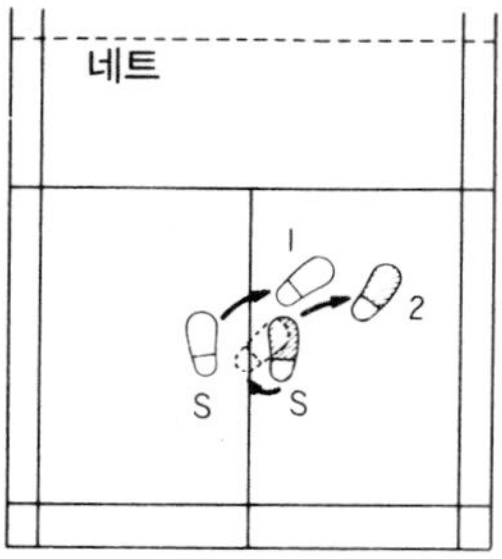

(a) 러닝 스텝

(b) 슬라이드 스텝

### □백 핸드 쪽(그림2 참조)

① '홈 포지션의 준비 자세'에서 러닝 스텝으로 전진하고,

② 오른발 앞으로, 왼발 뒤로의 자세로 백 핸드 스트로크로 타구한다. 체중은 오른발에 걸린다.

〈주〉 일 보 내디뎌서 타구할 수 있는 경우는 왼발을 축으로 해서 피보트하고 오른발을 내디딘다.

③ 오른발로 바닥을 차는 듯이 하여 왼발부터 후퇴하고 홈 포지션으로 바꾼다.

## 홈 포지션에서 사이드로의 이동

(사이드 암 스트로크를 행하는 경우의 예)

### 포핸드 쪽(그림3 참조)

① '홈 포지션의 준비 자세'에서 러닝 스텝 또는 슬라이드 스텝으로 타구 지점까지 이동하고,

② 최후로 오른발을 약간 크게 오른쪽으로 내디디고 체중을 오른발에 걸어서 포핸드 스트로크로 타구한다.

③ 오른발로 바닥을 차는듯이 하여 왼발부터 이동해서 홈 포지션으로 바꾼다.

## □백핸드 쪽(그림4 참조)

① 포핸드 쪽과 같은 요령으로 이동하고,

② 최후로 오른발을 몸의 왼쪽으로 내디디고, 백 핸드 스트로크로 타구한다.

③ 오른발로 바닥을 차는 듯이 하여 왼발부터 이동해서 홈 포지션으로 바꾼다.

그림4. 홈 포지션에서 사이드로의 이동(백 핸드)

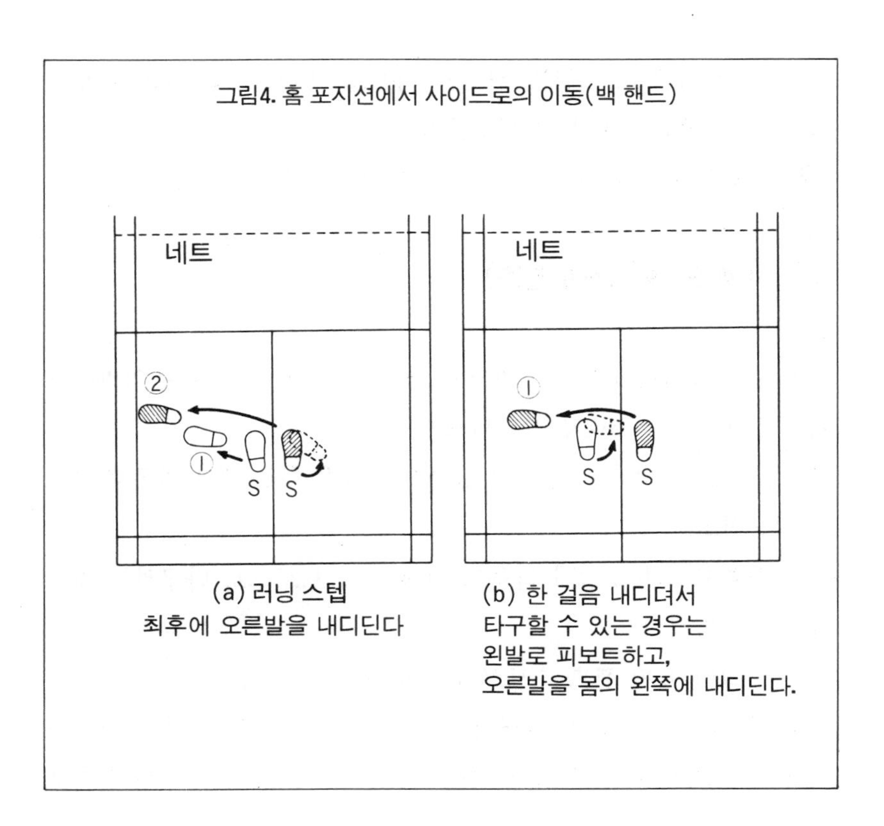


(a) 러닝 스텝
최후에 오른발을 내디딘다

(b) 한 걸음 내디뎌서
타구할 수 있는 경우는
왼발로 피보트하고,
오른발을 몸의 왼쪽에 내디딘다.

## 홈 포지션에서 백 코트로의 이동

### 포핸드쪽(그림5 참조)

① '홈 포지션의 준비 자세'에서 앞을 향한 자세 그대로, 러닝 스텝(또는 홉 스텝이나 슬라이드 스텝을 병용)으로 타구 지점까지 후퇴한다.

② 왼발 앞으로, 오른발 뒤로의 자세로 포핸드 스트로크를 행한다. 체중은 오른발에서 왼발로 옮겨진다.

③ 오른발부터 내디더서 홈 포지션으로 바꾼다.

### □백 핸드 쪽(그림6 참조)

백 핸드 쪽에서 코트의 후방으로 셔틀콕이 날아온 경우는 일반적으로 약한 백 핸드 스트로크를 피해서,

① 포핸드 쪽의 경우와 같은 요령으로 앞을 향한 채로 왼쪽 후방으로 이동하고,

② 포핸드 스트로크나 라운드 더 헤드 스트로크로 타구하는 것이 일반적인 방법이다.

〈주〉 그러나 백 핸드 스트로크를 행하는 경우는,

① '홈 포지션의 준비 자세'에서 오른발을 한 걸음 후퇴시켜서(또는 왼발, 오른발로 두 걸음 후퇴시켜서), 오른발을 축으로 해서 피보

그림5. 홈 포지션에서 백 코트로의 후퇴(포핸드 측)

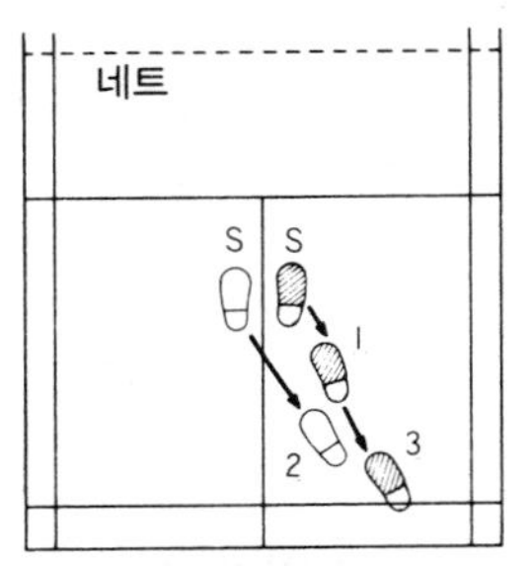


(a) 앞을 향한 채로
러닝 스텝

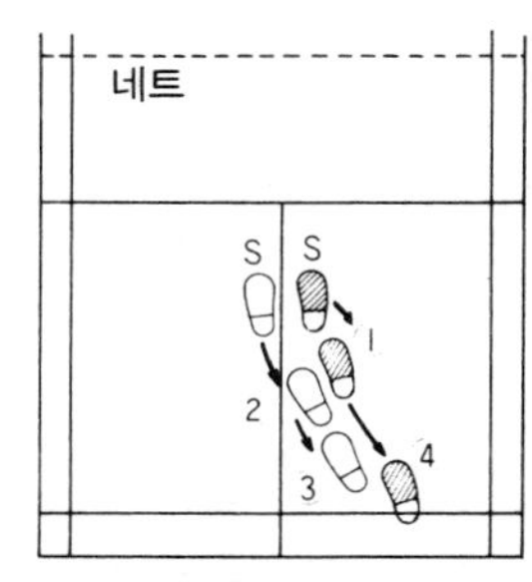


(b) 앞을 향한 채로,
러닝 스텝과 홉(hop) 스텝을 병용

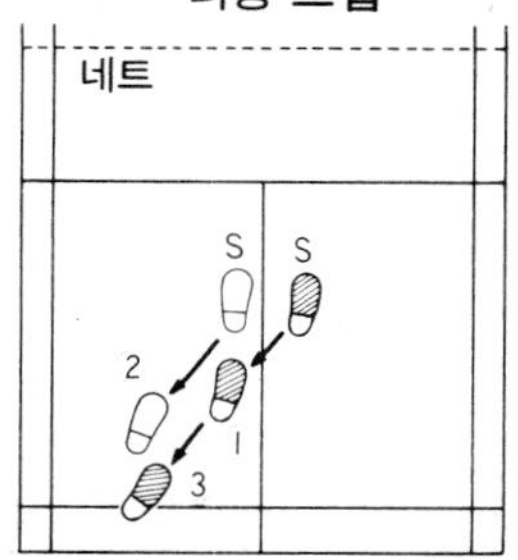


그림6. 홈 포지션에서
백 코트로의 후퇴
(백 핸드 측)
포핸드 스트로크를 행하는 경우

앞을 향한 채로 러닝 스텝

그림7. 홈 포지션에서 백 코트로의 후퇴(백 핸드 측)
백 핸드 스트로크를 행하는 경우

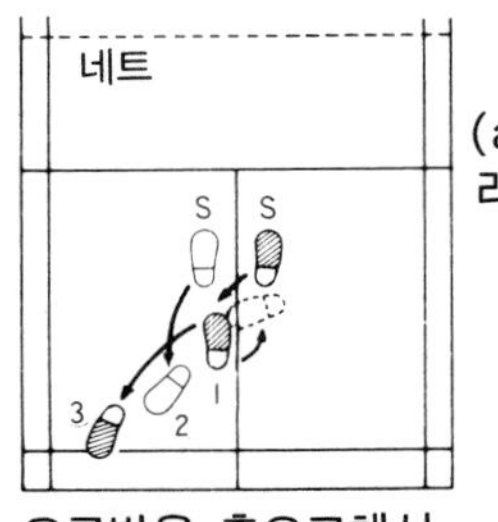


(a) 피보트해서
러닝 스텝

오른발을 축으로해서
피보트하고 몸의 방향을
바꾸어서 나아간다

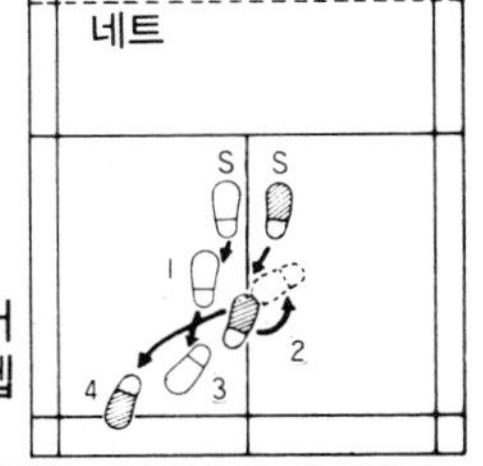


(b) 피보트해서
러닝 스텝

왼발, 오른발로 후퇴하고,
오른발을 축으로 해서 피보트하고
몸의 방향을 바꾸어 나아간다

트하고 몸을 왼쪽으로 반회전하여,

② 네트에 등을 지고 러닝 스텝으로 셔틀콕의 낙하점으로 이동해서,

③ 오른발 앞으로, 왼발 뒤로의 자세로 백 핸드 스트로크를 한다. (그림7 참조)

이 방법은 초보자에는 상당히 어려운 것이며 정확한 리턴을 할 수 있을 때까지는 상당한 숙련이 필요하다.

이상 기본적인 풋 워크에 대해 그 개략을 설명하였으나 실제 게임에서는 홈 포지션에서 네트 가까이로 전진하고, 즉시로 백 코트로 후퇴하고 다시 네트 가까이로 전진하는 것같은 움직임의 연속이다. 따라서 게임의 경우에는 앞에 말한 기본적인 풋 워크를 유효하게 활용하고, 다음과 같은 점에 유의하는 것이 중요하다.

① 항상 홈 포지션을 기점으로 한다.

② 되도록 홈 포지션에서 너무 멀어지지 않도록 최소한의 스텝으로 목적의 지점에 도달한다.

③ 타구 후는 되도록 빨리 홈 포지션으로 바꾼다.

# 제 7 장

# 실기편——서비스와 리시브

# 1. 서비스

배드민턴의 서비스는 허리에서 아래의 낮은 위치에서 타구하는 이른바 방어적인 것이다.

그러나 배드민턴은 서비스측만이 득점의 찬스가 있는 것이기 때문에 상대로부터 직접 스매시 등의 공격적인 반구를 받아서 모처럼의 득점 찬스를 잃는 일이 없도록 신중히 해야 한다. 거기에 서비스의 시기(試技)는 1회 뿐이므로 겨냥했던 코스로 정확하게 송구할 수 있도록 충분히 연습할 필요가 있다.

## 셔틀콕의 쥐는 법

서비스할 때의 셔틀콕 쥐는 법은 사람에 따라 여러 가지이지만

## 셔틀콕 쥐는 법

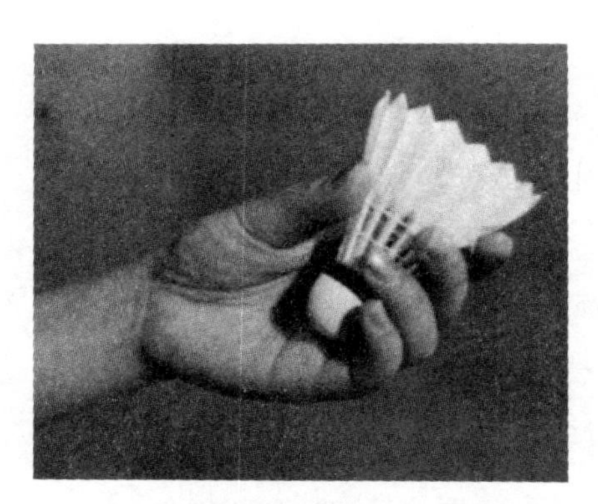

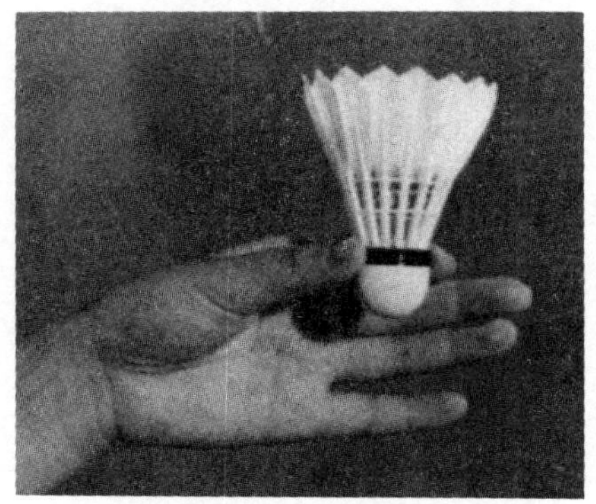

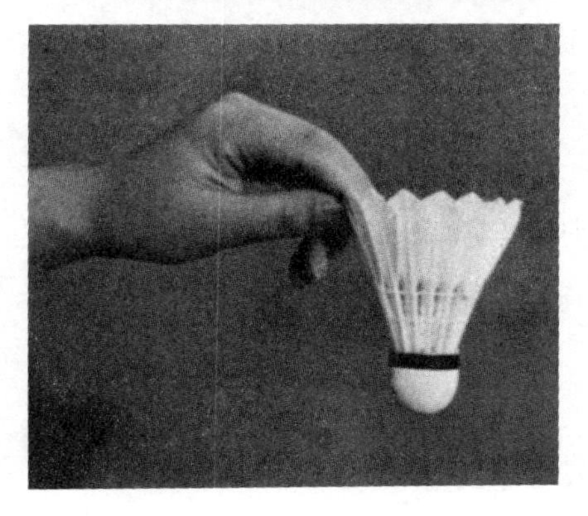

크게 나누면 다음과 같이 된다.

① 앞의 사진 ①과 같이 셔틀콕의 받침대를 자신의 몸쪽으로 향하게 해서 조금 비스듬히 하여 엄지와 다른 4개의 손가락으로 셔틀콕을 싸듯이 하여 가볍게 쥔다.

② 앞의 사진 ②와 같이 셔틀콕의 깃털에 가까운 받침대의 부분을 엄지와 검지로 집듯이 하여, 셔틀콕을 수직으로 유지한다.

③ 앞의 사진 ③과 같이 깃털의 끝을 손가락 끝으로 집듯이 하여 셔틀콕을 수직으로 유지한다.

또, 셔틀콕을 한 번 손에서 떨어뜨려서(또는 가볍게 던져 올려서), 낙하시켜서 치는 방법을 토스 서비스(Toss Service)라고 하고 셔틀콕을 쥔 채로 라켓을 휘두르고 치는 순간에 셔틀콕을 놓는 방법을 아웃 오브 핸드 서비스(Out of hand service)라고 한다.

## 롱 서비스의 요령

① 보통 왼발 앞으로, 오른발 뒤로의 자세로 준비하고 왼쪽 어깨를 서브하는 방향으로 향하고 오른쪽 어깨를 뒤쪽으로 당긴다.

② 셔틀콕을 쥔 손은 가볍게 팔꿈치를 구부려서 앞쪽으로 내고, 조금 오른쪽 어깨쪽으로 붙여 댄다.(그대로 손을 펴서 셔틀콕을 낙하시켰을 경우에 셔틀콕이 몸의 앞쪽 조금 오른쪽으로 치우친 치기 쉬운 장소로 낙하하도록)

③ 오른쪽 팔꿈치를 가볍게 구부리고, 오른쪽 손목을 뒤쪽으로 굽혀서 라켓 헤드를 몸의 뒤쪽으로 당긴다.

롱 서비스(측면)

롱 서비스(정면)

④ 셔틀콕을 손에서 놓음과 동시에 체중을 뒷발에서 앞발로 이동시키면서 오른팔을 뻗고 라켓을 아래쪽에서 위쪽으로 원을 그리듯이 하여 전방 위쪽으로 치켜 올려서 스냅을 충분히 살려 셔틀콕이 높게, 멀리 리시브 코트의 안쪽 깊숙이 낙하하도록 타구한다. 손목은 타구 직전까지 뒤쪽으로 굽혀둔다.

## 쇼오트 서비스의 요령

① 왼발을 앞으로, 오른발을 뒤로해서 롱 서비스와 같은 요령으로 준비한다.

② 셔틀콕을 손에서 놓음과 동시에 체중을 뒷발에서 앞발로 이동시키면서 오른팔을 몸쪽으로 끌어 당기듯이 하여 라켓을 앞쪽으로 내민다.

③ 라켓의 타면으로 셔틀콕을 누르듯이 하여 셔틀콕이 네트에 닿을 듯 말 듯한 높이로 상대 코트의 쇼오트 서비스 라인 가까이로 낙하하도록 타구한다.

## 드리븐 서비스의 요령

① 쇼오트 서비스와 같이 준비한다.

② 셔틀콕을 손에서 놓음과 동시에 스냅을 충분히 살려서 리시브 코트의 안쪽 깊숙이(혹은 상대의 몸을 겨냥해서), 직선적이며 스피드가 있는 셔틀콕을 타구한다.

쇼오트 서비스(측면)

쇼오트 서비스(정면)

## 백 핸드 서비스의 요령

앞에 기술한 서비스의 방법은 전부 포핸드의 치는 법이며 기본적인 것이다. 또 가장 많이 사용되고 있는 서비스이지만 그 외에 백 핸드 치는 법으로 행하는 이른바 백 핸드 서비스가 있다. 그 요령은

백 핸드 서비스

① 보통 오른발을 앞으로, 왼발을 뒤로 한 자세로, 오른발에 중심을 두고 상체는 조금 앞으로 기울이도록 한다.

② 왼쪽 팔꿈치를 가볍게 뻗어서 앞쪽으로 올려서 오른손은 백 핸드 그립으로, 팔꿈치 손목을 굽혀서 라켓을 몸의 왼쪽으로 당기고, 셔틀콕과 몸 사이에 라켓이 있도록 하여 준비한다.

③ 셔틀콕을 손에서 놓음과 동시에 오른쪽 팔꿈치를 뻗어서 손목이 되돌아가는 반동을 이용해서 라켓을 앞쪽으로 쳐내어서 타구한다.

〈주〉 백 핸드 서비스의 스트로크에서 쇼오트 서비스, 드리븐 서비스를 송구할 수가 있다.

## 서버의 위치

서비스를 행하는 위치는 서버의 기량, 그 외의 조건에 따라 다르지만,

① 유효한 서비스를 하는데 기회가 좋다.

② 상대로부터 리턴된 셔틀콕의 처리에 유리하다.

라는 점을 고려해서 초보자는 먼저 다음과 같은 위치에서 연습을 시작해서 경험을 쌓음으로써 각자에 가장 적합한 위치를 빨리 터득하도록 하면 좋다.

또 같은 위치에서 같은 준비 자세로부터 쇼오트, 롱, 드리븐의 각종 서비스를 정확히 송구할 수 있으면 이상적이다.

### □싱글스 게임의 경우

쇼오트 서비스 라인의 뒤쪽 라켓 1개~1.5개분 정도의 위치에서 되도록 센터 라인 가까이에 위치한다.

### □더블스 게임의 경우

포메이션에 따라서 다소 다르지만(더블스의 포메이션에 대해서는 뒤에서 설명하겠다), 쇼오트 서비스 라인의 뒤쪽 라켓 1개 길이 정도의 위치에서 센터 라인 가까이에 위치한다.

〈주〉 다음의 사진은 세계 일류 플레이어의 서비스의 스냅 사진인데, 서버, 리시버의 위치, 각각의 파트너의 위치 등에 주목하기 바란다.

싱글스 게임의 서버와 리시버의 위치
(마주보는 쪽이 서버)

싱글스 게임에서의
롱 서비스

(중앙의 흰점이
셔틀콕)

더블스 게임의 서버와 리시버 및 각 파트너의 위치

바로 앞 오른쪽이 서버

바로 앞 왼쪽이 서버

더블스 게임에서 드리븐 서비스가 맞는 순간

서버(중앙 마주보는 쪽)의 라켓은 왼쪽 어깨 부근까지 휘둘러지고 있다

## 서비스의 겨냥

배드민턴의 서비스는 이른바 방어적인 것으로서 서비스로 직접 득점하는 것은 꽤 어려운 일이다. 그러나 모처럼의 득점 찬스이기 때문에,

- 상대가 직접 공격적인 리턴을 하기 어려운 특정 장소를 노려서,
- 송구하는 셔틀콕의 높이, 스피드 등을 컨트롤해서,

신중하게 하지 않으면 안 된다.

서비스를 상대 코트의 어디에 송구하면 좋을까 하는 것은 리시버의 위치나 기량, 그 외의 조건에 따라 다르지만 원칙적인 겨냥으로서는 다음과 같은 점을 들 수 있다.

① 상대 코트의 네 모퉁이, 특히 일반적으로 서투른 백 핸드 쪽의 코너 아슬아슬한 지점에 송구한다.

② 상대의 리시브 태세를 역습하여 방어가 약한 장소로 송구한다.

예를 들어 싱글스 게임에서는 일반적으로 롱 서비스를 주로해서 사용하나 상대가 롱 서비스를 예상해서 코트의 뒤쪽에 위치하고 있을 때(혹은 코트 뒤쪽으로 내려가는 자세로 준비하고 있을 때)는 이를 찔러서 쇼오트 서비스를 송구한다.

혹은 더블스 게임에서 상대가 쇼오트 서비스를 예상해서 네트 가까이로 전진하는 자세로 준비하고 있을 때에 코트의 뒤쪽 깊숙이 또는

리시버의 몸을 노려서 예리한 드리븐 서비스를 쳐넣는다.

③ 상대 기량의 약점을 노려서 송구한다.

예를 들어 싱글스 게임에서는 일반적으로 롱 서비스를 이용하지만 상대가 쇼오트 서비스에 약한 경우는 극단적으로 쇼오트 서비스를 사용한다.

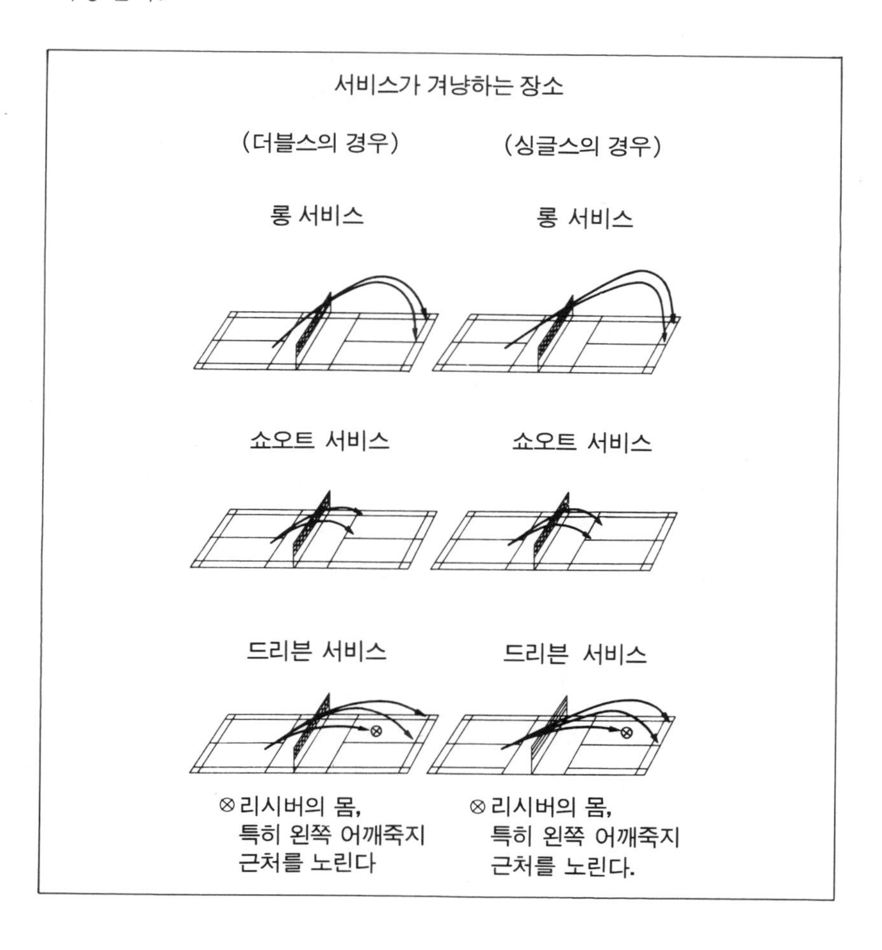

# 2.
# 서비스 리시브 (Service receive)

배드민턴의 서비스 리시브는 직접 공격적인 것은 아니나 그저 막연히 셔틀콕을 되받아 치면 어중간한 플라이트가 되고, 다음에 상대로부터 맹렬한 공격을 받아서 상대에게 득점 찬스를 줄 위험성이 많다.

그래서 이것을 막고 되도록 반대로 상대를 궁지에 몰아 넣는 듯한 리턴이 가능하면 이상적이다. 그러기 위해서는 서비스 리시브를 위한 적당한 위치, 준비 자세 등이 필요하다.

## 리시버의 위치

원칙적으로는,

- 각종의 서비스에 대해서 리시브하기 쉽고,
- 가능한 한 포핸드로 리시브가 가능한 위치가 가장 좋다.

그 위치는 각자의 기량이나 그 외의 조건에 따라서 다르지만 초보자는 먼저 다음과 같은 위치에서 연습을 시작하여 경험을 쌓음에 따라서 각자 가장 유효한 위치를 터득하도록 하면 좋다.

### □싱글스 게임의 경우

쇼오트 서비스 라인의 뒤쪽 라켓 2개 길이 정도의 장소로서,

① 오른쪽 리시브 코트의 경우는 센터 라인 가까이에 위치한다.

② 왼쪽 리시브 코트의 경우는 왼쪽 코트의 중앙부에 가까운 곳(센터 라인과 사이드 라인의 중간점 부근)에 위치한다.( 앞의 사진 2매 참조)

### □더블스 게임의 경우

쇼오트 서비스 라인의 후방, 라켓 1개 길이 정도의 장소로서,

① 오른쪽 리시브 코트의 경우는 센터 라인 가까이에 위치한다.

② 왼쪽 리시브 코트의 경우는 왼쪽 코트의 중앙부 근처(센터 라인과 사이드 라인의 중간점 부근)에 위치한다.(앞의 사진 2매 참조)

## 서비스에 대한 리턴

서비스에 대한 리턴은 당연한 것이지만 서비스를 친 뒤의 서버의 위치, 자세를 잘 봐서 상대 코트의 틈이 있는 곳을 노리는 것이 원칙이다.

초보자는 흔히 서버의 움직임보다도 셔틀콕을 되받아치는 것에 너무 정신을 빼앗겨서 리턴한 셔틀콕이 상대가 치기 쉬운 곳으로 날아가는 경우가 많다. 그 결과 상대에게 공격의 찬스를 주게 되기 쉬우므로 주의하지 않으면 안 된다.

서비스의 리턴은 상대의 여러 가지 움직임에 대응하여 행하는 것으로서 일정한 형태로 짜여지는 것은 아니나 일반적인 수칙으로서는 다음과 같이 된다.

### □롱 서비스에 대한 리턴

① 클리어를 상대 코트의 안쪽 깊숙이 리턴한다. 이 경우 상대의 백 핸드쪽으로 반구하는 것이 보다 효과적이다.

② 스매시가 가능한 경우는 되도록 급각도로 스매시를 쳐넣고 (그러나 백 바운더리 라인 부근까지 무리하게 스매시를 하는 것은 보통의 경우 그다지 효과를 기대할 수 없다).

③ 드롭을 네트 가장자리로 떨어뜨린다. 이 경우 되도록 사이드 라인 가까이를 노리도록 한다.

### □쇼오트 서비스에 대한 리턴

① 서비스가 조금 높게 뜬 경우는 재빨리 돌진하여 셔틀콕이 네트를 넘은 순간에 푸시(셔틀콕을 상대 코트에 밀어 넣듯이 하여 예리하게 타구한다), 또는 스매시를 한다.

② 네트 위의 가장자리 아슬아슬한 높이로 게다가 쇼오트 서비스 라인 가까이로 서비스된 경우는 상대의 자세를 잘 봐서,

• 상대 코트의 후방, 안쪽 깊숙이 클리어,

• 헤어핀 샷이나 사이드 라인 아슬아슬한 곳을 노려서 크로스 코트의 네트 샷을 리턴한다.

### □드리븐 서비스에 대한 리턴

드리븐 서비스는 상당한 스피드가 있고 몸 특히, 왼쪽 어깨죽지를 겨냥하여 셔틀콕이 날아오는 일이 많으므로 갑자기 당하여서 당황하는 경우가 많다.

드리븐 서비스에 대해서는 다음의 방법이 효과적이다.

① 라켓의 타면을 조금 높은 듯하게 겨누고, 서두르지 말고 날아오는 셔틀콕의 스피드를 이용해서 스냅을 살려서 푸시, 스매시, 드라이브 등을 활용하여,

② 서버가 서비스를 치고 다음의 자세를 가다듬기 전에 되도록 빠른 리턴을 한다.

롱 서비스에 대한 리턴
…… 는 서비스, ⇨는 리턴의 플라이트

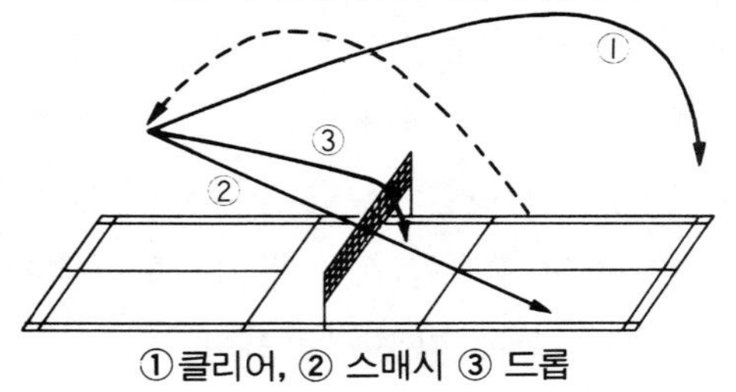

① 클리어, ② 스매시 ③ 드롭

쇼오트 서비스에 대한 리턴
( …… 는 서비스, ⇨는 리턴의 플라이트)

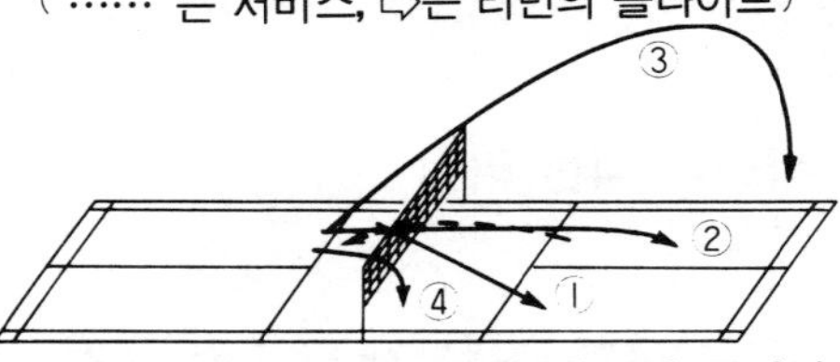

① 푸시 또는 스매시 ② 드라이브 ③ 클리어
④ 헤어핀 또는 크로스 코트의 네트 샷

드리븐 서비스에 대한 리턴
( …… 는 서비스, ⇨는 리턴의 플라이트 )

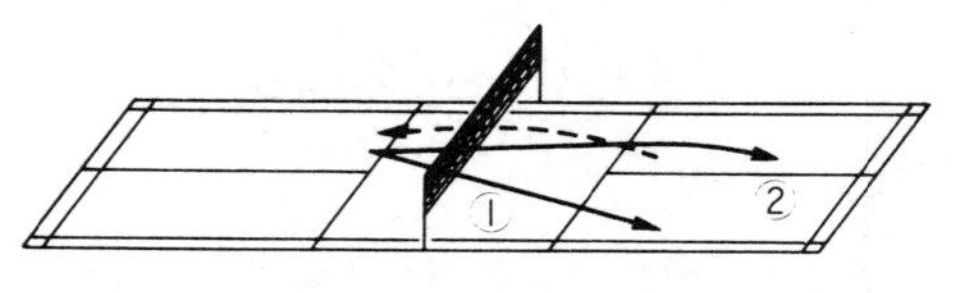

① 푸시 또는 스매시 ② 드라이브

# 제 8 장

# 실기편—기초 기술의 연습

# 1.
# 스트로크의 연습

처음에 라켓을 쥐고 셔틀콕을 치려고 해도 마음 먹은대로 셔틀콕이 날아주지 않는다.

특히 이스턴 그립은, 처음에는 어색하게 느껴진다. 그러나 보다 좋은 스트로크를 하기 위한 전제 조건으로서 필요한 것이기 때문에 먼저 이 그립에 익숙해지는 것이 중요하다.

또, 처음 얼마간은 라켓의 길이에 대한 감각이 좀처럼 잡히지 않는다.

일반적으로 초보자는 셔틀콕에 너무 몸을 가까이하여 타구하는 경향이 강해서 그 결과, 타구할 때에 팔꿈치가 굽혀진 채로 짧은 스트로크를 하기 쉽다. 팔의 길이에 라켓의 길이를 더한 것만큼, 몸에서 떨어진 지점에서 셔틀콕을 치는 '타구의 포인트'를 빨리 잡도록 유의하는 것도 중요하다.

## 코트 밖에서의 연습

초보자가 처음으로 라켓을 쥐는 경우는 코트에 들어와서 셔틀콕을 치고 받기 전에,

① 제1장에서 말한 각종의 기본 스트로크를 공 없이 라켓으로 휘둘러보는 연습을 해서 스트로크의 대체적인 요령을 익힌다.

② 혼자서 셔틀콕을 연속해서 위로 쳐 올린다. 혹은 낮게 여러가지로 쳐올려서 라켓 다루기와 동시에 셔틀콕의 낙하 속도에 대한 '감각'과 '타구의 포인트'를 터득하도록 한다.

이 경우 라켓의 포핸드의 타면으로 몇 번 타구했다면 다음은 백핸드의 타면으로 몇 번 타구하거나 혹은 포핸드와 백 핸드의 타면을 교대로 사용해서 타구하도록 한다.( 다음 사진 참조)

③ 혹은 옥외용 연습구를 사용해서 연속해서 벽치기를 한다.

이와 같이 혼자서 꾸준히 연습을 하는 것도 하나의 방법이다.

## 코트 내에서의 연습

코트에 들어가서 서로 셔틀콕을 치고 받는 연습으로, 그 방법에는 여러 가지가 있다. 그러나 이것을 크게 나누면,

① 1종류의 스트로크를 연속해서 하는 기본 연습.

② 실제 게임할 때 일어나는 상태를 예상해서 2개 이상의 스트로크를 섞어서 하는 응용 연습의 2종류로 나눌 수 있다. 다음으로 그 몇 개의 예를 들어 설명하겠다.

포핸드 그립으로

백 핸드 그립으로

팔꿈치를 굽히는 것은 좋지 않 다.

## 코트 반 쪽을 사용한 기본 연습

더블스 코트를 센터 라인에서 좌, 우로 2등분하고 각각 한쪽 면의 코트를 사용한다.

### □처음 시작한 초보자의 경우(제1단계)

클리어

① 그림1과 같이 A는 쇼오트 서비스 라인의 후방에서 B의 머리 위로 높이 롱 서비스를 송구한다.

② B는 최초의 홈 포지션(네트와 백 바운더리 라인의 중간 지점)보다도 후방에 위치하고 오버 헤드 스트로크로 클리어를 리턴한다. 익숙해짐에 따라서 홈 포지션에 위치하고 셔틀콕의 비행 지점으로 이동해서 타구한다.

③ A는 클리어의 낙하점을 확인해서 다시 서비스를 한다.

〈주〉 인원이 많은 경우는 그림2와 같이 하여도 좋다.

• A가 서비스를 연속해서 송구한다.

• B가 2~3회 클리어를 타구하면, 코트 밖에 나가서 E의 후방에 줄을 선다.

• C, D, E는 코트 밖에 한 줄로 서서 앞 사람의 타구가 끝나면 순서대로 한 사람씩 코트에 들어가서 B의 경우와 같이 클리어를 타구해서 다음 사람과 교체한다.

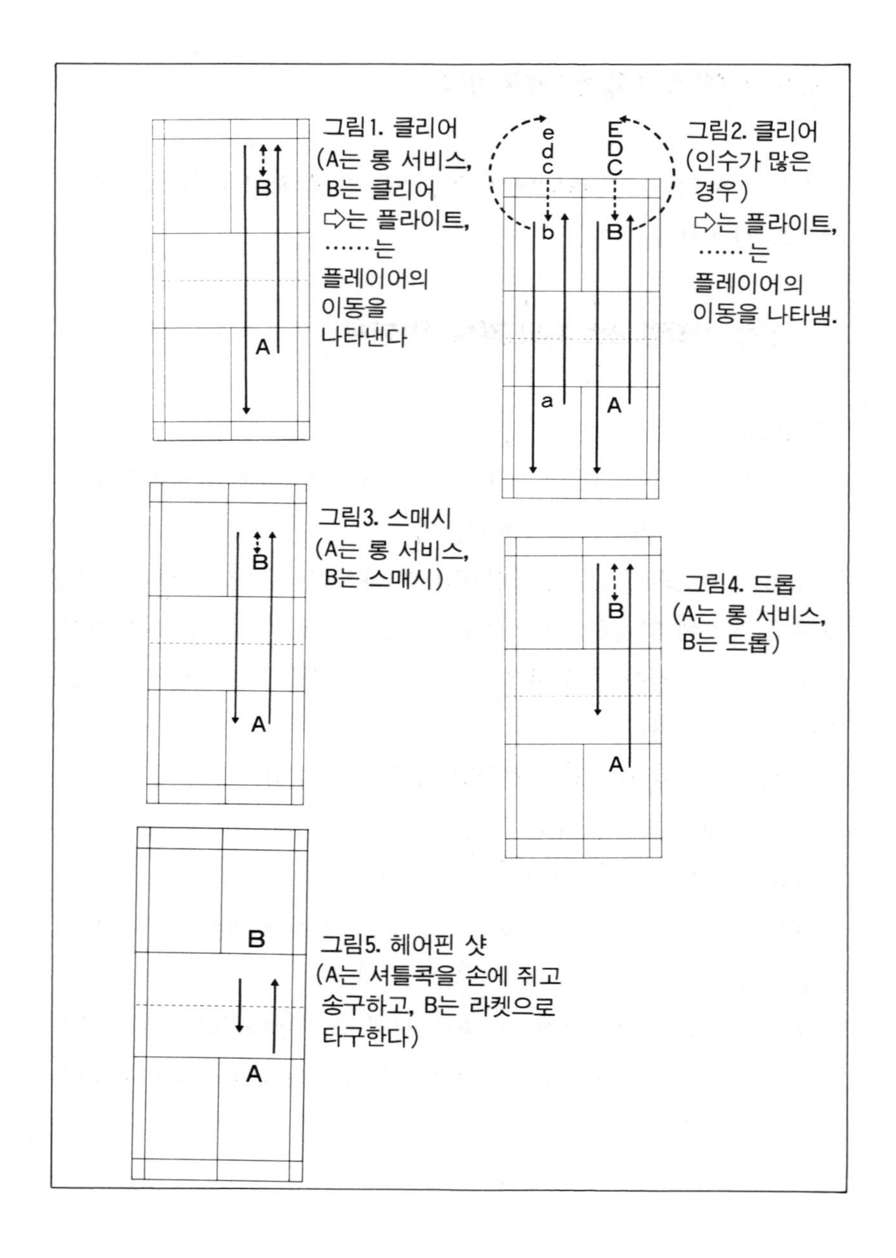


그림1. 클리어
(A는 롱 서비스,
B는 클리어
⇨는 플라이트,
……는
플레이어의
이동을
나타낸다

그림2. 클리어
(인수가 많은
경우)
⇨는 플라이트,
……는
플레이어의
이동을 나타냄.

그림3. 스매시
(A는 롱 서비스,
B는 스매시)

그림4. 드롭
(A는 롱 서비스,
B는 드롭)

그림5. 헤어핀 샷
(A는 셔틀콕을 손에 쥐고
송구하고, B는 라켓으로
타구한다)

### 스매시

① 그림 3과 같이 A, B 모두 홈 포지션에 위치하고, A는 B의 머리 위로 높게 서비스를 송구한다.

② B는 처음에는 홈 포지션에 위치하고 스매시를 한다. 익숙해짐에 따라서 조금씩 홈 포지션에서 후퇴하여 스매시를 한다.

스매시를 할 때 A의 몸을 노려서 되도록 급각도로 타구한다.

③ 서비스를 쳐올린 A는 스매시가 반구되었을 때 먼저 라켓을 내어서 셔틀콕을 때리는 것부터 시작해서 조금씩 스매시에 대한 리턴의 감각을 잡도록 한다.

### 드롭

① 그림 4와 같이 A는 쇼오트 서비스 라인의 후방에서 B의 머리 위로 서비스를 높이 올린다.

② B는 홈 포지션보다 조금 후방에 위치하고 셔틀콕의 비행 지점으로 이동해서 드롭을 타구한다.

③ A는 셔틀콕의 낙하점을 확인해서 다시 서비스를 한다.

### 헤어핀 샷

① 그림5와 같이 A는 쇼오트 서비스 라인 가까이에 위치한다. 셔틀콕을 손에 들고 네트를 넘어서 상대 코트의 쇼오트 서비스 라인과 네트와 사이로 셔틀콕이 떨어지도록 가볍게 송구한다.

② B는 쇼오트 서비스 라인의 후방에 위치하고 오른발을 한걸음 내디뎌서 헤어핀 샷을 반구한다.

③ A는 셔틀콕의 낙하점을 확인해서 다시 셔틀콕을 송구한다.

## □조금 익숙해졌다면(제2단계)

제1단계에서 각 스트로크의 초보적인 느낌을 터득했다면(혹은 이미 경험한 사람은) A, B 각각 같은 스트로크를 연속해서 치고받는 연습을 한다.

하이 클리어 대 하이 클리어

① 그림6과 같이 A, B가 각각 홈 포지션에 위치한다.

② 서로 오버 헤드 스트로크로 하이 클리어를 치고 받으며 타구 후는 한 번 홈 포지션으로 바꾼다.

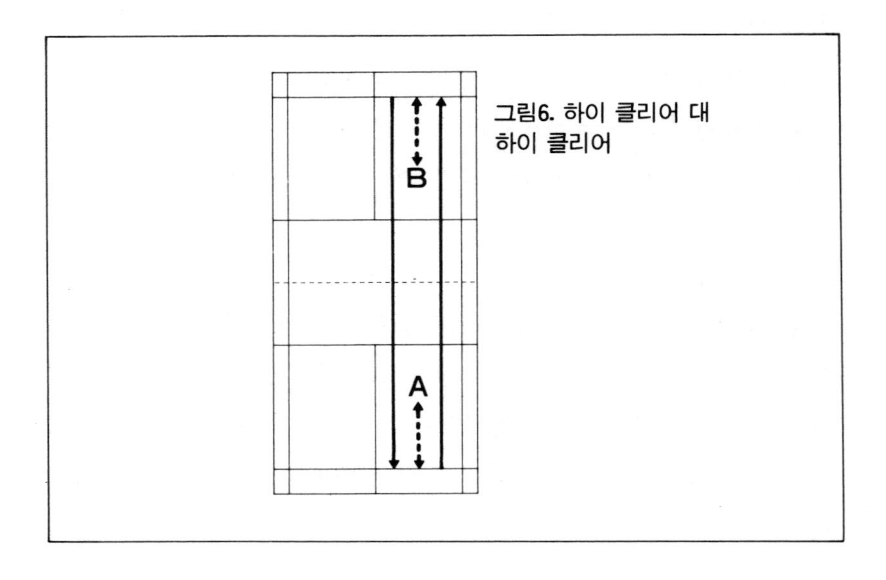


그림6. 하이 클리어 대 하이 클리어

③ 처음에는 포핸드로 스트레이트(사이드 라인에 평행하게 셔틀콕을 날린다)를 송구한다.

익숙해짐에 따라서 조금씩 크로스 코트(코트를 비스듬히 가로지르듯이 셔틀콕을 날린다)를 송구하고 가로의 이동도 연습한다.

④ 같은 방법으로 백 핸드 스트로크(또는, 라운드 더 헤드 스트로크)도 연습한다.

### 클리어 대 스매시

① 하이 클리어 대 하이 클리어와 같이 A, B 모두 홈 포지션에 위치한다.

② A는 언더 핸드 스트로크로 연속해서 클리어를 쳐올리고,

③ B는 연속해서 스매시를 타구한다.

### 클리어 대 드롭

① 그림7과 같이 A는 쇼오트 서비스 라인 가까이에 위치하고 언더 핸드 스트로크로 클리어를 송구한다.

② B는 최초의 홈 포지션에 위치하고 셔틀콕의 낙하점으로 이동하고 드롭을 타구하고 홈 포지션으로 바꾼다.

### 드라이브 대 드라이브

① A, B 모두 홈 포지션 부근에 위치하고 사이드 암 스트로크로 드라이브를 치고 받는다.

② 포핸드, 백 핸드 양쪽을 연습한다.

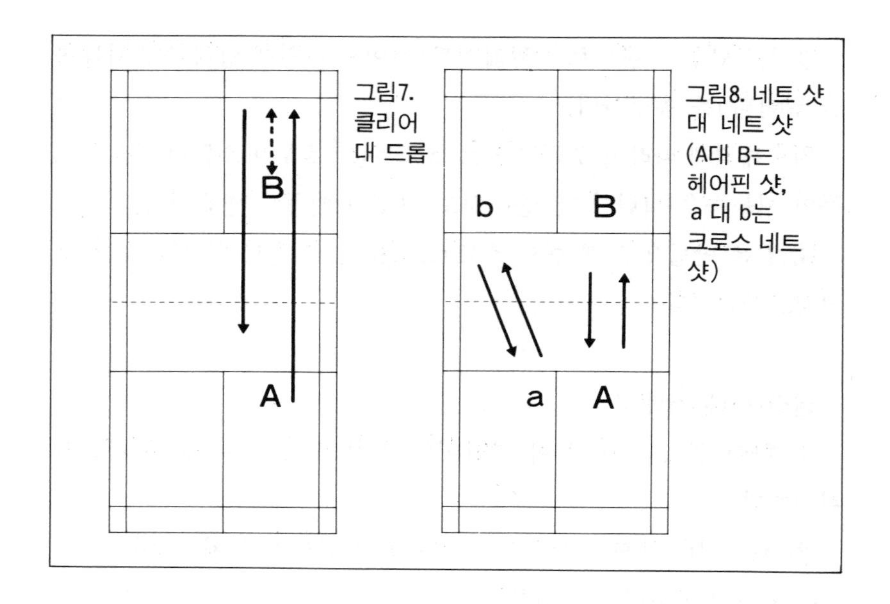


그림7. 클리어 대 드롭

그림8. 네트 샷 대 네트 샷 (A대 B는 헤어핀 샷, a 대 b는 크로스 네트 샷)

③ 같은 요령으로 오버 헤드 스트로크로 드라이브를 치고 받는다.

**네트 샷 대 네트 샷**

그림8과 같이 A, B 모두 쇼오트 서비스 라인의 후방에 위치하고 서로 네트 샷을 치고 받는다.

① 타구할 때 오른발을 한 걸음 내디디고 타구 후는 오른발을 원래대로 되돌린다.

② A, B 서로 마주 보고 헤어핀 샷을 송구한다.

③ 대각선상에 마주 보고 크로스 네트 샷을 송구한다.

④ 포핸드, 백 핸드 양쪽을 연습한다.

## 코트의 반쪽을 사용한 응용연습

2개 이상의 스트로크를 섞어서 풋 워크의 연습도 겸해서 한다.

### 클리어, 드롭, 헤어핀 샷의 편성

① A, B 모두 홈 포지션에 위치한다.

② 그림9와 같이 처음에 A가 클리어를 송구하고 B가 드롭을 리턴한다.

③ A가 네트 가까이로 전진하여 헤어핀 샷을 타구하고, B는 언더 핸드 스트로크로 클리어를 리턴한다.

④ A와 B의 스트로크가 바꾸어 넣어진 것 같은 형태로 A가 드롭을 타구하고 B가 헤어핀 샷을 리턴한다.

⑤ A가 클리어를 높게 반구하고 처음부터 반복한다.

### 클리어, 스매시, 드롭, 헤어핀 샷의 편성(그림10 참조)

① A가 클리어를 송구하고, B가 스매시를 타구한다.

② A가 언더 핸드 스트로크로 클리어를 반구하고, B가 드롭을 타구한다.

③ A가 헤어핀 샷을 반구하고, B가 클리어를 쳐올린다.

④ A와 B의 스트로크에 바꿔 넣어진 것 같은 형으로 A가 스매시를 타구하고 같은 순서로 계속한다.

이상과 같은 연습을 반복한 후 코트의 반을 사용하여 싱글스의 연습 시합을 한다.

그림9. 클리어, 드롭, 헤어핀 샷의 조합

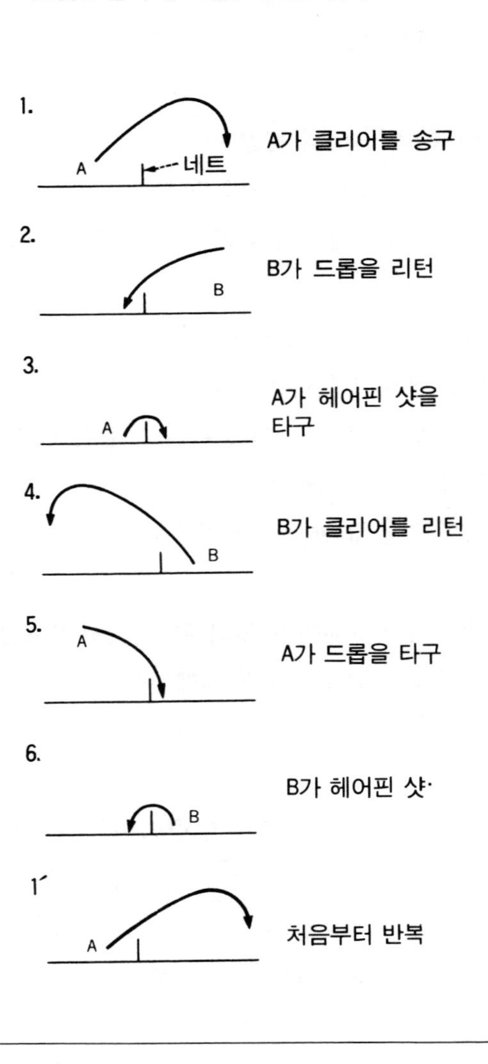

그림10. 클리어, 스매시, 드롭, 헤어핀 샷의 조합

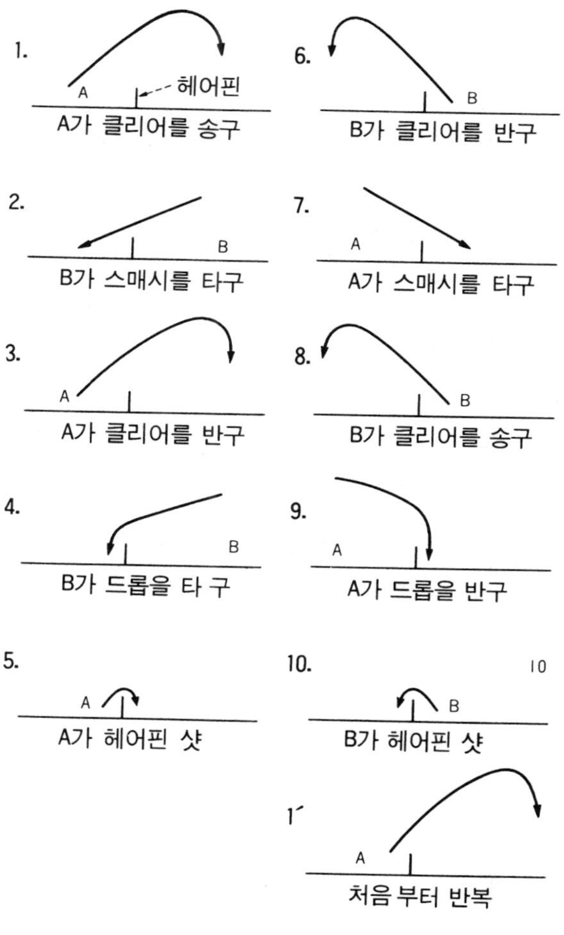

1\. A 헤어핀
A가 클리어를 송구

2\. B
B가 스매시를 타구

3\. A
A가 클리어를 반구

4\. B
B가 드롭을 타 구

5\. A
A가 헤어핀 샷

6\. B
B가 클리어를 반구

7\. A
A가 스매시를 타구

8\. B
B가 클리어를 송구

9\. A
A가 드롭을 반구

10\. 10 B
B가 헤어핀 샷

1´ A
처음 부터 반복

## 전 코트를 사용한 기본 연습

싱글스의 코트 전면을 사용하여, 좌우의 이동도 하면서 서로 치고 받는다.

**클리어 대 클리어**

① 그림11과 같이 A, B 모두 홈 포지션에 위치한다.

② A, B 모두 스트레이트와 크로스 코트의 클리어를 타구한다. 한 번 타구했다면 반드시 홈 포지션으로 바꾸도록 명심하자.

**클리어 대 스매시**

① 그림12 a와 같이 A는 코트의 우측 사이드 라인 가까이에 위치하고, 스트레이트와 크로스 코트의 클리어를 교대로 송구한다.

② B는 처음에 홈 포지션에 위치하고 A로 부터의 송구를 좇아서 좌우로 이동하고 A에 대해서 확실하게 스매시를 타구한다.

③ 그림12 b와 같이, A가 좌측 사이드에 위치하여 같은 방법으로 행한다.

**드라이브 대 드라이브**

전항과 같은 방법으로 A, B 모두 드라이브를 치고 받는다.

**클리어 대 드롭**

① 그림13 a와 같이 A는 쇼오트 서비스 라인의 후방, B는 홈 포지

션에 위치한다.

② A는 언더 핸드 스트로크로 스트레이트의 클리어를 송구한다.

③ B는 크로스 코트의 드롭을 타구한다.

④ 그림13b와 같이 앞에서 말한 것과 같은 요령으로 A가 크로스 코트의 클리어, B가 스트레이트의 드롭을 송구한다.

### 네트 샷 대 네트 샷

① 그림14와 같이 A, B 모두 쇼오트 서비스 라인의 후방에 위치한다.

② A가 헤어핀 샷을, B는 크로스 네트 샷을 타구한다.

③ 반대로 A가 크로스 네트 샷을, B는 헤어핀 샷을 타구한다.

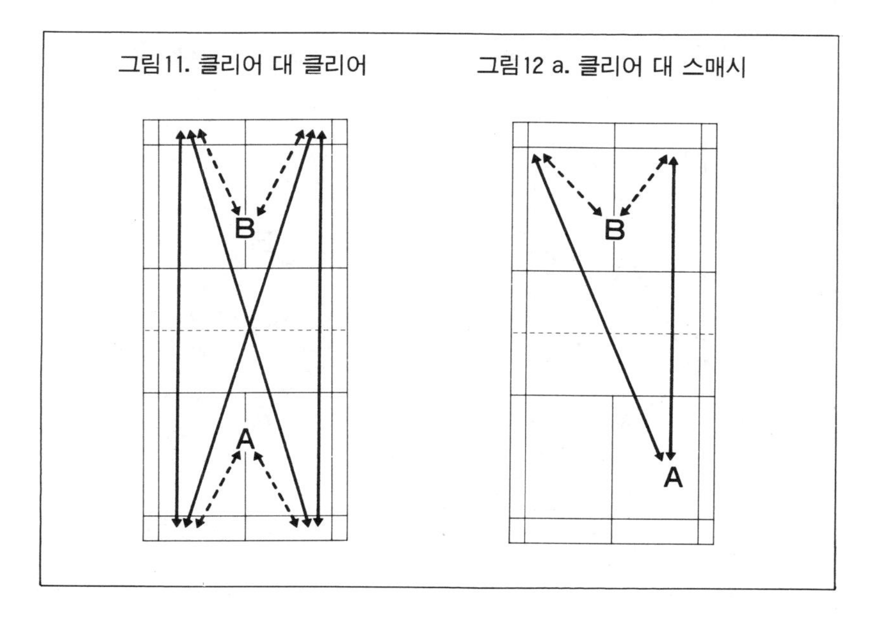

그림11. 클리어 대 클리어

그림12 a. 클리어 대 스매시

그림 12 b. 클리어 대 스매시

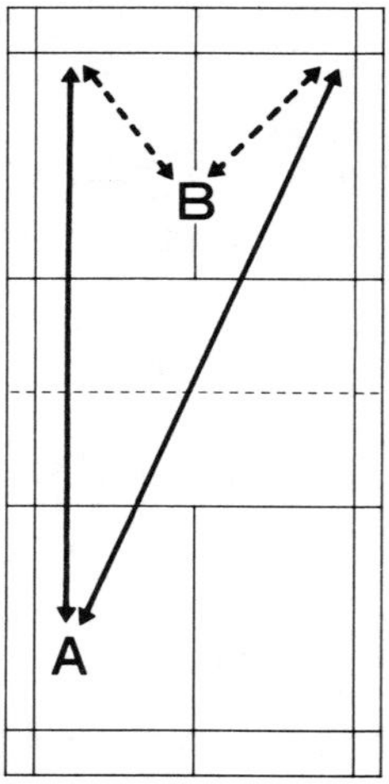

그림 13 a. 클리어 대 드롭

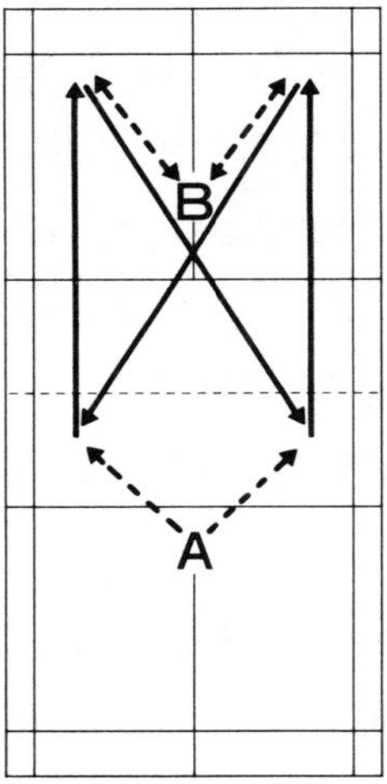

그림 13 b. 클리어 대 드롭

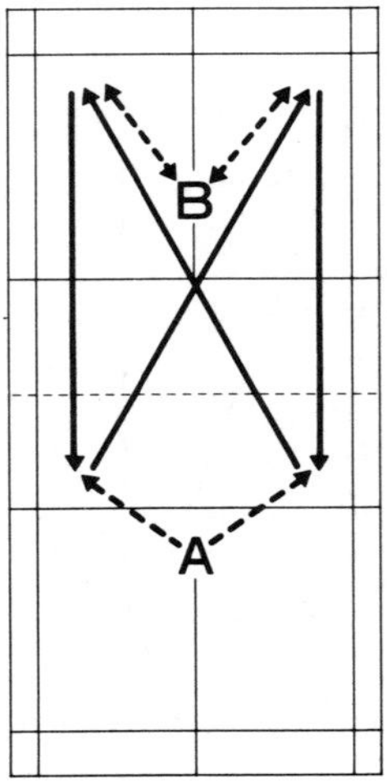

그림 14. 네트 샷 대 네트 샷

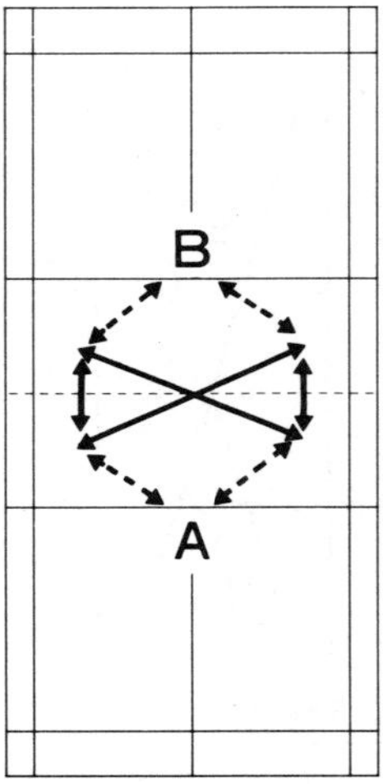

## 전 코트를 사용한 응용 연습

### 올 클리어의 리턴

① 그림15 a와 같이 A는 코트 후방의 우측 사이드 라인 가까이에 위치하고, B는 홈 포지션에 위치한다.

② A는 클리어, 스매시, 드롭 등을 타구하고 B는 전부 클리어로 확실하게 A로 리턴한다.

③ 그림15 b와 같이 A는 좌측 사이드로 위치를 바꾸어 같은 방법으로 한다.

### 노크 방식

① 그림16과 같이 A는 홈 포지션에 위치하고 셔틀콕을 많이 준비한다. 셔틀콕을 1개씩 쥐고 B 코트의 임의의 지점에 각종의 플라이트를 송구한다.

② B는 송구된 셔틀콕을 반드시 A코트로 겨냥하여 리턴한다.

③ B의 타구가 끝남과 동시에 A는 다음의 송구를 행한다.

〈주〉 A에 보조자를 두어서 셔틀콕을 건네 주도록 한다.

### 드롭과 스매시의 편성(더블스의 연습을 위하여)

① 그림17과 같이 A 대 B, C로 마주 보고, A는 홈 포지션, B는 코트 앞쪽, C는 코트 뒤쪽에 위치한다.

② 먼저 B가 클리어를 송구하고 A는 드롭을 타구한다.

③ B는 네트 가까이로 전진하고 언더 핸드 스트로크로 클리어를

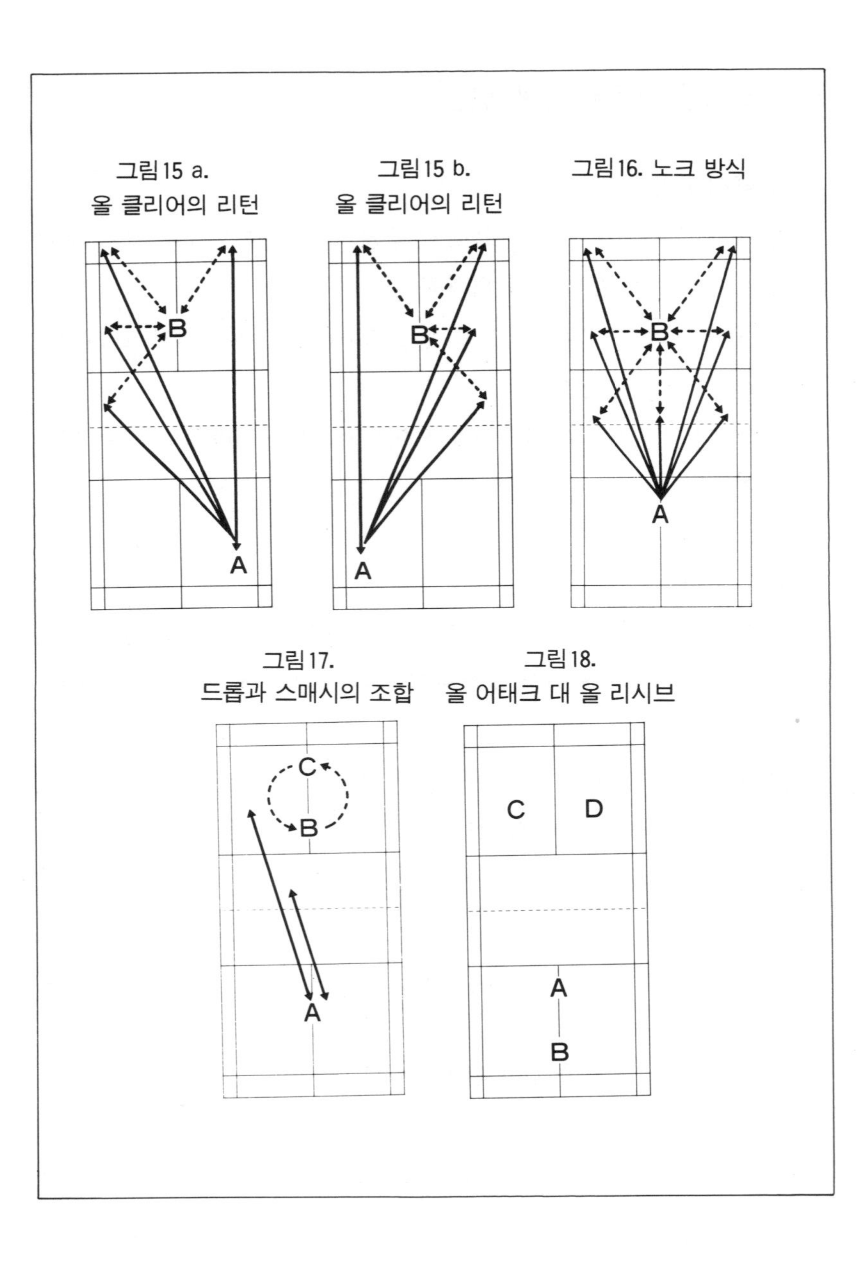
그림 15 a.
올 클리어의 리턴
B
A
그림 15 b.
올 클리어의 리턴
B
A
그림 16. 노크 방식
B
A
그림 17.
드롭과 스매시의 조합
C
B
A
그림 18.
올 어태크 대 올 리시브
C
D
A
B

리턴한다. 타구 후 네트를 따라서 좌측으로 이동하고 좌측 하프 코트로 후퇴한다.

④ A는 상대의 우측 하프 코트에 스매시를 타구하고 C가 전진해서 클리어를 리턴한다. 리턴 후는 B와 같은 코스를 더듬어서 좌측 하프 코트로 이동한다.

⑤ A는 다시 드롭을 타구하고, B가 전진해서 클리어를 리턴하고 좌측 하프 코트로 이동한다.

다시 말하면 A는 드롭과 스매시를 교대로 연속해서 타구하고 B, C는 코트를 돌아가면서 클리어를 리턴하는 것이다.

〈주〉 이 방법은 더블스의 파트너끼리의 약속에 의한 동작을 계속 연습하는 것으로 초보자가 하는 경우에는 A는 상대의 우측 하프 코트로 송구하도록 하면 리턴하기가 쉽다.

### 올 어태크 대 올 리시브

① 그림18과 같이 A, B조는 톱 앤드 백형 C, D조는 사이드 바이 사이드형으로 위치한다.

② A, B조는 각종 스트로크를 사용해서 공격하고, C, D조는 전부 클리어로 크게 리턴한다.

# 2. 풋 워크의 연습

풋 워크의 연습 방법은 여러 가지가 있으나 그 목적은,

① 경쾌하고 리드미컬한 발의 이동으로 되도록 빨리 셔틀콕의 낙하점으로 이동하고,

② 정지의 순간은 항상 몸의 밸런스를 유지하고 정확한 스트로크를 할 수 있는 자세가 된다.

라는 것이다. 평소의 연습에 의해서 상대의 타구를 보고 순간적으로 자연스런 동작이 시작되는 경지까지 도달할 수 있도록 하는 것이 바람직하다.

다음으로 일반적인 풋 워크의 연습법에 대해서 말하겠다.

## 코트 내에서의 연습

### □코트안을 달린다

① 그림19와 같이 코트의 네 모퉁이에 번호를 붙여둔다. (H)는 홈 포지션.

② (H)에서 스타트해서 (1)⇨(2)⇨(3)⇨(4)⇨(H)의 순서로 빨리 이동하는 것을 몇 번 반복한다.

③ 이 경우(H)⇨(1)은 러닝 스텝, (1)⇨(2)는 슬라이드 스텝, (2)⇨(3)은 앞을 향한 채로 러닝 스텝으로 후퇴, 등으로 스텝을 정해서 한다.

④ 같은 요령으로 (H)⇨(2)⇨(1)⇨(4)⇨(3)⇨(H)로 순서를 바꾸어서 한다.

### □셔틀콕을 사용하지 말고 라켓 휘두르기를 한다

① 그림20과 같이 코트에 번호를 붙여둔다. 라켓을 쥐고 (H)로 겨눈다.

② 미리 정해둔 코스를 공 없이 라켓을 휘두르는 방법에 따라서 재빨리 코트내를 이동하고 라켓을 휘두른다.

③ 한 번 라켓을 휘둘렀다면, 반드시 홈 포지션으로 돌아오고 다음 번호로 이동한다.

이상을 몇 번 반복하여 행하고 시간을 잰다.

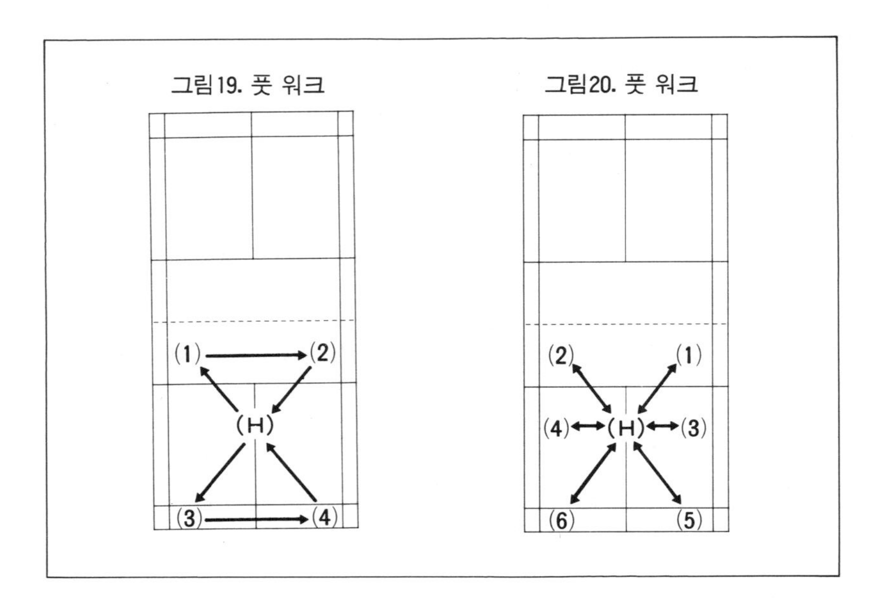


## □코트 밖으로부터의 지시로 이동

전항과 같은 요령이지만 A가 홈 포지션에서 준비하고 B가 코트의 밖에 서고 B가 외치는 번호에 따라서 A가 재빨리 이동하는 방법도 있다.

이상의 방법은 게임에 연결된 풋 워크의 연습법으로서 중요한 것이지만 피로감이 크고 또 실제로 셔틀콕이 날아오지 않으므로 자칫하면 발놀림이나 라켓 다루기가 엉터리로 되기 쉬우므로 이 점을 충분히 주의해서 하지 않으면 안 된다.

## 코트 밖에서의 연습

코트를 벗어나서 달음질이나 줄넘기 그 외의 보강 운동을 하는 것은 기초 체력의 양성과 동시에 풋 워크의 기초적 연습으로 중요한 역할을 한다.

### □줄넘기

줄넘기 운동은 다음과 같은 요령으로 한다.

① 상체가 허리 위에 안정되게 놓여 있는 바른 자세로 넘는다.

② 몸 전체 특히, 무릎과 발목을 유연하게 하여 경쾌하고 리드미컬하게 하도록 한다.

③ 뛰는 중에 줄의 회전 속도를 빠르게 하거나 느리게 하거나 하여 템포를 바꾸어 주고 거기에 박자를 맞추어서 넘도록 한다.

④ 한 가지 방법으로만 넘지 말고 두 발로 넘기, 한 발로 넘기, 달음질하듯이 넘기, 혹은 2회전 넘기 등 여러 가지 방법을 교대로 사용하여 운동한다.

### □달리기

달리기는 그냥 멍하니 뛰지 말고 다음의 요령으로 실시한다.

① 비교적 긴 거리를 달린다. 도중에 피치를 올려서 빨리 달리는 구간과, 힘을 빼서 쉽게 달리는 구간을 넣는다.

② 짧은 거리에서의 재빠른 대시와 급한 스톱을 연습한다.

③ 비교적 짧은 거리에서 앞을 향한 자세로 급속히 후퇴, 전진을 반복한다.

④ 계단을 1계단씩 달리면서 오른다. 이 경우 되도록 허벅지를 높이 끌어올리듯이 한다.(허리가 쳐지지 않도록 주의한다)

## 3. 기초 체력의 양성

어떤 스포츠를 할 경우라도 기초적인 '체력 만들기'는 무척 중요하다. 이것은 배트민턴의 경우에도 마찬가지이며 단순히 코트 안에서 셔틀콕을 치고 받는 일만이 연습의 전부가 아니다.

각종 체조(유연 체조, 보강 체조, 스트레치 체조 등)나 앞의 항목에서 말한 달리기, 혹은 줄넘기 운동, 그 외의 트레이닝법(서킷트 트레이닝 등)에 의해서 신체의 유연성이나 강인성, 기민성, 지구성 등이 조화롭게 발달되어야 한다.

이같은 일은 단순한 일이지만 기초 체력 향상에 의해서 배드민턴의 기량도 한층 숙달되기 때문에, 평소에 기초 체력 양성에 충분히 유의해야 한다.

## 스트레치 체조

근육이나 힘줄을 뻗는 체조로서 부상 예방 효과가 크고, 스포츠 선수의 준비 운동에 사용한다.

## 서킷트 트레이닝

다방면에 걸쳐 능력있는 체력 만들기를 목적으로 한 것으로서 몇 가지 종류의 운동을 섞어서 1세트로 하고 각 운동마다 실시하는 횟수를 정해두고 1세트를 연속해서 3번 반복하는 트레이닝법이다.

# 제 9 장

# 시합중의 작전 요점

# 1. 각종 스트로크의 사용법

실기편 제1장에서 각종 스트로크의 기본적인 타법에 대해서 말했지만, 실제의 시합에서 그것을 어떻게 활용하는가에 대해서 말하겠다.

## 클리어의 효용

① 상대의 유효한 공격을 막는다.

상대의 백 코트(코트의 후방 구역) 깊숙하게 연속해서 클리어를 송구하고 상대를 코트 후방에 고정시켜서 유효한 공격을 하지 못하게 함과 동시에 찬스를 봐서 틈있는 포 코트(코트의 전방 구역)에 결정타를 쳐넣는다.

② 상대의 체력을 소모시킨다.

상대의 백 코트 양쪽의 모서리를 겨냥하여 좌우로 달리게 하거나, 드롭 등을 병용해서 전후로 달리게하여 상대의 체력을 소모시킨다.

③ 자세가 흐트러지는 것을 고친다.

자신의 자세가 흐트러졌을 때에 상대의 백 코트 깊숙이 높은 클리어를 송구하여 자세를 고치기 위한 시간을 번다.

## 스매시의 효용

① 상대에게 최후의 일격을 가한다.

특히, 코트 중앙 부근에서 네트 가까이 까지의 사이에 셔틀콕이 높이 오른 경우는 스매시를 하기 좋은 기회다.

② 상대의 몸을 겨냥하여 스매시를 쳐넣는 것이 효과가 크다.

③ 스피드가 빠르므로 상대의 자세를 흐트리는 데 효과가 있다.

〈주〉 점프해서 보다 높은 지점에서 하는 스매시는 위력이 있지만, 상당한 숙련자가 아니면 몸의 밸런스가 무너지거나 타구의 타이밍이 빗나갈 우려가 있다.

## 드롭의 효용

① 상대의 포 코트에 틈이 있을 때 네트에 아슬아슬하게 드롭을 떨어뜨린다.

② 클리어, 스매시를 타구하는 체하여 상대의 의표를 찔러서 네트

가까이에 드롭을 떨어뜨린다.

③ 상대로부터의 송구가 빠른 경우, 상대가 스매시나 드라이브 등을 친 경우에, 셔틀콕의 스피드를 죽여서 네트 가장자리에 드롭을 떨어뜨린다.

## 드라이브의 효용

① 상대 수비의 틈을 뚫고 최후의 일격을 가한다.

이 경우는 네트에 아슬아슬한 높이로 되도록 상대의 백 코트를 노린다.

② 상대의 드라이브를 리턴할 때 상대가 빠른 스피드의 드라이브를 반구했을 경우에 셔틀콕의 스피드를 이용해서 물리치듯이 타구한다.

③ 셔틀콕이 낮게 날아가므로 상대에게 공격의 찬스를 주기 힘들다.

④ 방어 자세에서 공격 자세로 바꾸는 찬스를 만든다.(특히 더블스의 경우 등)

## 네트 샷의 효용

① 상대가 백 코트 깊숙이 위치하여, 네트 플레이를 못할 것 같은 경우에 네트 가장자리에 떨어뜨린다.

② 상대가 네트 가까이에서 플레이하고 난 후, 곧 네트에서 벗어나

후퇴하려고 하는 경우에, 상대의 움직임을 역이용하여 네트 가장자리에 떨어뜨린다.

③ 상대의 헤어핀 샷에 대하여 크로스 네트 샷을 타구하는 것도 생각 외로 효과가 있다.

# 2. 작전의 요점

① 서비스는 싱글스에서는 롱 서비스, 더블스에서는 쇼오트 서비스를 주로 하지만 때로는 상대의 의표를 찔러서 다른 서비스도 사용한다.

또 경험이 많은 사람은 드리븐 서비스를 유효하게 사용하는 것도 좋다.

② 코트의 어느 장소에도 재빨리 이동할 수 있는 준비 자세로 홈 포지션에 위치하고 타구 후는 되도록 빨리 홈 포지션으로 바꾸도록 한다.

③ 상대의 타구를 예측해서 기민하게 대응한다.

④ 되도록 상대가 틈을 만들도록 전후 좌우로 타구의 스피드나 코스를 바꾸어서 송구하고,

• 상대의 약점을 빨리 파악하고,

• 상대를 빨리 지치게 하도록 한다.

⑤ 상대의 약점을 발견했다면 적극적으로 그곳을 공격한다.

⑥ 상대가 낮은 위치에서, 셔틀콕을 위를 향해 리턴하지 않으면 안 되도록 타구한다.

그러기 위해서는 클리어를 제외하고는 셔틀콕이 아래를 향해서 네트를 넘도록 타구한다.

⑦ 코트를 크로스하는 듯한 플라이트를 타구한다. 특히 상대의 백 핸드 쪽을 노린다.

⑧ 어디에 송구하면 좋을까 망설여질 때, 혹은 자신의 자세가 흐트러졌을 때에는 상대 코트의 센터 라인 부근에 하이 클리어를 타구한다.(센터 라인 부근에 하이 클리어를 타구하면 상대로부터 리턴되는 플라이트의 좌우의 각도가 작게 되어 자신이 자세를 고치는데 여유가 생긴다)

이상, 여러 가지 작전상의 요점을 말했는데 간단히 정리하면 다음과 같다.

① 상대로부터의 반구에 대해서는,

• 빨리 셔틀콕의 낙하 지점에 도달하고,

• 되도록 몸의 앞쪽, 높은 위치에서 셔틀콕을 잡도록 한다.

② 싱글스에서는 상대 코트의 네 모퉁이를 노려서 송구하고 전후 좌우로 상대를 동요시키고 스매시로 최후의 일격을 가한다.

③ 더블스에서는 상대 두 사람의 위치 중 가장 약점이 되는 곳, 즉, 두 사람의 수비 중간 지점을 노리거나 또는 상대의 몸을 노려서 빠른 셔틀콕을 쳐넣는다.

# 3. 더블스의 포메이션

더블스는 두 사람이 페어를 이루어서 행하는 것이기 때문에 한 사람 한 사람이 좋은 플레이어라 하더라도 두 사람의 호흡이 잘 맞지 않으면 1더하기 1의 힘이 1도 채 되지 않는 일이 생긴다. 또, 그 반대로 두 사람의 호흡이 잘 맞으면 1더하기 1의 힘은 3으로도 4로도 되는 경우가 있다.

평소 각자의 수비 범위를 충분히 서로 이해하고 일심동체의 연계 플레이를 할 수 있도록 충분히 연습을 쌓는 일이 중요하다.

더블스 게임의 기본적인 포메이션은 대체로 다음과 같은 것이다.

① 사이드 바이 사이드 형(Side by side system)

② 톱 앤드 백 형(Top and back system)

③ 다이아고널 형(Diagonal system)

④ 로테이션 형(Rotation system)

⑤ 인 앤드 아웃 형(In and out system)

이상 5가지 포메이션 중 현재 일반적으로 사용되고 있는 사이드 바이 사이드, 톱 앤드 백, 인 앤드 아웃의 3가지 포메이션에 대해 설명하겠다.

## 사이드 바이 사이드 형

'옆으로 나란히 서는 형'이라고도 할 수 있는 포메이션으로서 센터 라인을 경계로 해서 코트를 좌우로 2등분하고 한 사람이 우측 코트의 반, 또 한 사람이 좌측 코트의 반을 책임지고 방어하는 방법이다.

이 포메이션은,

- 초보자가 가장 알기 쉽다.
- 방어하기 쉽다.

등의 큰 장점이 있어 초보자가 더블스를 연습을 하는 경우에 제일 많이 행하는 방법이다. 그러나,

- 다른 포메이션과 비교해서 유효한 공격을 하기 어렵다.
- 파트너 중 한 사람만이 의식적으로 겨냥되어서, 한 사람이 상대 두 사람과 치고 받는 듯한 형태가 될 위험성이 있다.
- 센터 라인 부근에 셔틀콕이 날아온 경우에, 두 사람 중 어느쪽이 타구할까 망설이다가 실패하는 경우가 생기기 쉬운 등의 결점이 있다.

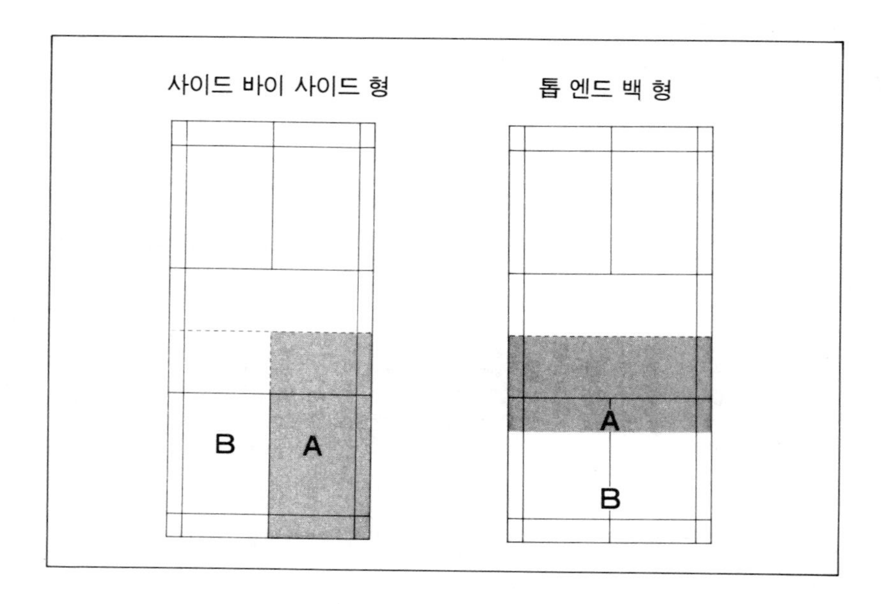


## 톱 앤드 백 형

'전후위 형'이라고도 말할 수 있는 포메이션으로서 한 사람이 쇼오트 서비스 라인 부근에서 전방을 다른 한 사람이 후방 백 바운더리 라인까지의 구역을 방어하는 방법이다.

일반적으로는 서버가 서비스했다면 전위가 되고, 그 파트너가 후위가 된다.

또, 리시버가 전위가 되고 그 파트너가 후위가 된다.

이 포메이션은 혼합 더블스에도 자주 사용되는 형이다. 이 경우는 보통 여자가 전위가 되고, 남자가 후위가 되어서 여자를 커버한다.

이 포메이션은,

• 파트너의 기량이 차이가 나는 경우에 약한 플레이어를 전위로 내고, 강한 플레이어가 후위가 되어서 기량 차이를 커버할 수 있다.

• 유효한 공격이 되기 쉽다.

등의 큰 장점이 있다. 그러나 그 반면,

• 상대가 전위를 피하여 후위만을 공격하여 후위가 혼자서 뛰게 되는 위험성이 있다.

## 인 앤드 아웃 형

사이드 바이 사이드 형과 톱 앤드 백 형을 섞어서 로테이트(Rotate) 하는 방법이다. 다시 말하면,

① 서비스할 때는 톱 앤드 백의 형으로 플레이하고, 그대로의 형태로 방어 자세가 될 때까지 계속한다.

② 같은 편이 방어 자세가 되었다면(같은 편의 어느 쪽인가의 플레이어가 높은 플라이트를 반구했다면), 방어하기 쉬운 사이드 바이 사이드 형이 된다.

③ 다음으로 같은 편이 공격하게 되었다면, 다시 톱 앤드 백 형이 된다.

④ 형을 바꿀 때는 왼쪽으로 돌면서 바꾸어도, 오른쪽으로 돌면서 바꾸어도 상관없다.

이 포메이션은 공격, 방어 모두 각각 적합한 형을 구별하여 사용하므로 아주 유리하다.

• 그러나 반면 상당히 숙련되지 않으면 형을 바꾸는 시기를 놓쳐서, 혼란을 가져오는 일이 있으므로 평소에 파트너와 충분히 상의해서 연습할 필요가 있다.

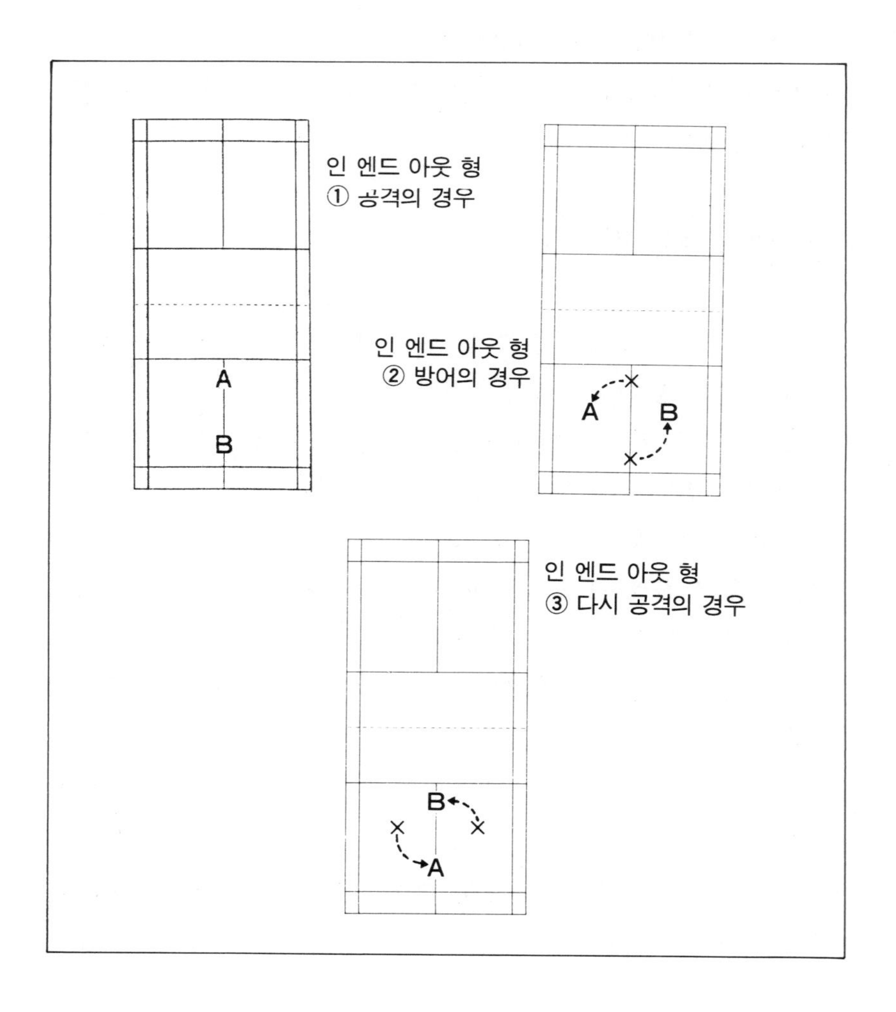

# 제 2 부

# 배드민턴의 고급 기술

# 제1장

# 배드민턴은 즐거운 게임이다

# 1.

# 배드민턴은 누구나 즐길 수 있는 가벼운 스포츠이다

하얀 복장, 하얀 깃털, 가벼운 풋워크에 화려한 샷.

배드민턴은 확실히 우아한 스포츠로 보인다. 실제로 배드민턴을 가벼운 스포츠로 생각하고 있는 사람도 많을 것이다.

그러나 이만큼 겉으로 본 것과 내용이 다른 스포츠도 보기 드물 것이다. 배드민턴은 축구와 맞먹을 만큼 격한 스포츠이다. 스포츠의 강도를 결정하는 기준으로, 에너지 대사율 측정이 있지만 배드민턴은 스키어나 야구의 피처보다 에너지 대사율 측정치가 높고, 거의 축구와 맞먹는 정도의 수치를 나타내고 있다. 배드민턴의 1시합이 야구의 피처가 9회를 완투하는 운동량을 넘는다는 것을 좀 의아하게 생각하는 사람도 많을 것이다. 그러나 실제로 플레이를 해보면 곧 그 강도를 알 수 있을 것이다. 그렇다고 해서 급히 겁을 먹을 필요는 없다.

배드민턴은 보는 것 이상으로 과격한 스포츠이다.

"그렇게 심한 운동이라면 좀 무리이지 않을까?"
라는 등 소심하게 될 필요는 절대로 없다. 테니스가 그렇듯이 배드민턴은 누구나 즐길 수 있는 스포츠이다. 중요한 것은 자기의 체력에 맞는 플레이를 하는 일이다.

더욱이 배드민턴은 가볍게 시작할 수 있는 특징을 가지고 있다. 처음으로 라켓을 쥐었는데 공을 맞히는 정도라면, 누구라도 배드민턴을 할 수 있고, 어렸을 때에 집 근처에서 배드민턴을 하고 논 경험을 가진 사람도 많을 것이다. 이번 기회에 배드민턴을 기본부터 확실히 배워보지 않겠는가? 자! 배드민턴에 도전해 보자.

# 2.
# 자신에게 알맞는 라켓을 고르는 것이 실력을 빨리 향상시킬 수 있다

먼저, 자신에게 꼭 맞는 라켓을 고르는 일부터 시작해 보자.

배드민턴의 라켓은 아주 미묘한 것으로 19g의 무게 차이가, 사용하는 사람의 플레이에 미묘한 영향을 끼친다. 즉 좋은 라켓을 고르는 것이 실력을 빨리 향상시키는 지름길이다. 흔히 비싼 것을 사용하면 좋지 않겠냐는 사람도 있지만, 그것은 그리 좋은 생각이 못된다. 아무리 비싼 물건이라도 자신의 연령이나 체력을 무시한 것은 좋은 라켓이라고 할 수 없다. 그러므로 자신에게 맞는 라켓을 골라야 한다. 라켓을 고르는 요령을 설명하고자 한다.

## □라켓의 종류

배드민턴의 라켓은 근래 10년간 크게 개량되어 왔다. 이전에는 나무로 만들어진 것이 대부분이었으나, 지금은 스틸 · 카본 · 보론 등 신소재로 만들어진 것이 주류를 이루고 있다. 이로 인해서 가볍고, 탄력있는 라켓을 사용할 수 있게 되었고 현재 사용되는 라켓에는 다음과 같은 것이 있다.

### 우드와 스틸의 콤포지트

프레임은 나무로, 샤프트는 스틸로 만들어져 있다. 나무 특유의 부드러움이 있고, 게다가 샤프트를 스틸로 강화하고 있는 셈이다. 점점 그 수효가 줄어들었으나 초보자에게는 사용하기 쉬운 라켓이다.

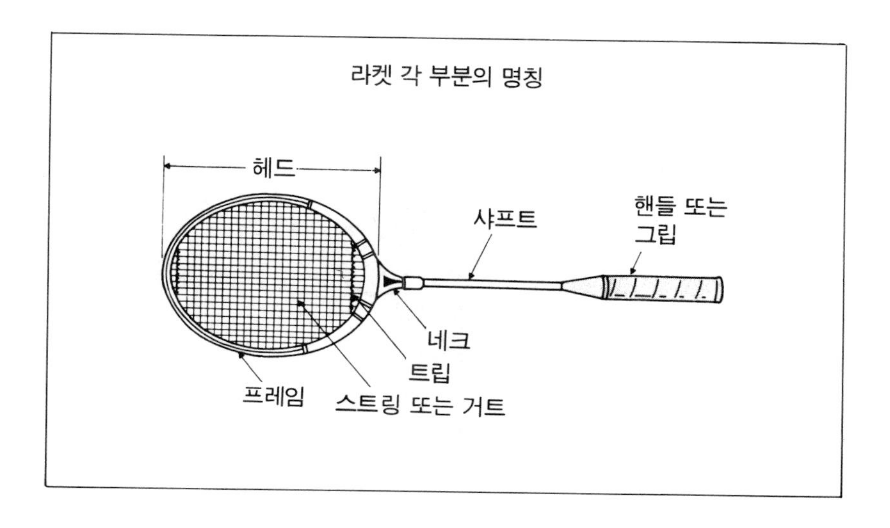

## 신소재 라켓

카본, 글래파이트, 보론 등 신소재를 사용한 라켓은 지금 그 수가 매우 많아졌다. 경량이며 내구성이 뛰어나고, 나무와 같은 부드러움이 있기 때문이다.

라켓의 종류

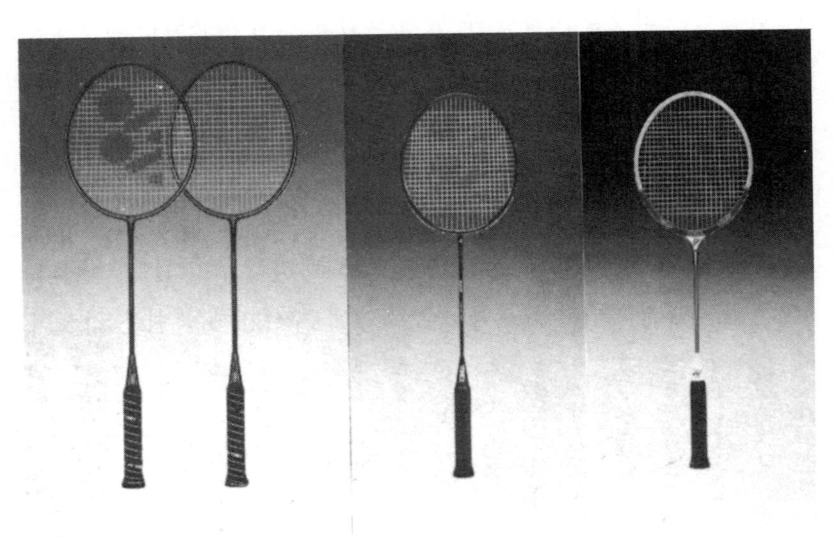

신소재 올 스틸 우드와 스틸의 콤포지트

# 3.

# 그립 사이즈, 무게, 밸런스가 라켓의 개성을 결정한다

같은 모델의 라켓이라도 라켓 하나하나의 개성이 다르다. 그립의 굵기, 라켓의 무게, 밸런스 등이 라켓의 개성을 크게 좌우한다. 좋은 라켓을 고르기 위해서는 실제로 라켓을 손에 들고, 세심한 곳까지 신경을 쓸 필요가 있다.

## □그립의 굵기

라켓에는 굵기가 숫자로 표시되어 있다. G3이라는 표시는 그립의 굵기가 3이라는 뜻이다. 그립의 굵기가 자신에게 맞는지 어떤지 아는 것은 아주 중요한 일이다. 잘 쥐어지지 않으면 자신의 힘을 그립을 통하여 라켓으로 잘 전달할 수 없기 때문이다. 몇 번 스윙을 해봐서 가장 감촉이 좋고 휘두르는 데 힘이 들지 않는 것을 선택한다.

### □라켓의 무게

그립의 굵기가 결정되면 다음에는 무게를 결정한다. 처음에는 휘두르기 좋은 무게가 적당한다. 100g 전후가 좋다. 일반적으로는 무거운 것일수록 하드 히터에게 적합하다. 플레이어를 목표로 하는 사람은 좀 무거운 것(100~115g)부터 시작한다. 힘이 약한 사람이나 여자는 가벼운 라켓을 사용하는 것이 무난하다.

### □밸런스

라켓의 무게 중심이 라켓 헤드쪽에 있는가 그립쪽에 있는가라는

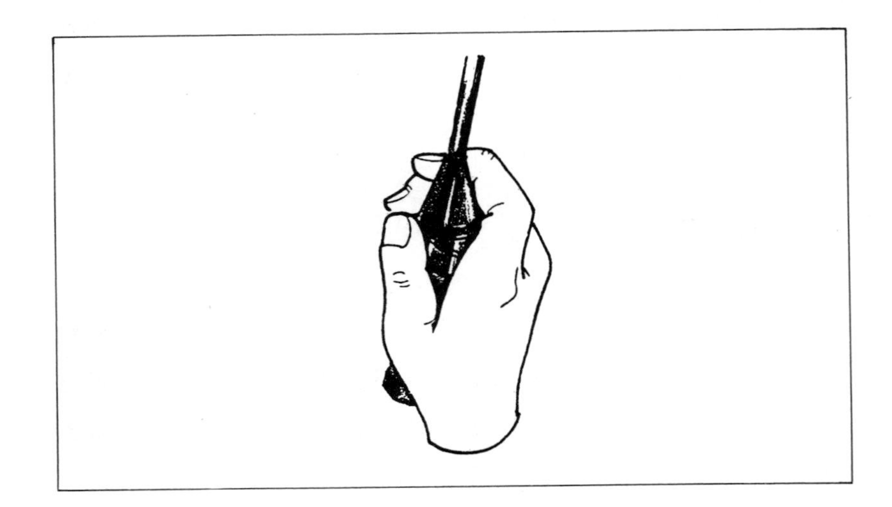

뜻이다. 라켓 헤드쪽에 있는 경우를 톱 헤비, 그립쪽에 있는 경우를 톱 라이트라고 말한다.

라켓의 무게가 같아도 밸런스가 틀리면 전혀 다른 라켓같은 느낌이 든다. 톱 헤비는 휘두르기는 힘들지만 강렬한 스매시를 칠 때는 적당하다. 단 초보자는 톱 라이트부터 사용하는 것이 좋다.

라켓을 단단히 쥘 수 있는 그립을 고른다.

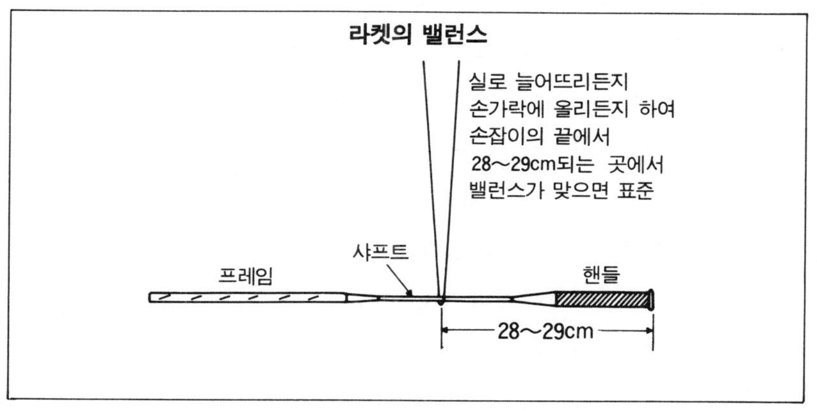

## 4.

## 셔틀콕의 속도는 시속 250km, 고속 전철보다 빠르다

셔틀콕은 배드민턴에서 사용하는 플레이용 깃털로, 코르크라는 추를 달아도 약 5g밖에 되지 않는다. 이것은 탁구공 2개의 무게이다. 약간의 공기 흐름에도 크게 변한다.

그런데 이렇게 가벼운 셔틀콕이지만 강하게 맞으면 고속 전철을 능가하는 스피드를 낸다. 세계의 일류 플레이어는 시속 250km 이상의 스피드를 낸다. 야구의 속구 투수라도 150km 정도, 테니스 플레이어의 탄환 서비스도 240km 정도가 한계이므로, 이상의 비교에 의해서도 셔틀콕이 얼마나 스피드를 내는 지를 알 수 있다.

단, 이 스피드도 어디까지나 처음 속도에 한한다. 공기 저항을 받으면 셔틀콕은 점점 감속하여 최후에는 0이로 되고만다. 그리고 앞으로 나아갈 수 없게 되어서 위에서부터 떨어져 내리는 것이다. 즉, 셔틀콕의 처음 속력이 아무리 빨라도 되받아칠 사람은 당황할 필요가 없다. 실제로 셔틀콕을 치는 것은 감속해서 낙하해 올 때이기 때문이다.

### □셔틀콕의 종류

셔틀콕에는 닭털로 만든 것, 거위털로 만든 것, 나일론으로 만든 것이 있으며, 메이커에 따라서 오리털로 만든 것도 있다.

나이론 셔틀콕은 내구성이 뛰어나지만, 셔를콕 특유의 비상성은 조금 떨어지는 느낌이 있다. 그러나 경제적이므로 초보자들에게는 효과가 크다고 할 수 있다.

세계의 톱 플레이어가 치면, 셔틀콕은 시속 250km의 스피드가 나온다.

# 5.

# 스트링, 슈즈, 웨어 등 필요한 것을 준비하자

라켓을 결정했으면 이번에는 그 외의 물품을 고른다. 처음 시작했을 때에는 전문적인 것은 피하고 기초적인 것만 익혀둔다.

## □스트링

라켓의 프레임에 치는 실을 말한다. 그 중에서도 동물의 내장으로 만든 것을 거트라고 부른다. 반발력이 있고 최고의 시합에서 사용된다. 그러나 값이 비싸고 내구력이 떨어지므로, 일반적으로는 값이 싸고 내구력이 있는 나이론제의 스트링이 주로 쓰이고 있다.

스트링의 당김새의 세기는 개인에 따라 기호가 다르지만, 일반적으로 강하게 잡아 당기면 탄력이 좋게되는 반면, 컨트롤하기가 어렵다. 따라서 초보자는 다소 느슨하게 해서 사용하는 것이 좋을 것이다.

### □슈즈

배드민턴 전용의 슈즈를 고른다. 배드민턴의 풋워크는 전후 좌우로 격렬해서 다른 스포츠 슈즈를 신을 경우, 상처를 입을 위험이 있다. 발에 맞는 슈즈를 선택해야 착용감이 좋고, 발이 편안하다.

### □웨어

배드민턴의 웨어는 흰색만 용인되었던 시대도 있었다. 그러나 지금은 개성적으로 입고 싶다는 사람도 많고 웨어도 칼러풀하게 변하고

배트민턴에 사용하는 스트링

있다. 단, 흰색을 기본으로 하는 것이 원칙이다.

### □기타

라켓 케이스와 백, 팔을 따라 내려오는 땀을 막아주는 리스트 밴드, 그립의 미끄럼 방지를 위한 타올 그립 등을 용의해 두는 것이 좋다.

흰색을 기본으로 하면서, 컬러풀한 웨어도 점점 증가했다.

# 6.

# 싱글스와 더블스를 병용하는 코트

정식으로는 싱글스 코트와 더블스 코트를 모두 갖춘 병용 코트를 만들게 되어 있다.

코트는 중앙에 친 네트로 자기쪽 코트와 상대쪽 코트로 2등분 되어 있다. 거기다 센터 라인에 의해서 좌우로 2등분되어 있고, 각각 네트를 향해서 우측 반쪽을 라이트 코트(또는 라이트 하프 코트), 좌측 반쪽을 레프트 코트(또는 레프트 하프 코트)라고 한다.

코트의 라인에는 여러 가지 명칭이 붙어 있고, 게임 진행상 중요한 것이므로 꼭 기억해 둔다. 어떤 라인이 싱글스에 쓰이는 라인이고 어떤 것이 더블스에 쓰이는 라인인가를 잊어 버리지 않도록 한다.

그리고 코트를 설치하는 장소는 정식 시합에서는 옥내 코트를 사용하도록 되어 있다. 셔틀콕은 가볍기 때문에 공기 저항을 받기 쉬우므로 작은 바람에 의해서도 비행이 크게 흐트러지게 된다. 배드민턴이 바르게 진행되기 위해서는 옥내 코트가 가장 좋다.

그 위에 셔틀콕이 눈에 잘 띄게 하기 위해서 코트 주위의 벽이나 창을 검은색 혹은 짙은 녹색의 커텐으로 친다. 플레이할 때, 세심한 곳까지 신경을 써야만 만족할 수 있는 플레이가 가능하다는 것을 명심한다.

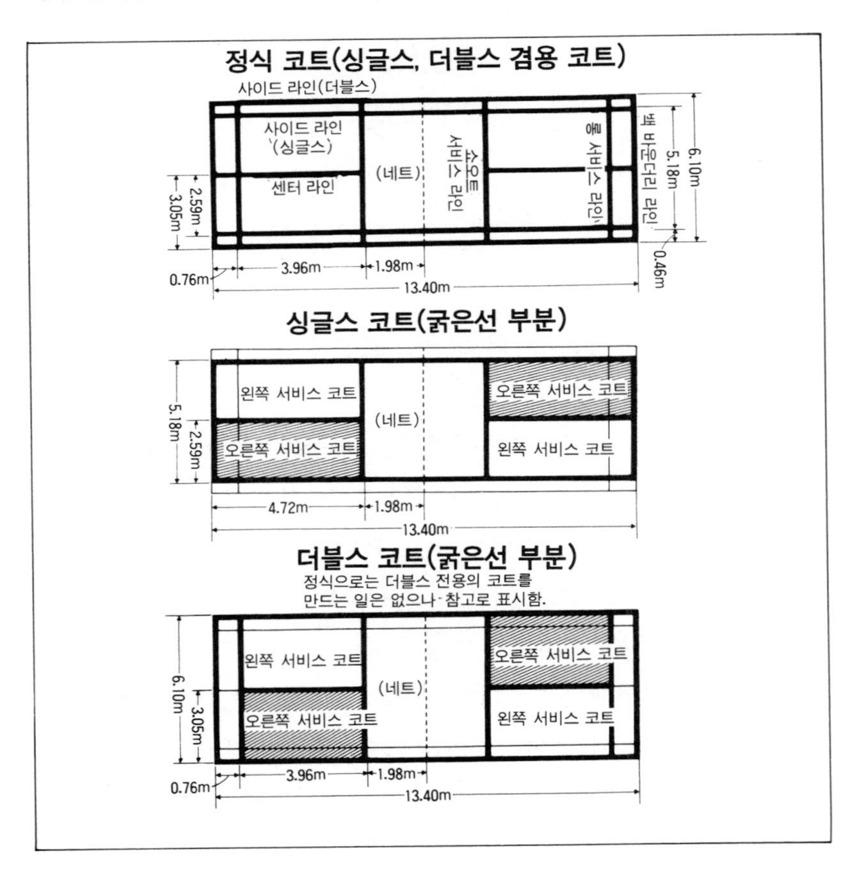

# 7.
# 초보자가 범하기 쉬운 오버 웨이스트와 오버 핸드

폴트(반칙)의 중요한 예를 들어본다.

## 서비스에 관한 폴트

### □어버브 더 웨이스트(오버 웨이스트)

서비스를 할 때, 타점이 허리보다 높은 위치에 있는 것. 힘이 들어가면 자기도 모르게 허리보다 높은 타점에서 치기 쉬우므로 조심한다.

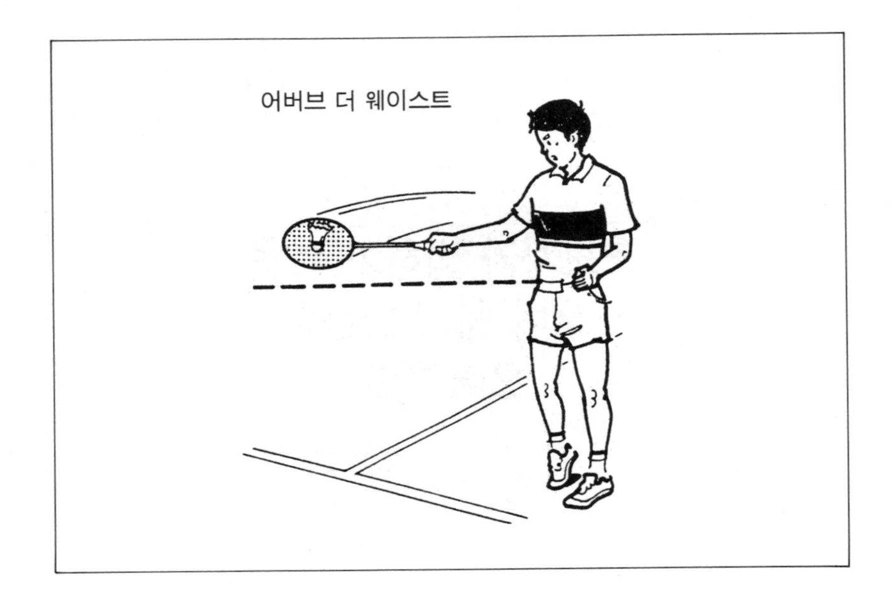


### □어버브 더 핸드(오버 핸드)

서비스를 치는 순간, 라켓 헤드의 일부분이 그립보다 높은 위치에 있는 것.

### □풋 폴트

서비스 플레이를 하는 도중에 서버 또는 리시버의 양 발의 일부가 바닥에 정지해 있지 않는 것. 양 발 모두, 혹은 일부가 바닥에 붙어 있으면 괜찮으나 전체를 질질 끌거나 움직여서는 안 된다. 단, 리시버는 공이 쳐진 다음에는 움직여도 된다.

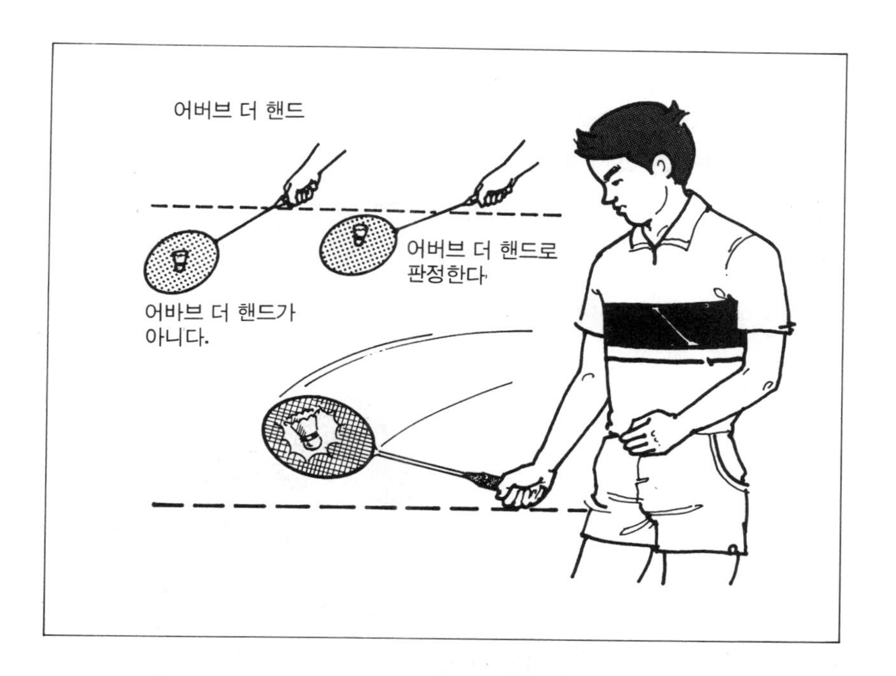


## □라인 크로스

서비스가 쳐질 때까지 서버나 리시버의 발이 라인을 밟는다든지 넘어가는 것.

## □아웃

서비스한 공이 바르게 상대의 리시브 코트에 들어가지 않은 것. 단, 리시브 코트의 라인 위에 떨어졌을 때나 한 번 네트에 닿아서 들어간 때에는 인으로 되고 유효가 된다.

## □보크

서버가 일부러 리시버를 현혹시키는 행위를 하는 것. 서버는 일단 서비스하는 자세에 들어 갔으면 도중에 그것을 그만둘 수는 없다. 또는 자세를 취하고 난 뒤부터 오랜 시간 서비스를 시작하지 않아도 보크가 되는 일이 있다.

# 8.
# 랠리중의 폴트에는 거듭거듭 정신을 차리자

## 랠리중의 코트

### □아웃

공이 상대의 코트에 바르게 반구되어 지지 않는 것. 코트의 밖에 떨어진다든지 네트를 넘지 않았거나 하는 일이다. 단, 공이 네트에 닿아서 상대 코트에 들어간 때나, 포스트의 바깥쪽을 통해서 상대 코트에 들어간 때는 유효이다.

### □오버 더 네트

라켓이나 몸의 일부가 네트를 넘어서 상대 코트에 나가 있는 것.

단, 다 치고 난 후의 기세로 라켓이 상대 코트에 나가는 것은 폴트가 아니다.

### □터치 더 네트

플레이중에 플레이어의 몸, 웨어, 라켓의 일부가 네트나 포스트에 닿는 것.

### □드리블

상대에게 반구를 하지 않는 중에 같은 플레이어가 공을 계속해서 치는 것.

### □더블 터치

더블스에서 상대에게 반구를 하지 않는 중에, 한 사람의 플레이어와 그의 파트너가 계속해서 공을 치는 것.

### □터치 더 보디

셔틀콕이 플레이어의 몸이나 웨어에 닿는 것. 코트 밖으로 나온 셔틀콕에도 적용된다.

### □홀딩

임팩트할 때 셔틀콕이 라켓면 위에 불확실하게 일시 정지하는 것.

# 9.

# 세팅은 배드민턴 특유의 연장전

배드민턴의 게임 진행 방법을 간단하게 머리에 넣어 두자.

룰을 외우는 것은 상당히 어려운 일로서, 처음부터 완벽하게 마스터하는 것은 어려운 일이다.

급하게 생각하지 말고 플레이를 하면서 구체적으로 외워가는 것이 좋다.

## □승패를 결정 짓는 방식

시합은 3게임 중 2게임을 선취하는 편이 승자가 된다. 여기서 말하는 게임이란 테니스나 배구에서의 세트를 말하는 것으로 더블스와 남자 싱글스는 15점, 여자 싱글스는 11점을 선취하면 승자가 된다.

## □세팅

세팅이라는 것은 연장전의 뜻으로 테니스나 탁구의 듀스와 같은 것이다. 단, 진행 방식은 배드민턴 특유의 것이다.

15점 게임에서는 13대 13점과 14대 14점의 경우에 2득점을 선취해 있던 플레이어가 세팅을 할까 말까를 선택할 수가 있다. 물론, 세팅을 하지 않고 15점으로 승부를 결정내는 일도 가능하다. 혹은 13대 13점의 경우에 세팅을 하지 않고, 14대 14점이 되었을 때 세팅을

**세팅한 경우의 1게임의 득점 수**

| (1게임의 득점) | (세팅 후의 득점수) (합계 득점 수) |
|---|---|
| 15점 게임 | ① 13대 13의 경우+5점……18점<br>② 14대 14점의 경우+3점……17 점 |
| 11점 게임 | ① 9대 9점의 경우+3점……12점<br>② 10대 10점의 경우+2점……12점 |

해도 된다. 세팅을 한 경우는, 13대 13점이었을 때는 5점 선취, 14대 14점이었을 때는 3점 선취로 결말을 짓는다. 이 경우, 재연장전은 없다.

여자 싱글스의 1게임은 11점으로 겨루어지기 때문에 세팅은 9대 9점일 때와 10대 10점일 때에 있다. 9대 9일 때는 3점 선취, 10대 10점일 때는 2점 선취로 결말 짓는다.

# 10. 서비스를 가진 쪽이 이겼을 때만 포인트가 가산되어 간다

## □서비스를 선택한다

게임의 시작은 우선 서비스를 하는 쪽을 결정한다. 국제 시합에서는 동전의 앞뒷면이나 라켓의 앞뒷면을 사용한다. 여기에서 이기면 서비스나 코트의 위치를 선택할 수 있다.

## □득점

배드민턴에서는 서비스쪽이 이겼을 때에 한해서 득점이 가산되어 간다. 즉, 서비스쪽이 졌을 때는 리시브쪽에 서비스권이 옮겨갈 뿐으로 리시브쪽의 득점으로 되지 않는다.

서비스쪽은 계속 이기는 한 언제까지라도 서비스를 계속할 수 있다. 그리고 그때마다 득점이 1점씩 더해 가므로 리시브쪽은 서비스권을 얻기 전에는 어쩔 도리가 없다.

### □체인지 엔드

1게임마다 코트를 체인지한다. 이것을 체인지 엔드라고 해서 어디까지나 공평을 기하기 위해 행하여 지는 것이다. 이것은 조명

관계로 셔틀콕이 잘 보이지 않게 되거나 대기 영향으로 불리하게 되는 경우가 있기 때문이다.

제3게임까지 시합이 계속된 경우는 여기서 한 번 더 체인지 엔드를 한다. 이때는 15점 게임에서는 8점, 11점 게임에서는 6점을 어느쪽에선가 선취하였을 때이다.

시합이 끝나면 서로의 건투를 칭찬해 주자.

# 11. 서버가 득점을 계속하는 한, 우측 좌측으로 순서대로 위치를 바꾼다

지금까지 시합의 승패의 결정 방식이나 폴트에 관해 말하였다. 이제는 실제 게임의 진행 방식에 대해 좀 더 구체적으로 알아 본다.

## 싱글스의 진행 방식

서비스는 처음에 우측 서비스 코트에서 대각으로 상대의 좌측 코트를 향해서 친다.

이와 같이 서버가 득점을 계속하고 있는 동안 우측, 좌측, 우측, 좌측으로 코트 위치를 순서대로 바꾸어서 서비스를 하고, 리시버는 그 대각선의 리시브 코트에서 리시브를 행한다. 서버가 바뀌었을

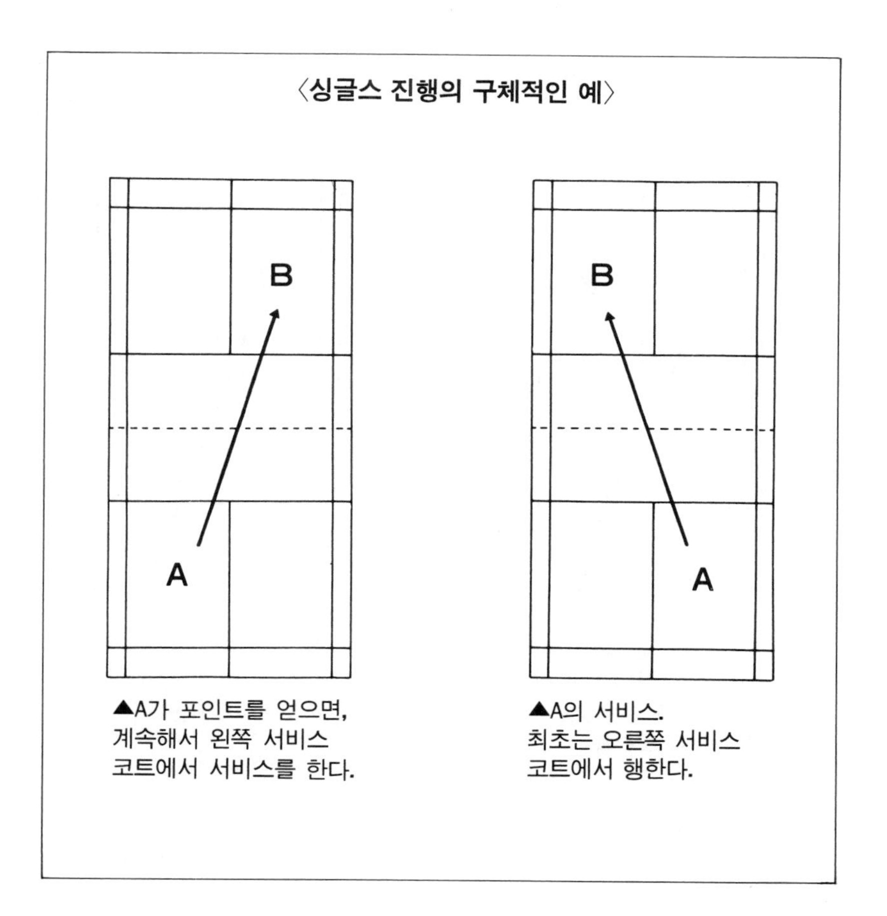


〈싱글스 진행의 구체적인 예〉

▲A가 포인트를 얻으면, 계속해서 왼쪽 서비스 코트에서 서비스를 한다.

▲A의 서비스. 최초는 오른쪽 서비스 코트에서 행한다.

때, 우측, 좌측의 어느쪽에서부터 서비스를 할까는 그때의 서버의 득점이 기준이 된다. 즉, 서버의 득점이 0, 또는 짝수(2, 4, 6……) 일 때는 우측 코트에서, 홀수(1, 3, 5……)일 때는 좌측 코트에서 서비스를 한다. 어느쪽에서 하는가 잘 모를 때에는 먼저 자신의 득점이 짝수인지 홀수인지를 확인한다.

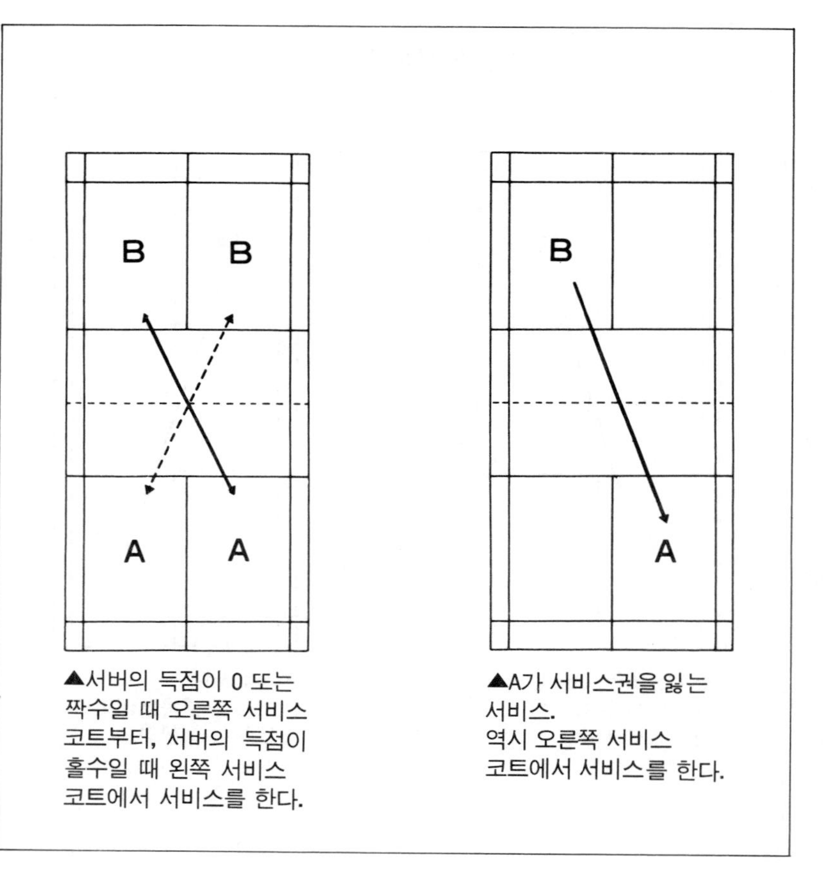


▲서버의 득점이 0 또는 짝수일 때 오른쪽 서비스 코트부터, 서버의 득점이 홀수일 때 왼쪽 서비스 코트에서 서비스를 한다.

▲A가 서비스권을 잃는 서비스.
역시 오른쪽 서비스 코트에서 서비스를 한다.

제1게임의 최초 서비스는 토스나 가위 · 바위 · 보로 결정하지만 제2게임의 최초의 서비스는 제1게임의 승자가 제3게임의 최초의 서비스는 제2게임의 승자가 하게 되어 있다. 이것을 꼭 잊어버리지 않도록 기억해 두자.

# 12.
# 더블스에서는 서비스와 리시브의 진행을 알기 어렵다

## 더블스의 진행 방식

더블스의 경우, 서비스와 리시브의 진행이 싱글스에 비하여 복잡하다. 페어의 두 사람이 어떤 패턴으로 움직이면 좋을까 단단히 기억해 두자.

### □서비스 오버

각 게임의 처음에 서비스권을 얻은 조는 최초의 이닝(서비스권이 상대에게 옮겨질 때까지의 시간)에서는 한 사람밖에 서비스를 할 수가 없다. 이 때문에 서비스측이 랠리에서 지면, 서비스권이 상대로 옮겨진다. 이것을 서비스 오버라고 한다. 한 번 서비스 오버가 되면 그 후는 두 사람 다 서비스권을 가지고, 두 사람이 서비스권을 잃었다면 서비스 오버가 된다.

### □각 이닝의 최초의 서비스

서비스 오버를 해서 새 이닝으로 옮겨졌을 때, 서비스는 반드시 우측 서비스 코트에서 시작한다. 이 최초에 서비스를 하는 사람은 서비스권을 얻은 시점에서 우측 코트에 있던 사람이다. 리시브측은 이닝 중에는 서로의 코트 관계를 바꾸지 않으므로 최초에 서비스를 하는 사람은 서비스권을 얻었을 때에 우측에서 리시브하고 있던 사람이 된다.

### □퍼스트 서버와 세컨드 서버

각 이닝에서 최초에 서비스를 하는 사람을 퍼스트 서버라고 한다. 퍼스트 서버가 점수를 얻지 못한 후 다음에 서비스권을 잇는 사람을 세컨드 서버라고 한다. 어느쪽이 퍼스트 서버가 되는가는 서로의 득점에서 결정되어 진다. 즉, 자신이 속한 조의 득점이 0 또는 짝수의 경우, 그 게임의 최초에 우측 코트에 위치하던 사람이 퍼스트 서버가 된다. 홀수의 경우는 그 반대이다. 따라서 게임 도중에 서비스 순서를 모르게 되었을 때는 먼저 게임의 최초에 자신이 어느 쪽에 있었던가를 생각해 보면 쉽게 알 수 있다.

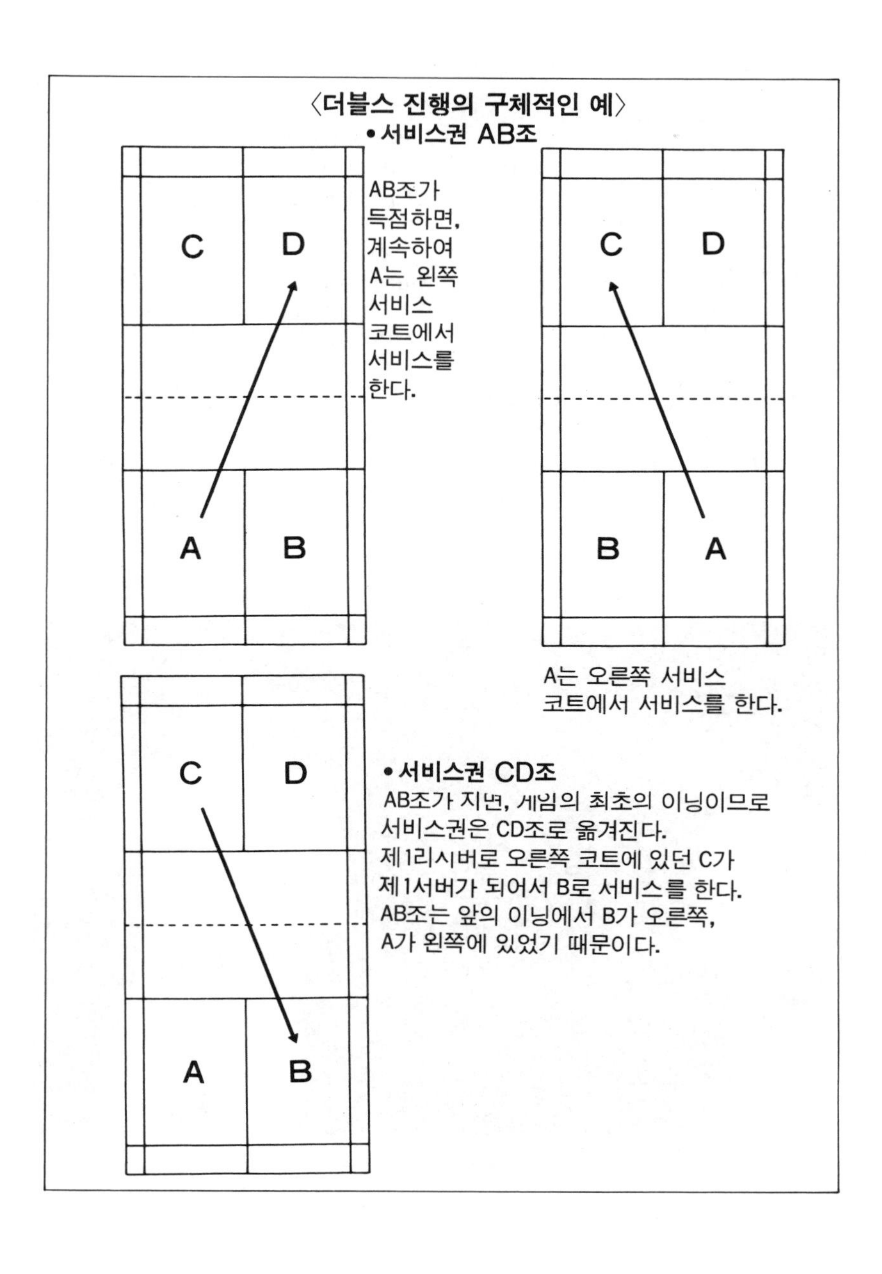
〈더블스 진행의 구체적인 예〉
•서비스권 AB조
C
D
A
B
AB조가
득점하면,
계속하여
A는 왼쪽
서비스
코트에서
서비스를
한다.
C
D
B
A
A는 오른쪽 서비스
코트에서 서비스를 한다.
C
D
A
B
•서비스권 CD조
AB조가 지면, 게임의 최초의 이닝이므로
서비스권은 CD조로 옮겨진다.
제1리시버로 오른쪽 코트에 있던 C가
제1서버가 되어서 B로 서비스를 한다.
AB조는 앞의 이닝에서 B가 오른쪽,
A가 왼쪽에 있었기 때문이다.

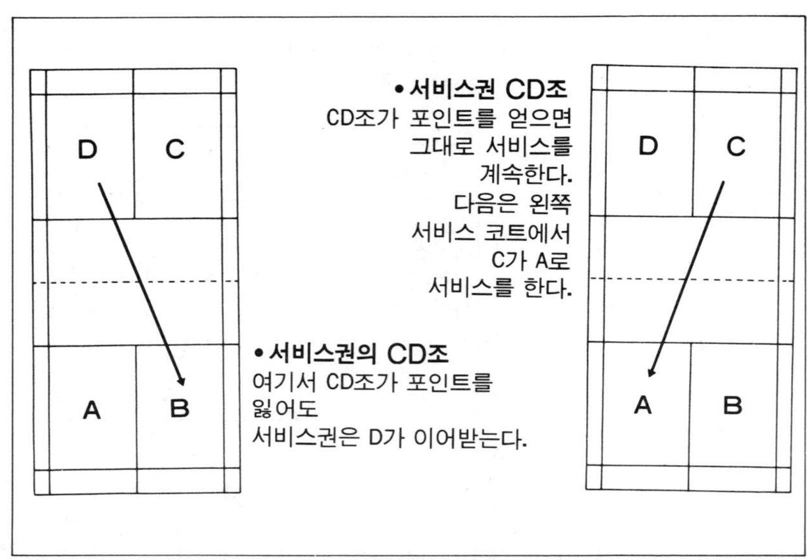

각 이닝에서 최초로 서비스를 하는 사람을 퍼스트 서버라고 한다.

# 제 2 장

# 대담하게 코트로 뛰쳐 나가자

# 1.
# 코트에 들어가기 전에 준비 운동을 꼭 하자

플레이를 하기 전에 먼저, 준비 운동을 정성 들여서 한다.

몸이 굳어져 있는 상태에서 갑자기 플레이를 하면 생각지도 않은 부상을 입게 된다. 그렇게 되지 않기 위해서 몸의 관절이나 근육에 예비적인 자극을 주어서 컨디션을 정리해 둘 필요가 있다. 따라서 일단 시작하면 목표를 향해서 대충대충 하지말고, 정확하게 한다. 구부러지는 부분은 충분하게 굽히고, 펴고, 돌리고, 비틀고 하는 일련의 동작을 천천히 빠짐없이 하도록 한다.

배드민턴을 하기 전에 필요한 준비 운동 몇 개를 그림으로 소개한다. 참고로 해주길 바란다.

▲생각지도 않았던 부상을 입지 않기 위하여 준비 운동은 정성들여서 하는 것이 중요하다.

# 2.

# 먼저, 라켓과 셔틀콕에 빨리 익숙해 지는 것이 중요하다

태어나서 처음으로 배드민턴을 시작하는 사람은 라켓을 들어도 무엇을 어떻게 하면 좋을지 모를 것이라고 생각된다. 스윙의 세심한 부분은 차차 설명하기로 하고 여기서는 먼저 라켓과 셔틀콕에 익숙해 지는 일을 다룬다. 셔틀콕의 미묘한 움직임이나 라켓을 휘두를 때의 감각을 제일 먼저 외워두면, 다음 단락으로 진행할 때에 아주 편하게 된다.

## □라켓을 휘둘러 본다

라켓을 공중에서 상하 좌우로 휘둘러 보거나 공중에 8자를 그려 보거나 스윙을 하면서 어깨를 충분히 돌리거나 손목의 힘을 이용하면 더욱 효과가 있다. 배드민턴의 스윙은 야구에서 피처의 투구 폼과 비슷하므로 라켓을 든 채로, 실제로 볼을 치는 것같이 스윙을 하면 좋다. 공중에서 라켓이 '피웅'하고 바람을 가르는 기세로, 라켓을 휘둘러 보면 스윙의 감각이 잡혀 올 것이다.

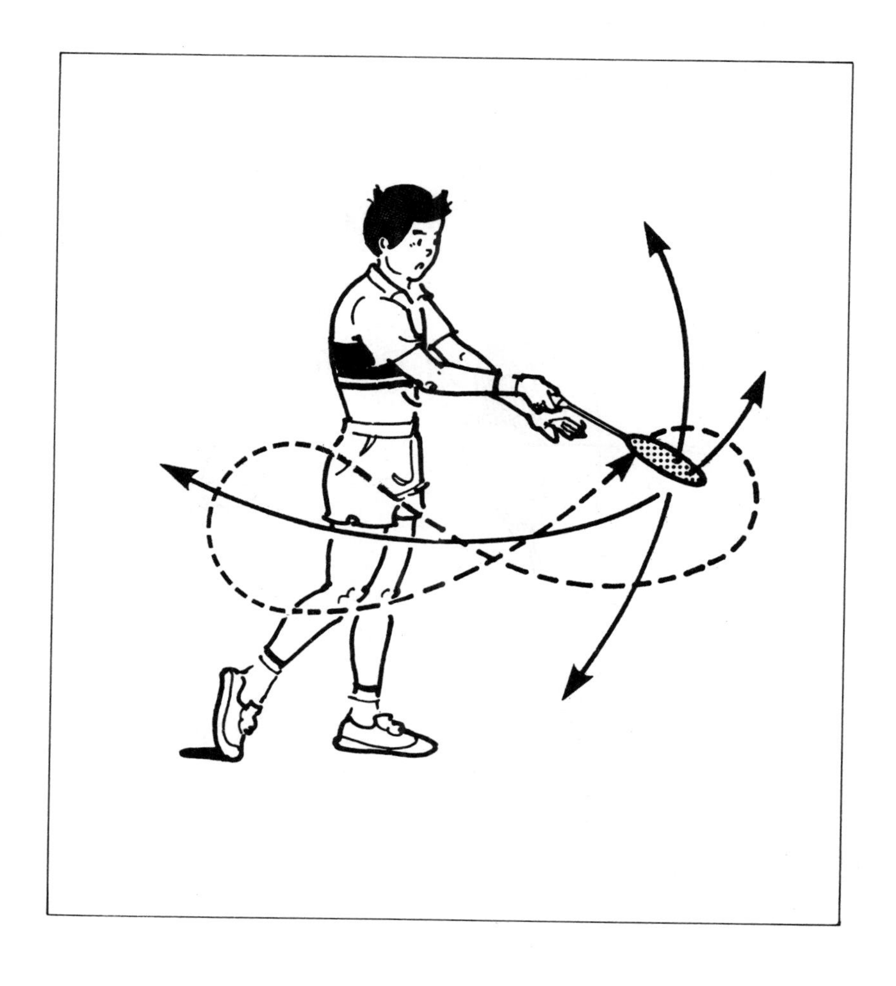

## 셔틀콕을 때려 본다

이번에는 셔틀콕을 때려 본다. 라켓 위에 셔틀콕을 올리고 그것을 위로 '통통'하고 반복해서 튕겨 본다. 익숙해지면 좀 더 높이 튕길 수 있도록 한다. 그 다음에 백 핸드 같은 것을 쳐본다.

마치 손등으로 셔틀콕을 튕기고 있는 듯한 느낌이 든다. 혹은 셔틀콕을 끈으로 매달아서 옆으로 '톡톡' 튕겨 본다. 서서히 스윙을 크게 해가거나 잇달아 치는 것같이 해서 셔틀콕의 움직임에 맞추는 훈련을 해간다.

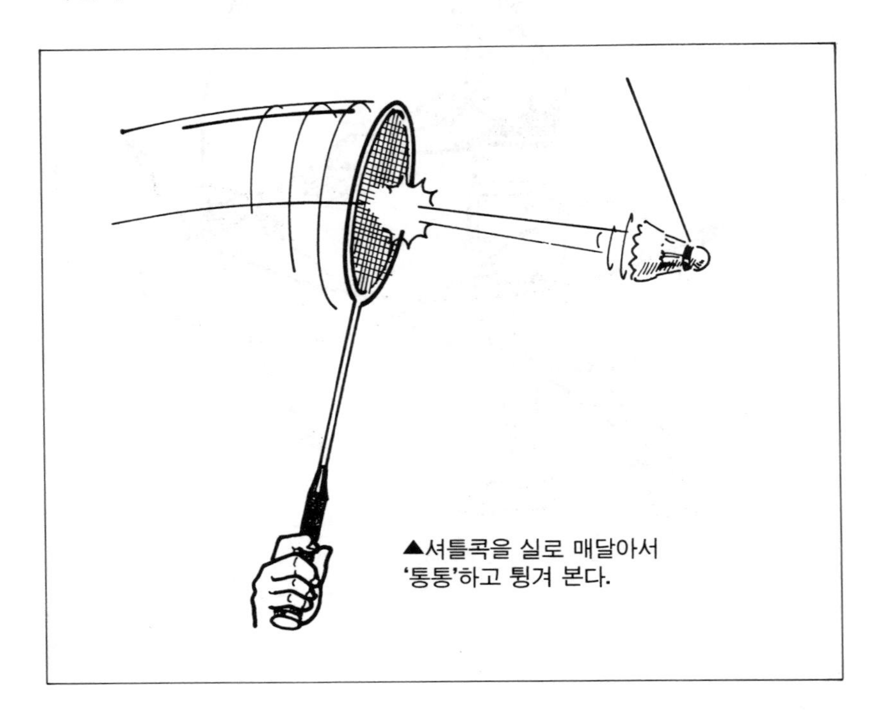

▲셔틀콕을 실로 매달아서 '통통'하고 튕겨 본다.

# 3. 엄지와 검지가 만드는 V자 형이 그립을 쥐는 법의 기준이 된다

배드민턴은 그립을 쥐는 것으로 시작된다. 자신에게 맞는 라켓 쥐는 법을 아는 것이야 말로 스윙을 잘하는 길이므로 아무렇게나 쥐어서는 안 된다. 조금만 잘못 쥐어도 타구에 큰 변화가 오기 때문이다. 그립 쥐는 법에 대한 바른 지식을 정확하게 익힌다.

그립 쥐는 법에는 이스턴 그립, 백 핸드 그립, 웨스턴 그립 등이 있다.

## 이스턴 그립

그립 쥐는 법 중에서 가장 많이 쓰이고 있고, 효과적이다. 이것은 라켓의 페이스면을 바닥과 수직으로 유지하고, 악수를 하는 느낌으로

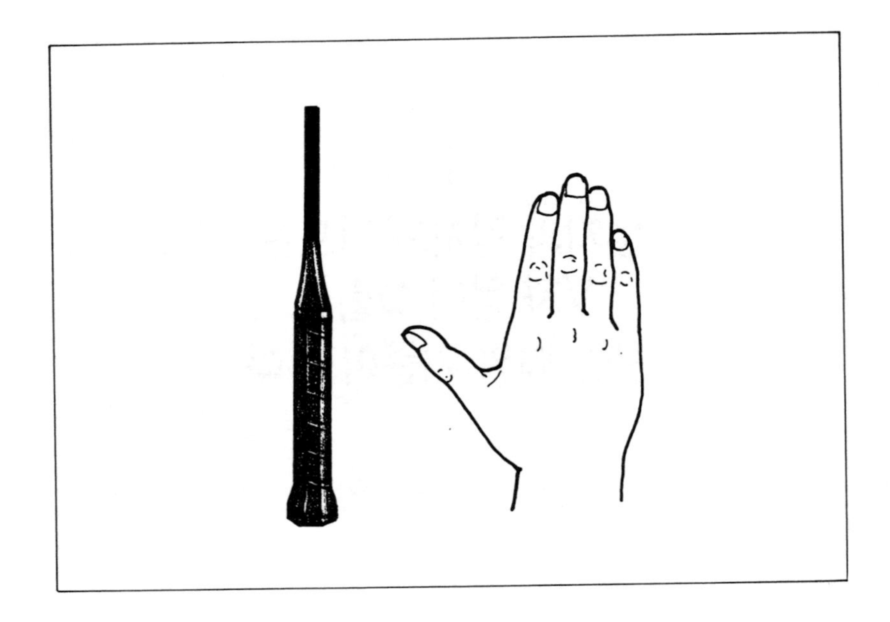

라켓을 쥐는 방법이다. 이렇게 하면 쥐는 손등은 핸들의 우측에 위치하고 엄지와 검지로 만들어지는 V자형이 핸들의 윗부분에 온다.

이 그립법은 몸의 우측에 온 셔틀콕을 치는데 효과가 있어서 포핸드 그립이라고도 한다. 혹은 악수하는 방법으로 쥐므로 쉐이크 핸드 그립이라고도 부른다.

## 웨스턴 그립

이 그립법은 이스턴 그립과는 쥐는 손의 각도가 90도 어긋나는 것이다. 즉, 라켓의 페이스면을 마루와 평행으로 해서 바로 위에서부터 핸들을 쥐는 법이다.

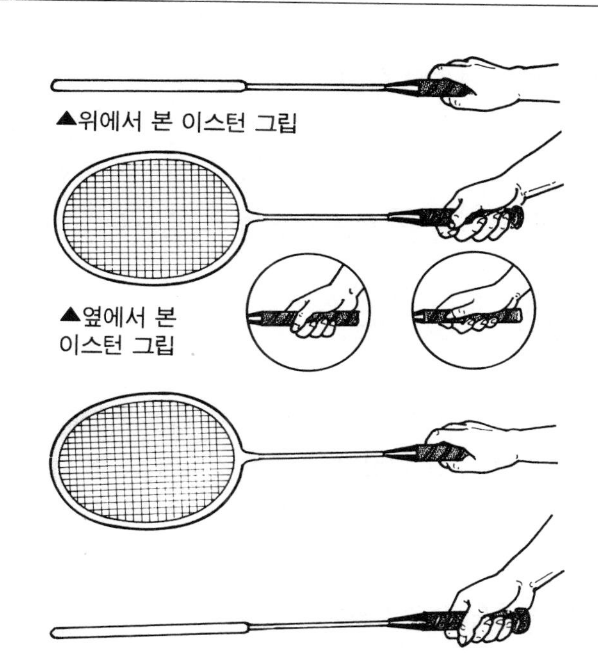

▲위에서 본 이스턴 그립

▲옆에서 본 이스턴 그립

▲이스턴 그립과는 쥐는 손의 각도가 90도 어긋나는 웨스턴 그립

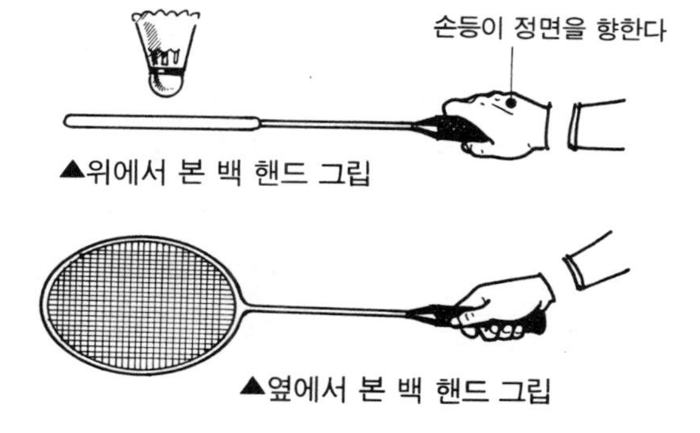


▲위에서 본 백 핸드 그립

▲옆에서 본 백 핸드 그립

이 그립법은 적용 범위가 좁은 것이 결점이다. 네트 앞의 공은 파리를 때려 잡는 요령으로 치기 쉽지만, 그 이외의 공에는 이스턴 그립에 비하여 부자유스럽다. 깊은 타구를 치고 받을 때는 손목이 아무래도 거추장스럽게 된다. 이 그립법을 써서 대성한 플레이어가 있기는 하지만, 초보자에게는 그다지 권할 수 있는 방법이 아니다.

## 백 핸드 그립

이스턴 그립은 몸의 우측에 온 공에 효과가 있지만, 몸의 좌측에 온 공에 대해서는 약간 그립법을 바꿀 필요가 있다. 그것은 포핸드 그립보다 손 위치를 조금 핸들의 좌측으로 비껴 쥐는 것이다. 비껴 쥐는 정도는 개인에 따라 틀리지만, 기준을 말하자면 라켓을 쥐고 있는 손등이 정면으로 위를 향하는 정도로 익혀 둔다. 이것을 백 핸드 그립이라고 부른다.

혹은 이스턴 그립을 바꾸지 않고 엄지의 제1관절을 펴고, 손가락의 볼록한 부분을 핸들의 좌측에 꼭 붙이는 백 핸드 그립도 있다. 이것을 특히 섬 업이라고 부르고 있다.

요즘에는 백 핸드 그립은 왼쪽으로 비껴 잡든지, 비껴 잡지 않든지 간에 섬 업하는 것이 좋은 것으로 되어 있다. 백 핸드는 손목 사용법이 거북하지만 섬 업을 하면, 그것이 '지렛대' 역할을 해서 손목을 사용하기 쉽게 되기 때문이다.

# 4.

# 몸의 위치와 치는 높이에 의해서 스트로크는 분류된다

라켓의 쥐는 법을 익혔다면 드디어 실제로 플레이를 할 차례이다. 배드민턴의 즐거움을 충분히 만끽해 본다.

라켓으로 공을 치는 일을 스트로크라고 한다. 배드민턴에는 여러 가지 종류의 스트로크가 있다. 그것들은 셔틀콕을 치는 높이나, 셔틀콕을 치는 몸의 위치에 의해 분류되어, 나름대로의 명칭이 있다. 스트로크에는 어떤 것이 있는지 생각해 보자.

## 몸의 위치에 의한 분류

### □포핸드 스트로크

라켓을 들고 있는 손과 같은 몸 쪽에서 치는 스트로크.

### □백핸드 스트로크

라켓을 들고 있는 손과 반대의 몸 쪽에서 치는 스트로크.

## 치는 높이에 의한 분류

### □오버 헤드 스트로크

어깨보다 높은 위치에서 치는 포핸드의 스트로크.

### □하이 백핸드 스트로크

어깨보다 높은 위치에서 치는 백핸드의 스트로크.

### □사이드 암 스트로크

대강 어깨부터 허리의 높이 정도의 위치에서 치는 스트로크. 옆치기라고도 한다.

### □언더 핸드 스트로크

허리보다 낮은 위치에서 치는 스트로크. 건져 올리듯이 친다.

### □라운드 헤드 스트로크

오버 헤드 스트로크의 변형으로 몸 뒤로 높게 온 공을 포핸드로 돌려서 치는 스트로크이다. 원칙으로는 하이 백 핸드로 쳐야 할 스트로크라고 말할 수 있다.

포핸드 스트로크는 라켓을 쥔 손과 같은 몸쪽에서 친다.

## 스트로크를 시계의 문자판으로 설명

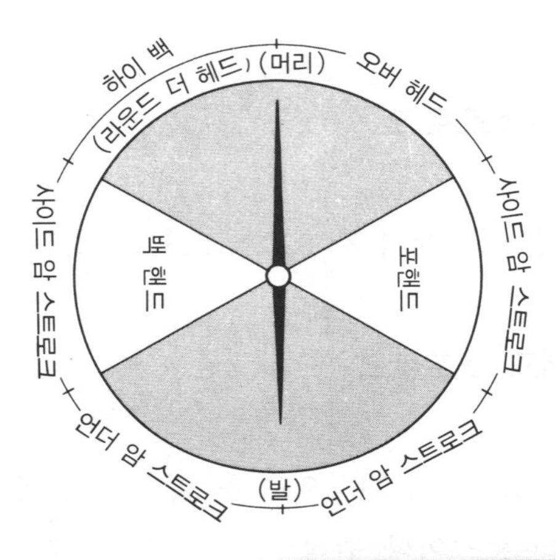

▶ 다이내믹한 오버 헤드 스트로크

◀ 몸을 젖혀서 치는 라운드 더 헤드 스트로크

▲백 핸드 스트로크는 라켓을 쥔 손과 반대의 몸쪽에서 친다.

▲건져올리듯이 치는 언더 핸드 스트로크

# 5.
# 여러 가지의 플라이트가 배드민턴을 극적으로 장식한다

하나의 스트로크로부터도 셔틀콕은 다양하게 날아간다. 이 셔틀콕의 날아가는 법을 플라이트라고 부르고 있고, 여러 가지 플라이트를 구별하여 쓰는 것이 바로 배드민턴의 묘미라고 할 수 있다.

플라이트에는 어떤 종류가 있는지 익혀 둔다.

## □클리어

셔틀콕이 크게 포물선을 그리는 듯한 플라이트로 하이 클리어와 드리븐 클리어의 두 가지가 있다.

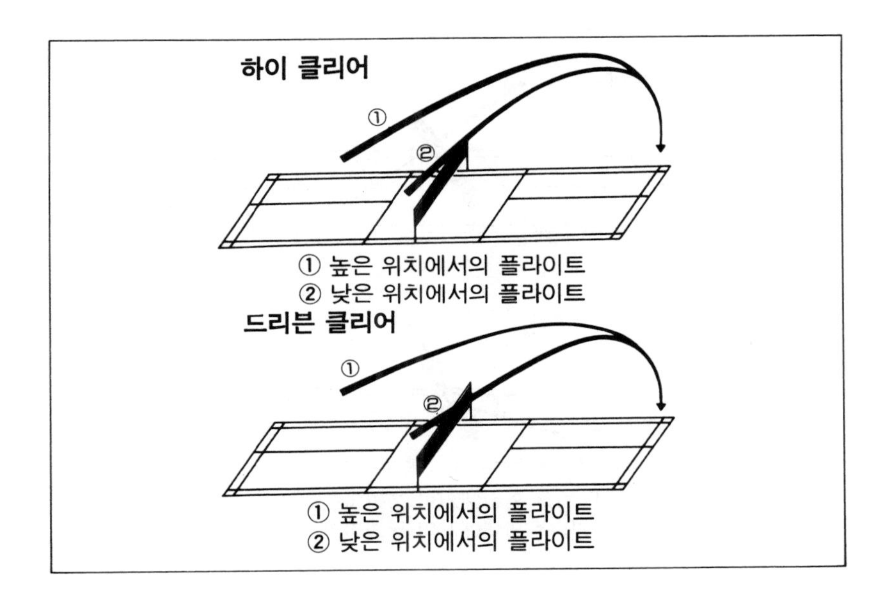


## □스매시

높은 위치에서 상대의 코트에 일직선으로 푹 찌르는 듯한 스피드가 있는 플라이트. 높은 타점에서 각도가 알맞으면 결정타가 될 수 있다. 상대의 반구가 짧든지 틈이 있을 때, 포인트를 한 방으로 얻을 목적으로 대담하게 때려 붙이면 효과가 있다.

## □드롭

네트를 넘으면 곧 떨어질 것 같은 플라이트. 상대가 뒤쪽에 치우쳐 겨누고 있거나, 앞으로 가는 움직임이 둔할 때 아주 효과가 있다.

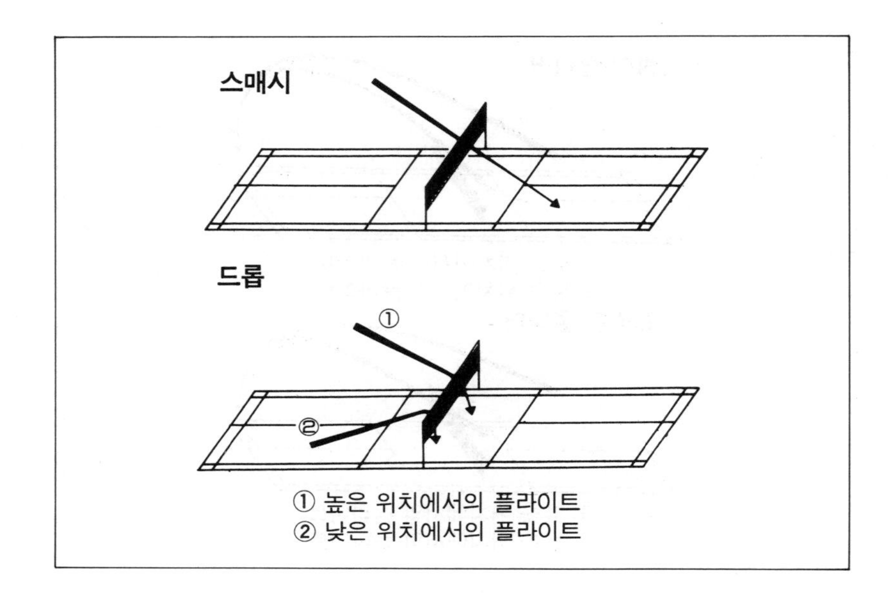


즉, 상대를 전후로 달리게 하거나 페이스를 흐트리게 하는 페인트 동작같은 플라이트이다.

## □드라이브

공이 네트에 닿을 듯 말 듯, 그것도 바닥과 평행하게 날아가는 듯한 플라이트이다. 상당히 스피드가 있고 네트를 넘어도 상승하지 않는 것이 좋은 것이다. 특히, 더블스에서 많이 사용되는 플라이트로 상대와의 시합에서 중요한 역할을 한다.

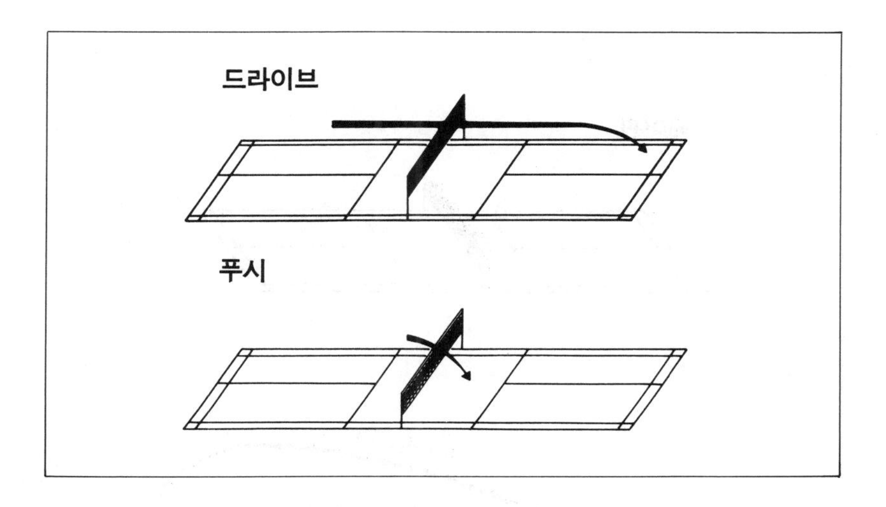


### □푸시

네트 근처에 떨어진 공을 반대로 상대의 네트 근처로 스피드를 낮추어 떨어뜨리는 플라이트. 에이스가 되는 경우가 많고, 기회를 봐서 쏘는 듯한 공격적 요소가 강한 것이다.

### □헤어핀

네트 근처에 떨어진 공을 반대로 상대의 네트 근처로 스피드를 낮추어서 떨어뜨리는 플라이트. 상대가 드롭을 쳐왔을 때나 상대의 틈있는 반구를 기대할 때에 사용한다.

여기서 각 플라이트를 한 번 더 비교해 보도록 한다. 그림으로 정리해서 보면, 각각 날아가는 법이 다른 것을 잘 알 수 있다.

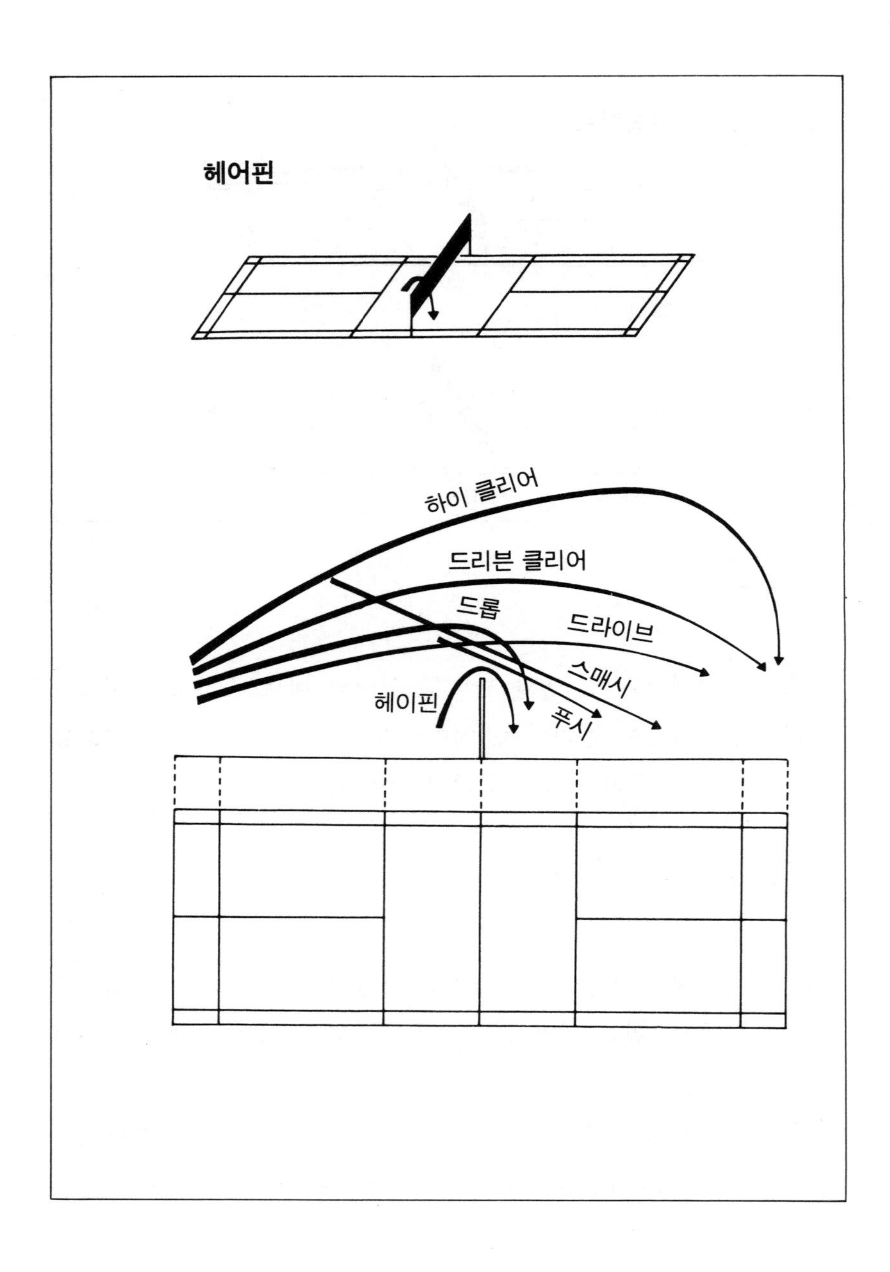
헤어핀
하이 클리어
드리븐 클리어
드롭
드라이브
스매시
헤이핀
푸시

# 제 3 장

## 자, 힘있게 스윙해보자

# 1.
# 몸 전체를 잘 이용하여 바른 스윙을 익힌다

스트로크의 연습에 들어가기 전에 각 스트로크를 받쳐 주는 스윙에 대해 생각해 보자.

스윙이라는 것은 '휘두르다'라는 의미로 글자 그대로 셔틀콕을 날리기 위해서 라켓을 써서 하는 일련의 동작을 말한다. 바른 스윙으로 라켓을 휘두르면, 셔틀콕은 자기가 마음먹은대로 날아 간다. 그러나 이치에 맞지 않는 스윙을 하면, 셔틀콕은 잘못된 결과밖에 내주지 않는다. 즉 바른 스윙을 몸에 익히는 것이 배드민턴을 시작하려는 사람에게 가장 중요한 과제이다.

## □스윙의 기본을 마스터한다

바른 스윙이란 몸 전체를 사용하는, 폼이 흐트러짐이 없는 스윙이다. 이런 당연한 일을 지금와서 강조하는 것은 자기 마음대로 스윙을 하는 사람이 실제로 많기 때문이다. 팔의 힘만으로 라켓을 휘두르거나 조잡한 타구법으로 폼을 흐트리고 있는 사람을 자주 발견한다. 이런 사람은 일시적으로 결과가 좋아도 최종적으로 스윙을 완성시키지는 못한다. 가장 중요한 기본이 빠져 있기 때문이다.

앞으로 스윙의 기본을 확실히 마스터하는 것을 명심한다. 당신의 둘도 없는 재산이 될 것이다.

## □스윙의 구성

모든 스윙은 4개의 부분으로 구성되어 있다. 백 스윙, 포워드 스윙, 임팩트, 팔로우 스루의 순서이다. 이 4개의 부분이 유연하게 전개되면 1개의 스윙이 완료된다.

## □백 스윙

어깨나 팔을 뒤쪽으로 젖혀서, 스윙의 힘을 내기 위한 예비 동작이다. 동시에 체중을 뒤에 두어서 몸에 힘을 모으는 역할을 한다.

백 스윙이 크면 스윙 자체도 크게 되어, 스피드가 있는 깊은 공을 칠 수 있다. 단, 너무 크게 하면 몸의 밸런스가 깨어지는 원인이 되기 쉽다. 이 부분의 균형을 중요하게 생각할 필요가 있다.

## □포워드 스윙

백 스윙부터 임팩트까지의 출발 부분을 특히 포워드 스윙이라고 한다. 백 스윙으로 모은 에너지를 임팩트에서 폭발시키기 위한 중요한 부분이다. 여기서 필요없는 힘이 들어가 버리면, 스윙 전체가 딱딱하게 되기 때문에 특히 긴장을 푼 유연한 스윙을 하도록 한다.

셔틀콕의 스피드나 코스를 좌우하는 것이 폴로스루이다.

## □임팩트

공을 치는 순간을 임팩트라고 부른다. 실제로 라켓과 셔틀콕이 닿는 부분이므로 스윙 중에서 가장 중요한 요소라고 말할 수 있다.

무엇보다 자신의 몸자세가 안정되고 파워를 최대한으로 발휘 할 수 있는 상태에서 임팩트를 맞이해야 한다. 백 스윙부터 포워드 스윙, 포워드 스윙부터 임팩트까지의 유연한 스윙의 흐름이야말로 안정된 임팩트를 낳는 원동력이 된다.

스무드한 스윙의 흐름이 안정된 임팩트를 낳는다.

## □팔로우 스루

임팩트로 튀겨진 공의 스피드나 방향을 크게 좌우하는 것이 팔로우 스루이다. 임팩트에서 피니시까지의 일련의 동작을 말하지만, 여기가 불완전한 상태로 끝나면, 스윙 자체가 크게 무너지고 만다. 임팩트 후에 라켓과 공은 다시는 부딪히지 않으므로 팔로우 스루는 아무래도 좋지 않은가 하고 생각하는 사람이있을지도 모른다. 그러나 이것은 크게 잘못된 생각이다. 왜냐하면 스윙중에 임팩트에서 '착'하고 라켓을 멈추고 말았다면, 예를 들어, 공에 맞았더라도 공은 그다지 날지 않는다. 임팩트를 팔로우 스루하는 동작이 있고나서야 공은 마치 뒤에서 미는 것과 같은 힘을 부여받는 것이다. 당연히 팔로우 스루는 임팩트의 집대성이라고도 할 수 있다.

# 2. 네트의 정면을 향해 긴장을 풀고 겨눈다

셔틀콕을 치기 위한 준비 자세를 레디 포지션이라고 말한다. 상대가 쳐 오는 어떤 셔틀콕에도 확실히 따라붙고, 반대로 되받아 치기 위해서는 먼저 레디 포지션부터 확실히 하지 않으면 안 된다. 너무 기를 써서 겨누고 서 있거나, 멍하게 서 있으면 최초의 일 보가 늦어져 따라 잡을 수 있는 셔틀콕도 놓쳐 버린다.

바른 레디 포지션은 어떤 것일까?

네트를 정면으로 향하고 온몸의 긴장을 푸는 일이 첫번째 일이다. 어깨에 힘이 들어가 있으면 스윙도 딱딱해지므로 주의한다.

그리고 팔꿈치, 손목을 가볍게 구부려서 라켓 헤드를 조금 위로 올린다. 왼손으로 (오른손잡이의 경우) 라켓의 샤프트를 가볍게 잡아주면 좋다. 두 발은 반 걸음 정도 앞뒤로 어긋나게 서서 바닥에 완전히 붙이지 않고, 뒷발의 발 뒤꿈치를 조금 올려 든다. 스탠스는 어깨 폭 정도나 그것보다 조금 넓은 정도로 한다. 단, 몸을 너무 앞으로 기울이지 않도록 주의한다. 너무 앞으로 기울이면 발이 유연하게 나가지 않을 염려가 있기 때문이다.

셔틀콕을 기다릴 때에도 자기 몸에 리듬을 유지하고, 가볍게 점프하는 것이 좋다.

바른 레디 포지션을 취하여 움직임을 스무드하게 하자.

# 3.
# 배드민턴에서 가장 많이 사용하고 있는 것은 오버 헤드 스트로크이다

오버 헤드 스트로크는 어깨보다 높은 타점에서 치는 스트로크로서 배드민턴에서는 가장 빈번하게 사용된다. 게다가 오버 헤드 스트로크는 하이 클리어, 스매시, 드롭 샷이라는 3종류의 기본적인 타구를 칠 수 있으므로 이 스트로크만 마스터할 수 있으면, 어느 정도의 시합도 감당해 낼 수 있게 된다. 그런 만큼 초보자는 이 스트로크를 잘 연습해야 한다.

또한, 오버 헤드 스트로크라는 것은 여기서는 포핸드로 치는 일이다. 하이 백 핸드에 대해서는 다음에 열거하기로 한다.

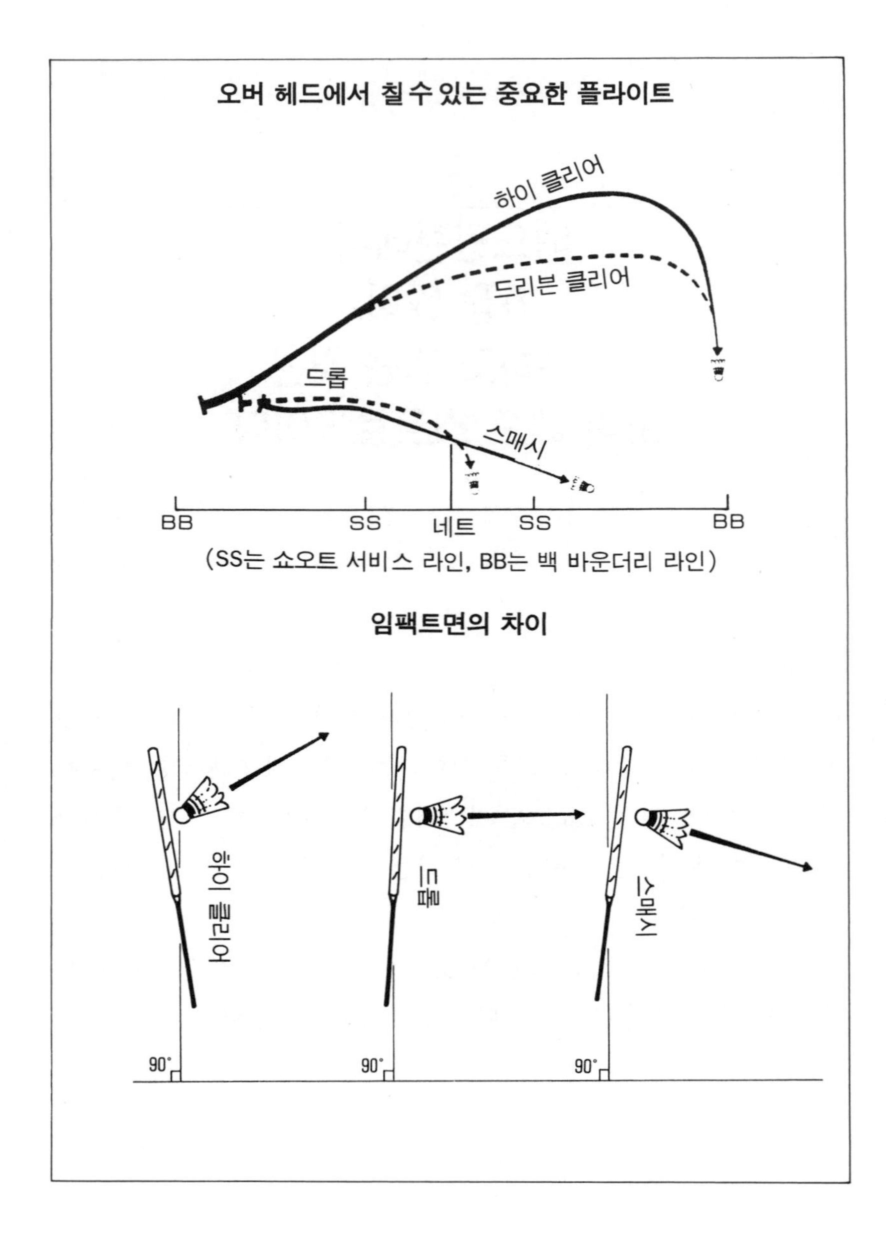
오버 헤드에서 칠 수 있는 중요한 플라이트
하이 클리어
드리븐 클리어
드롭
스매시
BB
SS
네트
SS
BB
(SS는 쇼오트 서비스 라인, BB는 백 바운더리 라인)
임팩트면의 차이
하이 클리어
드롭
스매시
90°
90°
90°

## □임팩트 면의 차이

오버 헤드 스트로크로부터는 하이 클리어, 스매시, 드롭 샷의 세 가지의 타구를 칠 수 있는데, 각기 임팩트 면은 미묘하게 다르게 된다. 단, 임팩트 직전까지의 폼은 세 가지 다 같다. 즉, 같은 듯한 폼에서 임팩트 면을 조금 바꾸는 것만으로 타구가 변하게 되는 것이다.

클리어의 경우, 공을 높이 멀리 날릴 필요가 있으므로 임팩트 면을 조금 위쪽을 유지하여 친다.

드롭에서는 공이 네트를 넘을 때까지 수평 비행하고, 네트를 넘으면 곧 떨어질 것 같이 치기 때문에 임팩트를 조금 앞으로 기울여서 친다.

스매시는 상대 코트에 예각으로 공을 몰아치는 것이므로 임팩트 면을 드롭할 때의 이상으로 앞으로 기울여서 친다. 단, 너무 앞으로 기울이면 공이 네트에 걸리므로 주의한다.

# 4.
# 셔틀콕의 낙하 지점에 재빨리 움직이고 확실하게 백 스윙을 한다

## 하이 클리어를 치는 방법

### □포인트 1—타점으로의 이동

오버 헤드로 치는 경우, 중요한 것은 될 수 있는 한 빨리 공이 떨어지는 위치에 이동하고, 칠 자세를 재빨리 취하는 일이다. 그렇게 하여서, 자신이 치기 쉬운 타점에 공이 떨어져 왔을 때 치는 것이 가장 좋은 것이다.

그런데 치는 것에만 신경을 써서 이동이 충분하지 않으면, 치기

어려운 타점에서 만족하게 스윙조차 할 수 없는 일이 자주 있다. 게다가 초보자는 일반적으로 떨어져 오는 셔틀콕의 밑으로 너무 들어오는 경향이 있고, 타점이 뒤쪽으로 치우쳐 버리는 결과가 되기 쉽다. 이러면 셔틀콕은 멀리 날아갈 수가 없다. 기다리는 위치가 앞으로 치우치지 않도록 주의한다.

### □포인트 2—백 스윙

위에서 떨어져 오는 공에 신경이 쏠리면 아무래도 준비 자세에서 백 스윙이 둔하게 된다. 스윙은 어디까지나 연속적인 동작이므로 처음이 나쁘면 전부가 나쁘게 된다. 백 스윙은 확실히 할 수 있도록 한다.

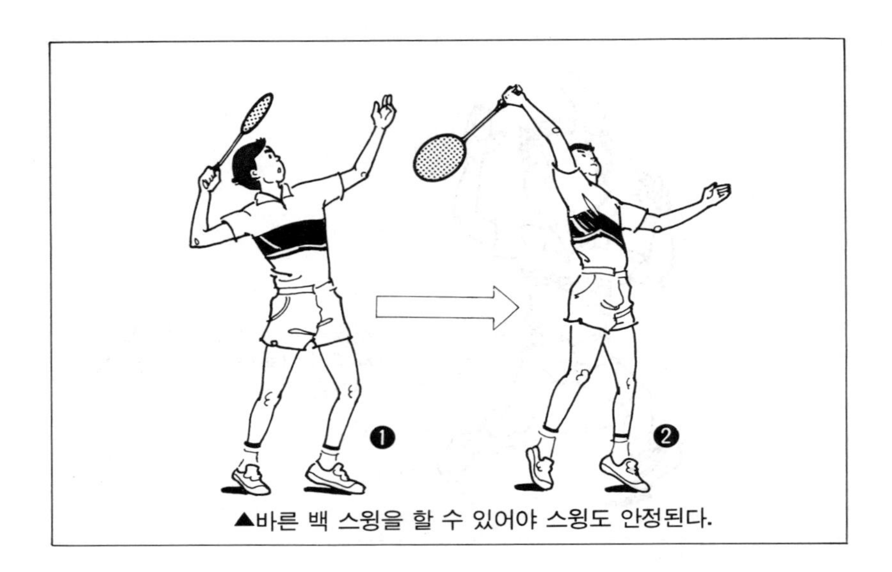

▲바른 백 스윙을 할 수 있어야 스윙도 안정된다.

지켜야 할 점을 아래에 써본다.

(1) 몸을 왼쪽으로 틀고, 왼쪽 어깨가 네트쪽으로 향하도록 한다. 절대로 몸이 정면을 향하지 않도록 한다.

(2) 라켓을 세운 그대로 당겨서, 오른쪽 팔꿈치는 편하게 굽힌다. 이때 무게 중심은 오른쪽 발에 걸려 있다.

(3) 왼손을 가볍게 셔틀콕 방향으로 향하게 하고 칠 타이밍을 잰다.

## □포인트 3—폼의 해설

① 재빨리 셔틀콕의 낙하점으로 이동하면서 왼발을 당겨서 몸의

반쪽으로 겨눈다. 오른쪽 팔꿈치, 오른쪽 어깨를 뒤쪽으로 젖혀서, 라켓을 세운 그대로 치켜 올린다. 이때 체중은 오른쪽 발에 걸려 있다.

② 상체를 뒤로 젖혀서 충분히 힘을 모을 수 있도록 한다. 그 위에 오른쪽 팔꿈치를 올려서 라켓을 치기 시작한다.

③ 오른쪽 팔꿈치를 앞으로 올리듯이 하여 팔를 펴면서 라켓을 휘두른다. 이때 어깨는 충분히 돌리도록 한다.

④ 머리 위의 조금 앞쪽에서 임팩트한다. 이때, 임팩트 면은 조금 위쪽으로 되어 있다.

⑤ 손목의 힘을 이용하면서 팔로우 스루로 옮긴다. 이때 체중은 완전히 왼발로 옮겨 가 있다.

⑥ 긴장을 풀면서 라켓을 내리면서 스윙을 완료한다.

## □포인트 4—드리븐 클리어

여기까지 말해온 것은 클리어 중에서도 하이 클리어에 대한 것이고, 클리어에는 또 하나 드리븐 클리어가 있다. 이것은 하이 클리어만큼 높이 쳐올리지는 않지만, 스피드를 내서 깊게 쳐올리는 것에는 변함이 없다.

치는 방법으로는 드리븐 클리어도 하이 클리어와 같은 모양의 스윙을 한다. 단, 드리븐 클리어쪽이 공격적 요소가 강하므로 대담하게 스윙을 잘 할 필요가 있다. 높이 올린다는 것보다는 스피드가 있는 공을 칠 생각으로 마음껏 휘둘러 본다.

## 스매시를 치는 방법

상대의 공이 허술할 때, 때를 놓치지 않고 때려 붙여서 포인트를 얻는 스트로크이다. 결정되었을 때의 상쾌감은 뭐라고 말할 수 없다. 당신도 강력한 스매시를 익히길 바란다.

### □포인트 1—폼의 해설

① 셔틀콕의 낙하점을 지켜봐서 재빨리 이동한다. 너무 앞으로 들어가면 타점이 뒤에 있어서 치기 어렵게 되므로 조심한다.

② 무게 중심을 오른발의 발끝에 두어서 백 스윙에 들어간다. 라켓은 세운 그대로 뒤로 당긴다.

③ 상체를 뒤로 젖혀서 팔꿈치를 구부린 상태로 서서히 포워드 스윙에 들어간다.

④ 어깨를 돌려서, 팔꿈치부터 원을 그리듯이 팔을 흔든다.

⑤ 하이 클리어 때보다 타구점은 조금 앞부분으로 취한다. 임팩트에서는 조금 팔꿈치가 펴지고 손목의 힘을 이용하기 쉽게 되어 있다.

⑥ 강렬하게 손목을 돌려서 셔틀콕에 스피드를 부여한다. 그 위에 예각으로 상대 코트에 떨어지도록 풀 스윙을 한다.

## □포인트 2—플레이스먼트(코스를 노린다)

무턱대고 강하게 치려고 하면 어깨에 힘이 들어가서 엉망으로 치게 되거나, 임팩트 면이 흔들려서 정확하게 맞지 않는다. 분명히 스매시는 빠른 스피드가 필요하지만, 그것에 구애되면 필요없는 힘이 들어간다. 이런 경우, 차라리 진로 방향을 노리도록 신경을 쓰면 어떨까? 상대가 없는 장소에 쳐넣으면 쉽게 포인트를 얻을 수 있으므로 스피드보다 코스를 노리고, 무엇보다도 쓸데없는 힘을 넣지 말고 치도록 연습한다.

# 5.
# 드롭에서는 임팩트할 때 손목을 그다지 쓰지 않는다

## 드롭을 치는 방법

드롭은 클리어와 같은 궤도로 네트의 가장자리에 떨어지는 것이 가장 효과적이다. 그러므로 클리어와 같은 폼에서 상대가 예측하지 못하도록 치는 것이 포인트이다.

### □포인트 1—임팩트

드롭의 치는 방법은 임팩트까지는 하이 클리어와 똑같다. 임팩트부터 드롭 특유의 타법으로 된다.

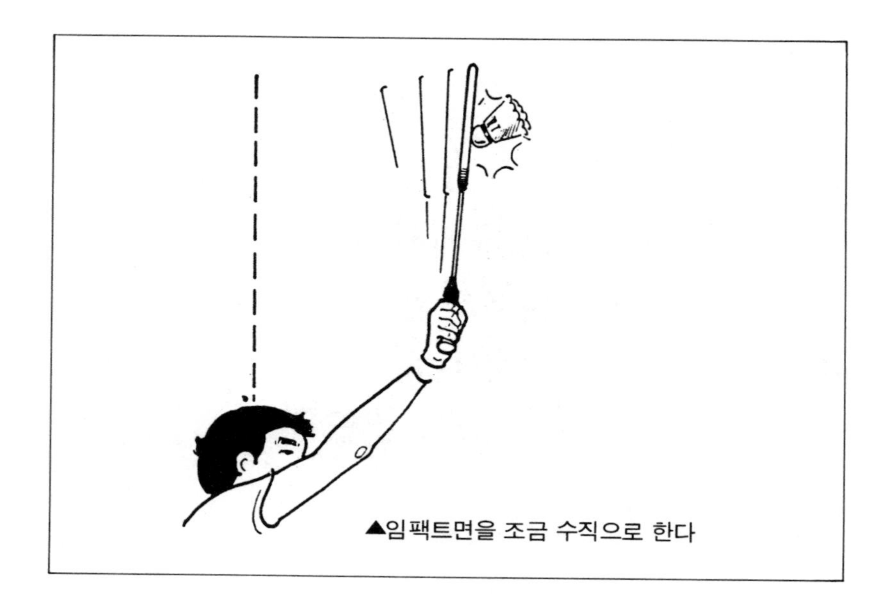

▲임팩트면을 조금 수직으로 한다

먼저 타점은 머리 위의 비스듬한 앞쪽이지만 임팩트 면이 대강 수직으로 되도록 조심한다. 이 면에서 이상이 생기면 셔틀콕이 너무 올라가거나 네트에 걸리거나 하므로 면을 정확히 유지한다.

### □포인트 2—손목

임팩트할 때 손목을 그다지 쓰지 않는 것도 드롭의 특징이다. 클리어나 스매시는 손목의 힘을 이용해서 공을 날리는 것이나, 드롭에서는 네트를 넘어서부터 공의 속도를 없앨 필요가 있으므로 팔꿈치, 손목을 똑바로 편 상태 그대로 타구하고, 임팩트 후에는 라켓을 부드럽게 씌우는 듯이 스윙을 한다.

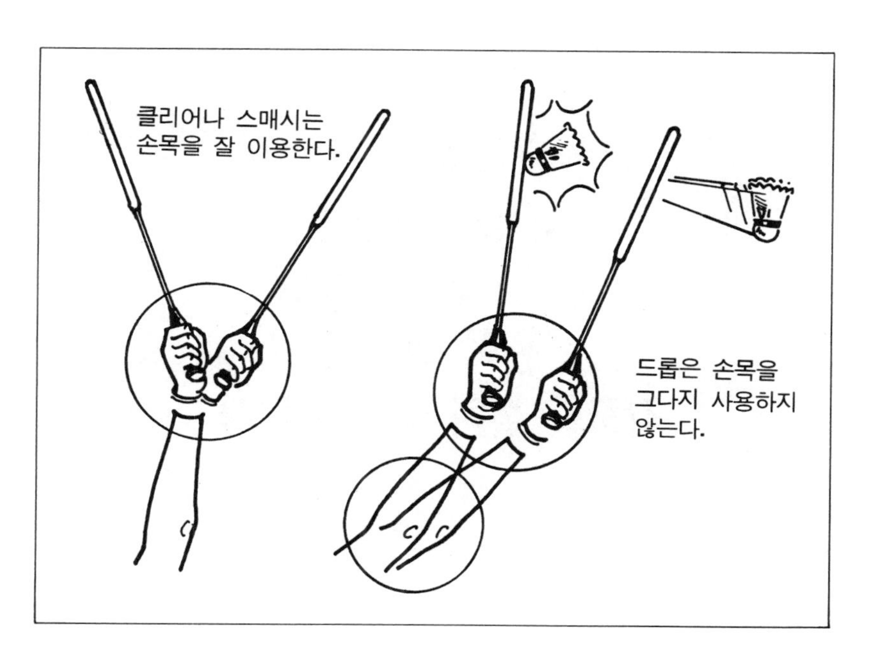
클리어나 스매시는
손목을 잘 이용한다.
드롭은 손목을
그다지 사용하지
않는다.

# 6.
# 커트는 라켓을 오른쪽 위에서부터 왼쪽 아래로 각도를 붙여 꺾어 내린다

## 커트를 치는 방법

커트는 드롭의 응용 테크닉으로서 셔틀콕을 자르는 기분으로 친다는 데서 붙여진 명칭이다.

드롭에서는 임팩트 때 면을 네트와 평행이 되게 치지만, 커트에서는 플랫에서 치는 면을 사이드 라인 쪽으로 돌리고, 셔틀콕의 코르크 부분을 오른쪽에서 깎듯이 한다. 즉, 임팩트에서부터 팔로우 스루에 걸쳐서, 라켓은 오른쪽 위에서부터 왼쪽 아래로 초생달 모양의 호(弧)를 그리며 잘라 내린다. 이렇게 하면 셔틀콕에 각도가 붙고, 게다가 스매시와 같이 직선적으로 낙하하여, 상대방의 움직임의 반대가 되게 만든다. 물론 스피드에 변화를 주는 것에 의해서 드롭에 가까운 것도 칠 수가 있다.

이 커트가 많이 사용되고 있는 것은, 특히 싱글스일 때 스트레이트로 치는 것처럼 크로스를 치는 등 페인트를 사용하여 상대의 리턴을 어렵게 만드는 효과가 있기 때문이다.

# 7.
# 백핸드를 잘 하기 위해서는 빨리 익숙해져야 한다

## 하이 백 핸드를 치는 방법

백 핸드는 포핸드보다 잘 못치는 사람이 많다. 그것은 일상 생활에 없는 반대되는 동작을 강요당하기 때문으로, 말하자면 익숙해져 있지 않기 때문이다. 백 핸드를 어렵게 생각하면 연습 중에도 백 핸드를 경원하기 쉽다. 이것이 거듭 계속되면 '백 공포증'이 되는 결과가 나타난다.

백 핸드는 익숙해지면 절대로 어려운 샷이 아니다. 중요한 것은 포핸드와 같은 만큼의 연습을 쌓는 일이다. 포핸드로 10번 쳤다면, 백 핸드로도 10번 치도록 명심한다.

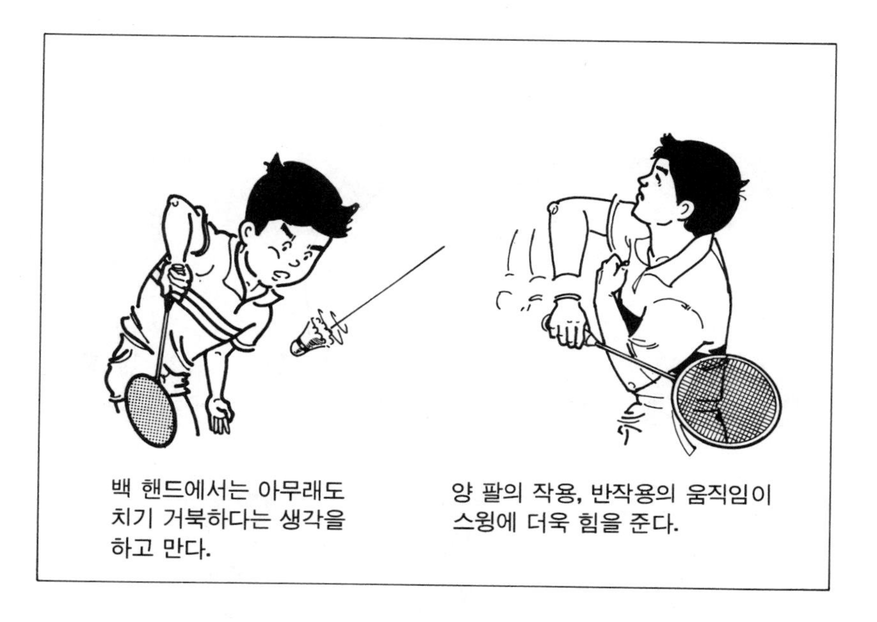

백 핸드에서는 아무래도 치기 거북하다는 생각을 하고 만다.

양 팔의 작용, 반작용의 움직임이 스윙에 더욱 힘을 준다.

## □포인트 1—왼쪽 팔의 사용법

백 스윙은 오른쪽 팔을 왼쪽으로 당겼을 때, 라켓을 가지지 않은 왼쪽 팔은 긴장을 풀면서 가슴을 껴안듯이 한다. 즉, 가슴 앞에서 양팔을 교차시키는 것이다. 이것은 백 핸드에서 아주 중요한 것이다. 포워드 스윙에 들어가서 오른쪽 팔이 네트 방향으로 휘둘려질 때, 왼쪽 팔은 반대로 왼쪽으로 돌아온다.

이 반작용의 움직임이 오른쪽 팔의 스윙에 더욱 힘을 부여한다.

특히 백 핸드는 포핸드만큼 스윙에 힘이 붙지 않으므로 이렇게 해서 몸 전체를 사용하는 것이 아주 중요하다.

## □포인트 2—폼의 해설

① 오른발을 몸의 왼쪽으로 내딛고, 네트에 등을 향할 정도로 상체를 왼쪽으로 돌린다. 단, 얼굴은 네트 방향을 향한다.

② 오른쪽 팔꿈치는 구부리고, 라켓의 헤드를 왼쪽 어깨의 방향으로 끌어 당긴다. 상체는 뒤쪽으로 젖힌다.

③ 젖혀진 상체를 전방으로 되돌리면서 치기 시작한다. 팔꿈치를 지점으로 해서 원을 그리듯이 스윙을 하는 것이 가장 좋다.

④ 체중을 오른발로 옮기면서 될 수 있는 한 높은 위치에서 친다.

⑤ 손목의 힘을 충분히 이용하여 팔로우 스루로 들어간다. 손목을 상대 코트를 향해 던지는 듯한 느낌으로 쭉 휘두른다.

⑥ 그 후는 힘을 빼고 라켓을 자연스럽게 내리고 다음의 타구를 기다린다.

### □포인트 3—손목과 팔꿈치의 사용법

백 핸드는 포핸드만큼 스윙에 스피드나 파워가 붙지 않으므로, 손목과 팔꿈치를 유효하게 써서 쳐내기 쉽도록 한다.

손목의 비틀기는 셔틀콕에 큰 반발력을 부여하므로, 임팩트할 때는 손목을 상대 코트에 던져버리는 듯이 대담하게 돌려 준다.

다음은 팔꿈치의 사용법이다. 먼저 날아오는 공을 향해서 치는 타이밍을 잰다. 그리고 백 스윙으로 구부리고 있던 팔꿈치를 임팩트로 편다. 이와 같이 구부려져 있는 팔꿈치가 펴짐에 의해서 스윙에 스피드가 붙는다.

# 8.

# 포핸드로 돌아왔다면 상체를 대담하게 젖혀서 친다

## 라운드 더 헤드를 치는 방법

하이 백으로 온 공을 대담하게 포핸드로 돌려 치는 것이 라운드 더 헤드 스트로크이다.

기본적인 타법은 오버 헤드 스트로크와 같으나, 포핸드로 돌아온 만큼, 상체를 백 핸드쪽으로 젖힐 필요가 있다. 이 상체의 젖혀짐이 완전하지 않으면, 공에 잠식되어서 치기 어렵게 되므로, 상체를 부드럽게 유지하고, 언제라도 상체가 젖혀질 수 있도록 해 두어야 한다. 몸의 부드러움과 아랫도리의 탄력이 필요한 스트로크라고도 말할 수 있다.

### □포인트 1—임팩트

임팩트의 타이밍은 오버 헤드와 같다. 상체를 젖힌다고 해도, 타점은 어디까지나 머리 위의 조금 전방에 둔다. 여기서 젖힌 상체를 과감하게 앞으로 되돌리는 것에 의해서 폭발적인 에너지가 태어난다.

### □포인트 2—겨누기

라운드 더 헤드 스트로크의 어려운 점은 셔틀콕의 눈대중을 잘못하

상체를 젖힌다면 타점은 머리 위의 조금 앞쪽이다.

는 경우가 자주 있다는 것이다. 낙하해오는 공은 항상 몸쪽으로 바짝 다가오므로 머리가 흔들리거나 몸이 딱딱하게 되어 있거나 하면 잘 대처할 수 없게 된다. 그래서 셔틀콕으로부터 절대로 눈을 떼지 말고, 몸에 필요없는 힘을 넣지 않고 자연스럽게 겨누고 있는 일이 중요하다. 자연스럽게 겨누고 있으면 다음 동작으로 쉽게 옮길 수 있다.

# 9.

# 오른발을 앞으로 내면 높은 타점에서 공을 칠 수 있다

## 사이드 암 스트로크를 치는 방법

어깨에서 허리의 높이 정도의 공을 몸의 옆쪽에서 치는 것이 사이드 암 스트로크이다. 이 타법으로, 클리어나 드롭도 칠 수 있으나, 고도의 테크닉이 필요하고 사용되는 경우도 한정되어 있으므로 초보자의 단계에서는 드라이브를 친다고 생각해도 좋다.

드라이브는 바닥과 대강 평행으로 공이 날아가므로 타점이 낮아지면 낮아질수록 네트에 걸리거나 공에 틈이 생기거나 한다. 따라서 사이드 암 스트로크라고는 해도 될 수 있는한 높은 위치에서 공을 잡도록 애쓰는 것이 중요하다.

## □포인트 1—스탠스

포핸드를 칠 경우, 사이드 암 스트로크에서는 오른발을 앞으로 내는 것을 원칙으로 하고 있다. 오버 헤드에서는 왼발을 앞으로 내는 것이 원칙으로 그쪽이 스윙하기 쉽지만, 사이드 암 스트로크에서는 오른발을 앞으로 낸다.

이것은 오른발을 앞으로 내는 편이 네트에 보다 가까와지기 때문에, 높은 타점에서 공을 잡는 것이 가능하게 된다. 될 수 있는 한 높은 타점을 취하는 것이 사이드 암 스트로크에서 필요하므로 가능한 한 오른발을 앞으로 내도록 하고 있다.

오른발을 앞으로 낸다

▲짧고 날카롭게 스윙하는 것을 명심하자.

## □포인트 2—날카로운 스윙

사이드 암 스트로트에서는 스피드를 중시하므로 강한 손목의 반동으로 짧고 날카로운 스윙을 하는 것이 이상적이다. 시간적 여유가 있을 때에는 백 스윙을 크게 취하여 스윙에 스피드를 붙이지만, 순식간에 칠 때는 백 스윙없이 손목의 힘만으로 치는 일도 있다. 이 경우, 손목을 되돌리는 것만으로 다음 동작으로 곧 옮길 수 있으므로, 격렬한 랠리의 반격 때에는 자주 보이는 타법이다.

## □포인트 3—폼의 해설(포핸드)

① 긴장을 푼 겨누기로 공을 기다린다.

② 오른발을 오른쪽으로 비스듬히 앞으로 내딛고, 백 스윙으로 들어간다. 오른쪽 어깨를 뒤쪽으로 당기면서 팔꿈치를 구부려서 라켓을 등으로 짊어지듯이 충분히 뒤로 당긴다. 이때 손목은 뒤로 돌려 둔다.

③ 허리의 회전을 이용해서 포워드 스윙에 들어간다. 오른팔을 팔꿈치, 손목의 순으로 앞쪽으로 휘둘러 낸다.

④ 임팩트에서는 팔과 라켓이 대강 일직선으로 되도록 스윙을 한다.

⑤ 손목의 힘을 충분히 이용하면서 팔로우 스루로 옮긴다.

⑥ 오른발을 원상태로 되돌리고 다시 최초의 긴장을 푼 겨누기로 돌아 간다.

## □포인트 4—결점 교정

초보자에게서 잘 보이는 결점으로 공을 몸에 너무 가까이 하는 것이 있다. 초보자는 몸과 공의 거리감에 익숙해져 있지 않으므로 기운이 지나쳐서 공에 너무 가까이 가버리는데, 이렇게 되면 팔꿈치를 구부린 그대로 치게 되어서 모처럼의 스윙의 스피드가 떨어진다.

팔꿈치가 펴진 곳에서 바르게 임팩트가 가능하도록 빨리 공과의 적정 거리감을 파악한다.

❶
❷
❸
❹
❺
❻

## □포인트 5—폼의 해설(백 핸드)

① 긴장을 푼 자세로 공을 기다린다.

② 오른발을 왼쪽 비스듬히 앞으로 내고, 백 스윙에 들어간다. 상체를 왼쪽으로 틀고, 라켓을 몸의 뒤쪽으로 당긴다. 상대에게 등이 보일 정도로 비틀면 충분하다.

③ 비틀었던 허리를 원 상태로 되돌리듯이 회전시키면서 휘두르기 시작한다. 팔꿈치, 손목의 순서로 앞쪽으로 스윙을 하게 한다.

④ 임팩트에서는 팔과 라켓이 대강 일직선이 되도록 휘두른다.

⑤ 손목을 앞쪽으로 내던지듯이 강하게 손목의 힘을 이용한다.

⑥ 오른발을 원상태로 되돌리고, 다시 긴장을 푼 준비자세를 취한다.

## □포인트 6—스텝

사이드 암 스트로크의 포 핸드와 백 핸드의 스텝을 비교해 본다.

포 핸드에서는 오른발은 오른쪽 비스듬히 앞에서 내디뎌지고 있고, 왼발은 그대로이다.

한편, 백 핸드에서는 오른발이 왼쪽 비스듬히 앞에 내디뎌지면 왼발도 사이드로 디뎌지고 있다. 이 점을 잘 외워 둔다.

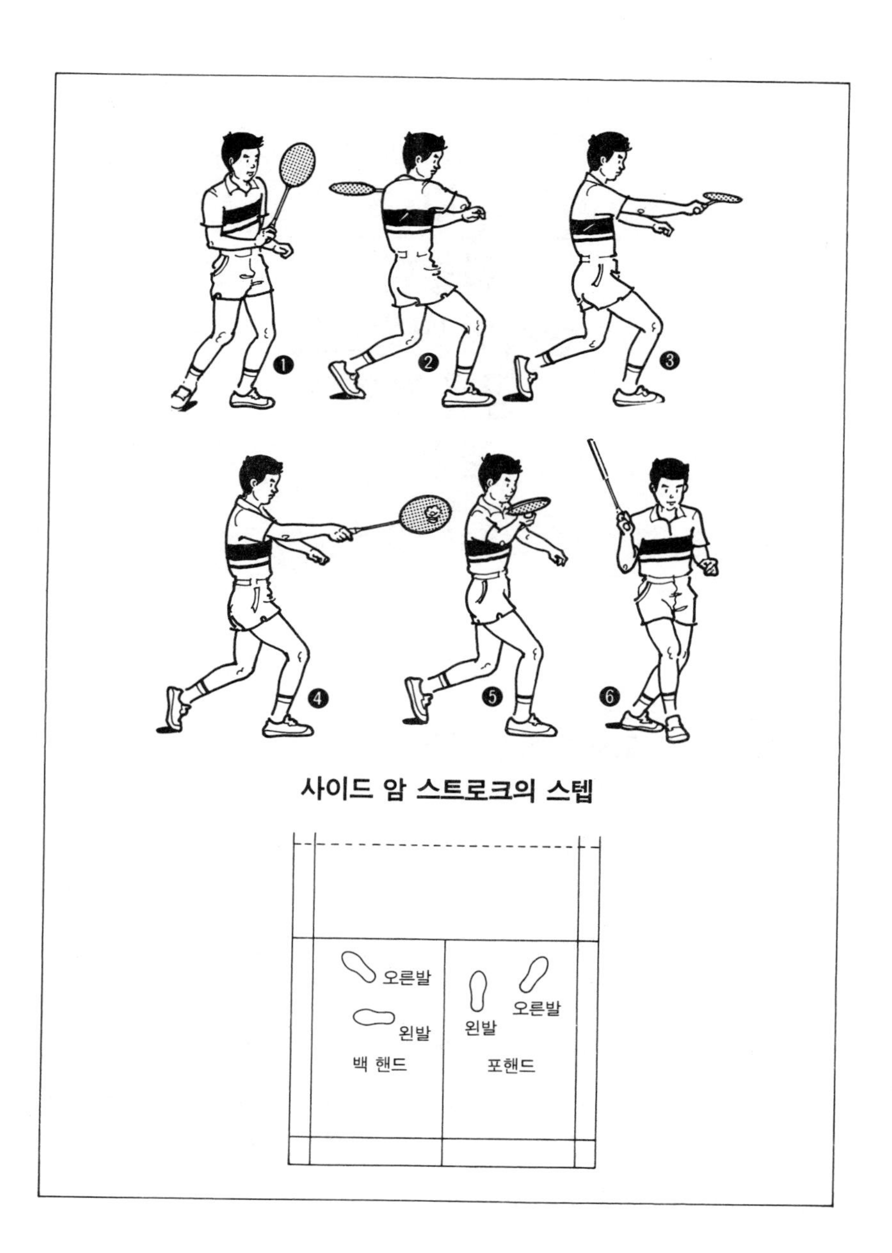


사이드 암 스트로크의 스텝

# 10.

# 강렬한 손목의 반동으로 공을 건져 올린다

## 언더 암 스트로크의 치는 방법

허리보다 낮은 높이로 공을 잡는 타법을 언더 암 스트로크라고 한다. 상대가 드롭, 스매시, 헤어핀을 쳐왔을 때 방어적으로 되받아 치는 샷이다. 그 때문에 상대에게 공격당하지 않도록 치는 것이 선결이다.

상대가 중앙보다 뒤쪽에 있으면 상대 코트의 백 바운더리 라인에 빠듯하게 깊은 반구를 한다. 또 상대가 중앙에 있으면 네트에 아슬아슬하게 살짝 되돌려 주는 방법도 있다. 어쨌든 형세의 만회를 꾀하기 위한 샷이라는 것을 명심해 둔다.

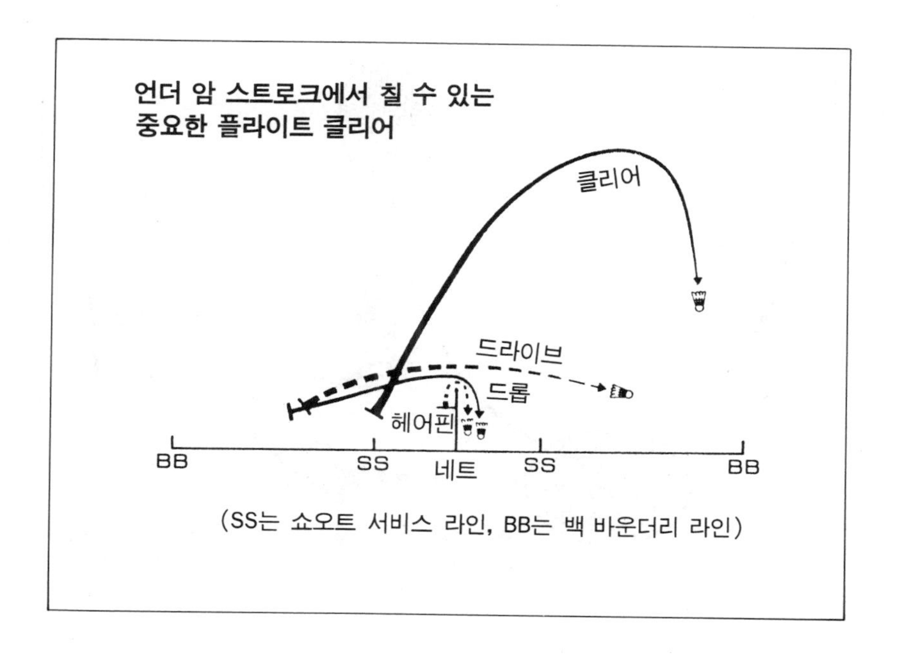

(SS는 쇼오트 서비스 라인, BB는 백 바운더리 라인)

## □포인트 1—손목의 반동

언더 암 스트로크의 타점은 허리보다 낮게 되기 때문에 스윙도 위에서 밑으로, 그리고 위로, 라는 방법으로 궤도가 활 모양을 그리는 느낌으로 된다. 이와 같이 스윙이 상하로 움직이면 면이 흔들리는 원인이 되기도 하므로 라켓의 조작이 꽤 어렵게 된다. 그럴수록 기본에 충실한 스윙을 명심한다. 먼저 공의 타점에 맞추어서 충분히 팔꿈치를 구부리고 허리를 낮추어서 치는 것이 중요하다. 임팩트에서는 바깥쪽으로 돌려져 있던 손목을 힘있게 안쪽으로 되돌린다. 이 손목의 반동으로 공을 건져 올리는 것이다. 그리고 또 한가지, 겨드랑이가

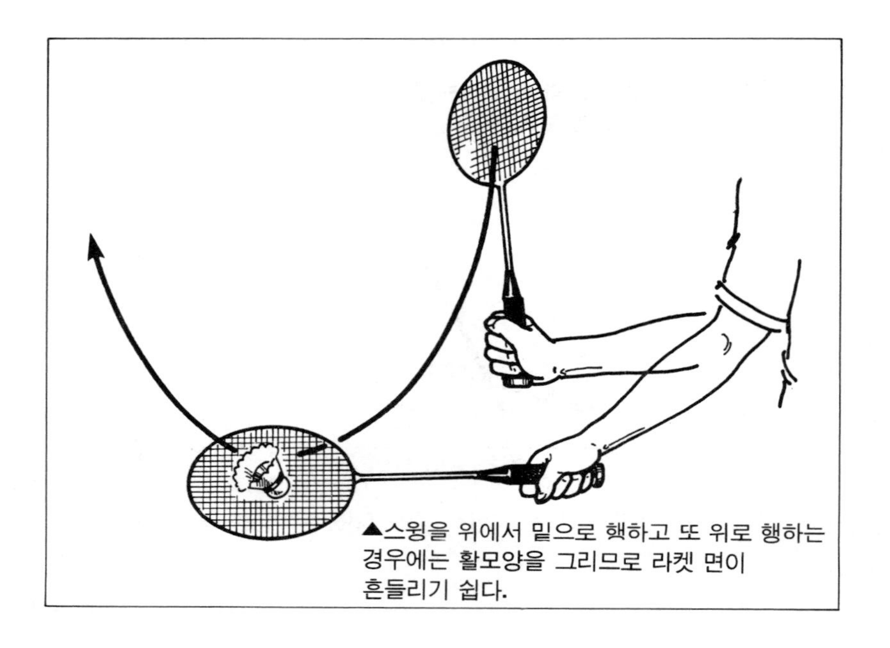
▲스윙을 위에서 밑으로 행하고 또 위로 행하는 경우에는 활모양을 그리므로 라켓 면이 흔들리기 쉽다.

벌어지면 팔힘만으로 치게 되는 것이므로 셔틀콕의 낙하점까지 발을 디뎌서 겨드랑이가 벌어지지 않도록 주의한다.

## □포인트 2—폼의 해설(포 핸드)

① 긴장을 푼 준비 자세로 부터 오른발을 내디디는 준비를 한다.

② 공이 낙하하는 방향으로 오른발을 크게 내딛다. 그리고 오른쪽 팔꿈치를 가볍게 구부려서 손목을 바깥쪽으로 돌리면서 라켓을 당긴다.

③ 내디뎠던 오른발에 체중을 옮기면서 팔꿈치를 서서히 펴면서

라켓을 밑에서 휘둘러 낸다.

④ 임팩트에서는 공을 건져 올리듯이 손목을 이용해서 쳐올린다. 체중은 오른발에 걸려 있다.

⑤ 팔로우 스루에서는 팔의 힘을 빼고 자연스럽게 라켓을 앞쪽으로 쳐올린다.

⑥ 오른발을 당기고, 최초의 준비 자세로 스무드하게 되돌아 간다.

## □포인트 3—백 핸드

언더 암 스트로크의 백 핸드는 포핸드의 뒤집기라고 생각하면 된다. 단, 포핸드만큼 손목을 이용하기 어려우므로 공의 스피드는 떨어진다. 그 때문에 안전한 네트 가장자리로 반구를 하는 것이 기본 패턴으로 되어 있다.

◀ 언더 암 스트로크의 백 핸드는 어려운 샷이다.

# 11.
# 네트 샷에는 푸시와 헤어핀이 있다

네트에 가장 가까운 곳에서 상대의 전진으로 치는 스트로크를 네트 샷이라고 한다.

네트 샷에는 푸시와 헤어핀의 두 가지가 있고, 타점의 높이에 의하여 구별된다. 타점이 네트의 윗가장자리보다 높게 될 경우가 푸시, 낮게 될 경우가 헤어핀이다.

푸시도 헤어핀도 자기 코트의 네트 가장자리에서 상대 코트의 전진으로 치므로 공을 날리는 거리가 적어도 된다. 이 말은 다른 스트로크와 달라서 큰 스윙은 필요없다는 말이 된다. 오히려 손목의 조작에 의해서 공을 적절히 날리는 것이 중요하다.

▲셔틀콕을 가능한 한 높게, 그리고 앞에서 잡는다.

## 푸시를 치는 방법

### □포인트 1—타점과 라켓의 면

푸시가 효과가 있는 것은 날아온 상대의 공을 네트 가장자리에서 상대 코트로 때려 붙일 때이다. 라켓을 얼굴 앞에 세워서 그대로 팔을 내밀듯이 하여 공을 잡는다.

그때, 중요한 일이 딱 두 가지 있다. 하나는 공을 가능한 한 높이, 그리고 가능한 한 앞에서 잡는다는 것이다. 이렇게 하면 각도가 있는 공을 칠 수도 있고 네트에 걸리는 위험성도 적게 된다.

▲가볍게 밀어 올린다.

또 한 가지는 라켓면을 조금 밑으로 향하게 하는 것이다. 이렇게 하면 공은 급한 각도로 낙하하므로 에이스로 될 가능성이 높다.

### □포인트 2—폼의 해설(푸시)

① 라켓을 위쪽으로 들고 팔꿈치를 사용하여 타이밍을 맞춘다.

② 오른쪽 발을 앞으로 밟아 나가면서 네트 밖을 향해 친다. 이때 손목을 이용하여 면을 공에 닿게 한다.

## 헤어핀을 치는 방법

### □포인트 1—팔 흔들기

이 스트로크는 네트 밖에 떨어진 공을 다시 올리는 것과 같은 치기이다. 팔을 쭉 펴듯이 하면서 가볍게 위로 받쳐 올리듯이 공을 되돌려 나가게 하는 것이 중요하다. 손목은 될 수 있는대로 사용하지 않는 편이 좋다.

### □포인트 2—헤어핀의 사용법

헤어핀의 용법에 대해서 조금 생각해 본다.

상대가 네트에 붙어 있지 않고 더구나 자신의 정면에도 없을 때는

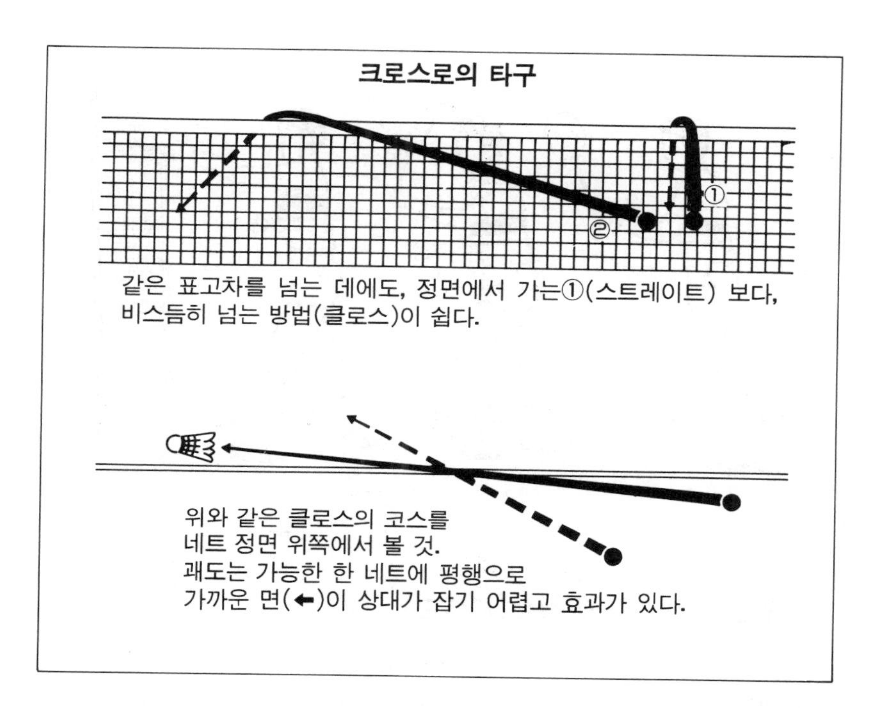


스트레이트를 노리는 것이 이론상의 원칙이다. 스트레이트라는 것은 나는 거리가 최단 거리로 그치고 빨리 공이 낙하하므로 상대의 움직임을 봉쇄하는 데에 좋다.

그런데 상대가 자신의 정면에서 네트에 붙어 있을 때는 '스트레이트를 사용할 수 없다. 이런 때에는 크로스를 노린다. 단 가로질러서 친 경우는 스트레이트에 비하면 비행거리도 길고 낙하도 늦게 되므로 상대에게 시간적 여유를 부여하는 게 된다. 그러므로 될 수 있는 한 공에 완급을 줌으로써 상대의 움직임을 갈팡질팡하게 할 필요도 있다.

## □포인트 3—폼의 해설(포핸드)

① 언제든지 앞으로 발을 내디딜 수 있는 자세를 취한다. 발을 완전히 바닥에 붙이지 않도록 주의한다. 발뒤꿈치를 들어서 발끝으로 서듯이 한다. 라켓은 몸의 앞에 세워서 준비 자세를 취한다.

② 공이 떨어져 오는 방향으로 오른발을 내디디고, 긴장하지 말고 자연스런 느낌으로 팔을 펴서 쳐낸다.

③ 공을 라켓의 면으로 부드럽게 눌러서 올리는 느낌으로 친다. 타점은 가능한 한 높게 취하도록 한다. 손목은 그다지 사용하지 않도록 한다.

〈주의〉 중요한 것은 스윙에 들어갈 때 오른발로 몸을 완전히 지탱한다는 점이다.

## □포인트 4—폼의 해설(백 핸드)

백 핸드의 헤어핀도 많이 사용되어 지는 스트로크이므로 확실하게 연습할 필요가 있다.

① 포핸드와 같이 발이 앞으로 나오기 쉽도록 리듬을 취하고 공을 기다린다.

② 공이 떨어져 오는 방향으로 오른발을 크게 내딛고 팔꿈치를 구부린 상태로부터 내 휘두르기 시작한다.

③ 백 핸드는 힘의 가멸이 조금 어렵게 되지만, 너무 강하게 치지 않도록 주의해서 공을 친다. 포핸드와 같이 타점은 높으면 높을수록 유리하게 된다.

칼럼 2

## 배드민턴의 보급

배드민턴 저택을 중심으로 행해졌던 게임은 순식간에 영국 상류 사회의 사람들을 중심으로 퍼지게 되어 1893년에는 영국 배드민턴 협회가 창설되었다. 그후 1899년에는 제1회 전영 선수권 대회가 런던에서 개최되어 남자 더블스, 여자 더블스, 혼합 더블스 등의 각 종목이 행해졌다.

다음해에는 남자 싱글스와 여자 싱글스가 추가되어, 여기서 전영 선수권은 배트민턴 보급에 큰 역할을 하게 되었다. 영국으로부터 유럽에 전해진 배드민턴은 제1차 세계 대전에 참전한 군인이 귀국하면서, 이들에 의하여 아메리카 대륙을 비롯하여 동남 아시아에도 급속하게 보급되었다.

이 중에서 특히 말레이지아와 인도네시아에서 배드민턴의 열기가 높아져서 양국은 현재에도 톱 레벨의 실력을 가지고 있다.

# 제 4 장

## 서비스 앤드 리시브는 게임의 가장 중요한 대목이다

# 1.

# 서비스는 상황에 대응하여 롱과 쇼오트로 나누어 사용한다

서비스에는 크게 나누어 2개의 종류가 있다. 상대 코트 깊숙이 내리꽂는 롱 서비스와 네트 아슬아슬하게 상대 서비스 코트의 전방에 내리꽂는 쇼오트 서비스가 그것이다.

## □롱 서비스

배드민턴의 서비스는 허리보다 높은 타점에서 쳐서는 안 된다(어버브 더 웨이스트)고 되어 있으므로 아무래도 공격적 요소가 모자라게 된다. 거기서 반대로 리시브로 공격당하지 않도록 상대 코트의 깊숙한 곳에 쳐서 상대를 후진으로 밀어 넣는 것이 롱 서비스이다.

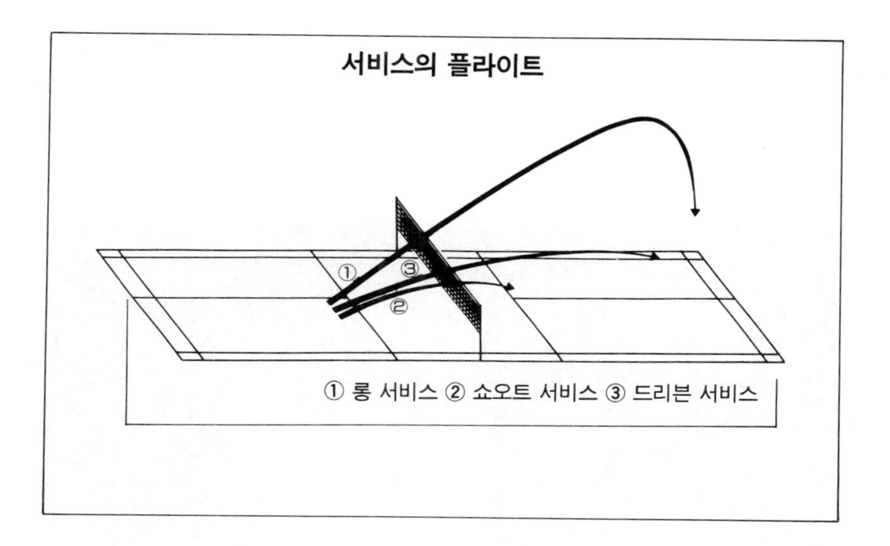


주로 싱글스의 시합에 사용되고 있다.

### □쇼오트 서비스

주로 더블스의 시합에서 사용되는 서비스로 1구째부터 리시브에 공격당하지 않도록 네트 위로 아슬아슬하게 날아서 쇼오트 서비스 라인에 떨어지는 것이 가장 적당하다. 반대로 네트로부터 조금이라도 멀어지면 상대에게 당하고 마는 위험성도 내포하고 있다.

### □드리븐 서비스

쇼오트 서비스의 변형이라고도 할 서비스로 코트 면으로 수평에 가까운 플라이트로 날리는 것이다. 스피드가 있고 네트에 닿을듯 말듯 날면 이상적이라고 말할 수 있다. 이 서비스는 싱글스 더블스의 양쪽에 사용되고 있다.

▲싱글에서는 주로 롱 서비스를 사용한다.

## 2.

## 배드민턴의 서비스는 방어적 요소가 강하다

배드민턴의 서비스는 허리보다 낮은 위치에서 치지 않으면 안 되므로, 언더 암 스트로크로 치는 것이 된다. 즉 공격보다 방어적 요소쪽이 강한 것이다.

예를 들어, 서비스를 오버 헤드 스트로크로 쳐도 좋다고 규정하면 서비측이 압도적으로 유리하게 되어 먼저 서비스를 얻은 측의 독무대가 될 염려가 있다. 서비스를 하는 사람의 위치가 네트에 가까우므로 오버 헤드로 치면 항상 스매시같은 서비스가 되어 버리기 때문이다.

게다가 배드민턴에서는 서비스측만 득점할 수 있다. 서비스측과 리시브측이 교환되지 않으면 게임이 전개되어 가지 않는다. 그런 의미에서 서비스에 제한을 가하고 있는 것이다.

## □서비스의 중요성

서비스가 들어가지 않으면 시합은 시작되지 않는다. 이 당연한 일이 초보자에게 간과되는 일이 자주 있다.

즉, 다른 스트로크의 연습에 열중하여 서비스 연습을 소홀하게 하는 사람이 많이 있다. 이러면 막상 시합을 시작하려고 할 때에 곤란하게 된다. 특히 배드민턴의 서비스는 테니스 등과 달라서 시구는 1번만 가능하다. 한 번의 실수로 서비스권을 잃고 말기 때문에 안정성이 특히 바람직하다. 서비스 연습을 적극적으로 하도록 명심한다.

## □셔틀콕을 쥐는 방법

서비스 할 때의 셔틀콕의 쥐는 법은 개인에 따라 가지 각색이나 크게 나누면 다음의 세 가지가 일반적이다.

① 손바닥으로 셔틀콕을 감싸듯이 하여 수직으로 쥔다.

② 깃털 끝을 손가락으로 집듯이 하여 수직으로 쥔다.

③ 셔틀콕의 깃털에 가까운 받침 부분을 엄지와 검지로 집듯이 하여 수직으로 쥔다.

이상의 세 가지 쥐는 법을 실제로 몇 번이고 시험해 보고 자신이 가장 쥐기 쉬운 방법을 선택한다.

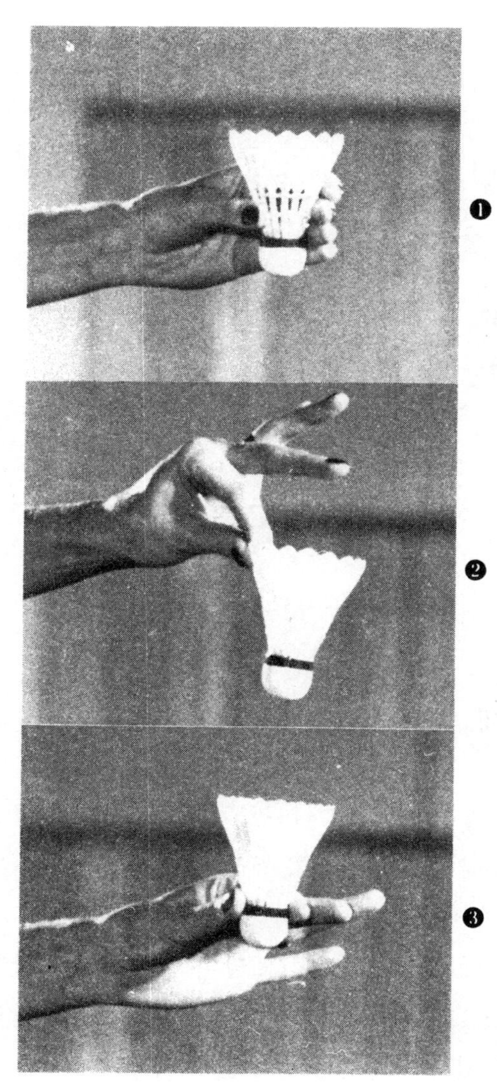


① 손바닥으로 셔틀콕을
감싸듯이 하여
수직으로 쥔다.

② 깃털 끝을 손가락으로
잡듯이 하여 수직으로 쥔다.

③ 셔틀콕의 깃털에 가까운
받침 부분을 엄지와 검지로
잡듯이 하여 수직으로 쥔다.

## 3.

## 안정된 서비스를 치는 데는 타점을 일정하게 유지하는 것이 중요하다

모든 서비스에 공통된 기본적인 것을 여기서 말해 둔다.

### □서비스의 준비 자세

상대의 공을 반구하는 랠리와 달리, 서비스는 전부 자신의 타이밍으로 시작된다. 상대의 동작에 맞출 필요가 전혀 없는 것이다. 그러므로 서두르지 말고, 자신의 페이스를 지켜서 서비스를 한다.

준비 자세는 발의 위치에서 결정되어진다. 발의 위치가 몸의 방향을 좌우한다. 그냥 서 있으면 되는 것이 아니다. 먼저 바르게 발의 위치를 결정해 둘 필요가 있다. 보통은 왼발이 앞이고, 오른발이 뒤의 모양으로 된다. 이 때 왼발은 서비스를 치는 방향으로 향하고 있고

▶ 발의 위치를 정확히 결정하여 서비스에 들어간다.

오른발은 왼발과 45도 정도의 각도로 벌리고 있는 것이 좋다. 이 자세에서 왼쪽 어깨를 서비스를 치는 방향으로 돌리고 오른쪽 어깨를 뒤로 당기면 서비스의 준비 자세가 된다.

### □서비스의 타점

보통의 랠리에서는 상대의 타구에 따라서 이쪽의 타점도 미묘하게

▲타점을 일정하게 하는 것을 명심하자.

변하지만 서비스에서는 자신의 페이스에서 시작할 수 있으므로 타점을 일정하게 유지할 수가 있다. 반대로 말하면 타점을 일정하게 유지할 수 없으면 그 서비스는 실격이라는 말도 된다.

타점을 일정하게 한다는 것은 항상 같은 타이밍으로 치는 것을 말하고 오차가 생기기 어렵다는 말이다. 시구가 한 번밖에 없는 배드민턴의 서비스에서는 특히 중요하다.

타점을 일정하게 하기 위해서는 우선 셔틀콕을 든 왼팔의 위치와 라켓을 들고 있는 오른팔의 위치를 언제나 일정하게 해두어서 셔틀콕을 손으로부터 떼는 타이밍, 라켓을 휘두르는 타이밍을 맞추는 일이 제일이다. 이것은 감각적인 것으로 몇 번이고 휘둘러 보는 것 등으로 느낌을 파악하도록 한다.

# 4.

# 서둘러서 치면 필요없는 힘이 들어가서 몸이 딱딱해지고 만다

## □힘을 주지 말 것

서비스를 할 때, 특히 주의 하지 않으면 안 될 것은, 절대로 필요없는 힘을 주지 않는다는 것이고 다른 스트로크에서도 중요한 일이다. 서비스는 최초인만큼 어깨에 힘이 들어가기 쉬워서 뒤의 플레이에도 큰 영향을 끼치고 만다.

그러므로 서비스를 시작하기 전에 기분을 자라앉혀서 서둘러 치지 않도록 명심한다. 치는 것을 서둘러 '좋은 서비스를 넣어 보자'라고 힘을 주면 몸이 딱딱하게 굳어 버리고 만다. 천천히 긴장을 푼 후 서비스를 시작하는 것이 결과를 아주 좋게 한다.

## □서버의 위치

서비스를 하는 위치는 개인에 따라 다르고, 일률적으로 '여기다' 라는 식으로 잘라 말할 수는 없으나 경기자에게 가장 적당하다고 생각되어 지는 곳은 다음과 같은 위치이다.

### 싱글스의 경우

쇼오트 서비스 라인의 후방, 라켓 길이의 1~1.5배 정도의 위치에서 센터 라인 가까이에 위치한다.

▲더블스의 경우, 서버의 위치

### 더블스의 경우

쇼오트 서비스 라인의 후방, 라켓 하나 길이의 위치에서 센터 라인 가까이에 위치한다. 단, 포메이션에 따라서 달라지므로 이것을 항상 기준으로 해서 생각한다.

▲긴장을 하면 좋은 서비스를 칠 수 없다.

# 5.

# 임팩트면을 60도로 유지하면 셔틀콕은 깊게 높이 날아 간다

## 롱 서비스를 치는 방법

### □포인트 1—임팩트면

롱 서비스의 목적은 상대를 백 바운더리 라인 가까이 까지 후퇴하게 하고, 공격적 샷을 허용하지 않은 것에 있다. 깊이와 높이가 요구되는 것이 롱 서비스이다.

중요한 것은 백 바운더리 라인까지 힘있게 날고, 거기서 공이 급히 속도를 낮추면서 낙하한다면 더 말할 필요가 없다. 그러나 이것은 꽤 어려워서 임팩트면의 각도를 잘 조절할 수 있어야 하고, 거기다

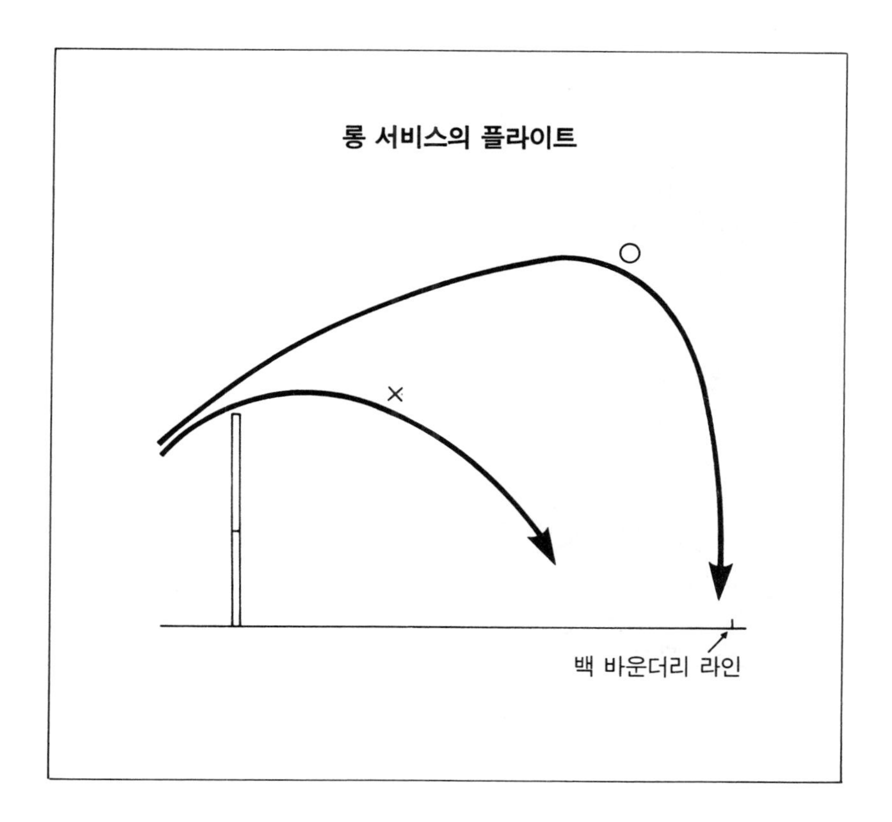


스윙에 스피드가 있어야 한다.

여기서 임팩트면의 각도에 대해서 생각해 본다.

셔틀콕의 궤도는, 임팩트면의 각도에 의해 크게 좌우된다. 예를 들어, 임팩트면이 바닥면과 수직으로 공에 맞는다면, 타구는 그대로 바닥면과 평행으로 난다. 그러나 임팩트면이 바닥과 평행이면 공은 바닥면과 수직으로 크게 위로 쳐올릴 수 있다.

롱 서비스에 필요한 공의 궤도는 우선은 백 바운더리 라인까지

▲셔틀콕이 높이 깊게 날아가도록 힘있게 친다.

날아가므로 임팩트면의 각도를 60도로 유지하는 것이 가장 좋다. 이 각도로 힘있게 휘두르면 공은 높게, 깊이 날아가게 된다. 가장 중요한 것은 임팩트 후의 팔로우 스루로서, 치고 바로 라켓을 멈추거나 하면 공에 힘이 붙지 않고 백 바운더리 라인에 도달하기 전에 속도를 잃고 말아서 상대에게 생각지도 않은 찬스 볼을 주고 마는 결과가 되기 쉽다. 조심하도록 한다.

## □포인트 2—폼의 해설

① 왼발을 앞으로 해서 오른발에 무게 중심을 둔다. 라켓은 뒤쪽에 세워서 준비한다.

② 셔틀콕을 든 손은 가볍게 팔꿈치를 구부려서 조금 오른쪽 어깨쪽으로 가까이 한다.

③ 셔틀콕을 손에서 떼면서 동시에 라켓을 휘둘러 내기 시작한다.

④ 체중을 오른발에서 왼발로 이동 시키면서 오른쪽 팔꿈치를 서서히 펴고, 라켓을 밑에서 위로 원을 그리듯이 쳐올린다.

⑤ 손목의 힘을 이용해서 임팩트한 뒤는 공의 움직임을 눈으로 쫓으면서 팔로우 스루를 시작한다.

⑥ 허리의 회전을 이용하여 최후까지 라켓을 위쪽까지 휘두른다.

## □포인트 3—연습 방법

서비스의 연습은 혼자서도 충분히 가능하므로 적당한 장소를 발견하여 적극적으로 연습한다.

서비스의 위치부터 백 바운더리 라인까지 9m 정도이기 때문에 예를 들어 코트는 없어도 눈대중으로 9m의 목표를 만들고 거기에 쳐서 넣도록 하면 좋다.

이러한 연습에서는 무엇보다도 폼을 점검하는 것이 제일이다. 어떤 폼으로 치면 공이 잘 날까를 생각하면서 친다.

❶
❷
❸
❹
❺
❻

# 6. 쇼오트 서비스는 스피드보다 컨트롤을 중시한다

## 쇼오트 서비스를 치는 방법

### □포인트 1—스윙

쇼오트 서비스의 목적은 공이 네트를 아슬아슬하게 넘어가 쇼오트 서비스 라인에 빠듯하게 떨어지는 것에 의해, 상대에게 높은 타점에서 치게 하지 않는 것이다. 아무리 위력이 없는 서비스라도 리시버에게 낮은 타점으로 치게 한다면 공격당할 염려는 없다.

쇼오트 서비스에서는 스피드보다 컨트롤을 중시한다. 어느 정도 쇼오트 서비스 라인에 빠듯하게 칠 수 있는가 하는 것이 중요한 것이

다. 그래서 바른 스윙에 대해 생각해 본다.

컨트롤을 중시하는 스윙에서는 휘두르는 폭은 작은 편이 좋다. 스윙이 크면 스피드는 붙으나 그만큼 컨트롤하기가 어렵게 된다. 그러므로 쇼오트 서비스는 　스탠스를 좁혀서, 스윙은 전체적으로 작게 한다. 극단적인 경우는 백 스윙이 없어도 좋을 정도이다. 그리고 손목을 고정한 채 스윙을 하는 게 되고 다른 스트로크같이 손목의 힘을 이용하거나 하는 일은 없다. 손목을 사용하면 아무래도 스윙에 힘이 너무 붙어서 공이 생각한 이상으로 너무 날아가 버린다. 몇 번이고 말하고 있듯이 너무 멀리 날아가는 쇼오트 서브는 상대에게 절호의 찬스 볼이 된다. 거기서 팔을 어깨째 앞으로 밀어 내어서 공을 잘 옮길 수 있도록 하면 너무 멀리 날아가는 일도 없다.

### □포인트 2—폼의 해설

① 왼발은 앞으로, 오른발을 뒤로 해서 롱 서비스와 같이 준비한다. 단, 스탠스는 조금 좁혀진 편이 좋다. 라켓은 그다지 세우지 않도록 한다.

② 공을 쥔 손은 가볍게 팔꿈치를 구부리고 조금 오른쪽 어깨쪽으로 가까이 한다.

③ 공을 손으로부터 떼는 것과 동시에 체중을 앞으로 옮기면서 오른쪽 팔의 겨드랑이를 붙여서 내휘두르기 시작한다.

④ 공을 밀어내는 느낌으로 임팩트한다.

⑤ 팔로우 스루에서는 손목을 돌리지 말고 팔 전체로 라켓을 앞으로 밀어내듯이 한다.

⑥ 적당한 곳에서 팔로우 스루를 자연스럽게 멈춘다.

## □포인트 3—드리블 서비스

쇼오트 서비스와 같이 준비해서 스윙을 한다. 쇼오트 서비스와 다른 점은 손목의 힘을 충분히 이용하여, 코트면과 수평의 플라이트로 리시브 코트의 깊숙한 곳을 노린다는 것이다. 특히, 상대의 백을 노리는 경우가 대부분이다.

# 7.
# 리시버를 크게 당혹하게 하는 백 핸드 서비스

## 백 핸드 서비스를 치는 방법

포핸드에서 치는 서비스 외에 백 핸드로 치는 서비스도 있다. 이것은 손목의 반동을 이용해서 쇼오트 서비스와 드라이브 서비스를 치는 것이다. 손목을 잘 쓸 수 있는 만큼 포핸드보다 스피드가 나는 것이 특징이다.

또한, 포핸드로 치는 서비스보다 라켓의 움직임이 작게 되기 때문에 스윙의 흔들림이 적게 되고, 공을 컨트롤하기 쉽게 된다. 단, 백 핸드라고 하면 질색이라는 사람이 있는데, 연습을 쌓는 이외에는 잘 되는 길이 없다.

## □포인트—스윙

백 핸드 서비스는 스윙이 작은 만큼, 손목의 사용법이 중요하다. 백 스윙에서는 손목을 손바닥쪽으로 구부려 두고, 임팩트에서 그것을 손등쪽으로 과감하게 되튀게 한다. 이 손목의 반동으로 공을 날리는 것이다. 또 스윙이 작아도 괜찮다는 것은 리시버에게도, 어떤 방향으로 공이 오는가 분별하기 어렵게 되고, 리시버를 당혹하게 하는데에 꼭 알맞게 된다.

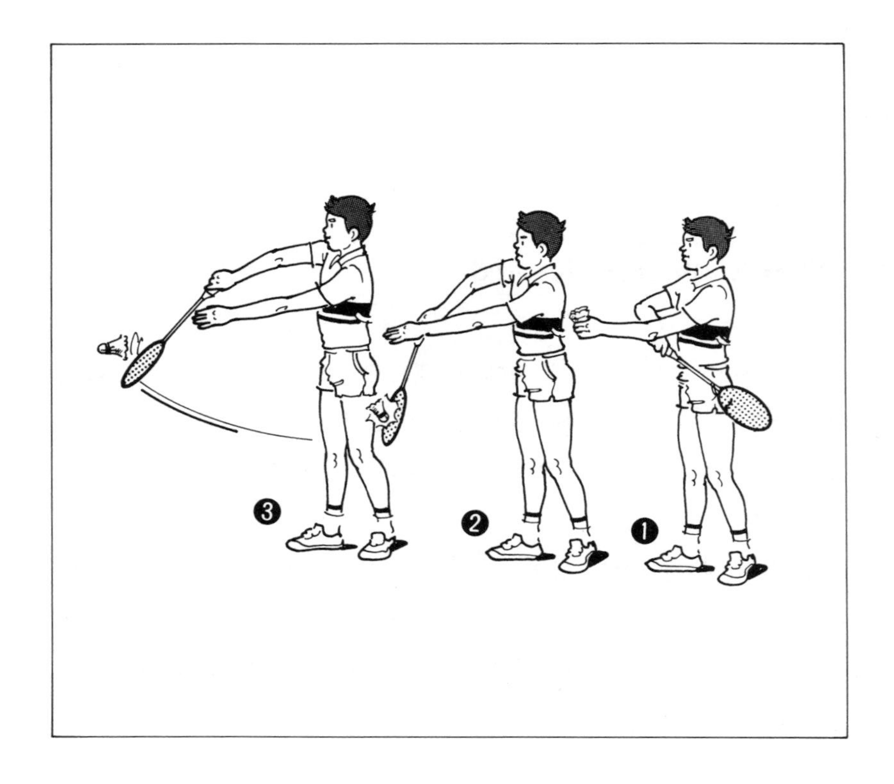

# 8.

# 리시브는 에이스를 노릴 작정으로 적극적으로 치자

리시브는 서비스를 받아서 반구하는 일이다. 서비스에는 허리보다 위에서 공을 치면 안된다는 규칙이 있으나, 리시브에는 특별한 제한이 없다. 과감하게 공격에 들어간다.

예를 들어 리시브로 에이스를 얻지 못하였다고 해도 예리한 샷으로 상대를 수비로 몰아 넣는 일이다. 그러기 위해서는, 어쨌든 높은 위치에서 공을 치는 일, 이것밖에 없다. 자칫하면 초보자는 소극적으로 되기 쉬워서, 쇼오트 서비스도 눈 앞으로 올 때까지 기다리고 있기만 하는 사람이 있다. 이래서는 타점이 점점 낮게 되어서 반대로 리시버가 수비로 몰리고 만다.

리시브 할 때의 중요한 점을 몇 개 들어 본다.

① 준비 자세는 왼발을 앞에, 오른발을 뒤로(오른손잡이의 경우)

한다. 무릎을 가볍게 구부리고, 상체를 조금 앞으로 기울인다. 단, 너무 앞으로 기울어지면 최초의 한 발이 나오기 어렵게 되므로, 그 점만 주의한다.

② 준비하고 있을 때부터 라켓은 세워서 높이 들도록 한다. 이렇게 해두면 어떤 서비스라도 라켓 면에 맞추는 것이 쉽게 될 것이다.

③ 리시브는 상대가 있는 장소로 되받아치면 그다지 의미가 없다. 역시, 상대가 없는 장소를 노리는 것이다. 상대를 달리게 하는 일이 상대의 자세를 무너뜨리는데 효과도 있고, 다음 랠리에 아주 유리하게 되어지는 것이다.

▲리시브에서 적극적으로 공격하자.

# 9. 리시브의 패턴을 단단히 머리에 넣어두자

## □롱 서비스에 대한 리시브

반구는 오버 헤드로 행해지고, 패턴은 다음의 3가지가 있다.

• 상대 코트의 후방에 클리어를 친다. 특히, 상대의 백 핸드쪽을 노리는 것이 가능하다면 더욱 효과적이다.

• 서비스가 얕게 올 때에는 과감하게 스매시를 쳐넣는다.단, 백 바운더리 라인 가깝게 온 서비스를 무리하게 노리는 행동은 하지 않는다.

• 드롭을 네트 가장자리로 떨어뜨린다. 이 때, 될 수 있으면 사이드 라인을 따라서 노리도록 한다.

롱 서비스에 대항하는 리시브
(→는 서비스, ➡는 리시브의 플라이트)

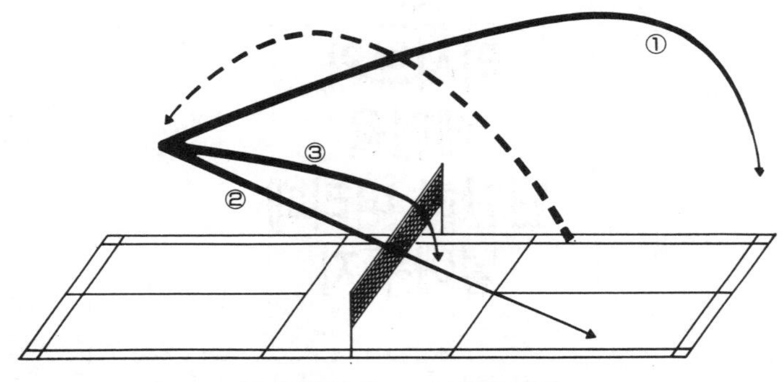


① 클리어 ② 스매시 ③ 드롭

쇼오트 서비스에 대항하는 리시브
(→는 서비스, ➡는 리시브의 플라이트)

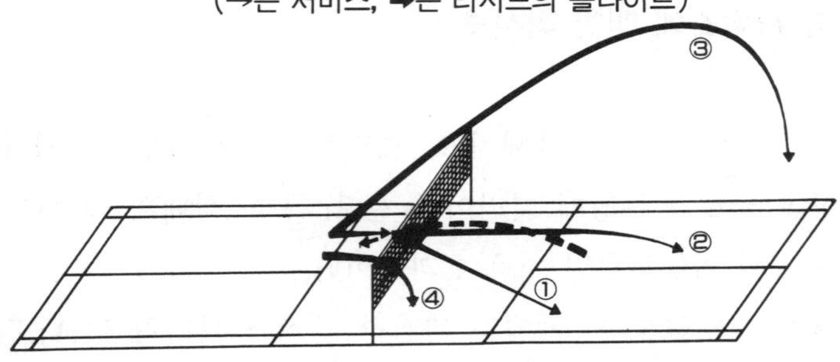


① 푸시 또는 스매시 ② 드라이브 ③ 클리어
④ 헤어핀 또는 크로스 코트의 네트 샷

## □쇼오트 서비스에 대한 리시브

가장 효과적인 리시브는 상대의 서비스가 네트를 넘어 올 때에 재빨리 한 발을 내디뎌서 공이 자기 진영으로 날아오는 것을 앞에서 쳐서 떨어뜨리는 패턴이다. 그렇게 되면 리시브 에이스로 될 가능성이 크게 있다. 그것이 안 된다면 두 가지의 리시브 패턴이 있다.

• 공이 네트에 닿을 듯 말 듯하게 날아온 나머지 하강하지 않지 않고 있다면 헤어핀이나 사이드 라인을 따라서 크로스 샷을 노린다.

• 공이 쇼오트 서비스 라인 가까이까지 떨어져 와있다면 상대 코트의 깊숙한 곳에 클리어를 쳐올린다.

# 10.
# 될 수 있으면 포핸드로 리시브할 수 있도록 위치를 정한다

리시버가 서는 위치에 대해 생각해 보자. 리시브라는 것은 어디까지나 서비스에 대응하는 것이기 때문에 리시버가 서는 위치라는 것도 서버가 서는 위치나 그 움직임에 따라서 변한다. 중요한 것은 서버의 노리는 바를 정확하게 예측하고 자신이 가장 리시브하기 쉬운 위치에 서는 일이다. 즉, 서비스할 때마다 리시버의 서는 위치가 바뀌는 일도 많이 있을 수 있다. 싱글스, 더블스 게임의 전개 등 모든 상황을 참작하여 리시버의 서는 위치를 정하도록 한다. 여기서는 가장 일반적인 위치에 대해 기술해 둔다.

### 싱글스의 경우

쇼오트 서비스 라인의 뒤쪽 1.2~1.5m 정도의 위치에 선다. 가능한 한 포핸드로 리시브하는 것이 좋으므로 오른쪽 리시브 코트에 있을 때는 센터 라인 가까이에 위치하고, 왼쪽 리시브 코트에 있을 때에는 중간 근처에 위치한다.

### 더블스의 경우

쇼오트 서비스가 많으므로 쇼오트 서비스 라인의 뒤쪽 90cm 정도의 위치에 선다. 그리고 싱글스의 경우와 같이 오른쪽 리시브 코트에 있을 때는 센터 라인 가까이에 위치하고, 왼쪽 리시브 코트에 있을 때에는 중간 근처에 위치한다.

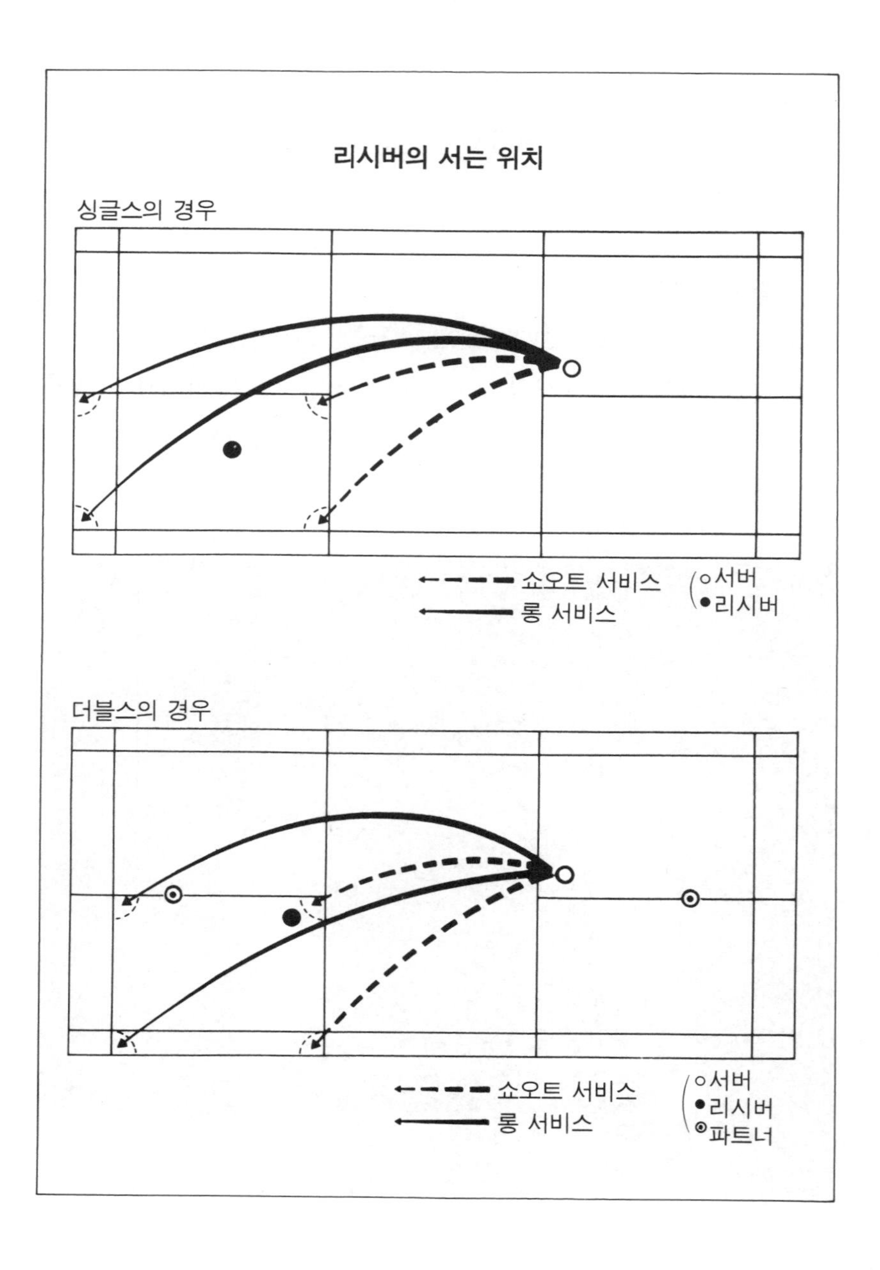
리시버의 서는 위치
싱글스의 경우
쇼오트 서비스
롱 서비스
서버
리시버
더블스의 경우
쇼오트 서비스
롱 서비스
서버
리시버
파트너

▲더블스의 시합 풍경

게임 중에서의 더블스의 페어. 진지한 눈매로 공을 기다리고 있다.

▲싱글스의 시합 풍경

더블스에서의 서버스측. 서버가 서 있는 위치에 주목하자.

# 제 5 장

# 이기기 위한 전법을 마스터하자

# 1.
# 발의 이동은 왼발을 축으로 해서 오른발을 앞으로 내는 것이 원칙이다

풋워크의 포인트는 상대가 쳐오는 공의 플라이트와 코스를 정확하게 예측하고 신속하게 자신이 가장 치기 쉬운 위치로 이동하는 일이다.

## □발의 이동

발의 이동에 대해서는 개인에 따라서 각양 각색의 스텝이 있지만, 원칙으로 되어 있는 것은 왼발을 축으로 하여 언제나 오른발이 앞으로 오는 것이다. 이것은 포핸드 스트로크에서도, 백 핸드 스트로크에서도 같다. 순간적인 움직임의 속도를 필요로 하는 배드민턴에서는 포핸드도 백 핸드도 오른발을 앞으로 하는 것이 리치가 길게 되어

[illegible]니 공에 도달한다. 더욱이 친 뒤에도 오른발을 앞으로 해서 두면 유리하게 된다. 예를 들어, 홈 포지션에 빨리 되돌아가려고 할 때, 오른발이 앞에 나와 있으면 허리를 돌리지 않아도 되돌아 갈 수가 있는 것이다.

단, 이것들은 원칙으로 반드시 이렇게 하지 않으면 안 된다는 법은 없다. 중요한 것은 자신이 빨리 이동할 수 있고, 또 치기 쉬우면 좋은 것이기 때문이다. 자신이 여러 가지 발의 이동을 연구해 보는 것도 중요하다.

또한, 기본의 준비 자세부터 풋워크로 옮길 때의 유연함을 언제나 명심한다. 풋워크를 경쾌하게 시작할 수 있으면 몸에 힘이 붙어서 움직임이 쉽게 된다.

왼발을 축으로 해서 오른발이 앞으로 나온다.

## 2.
## 최초의 한 발은 작게, 그후는 유연하게 최단 거리를 이동한다

시합 때 상대는 치기 힘든 곳을 노리고 쳐온다. 즉, 코트의 전부를 커버할 만큼의 풋워크가 절대로 필요한 것이다. 이 경우, 주의할 일은 그냥 공을 따라잡으면 좋다는 것은 아니라는 것이다. 공을 따라잡은 이상, 확실하게 치지 않으면 안 된다. 이것은 꽤 어려운 일이다. 공에 따라 붙어도 준비가 충분하지 않거나, 늦게 휘두르고 말았다면 코트 커버링이 완전하다고 할 수 없다.

여기서, 좋은 코트 커버링을 위하여 명심해야 될 것을 기술해 두고자 한다.

① 성급하게 덤벼들면 그만 제일 보의 폭이 넓어지기 쉽다. 보폭이 넓어지면 다음 발의 이동이 늦어지고 보폭의 조절도 하기 힘들게 된다. 최초의 일 보는 작게 좁은 간격으로, 그리고 최후의 보폭을

① 최초의 일 보는 작은 걸음으로
② 발 끝은 튀는 것처럼
풋워크를 한다.
③ 공의 낙하 지점에
재빨리 달려 든다.

크게 하도록 한다.

② 최후의 일 보를 작게 내디뎠으면 그 후는 유연하게 발을 옮기는 일이다. 발바닥이 바닥에 바짝 붙는 것같은 요란스럽게 뛰는 법은 절대로 피해야 할 것이다. 발끝이 튀는 듯한 발 처리가 이상적이다.

③ 공에 따라붙기 위해서 어쨌든 최단 거리를 이동하는 일도 중요하다. 당연한 일인 듯이 생각되어도 이것이 안 되는 사람이 의외로 많다. 상대의 공이 올라갔다면 낙하점을 재빨리 예측하고 어쨌든 그곳에 달려들 듯이 한다.

# 3.
# 양 발의 위치 관계를 바꾸지 않고 이동할 수 있는 샤세

발의 이동법에는 여러 가지의 방법이 있으나, 꼭 외워 둘 것이 샤세라는 방법이다. 샤세는 프랑스의 사교 댄스의 용어로서 '문지르는 발', '미끄러지는 발'이라는 의미이다. 사교 댄스에서 자주 보이는 경쾌한 발놀림을 말하는 것이다.

배드민턴에서 사용하는 샤세는 이른바 러닝 등에서 자주 사용되어지는 스킵같은 것이다. 보통의 보행에서는 양 발이 교대로 전진하는 것이나, 샤세에서는 최초로 내디딘 한 쪽 발의 뒤를 다른 한 발이 미끌어지듯이 따라가서 이것을 순차적으로 반복하면서 이동하는 것이다. 즉, 먼저 내민 발은 최후까지 앞으로 움직이고, 뒤에서 움직인 발은 최후까지 앞발을 쫓아갈 뿐이다.

샤세는 뒤로 물러갈 때라든지 좌우로 이동할 때에 효과를 발휘한다. 샤세로 이동하면 양 발의 위치 관계가 전혀 바뀌지 않으므로 멈춘

곳에서 바로 스트로크에 들어갈 수 있다. 그리고 배드민턴 코트는 그다지 넓지 않으므로 샤세로 공에 도달하는 경우도 많다.

이와 같은 경우에 배드민턴의 풋워크는 보통 때의 발의 이동과 샤세의 두 가지를 병용하는 것으로 된다. 곧바로 전진만 할 경우는 보통 때의 발의 이동법이 스피드도 나고 효율적이지만 그외의 경우는 샤세를 잘 이용하도록 하는 것이 좋다.

◀
배트민턴에서는
샤세라고 하는
발의 이동법도
자주 사용된다.

## 4.
## 4개 코너의 대각선 교차점이 홈 포지션의 기준이 된다

대강 내용을 외웠다면 드디어 게임에 도전을 해본다. 배트민턴은 역시, 게임할 때가 즐거운 것이다.

게임을 하는 데 있어서 우선 명심해둘 것은 자신의 역량을 잘 아는 일이다. 처음부터 화려한 플레이를 동경하여 무리하게 하면 잘 되어갈 리가 없다. 우선은 기본이 중요하다. 연습을 통해서 마스터한 기본을 게임에서 잘 살리는 일을 생각한다.

아울러, 상대를 잘 알 필요가 있다. 상대의 테크닉이나 플레이 스타일, 거기다 성격까지 잘 연구해서 조금이라도 상대를 웃돌도록 연구한다.

## 싱글스의 전법

싱글스는 글자 그대로 상대와의 1대 1의 시합이다. 이상적으로 말하자면 '클리어와 드롭을 잘 사용하여 상대를 동요시키고 상대의 타구가 허술해졌을 때, 스매시로 결정한다'라는 패턴이 최고이다.

그러나 이러한 패턴을 만들어 내기 위해서는 그 나름대로의 준비가 필요하다. 즉, 자신의 코트를 단단히 지키고 상대에게 틈을 주지 않은 뒤 공격을 시작할 필요가 있는 것이다. 먼저, 그 부분부터 이야기를 진행한다.

### □홈 포지션

싱글스에 있어서의 게임 전개는 홈 포지션에서 항상 이동이 시작되어서 한 번 칠 때마다 되돌아 오는 것의 반복이다. 이것이 두 사람이 콤비네이션으로 움직이고, 포메이션을 세심하게 바꾸어 가는, 더블스와의 차이라고 말할 수 있다.

싱글스에서는 자기 진영 코트 전부를 혼자서 커버하지 않으면 안 되므로 홈 포지션도 모든 공에 대응할 수 있는 위치로 정한다. 그 위치는 자기 진영 코트의 4개의 코너에서 각각 대각선을 긋고, 그 교차점에 해당하는 지점이다. 거기를 기준으로 해서 홈 포지션으로 한다. 이 지점은 대각선의 교차점이라 해서 어떤 장소에 공이 와도 최단 거리로 이동할 수 있도록 되어 있다. 공을 칠 때마다 이 홈 포지션으로 되돌아와서 다음 타구를 준비하는 것이 싱글스에 있어서 대원칙이다.

예를 들어, 당신이 자기 진영 코트의 한 코너로 공을 쫓아서 이동하고, 치고 난 후에도 거기서 계속 있는다면 어떻게 될까? 다른 3개의 코너는 텅 비어 있게 되므로, 상대는 자유롭게 빈 곳을 노릴 수가 있다. 상대로서는 이렇게 쉬운 일은 없다.

반대로 당신이 재빨리 홈 포지션으로 되돌아 간다면 어떻겠는가? 어디에 맞아도 움직이기 쉬운 위치에 있기 때문에, 상대는 노릴 장소에 궁해질 터이다. 홈 포지션으로 되돌아 갈까 되돌아가지 않을까로 이만큼 차이가 나오는 것이다.

초보자는 어떻게 해서든 공을 치는 것에만 정신을 뺏겨서 게임의 전개상 필요한 홈 포지션으로의 풋워크를 잊어 버리기 쉽다. 제일 많은 것은 하이 클리어에 맞아서 백 바운더리 라인에 고정되고 난

◀ 싱글스는 1대 1의 가혹한 승부. 의지할 수 있는 것은 자신밖에 없다.

후로 드롭이 '톡'하고 네트 가장자리에 떨어져서 당하는 경우이다. 이렇다고 해도 하이 클리어를 반구한 다음에 정확히 홈 포지션으로 되돌아 가 있으면 쉽게 반구를 할 수 있었을 것이라고 말할 수 있다.

# 5.
# 코트의 구석을 정성껏 공격하여 상대의 페이스를 흐트린다

## □상대를 동요시킨다

자신의 코트를 단단히 지키고 있다면 다음은 공격을 시작할 차례이다. 한 번으로 스매시를 성공시킨다면 말할 필요가 없으나 그런 찬스는 가만히 있어도 찾아오는 것이 아니다. 상대를 끝까지 동요시키고 괴롭혀야만 상대도 괴로운 나머지 허술한 공을 쳐오는 것이다. 거기에서 찬스가 생긴다. 그러면 어떻게 상대를 괴롭힐까?

코트 4개의 코너는 홈 포지션으로부터 아주 먼 곳에 있다. 여기를 정성껏 공격하여 상대를 끝까지 달리게 한다. 움직이면 움직일수록, 게임이 진행되면 진행될수록 상대는 피곤해진다. 거기다 하나의 코너만 공격하는 것이 아니고 4개 코너를 상대가 예측못하게 공격하는 것이 상대의 피로를 더욱 증가시키는 데 효과가 있다.

단, 여기서 문제가 되는 것은 상대를 동요시키는 것만큼의 역량이 이쪽에 있는가 하는 점이다. 4개의 코너를 공격할 만큼 스트로크의 정확함과 반복해서 쳐넣을 만큼의 스트로크의 안정감이 없으면 안 된다. 또, 상대를 웃도는 스태미나도 요구된다.

그렇기 때문에 연습에서는 실전을 한다고 생각하고 겨누었던 곳에 확실히 스트로크를 칠 수 있도록 노력한다. 그리고 몇 번 랠리가 계속되어도 끄떡하지 않는 체력을 길러 둔다.

◀
상대를 흔들리게 하고
괴롭게 한다면
유리하게 시합을 이끌 수
있다.

# 6.
# 상대를 후방에 고정시켜서 헤어핀을 치면 효과적이다

## □헤어핀의 용법

싱글스에 있어서 상대를 동요시키는 데에 가장 효과가 있다는 수직의 변화에 대해 생각해 본다.

네트 가까이의 전진으로 온 공을 '얕다'고 말하고 백 바운더리 라인 가까이까지 온 공을 '깊다'라고 말한다. 싱글스에서 사용되어지는 타구는 얕은 공과 깊은 공의 조화의 변화로 만들어져 있다.

얕은 공에는 드롭 샷이나 헤어핀 등이 있다. 특히, 헤어핀은 에이스로 되기 쉬운 샷이다.

상대와 힘이 비슷할 때에는 헤어핀의 좋고 나쁨으로 승부가 정해진다고 할 정도이다. 그것은 헤어핀이 상대의 움직임을 거꾸로 찌를

▲헤어핀은 상대의 동작의 역을 찌르는 것이 가능하고, 때로는 에이스도 되는 샷이다.

수가 있기 때문이다. 예를 들어, 깊은 공의 대표적인 하이 클리어나 드라이브 클리어로 상대를 백 바운더리 라인 가까이까지 몇 번이고 후퇴시켜서 상대의 주의가 후방에 집중해 있을 때, '툭'하고 네트 가장자리에 헤어핀을 떨어뜨리면 상대는 허를 찔려서 공을 받지 못하는 일이 자주 있다.

단, 헤어핀이 효과를 발휘하는 것은 항상 상대의 움직임을 역으로 찌를 때라는 것을 잊어 버리지 않도록 한다. 상대를 후방에 고정시킬 수 없었다거나 헤어핀을 치는 것을 간파당해 버렸다면 거꾸로 상대의 반격을 허락하는 것으로 되기 쉬우므로 주의한다.

# 7. 포메이션에는 두 사람이 옆으로 나란히 하는 형과 앞뒤로 나란히 하는 형이 있다

## 더블스의 전법

더블스는 2인 1조로 플레이하므로 그 포메이션이 특히 중요하게 된다. 이것은 두 사람이 어떻게 움직여서 자신들의 코트를 지키고, 어떤 위치에 있는 것이 공격에 유리한가를 생각하는 작전상의 위치를 잡는 일이다.

## □포메이션의 종류

크게 나누어서 2종류가 있다. 그것은 두 사람이 옆으로 나란히 서는 사이드 바이 사이드와 두 사람이 전후로 나란히 서는 프론트 앤드 백이다. 그 외 응용형으로 해서 몇 개가 더 있으나, 움직이는 방식이 복잡하므로 여기서는 앞에 말한 두가지에 대해서 특히 마스터하기로 한다.

## □사이드 바이 사이드

코트를 센터 라인으로 수직으로 2등분하고 좌우의 반 씩을 각각 플레이어가 담당하는 전형이다. 자신이 지켜야 할 공간이 확실하게 되어 있으므로 초보자에게는 아주 쉬운 포메이션이다.

이 포메이션의 장점은 사이드에 아주 강하다는 것이다. 즉, 더블스의 코트는 가로 폭이 넓으므로 사이드를 빠른 공으로 공략당하는 일이 많으나, 이 포메이션은 선수가 가로로 나란히 서 있으므로 사이드를 공략당할 염려가 없다.

단, 이 포메이션도 한계가 있다. 그것은 전후는 전부 혼자서 커버해야 되므로 오른쪽 반, 혹은 왼쪽 반에 공이 집중한 때에는 전부 혼자서 쳐내야 하고 또 한 사람은 보고 있기만 할 뿐 어찌 할 도리가 없다. 즉, 모처럼 두 사람이 플레이를 하고 있는데도 그 좋은 점을 살릴 수 없게 된다. 당연히 두 사람 사이에 역량 차가 있으면 실력이 떨어지는 플레이어만 공격 대상이 되고 코트의 중앙 부근에 온 공을 서로

▲두 사람이 옆으로 나란히 서는 사이드 바이 사이드의 포메이션

양보하는 장면도 자주 연출된다. 이런 면에서 본다면 두 사람의 콤비네이션이 잘 이루어지지 않으면 잘되어 가지 않는 진형이라고 할 수 있다.

### □프론트 앤드 백

이것은 한 사람이 네트에 가까운 전진에,남은 한 사람이 백 라인에 가까운 후진에 위치하고 코트를 전후로 2등분하여 각각 지키는 포메이션이다. 톱 앤드 백이라고도 말한다. 이 진형은 사이드 바이 사이드에 비하면 보다 공격에 유리하다. 즉, 후진에서는 스매시를,전진에서는 푸시, 헤어핀 등 2단 태세로 공격이 가능하다.

이와 같이 공격에 유리한 진형으로 어느 쪽도 어찌해서든 이 진형을 취하려고 한다. 서비스 측도 리시브 측도 처음에는 사이드 바이 사이드의 진형을 취하고 있으나, 조금 움직이면 곧 프론트 앤드 백의 진형을 취할 수가 있다. 서비스 측을 예를 들면 쇼오트 서비스의 경우 서버가 서비스를 치고 나면 일 보 앞으로 나오고, 그 파트너가 일 보 후퇴하면 된다. 리시브 측에게도 같은 것이다.

이 진형의 약점이라고 하면 사이드 바이 사이드의 정반대로 사이드를 공격당할 위험성이 높다는 것이다. 진형의 성격상 부득이한 면도 있으나 되도록 사이드로 빨리 움직일 수 있도록 한다.

▲두 사람이 전후로 나란히 서는 프론트 앤드 백의 포메이션

# 8.
# ‘쳐올린다’는 스트로크보다 ‘쳐내린다’는 스매시를 노린다

더블스의 전법상 특히 필요하다고 생각되는 것은 어떻게 공격할 것인가라는 것이다.

## □공격

더블스의 기본은 공격에 있다. 항상 공격을 시작하는 적극적인 자세를 잃어서는 안 된다. 싱글스에 있어서는 수비의 스트로크나 피하는 스트로크로써 자신의 자세를 다시 고치는 일이 자주 있다. 그러나 더블스에서는 이런 것이 거의 소용이 없다. 왜냐하면 블더블스에서는 ‘쳐올리는 스트로크’는 앞을 수비하는 데에 결정되어지는 일이 많고, ‘쳐내리는 스매시’가 랠리의 중심으로 되어 있기 때문이다. 따라서 '쳐내리기'가 최대의 공격이며 만일 먼저 상대에게 '쳐내리기'로 당하고 말았다면, 그 핀치로부터 빠져 나오는 것은 쉽지 않다. 그 시점에서는 패배를 각오하지 않으면 안 될 정도이다. 즉, 더블스에서는 어느쪽이 빨리 '쳐내리기'의 찬스를 잡느냐가 포인트이다. 클리어나 드롭 등 '쳐올린다'는 스크로크는 수비적이므로 더블스에서는 큰 효과가 없다는 것을 인식하고, 상대보다 빨리 공격을 시작하도록 한다.

▲더블스에서는 항상 공격을 하려는 적극적인 자세가 중요하다.

# 9.
# 남녀의 콤비네이션이 가장 중요한 혼합 더블스

## □혼합 더블스에서의 남녀의 위치

혼합 더블스는 여자를 앞수비로 남자를 뒷수비로 두는 '프론트 앤드 백' 시스템을 기본으로 한다. 이것은 남녀의 특성을 살리는 데에도 알맞은 포메이션이라고 할 수 있다. 즉, 남자 쪽이 다리 힘도 있고 체력도 있으므로 후진에서 강타를 담당하여 반구한다.

후진에서 힘있는 스매시를 성공하는 일도 있겠다. 한편, 여자쪽은 전진을 커버하고 섬세한 터치로 네트 가장자리의 공을 처리한다. 그리고, 될 수 있으면 앞에서 상대가 쳐 온 공을 깎아치고, 찬스를 보자 마자 '쳐내리기'의 스매시를 성공시킨다.

이 때문에 여성은 쇼오트 서비스 라인 근처에 서서 라켓을 네트의 위치보다 높이 올려서, 언제라도 네트에 대시 가능한 자세를 취해 두는 것이 중요하다.

한편, 남자는 혼합 더블스에서는 '페이스 메이커'적인 입장에 서게 된다. 남자가 공격당했다면 랠리를 잃는 일은 물론이므로, 앞수비를 공격해 온 어떤 공도 놓치지 않는 것이 중요하다. 거기다 앞 수비를 살리기 위해 예리한 샷으로 상대를 괴롭히고, 허술한 공을 내도록 유도한다. 어쨌든, 혼합 더블스에서는 남자만 혹은 여자만의 더블스 이상으로 콤비네이션이 중요하다.

▲혼합 더블스에서는 여자를 전위에, 남자를 후위에 두는 것이 기본

▲서로 잘 콤비네이션을 도모하는 것이 포인트이다.

# 제 6 장

# 효과적인 연습이야말로 잘하는 비결이다

## 1.

## 초보의 연습에서는 주어진 공을 정확하게 반구할 것

배트민턴에 왕도는 없다. 효과적인 연습법을 짜고, 한 발 한 발 나아가는 것이 숙달을 위한 최고의 방법이다.

여기에서는 배트민턴의 모든 플레이에 대응할 수 있도록 실전적인 연습 방법을 소개해 둔다. 자기 자신의 목표를 확실히 가지고 단계에 따라서 확실하게 숙달할 수 있도록 매일 명심한다.

최초의 단계에는 자신이 있는 곳으로 날아 오는 여러 가지 플라이트의 공을 정확하게 되받아치는 일이다. 어떤 명선수라도 초보자일 때에는 이 연습 방법으로부터 출발한다.

더블스 코트를 센터 라인을 경계로 좌우로 나누어서 그 한 쪽만을 사용하여 다음과 같은 연습을 한다.

## □클리어

스트로크를 연습하는 사람을 B로 하고, 공을 내어 주는 사람을 A라고 한다. A는 쇼오트 서비스 라인의 뒤쪽에서 B의 코트 깊숙한 곳까지 공을 쳐올린다. B는 공의 플라이트 지점까지 재빨리 이동하고, 클리어로 A의 코트 깊숙한 곳까지 반구한다.

## □스매시

A, B 모두 홈 포지션에 위치하고, A에서 B의 머리 위로 공을 쳐올린다. B는 A의 발 밑을 노리고, 될 수 있는 한 급각도로 쳐 넣도록 명심한다. 단, 절대로 필요 없는 힘이 들어가지 않도록 한다.

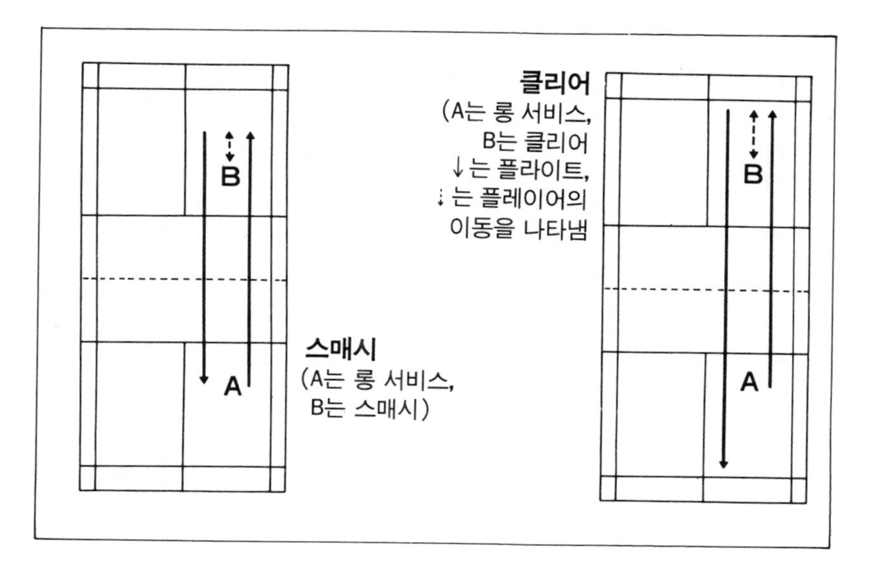

## □드롭

A는 쇼오트 서비스 라인의 뒤에서 B의 머리 위로 공을 높이 쳐올린다.

B는 홈 포지션에서 공의 낙하 지점을 따라서 이동하고 드롭으로 A에게 반구한다.

## □헤어핀

A와 B는 쇼오트 서비스 라인의 뒤에 위치한다. A는 쇼오트 서비스 라인과 네트의 사이에 공이 낙하하도록 송구한다. B는 오른발을 한 발 내디더서, 헤어핀 샷으로 반구를 한다.

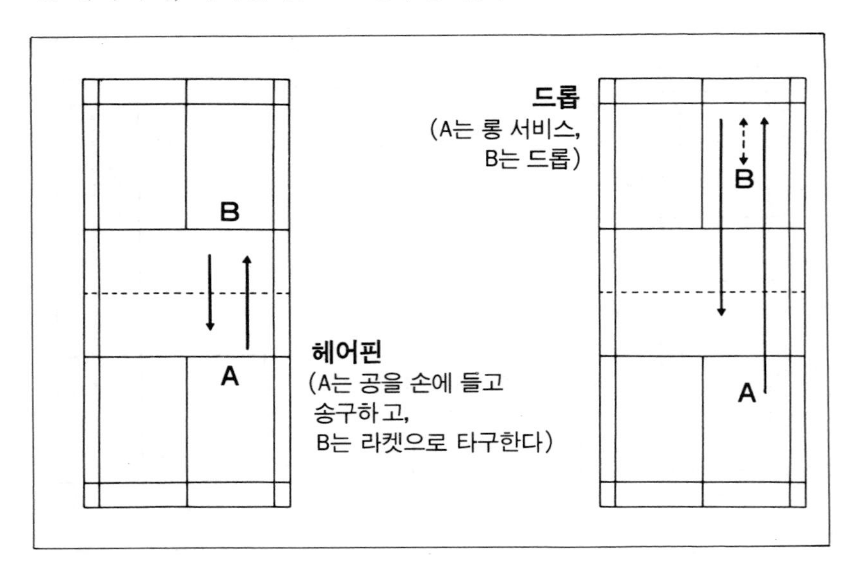

▲헤어핀은 효과적인 샷이므로, 확실하게 연습해 두자.

## 2.
## 두 사람이 1대 1이 되어서 같은 스트로크를 연속해서 되받아 친다

각 스트로크의 기초적인 타법을 마스터 했다면 다음으로 A, B가 1대 1이 되어서 같은 스트로크를 연속해서 되받아 치는 연습을 한다.

### □클리어 대 클리어

A, B가 각각 홈 포지션에 위치하고 서로 오버 핸드 스트로크로 하이 클리어를 되받아 친다. 혹은, A가 롱 서비스를 B에게 쳐 올린 후 A, B가 다같이 클리어를 되받아 친다.

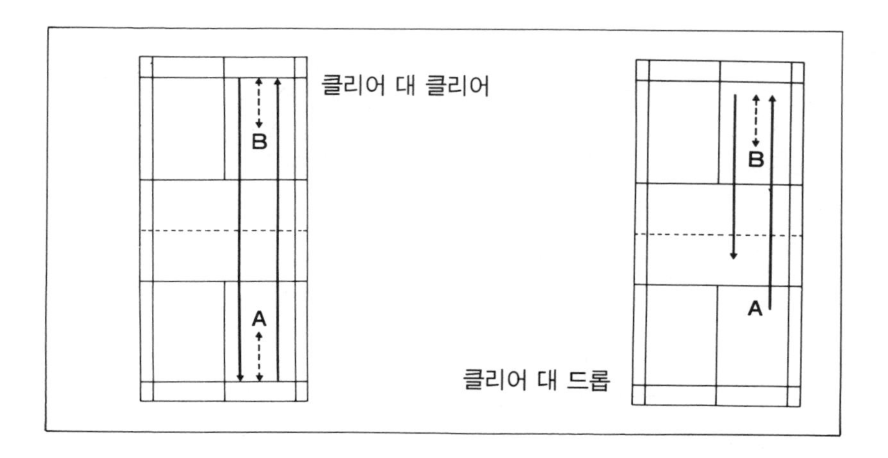


처음에는 스트레이트를 되받아 치고 익숙해짐에 따라서 크로스로 되받아 치기도 하도록 한다. 같은 방법으로 백 핸드 스트로크, 라운드 더 헤드 스트로크도 연습한다.

## □클리어 대 스매시

A, B 모두 다 홈 포지션에 위치한다. A는 언더 핸드 스트로크로 공을 높이 올리고 그것을 B가 스매시한다. 이것을 연속적으로 행한다.

## □클리어 대 드롭

A는, 쇼오트 서비스 라인의 뒤에 위치하고, 롱 서비스를 쳐올린다. B는 그 공을 쫓아서 코트 후방에서 드롭을 친다. A는 홈 포지션

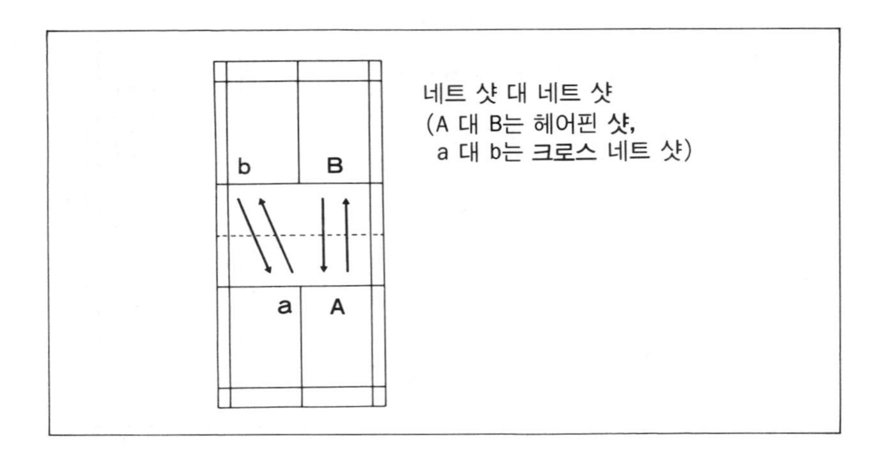


에 위치하고, 언더 암 스트로크에서의 클리어로 반구한다.

### □드라이브 대 드라이브

A, B 모두 다 홈 포지션에 위치하고 사이드 암 스트로크로 드라이브를 되받아 친다. 포핸드와 같이 백 핸드도 확실히 연습해 둔다.

### □네트 샷 대 네트 샷

A, B 모두 다 쇼오트 서비스 라인 근처에 위치해서 서로 한 발 내디디면서 네트 샷을 되받아 친다. 치고 난 후에는 반드시 스텝을 원상태로 되돌리고 다음 샷에 대비힌다. 포핸드와 같이 백 핸드도 연습한다.

# 3.

# 싱글스와 더블스로 나누어서 실전적인 연습을 쌓자

시합을 가정하여 실전적인 랠리를 연습해 본다. 싱글스와 더블스에서는 랠리의 구성이 다르므로 각각 나누어서 연습하기로 한다.

## 싱글스의 실전 연습

### □올 롱

공을 내어 주는 사람을 A, 되받아 치는 사람을 B로 한다.

A는 클리어, 스매시, 드롭을 여러 가지로 조화시켜서 B로 공을 내어 준다. B는 아무리 뛰게 되어도 모든 공을 A의 코트 깊숙한 곳에 반구한다. 즉, 어떤 공도 길게 반구하므로 올 롱이라고 한다.

이것은 어디까지나 클리어의 연습이다. 싱글스에서는 클리어가 기본의 스트로크로 되기 때문에 우선, 정확히 클리어를 되받아 칠 수 있는 것이 중요하다. 한 번 칠 때마다, 홈 포지션으로 되돌아 가고 다음 공에 대비하는 것도 잊지 않는다.

### □올 쇼오트

A의 롱 서비스부터 시작해서 주로 드롭과 헤어핀을 몸에 익히기 위한 연습법이다.

스트로크의 순서는 다음과 같습니다.

1. A의 롱 서비스
2. B의 드롭
3. A가 작게 네트 앞으로 반구
4. B의 헤어핀
5. A가 언더 암 스트로크로 B의 코트 깊숙이에 반구
6. B의 드롭

이 기본 패턴을 반복하여 연습해 본다.

### □스매시 앤드 헤어핀

스매시와 헤어핀을 주고 받는 스피디한 랠리를 마스터 하기 위한 연습법이다.

스트로크의 순서는 다음과 같다.

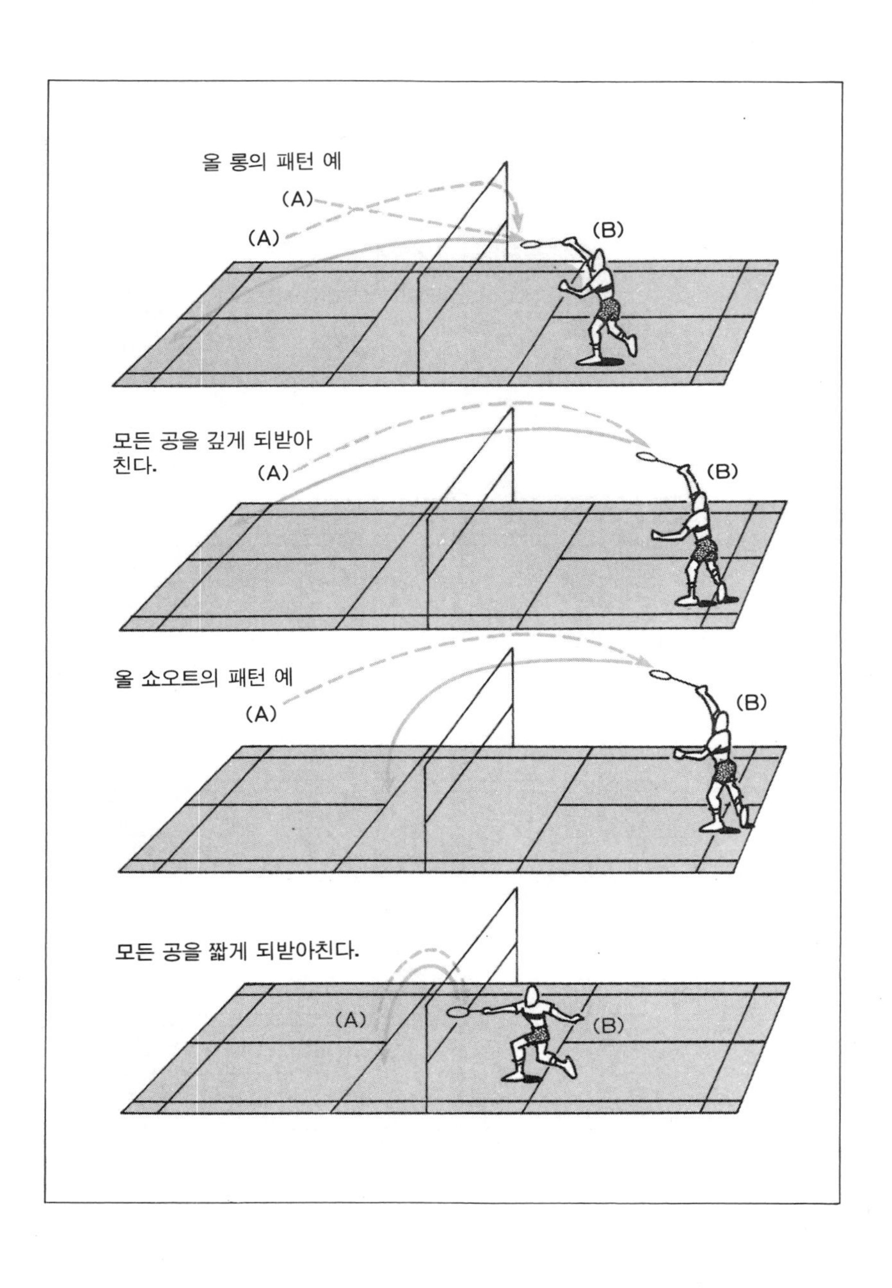
올 롱의 패턴 예
(A)
(A)
(B)
모든 공을 깊게 되받아
친다.
(A)
(B)
올 쇼오트의 패턴 예
(A)
(B)
모든 공을 짧게 되받아친다.
(A)
(B)

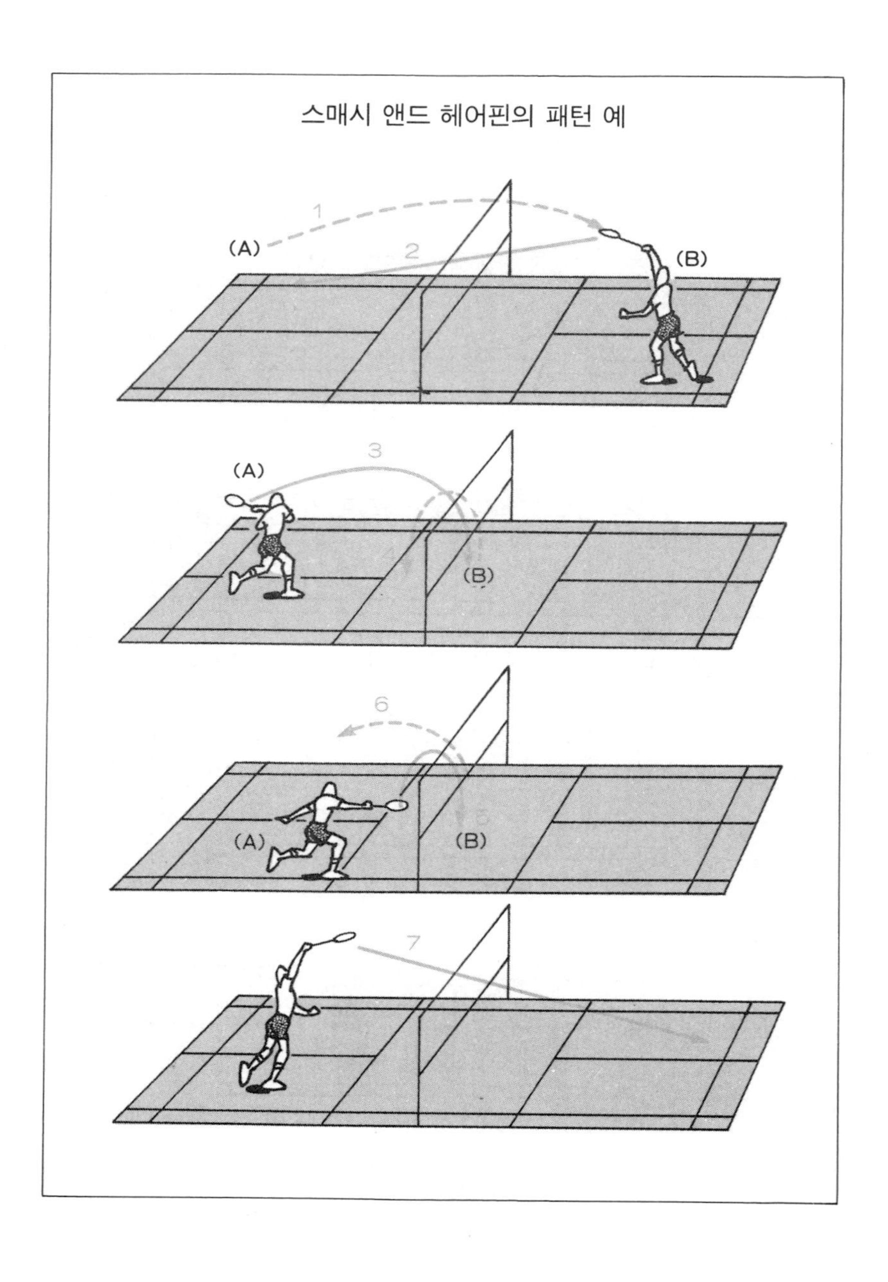


스매시 앤드 헤어핀의 패턴 예

1. A가 B의 머리 위로 공을 쳐올린다.
2. B의 스매시
3. A가 B의 스매시를 네트 가장자리로 반구한다.
4. B가 헤어핀
5. A도 헤어핀
6. B가 언더 암 스트로크로 클리어
7. A가 스매시

이 기본 패턴을 반복하여 연습해 본다.

## 더블스의 실전 연습

### □올 어태크

공격할 측과 수비할 측을 정해서 행한다. 공격할 측은 프론트 앤드 백의 진형을 취하여 스매시, 드롭, 푸시, 헤어핀 등을 구사하여 항상 상대 코트를 계속 공격한다.

중요한 것은 공격이 단조롭게 되지 않도록 한다. 단지, 강하게만 되받아 치는 것이 아니고, 코스를 꼼꼼하게 공격하거나 타구에 강약을 주어서 상대의 페이스를 어지럽힐 수 있도록 명심한다.

### □올 리시브

한쪽이 사이드 바이 사이드형의 수비 진형을 취하여 언더 암 스트

올 리시브측
올 어태크측
스매시 앤드 드라이브
스매시
드라이브

로크 클리어, 드라이브, 네트 샷 등을 구사하여, 수비에 일관하는 연습을 한다. 올 어태크와 대칭을 이루는 것이므로 동시에 행해질 수 있다. 한 쪽이 올 어태크라면, 다른 한 쪽은 필연적으로 올 리시브로 되는 것이다.

여기서 중요한 것은 앤티시페이션을 잘 구사하게 하는 것이다. 앤티시페이션이라는 것은 상대가 노리는 코스를 재빨리 예측하고 정확히 대항하는 것을 말하고 이것이 잘되면 수비도 아주 쉽게 된다.

### □스매시 앤드 드라이브

아무리 수비가 완벽하다고 해도 수비에 일관하는 것만으로는 포인트를 얻을 수 없다. 기회를 봐서 수비로부터 공격으로 전환할 필요가 있다. 그 경우 아주 유효한 것이 상대로부터의 스매시를 드라이브로 반구하여 찬스를 만드는 방법이다.

그것을 위한 연습이 이 스매시 앤드 드라이브이다. 스매시를 드라이브로 반격했을 때 그 샷이 좋으면, 상대는 그 공을 클리어로 되돌려 줄 수 밖에 없게 된다. 즉, 공격하기 위한 찬스는 유효한 드라이브로부터 생겨나는 것이다. 거기서 한 쪽은 스매시로 쳐 넣고 또 한 쪽은 상대의 스매시를 드라이브로 잘 반구할 수 있도록 도전해 본다.

## 칼럼 3

# 꼭 지켜 주었으면 하는 매너

스포츠인 이상 매너를 확실하게 지켜야 한다. 승부에만 고집하여 거칠고 난폭한 행동을 한다면, 무엇을 위한 스포츠인가를 모르게 되어 버리고 만다.

배트민턴은 특히 매너를 중시하는 스포츠이다. 서로 기분좋게 플레이하기 위하여 다음을 명심한다.

• 웨어는 '흰색이 원칙'이라고 되어 있다. 칼라의 라인이 든 정도의 것은 상관 없지만, 너무 화려한 웨어를 입어 상대에게 불쾌감을 주는 일은 삼가한다.

• 상대에게 공을 건네줄 때는 네트 위에서 정중하게 건네주도록 한다. 네트 밑으로 굴리듯이 건네는 것만은 하지 않는다.

• 네트에 걸린 공은 실수를 한 본인이 주우러 가도록 한다. 상대에게 줍게 하는 듯한 무례한 일을 해서는 안 된다.

• 심판의 판정에는 고분고분하게 따르도록 한다. '인'인가 '아웃'인가 미묘한 경우가 있으나 클레임을 거는 것은 그다지 좋지 않다. 단, 질문하는 것은 충분히 인정되므로 판정의 근거에 대해 들어 보는 것은 좋다.

• 상대와의 시합 후, 인사를 반드시 한다. 져도 조금도 기가 죽을 필요가 없다. 시합이 끝나면 상쾌하게 매듭을 짓도록 한다.

# 제 3 부

# 배드민턴의 숙달 훈련

# 1. 라켓에 익숙해 지자

## 연습1 라켓을 쥔다

배드민턴 경기에서는 라켓의 앞면과 뒷면을 거의 같은 비율로 사용한다.

즉, 몸의 오른쪽(포핸드측)에서 타구할 경우는 포핸드 그립으로 라켓의 앞면을 사용한다. 반대로 몸의 좌측(백 핸드측)에서 타구할 경우는, 백 핸드 그립으로 라켓의 뒷면을 사용한다. 이렇게 가려쓰는 것에 익숙해지는 일이 배드민턴의 기본이라고 할 수 있을 것이다.

## □포핸드 그립

라켓을 쥘 때 다음 그림과 같이 세운 라켓을 악수하듯이 쥔다. 다음 그림처럼 엄지와 검지의 모양이 V자형으로 되듯이 쥔다.

라켓은 새끼 손가락과 약지로 단단히 잡고, 다른 손가락으로 가볍게 끼워 넣듯이 쥔다.

## □백 핸드 그립

백 핸드 그립은 포핸드 그립일 때보다 라켓을 조금 오른쪽으로 회전시킨다. 이때 엄지의 위치는, 핸들 옆면의 가장 넓은 면에 대고, 핸들을 따라서 가볍게 뻗은 상태로 된다.

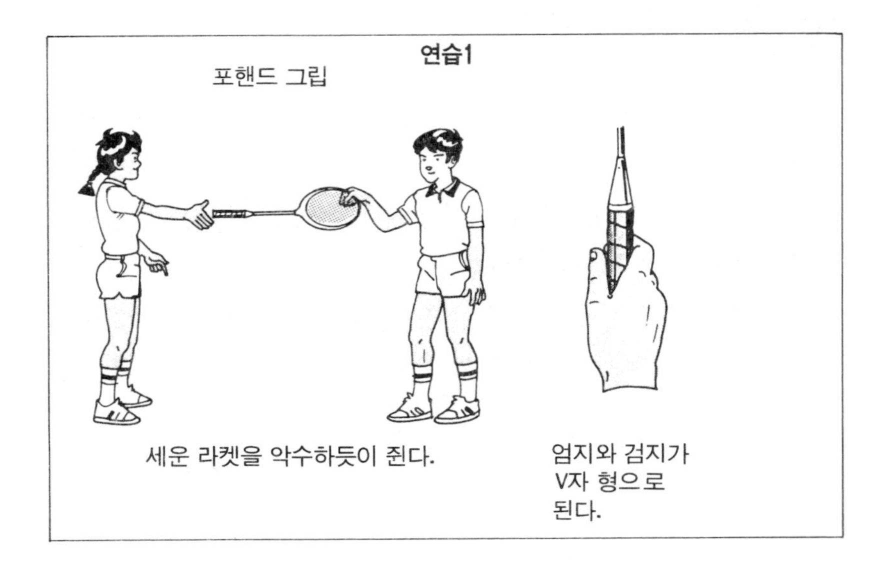

타구할 때는, 엄지로 라켓을 누르듯이 하여, 손목의 힘을 살려서 친다.

배드민턴을 잘하는 지름길은 먼저, 라켓의 취급에 익숙해지는 일이다.

배드민턴의 라켓은 그립의 앞쪽 60cm 정도에서 셔틀콕을 치도록 만들어져 있다. 즉, 손으로부터 꽤 먼 곳에서 셔틀콕을 다루는 것이다. 그 위에 라켓의 앞과 뒤를 사용하므로 더욱 어려운 것이다.

다음으로 라켓의 길이나 앞과 뒤를 의식하지 않고, 셔틀콕을 자유로이 다룰 수 있도록 연습 방법을 들어 두겠다. 꼭 몇 번이고 연습하여 라켓의 사용법에 익숙해지길 바란다.

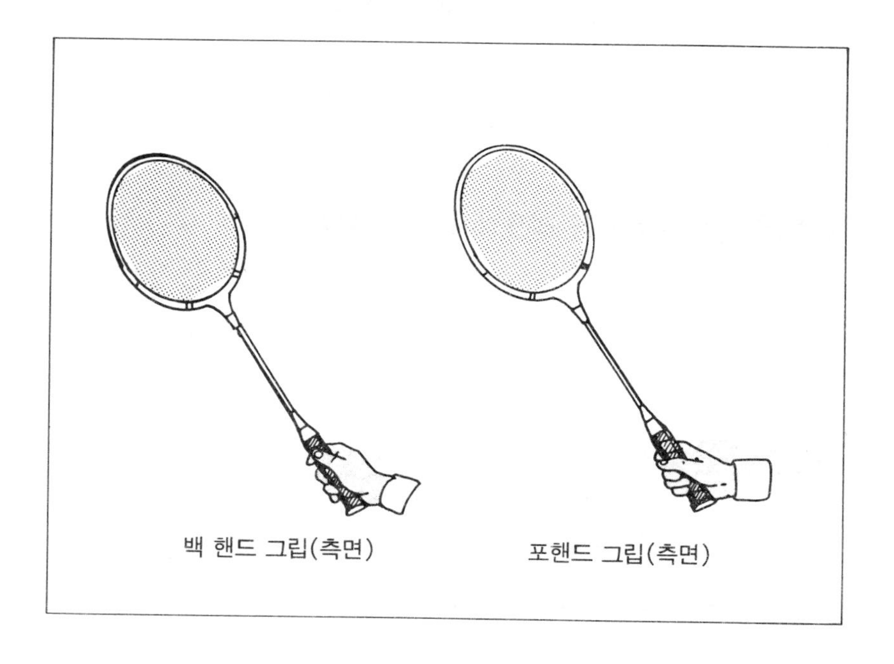

백 핸드 그립(측면)　　포핸드 그립(측면)

### 연습2 셔클콕을 줍는다

바닥 위의 셔틀콕을 라켓으로 줍는다. 라켓의 앞과 뒤의 양면으로 연습하자.

### 연습3 셔틀콕을 주고받음

두 사람이 마주 보고 서서, 셔틀콕을 떨어뜨리지 않도록 몇 번이고 계속해서 주고 받는다. 이 연습도 라켓의 앞과 뒤의 양면을 사용하여 행한다.

### 연습4 라켓을 상하, 좌우로 움직인다

라켓의 위에 셔틀콕을 올려서, 떨어뜨리지 않도록 상하, 좌우로 이동시킨다. 앞면에 익숙해지면 뒷면으로도 해 본다.

### 연습5 셔틀콕을 라켓에 얹어서 움직인다

라켓을 수평으로 하거나, 비스듬히 하여 걷거나 뛰거나 한다. 라켓의 앞면만이 아니고, 뒷면으로도 연습하자.

### 연습6 고무 풍선이나 볼을 친다

고무 풍선을 바닥에 떨어뜨리지 않도록 연속해서 쳐올린다. 고무 풍선은 이동 방향이 정확하지 않아서 재미있게 배울 수 있다. 또,

연습2
연습3
연습4
셔틀콕을 라켓에
올려서 걷는다.
연습5
달린다.
연습6
고무 풍선을 친다.
볼을 치면서 달린다.

볼을 치면서 달린다. 이 때에는 프레임으로 볼을 치지 않도록 조심해야 할 것이다.

### 연습7 릴레이 형식으로 달린다

라켓에 셔틀콕을 올려서 릴레이 형식으로 달린다. 릴레이는 집중력을 기르는 데 아주 효과가 있다.

2조 이상 팀을 편성하여 속도를 다투어 보자. 즐기면서 라켓 다루기를 체득할 수 있다.

### 연습8 장해물을 짜 맞춘다

뜀틀, 평균대, 기둥, 높이뛰기 등에서 쓰는 가로대, 매트 등 여러 가지 장해물을 만들어서 이것을 타고 넘거나, 밑으로 통과하면서 이동한다. 도중에서 실수를 하면 처음으로 돌아가는 등, 여러 가지로 궁리하여 즐겁게 트레이닝해 보자.

이와 같은 놀이를 통하여, 라켓과 셔틀콕의 관계를 배우고, 셔틀콕을 잘 컨트롤할 수 있도록 끊임없이 노력하자.

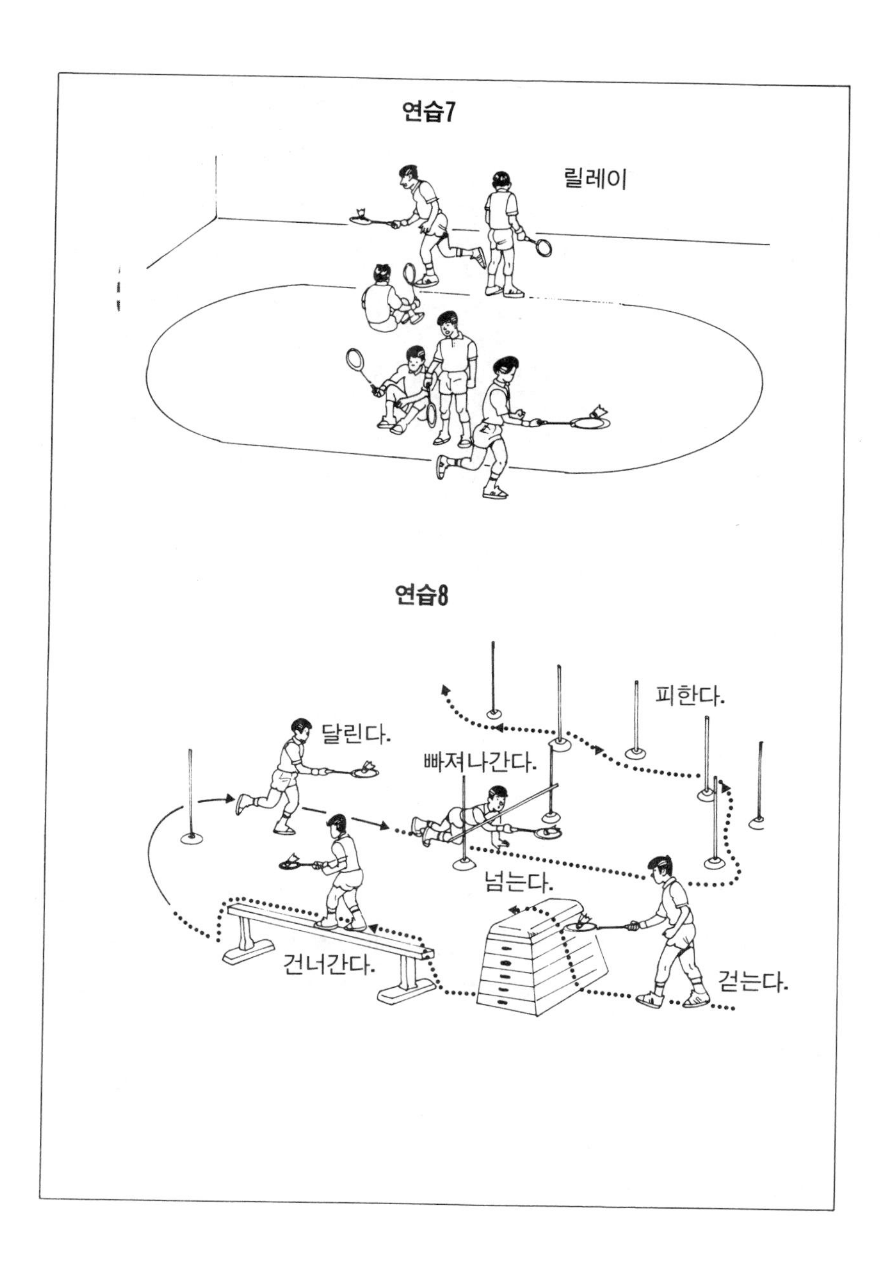
연습7
릴레이
연습8
피한다.
달린다.
빠져나간다.
넘는다.
건너간다.
걷는다.

# 2.

# 셔틀콕에 익숙해지자

배드민턴을 잘 하기 위해서는 셔틀콕의 날아가는 법에 익숙해지는 것이 가장 지름길이다. 그것도 셔틀콕 치는 법을 배우는 것보다 먼저 셔틀콕을 잡는 법을 몸에 익혀 두는 것이 빠른 시간 내에 잘 할 수 있는 비결이다.

셔틀콕은 아무리 강하게 맞아도 곧 스피드가 떨어지고 점점 느리게 되어 간다. 그리고 더 이상 날 수 없게 바닥을 향해서 낙하한다.

예를 들어, 스매시로 강하게 맞은 셔틀콕은 맞은 직후는 시속 300km 이상의 속도를 내나 상대의 손 근처에 도달했을 때는 느려지게 되어, 시속 60km 정도의 스피드가 된다. 이 사이의 시간은 불과 0.4초, 평균 시속으로 100km 정도이다.

이 셔틀콕의 성질을 잘 기억해 두고 셔틀콕을 잡는 포인트를 어디에 두는가 잘 알아야 할 것이다.

셔틀콕의 움직임이나 날아가는 법을 알았다면 이것을 몸에 철저히 익혀둔다. 반복하여 연습하고 철저하게 익숙해지는 일이 중요하다. 이 때 연습이 단조롭게 되기 쉬우므로 질리지 않도록 하는 배려가 필요하다.

주니어를 지도하는 경우에는 빠른 셔틀콕보다 오히려 느리게 되어서 방향을 바꾸어 가는 셔틀콕을 잡는 연습에 중점을 두도록 명심하자.

또, 초보자만이 아니고 어느 정도 잘하는 단계의 사람들도 코트에 들어갈 수 없는 시간 등을 이용해서 연습을 계속 하는 것이 중요하다.

## 연습9 셔틀콕은 맨손으로 잡는다

처음에는 몸가까이에서 발을 움직이지 않고 받을 수 있는 셔틀콕을 잡는다. 익숙해짐에 따라서 서서히 먼 곳으로 이동해서 잡는 연습을 한다.

① 먼저, 그 자리에 선 채로, 발을 움직이지 않고 셔틀콕을 받아낸다.

날아오는 셔틀콕을 손 안에 빨아들이듯이 조용하게 당기면서 잡는다.(그림1)

② 셔틀콕의 움직임에 익숙해지면 높은 셔틀콕, 낮은 셔틀콕을 잡는다. 이 경우 손을 위나 옆으로 뻗거나, 발을 옆으로 내딛거나

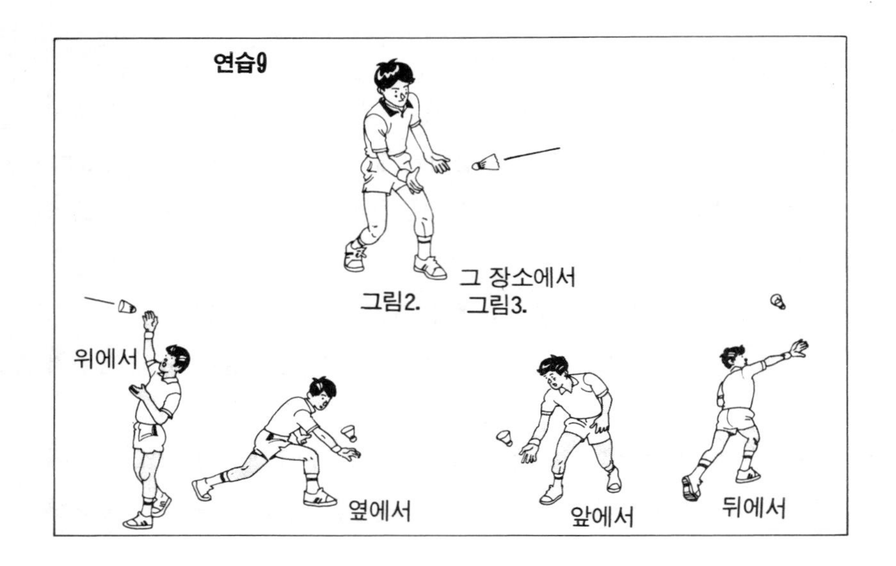


한다.(그림2)

③ 운동 신경이 발달한 사람이나 받아내는 것에 익숙해진 사람은 달려가서 셔틀콕을 잡는다. 이때, 움직임의 밸런스나 최후에 발을 내미는 방법에 주의한다.(그림3)

## 연습10 튀게 하지 않으면서 라켓으로 잡는다

라켓은 셔틀콕이 잘 튀도록 궁리하여 만들어져 있다. 이 라켓으로 셔틀콕을 튀게 하지 않으면서 치는 일은 아주 어려운 일이다. 그러나 셔틀콕을 자유로이 다루기 위해서는 강하게 튀게 하거나 전혀 튀지 않도록 칠 수 있어야 한다.

라켓의 앞면과 뒷면을 자유자재로 다루고, 게다가 튀는 방향도

자유롭게 할 수 있다면 셔틀콕을 자기가 생각한 곳으로 치는 일이 가능하다. 이와 같이, 셔틀콕을 튀게 하지 않으면서 잡을 수 있게 되면 배드민턴의 기술은 현저한 진보를 볼 수 있다.

## 연습11 두 사람이 짝이 된 모습

① 먼저, 손으로 던진 셔틀콕을 라켓으로 받아 낸다.(그림1)

② ①에 익숙해지면 한쪽 사람이 손을 사용하지 않고, 라켓의 위에 올린 셔틀콕을 높이 던져 올린다. 또 한 쪽의 사람은 떨어져 오는 셔틀콕을 튀게 하지 않으면서 라켓으로 받아 낸다.(그림2)

③ ②와 같은 방법으로, 눈보다 낮은 타구를 잡는다.(그림3)

④ 익숙해지면 빠른 셔틀콕도 받아 본다. 이 때에도 받아 내는

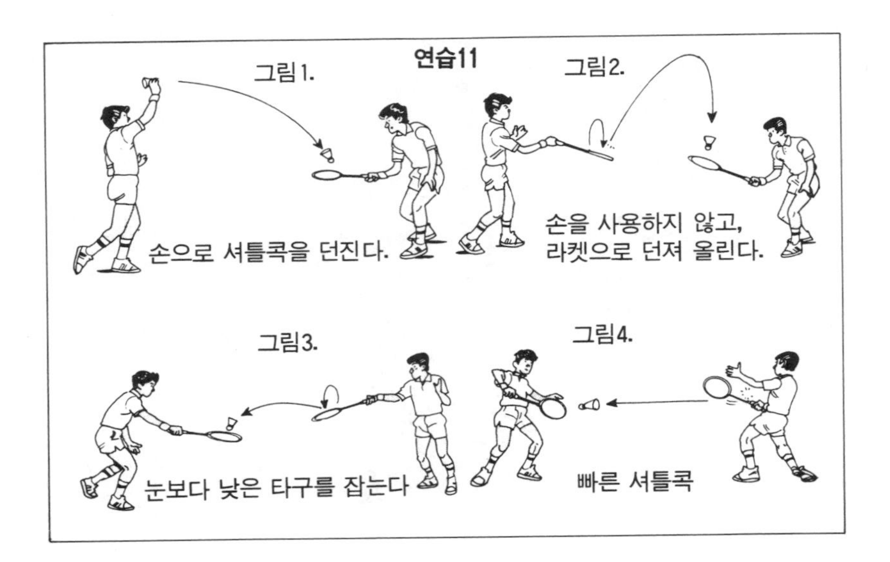


사람은 셔틀콕을 튀게 하지 않도록 주의한다.(그림4)

## 연습12 계속해서 친다

처음에는 잘 할 수 있는 면으로, 익숙해지면 앞과 뒤의 양면을 사용해서 친다. 한 번 칠 때마다 면을 바꾸는 등 궁리를 한다.

① 서서 50회, 100회 정도 계속 친다.(그림1)

② 앉아서 계속 친다. 이 경우, 발을 뻗는 방법과 구부린 방법으로 양쪽 다 해본다.(그림2)

③ 드러 누워서 연속해서 친다.(그림3)

④ 엎드린 자세로 셔틀콕을 쳐올리고 몸을 회전시켜서 다시 쳐올린다. 이것을 연속해서 반복한다.(그림4)

⑤ 뒤로 나아가면서 계속 친다.(그림5)

⑥ 셔틀콕을 바닥에 떨어뜨리지 않도록 벽에 대고 친다.(그림6)

## 연습13 여러 가지를 궁리하여 친다

몸의 자유를 없애고, 어려운 자세로 치는 연습을 하면, 보통의 타구는 즐겁게 되고 셔틀콕을 컨트롤하는 힘이 붙어서 눈에 띄게 잘하게 된다.

## 연습14 움직이면서 친다

여러 가지 움직임 중에 셔틀콕을 치는 연습도 중요하다. 다음 그림과 같은 움직임 외에도 각자가 개발해서 해보자.

연습13
돌아보면서
친다.
한쪽발로 친다.
앉아서 친다.
엎드려서
친다.
가랑이
사이에서
친다.
가랑이
사이에서
뒤로 친다.
몸의 뒤에서 친다.

연습14
1회전해서 친다.
돌아서 친다.
일어나서 친다.
체육관 안을 돈다.

## 연습15 천정을 향해서 강하게 쳐올린다

국민학교나 중학교의 체육관은 바닥에서 천정까지의 높이가 7~8m 정도된다. 천정의 한 군데에 표적을 정해서 셔틀콕을 정면 위로 쳐올린다. 손목에 힘이 잘 들어가 있다면 셔틀콕은 기세 좋게 날아서 천정에 맞는다.

손목의 힘이나 컨트롤을 연습하는 데에 아주 효과 있는 트레이닝법이다.

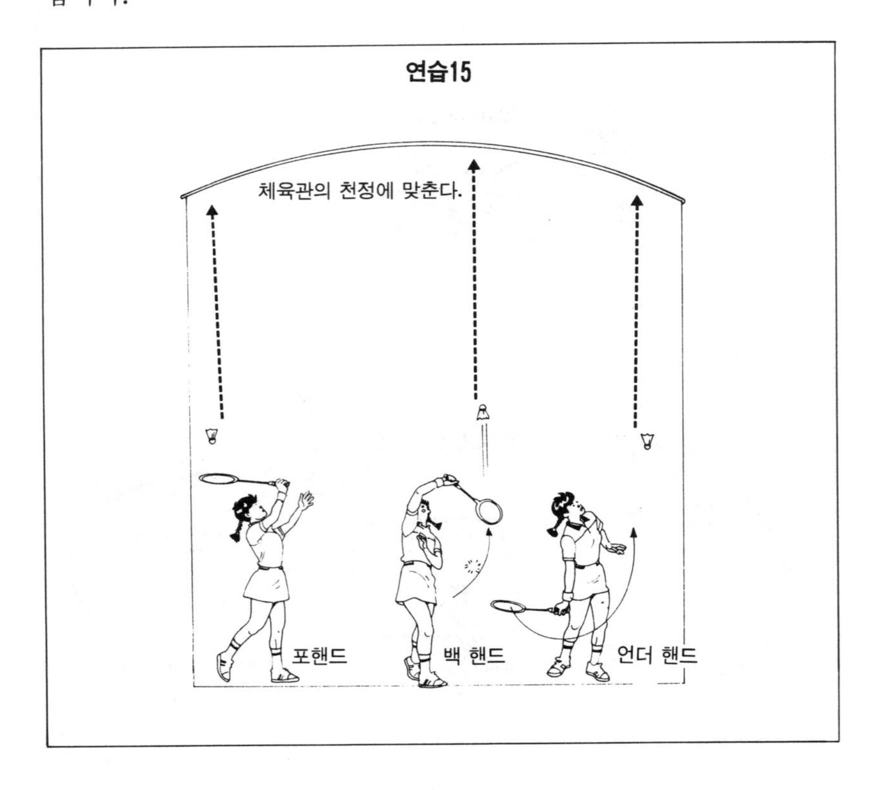

# 3. 풋 워크를 연습하자

풋 워크가 중요한 것은 게임중 스매시나 드롭, 클리어의 반구 등의 빠른 움직임을 할 때이다.

효율이 좋은 풋 워크를 하기 위해서 명심해야 할 것이 있다. 먼저 제1은 움직이기 시작하는 타이밍을 만드는 '몸 굽히기' 자세를 상대의 움직임에 맞추어서 리드미컬하게 행하는 일이다. 제2는 재빨리 효율성 있게 움직이기 위하여 몸을 굽혔을 때 벌린 발을 정확하게 바른 위치에 두는 일이다.

사람의 움직임이라는 것도 골격과 근육의 관계로 누구에게도 공통된 가장 적절한 것이 있을 것이다. 그러나 동시에 그 사람이 태어나면서부터 가지고 있는 그 사람 특유의 움직임도 무시할 수 없다.

그러므로 먼저, 일반적으로 사용되는 움직임을 잘 익힌다. 다음으

네트 앞으로의 풋 워크

로 이것을 터득한 후에 그 사람에게 가장 자연스러운 움직임을 해간다. 이것도 트레이닝할 때에 아주 중요한 일이다.

풋 워크는 2개로 나누어져 있다. 하나는 셔틀콕을 칠 때까지의 움직임, 또 하나는 홈 포지션으로 되돌아 가는 움직임이다.

## □준비 자세의 기본형

홈 포지션에서는 셔틀콕이 어디에 맞아도 대응할 수 있도록 준비해야 한다.

상대가 셔틀콕을 칠 때까지는 전신의 힘을 빼서 긴장을 풀고, 다음 순간을 준비하며 기다린다.

이 때, 사람에 따라서는 제자리 걸음을 하고 리듬을 갖는 경우도 있으나, 특별히 구애받을 것은 없다. 정지해 있어도 상관없다.

그리고 드디어, 다음에 설명하는 '몸 굽히기' 동작에 들어가는 것이다.

## □'몸 굽히기'의 타이밍

배드민턴을 잘 하는 선수는 움직임에 흐름이 있고, 아주 리드미컬하다. 배드민턴은 움직임의 밸런스를 서로 무너뜨리는 경기라고도 말할 수 있다. 리듬이 흐트러지면 랠리에 지고 만다.

더블스의 시합에서도 물론이지만 특히, 싱글스에서는 리듬이 흐트러지면 치명적인 결과를 부른다.

움직임의 기회를 만들기 위해서 선수는 랠리 도중에 끊임없이 상대가 셔틀콕을 치는 타이밍을 재어서 이것에 자신의 움직임을 맞추도록 노력한다.

이것이 '몸 굽히기'의 타이밍 만들기이다. '몸 굽히기'의 타이밍이 무의식중에 만들어지게 된다면 그 선수의 전력은 이전에 비해서 몇 배나 오른다.

## □몸 굽히기의 타이밍을 취하는 법

① 상대가 셔틀콕을 치기 전에는 발의 간격을 좁게 하여 어깨 폭 정도로 한다. 무게 중심은 높은 듯하게 둔다.(다음 그림1의 자세)

싱글스 게임의 경우, 상대의 스매시를 코트 안에서 리시브할 때는 발을 곧바로 옆으로 벌려서 몸을 굽힌다.

② 미끄러지는 듯한 움직임으로 셔틀콕을 리시브한다.

움직일 때는 몸의 상하 움직임을 피하면서 셔틀콕을 잡는 곳까지, 점차 무게 중심을 낮게 해간다.(아래 그림의 3, 4자세) 이 움직임은, 홈 포지션으로 빨리 되돌아가는 동작으로 연결된다.

## 연습16 전방으로 이동한다

홈 포지션은, 코트 중앙보다 조금 뒤쪽에 가깝다.

### □우전방으로의 이동

상대가 셔틀콕을 치는 타이밍에 맞추어서 몸을 굽히고, 오른발, 왼발하면서 3걸음 전진한다. 최후의 3걸음 째는 뒤꿈치부터 들어간다.

### □좌전방으로의 이동

몸을 굽힌 후, 오른발, 왼발, 오른발로 3걸음 전진한다. 급하게 할 때는, 오른발을 1걸음 내딛고, 백 핸드로 리시브해도 상관없다.

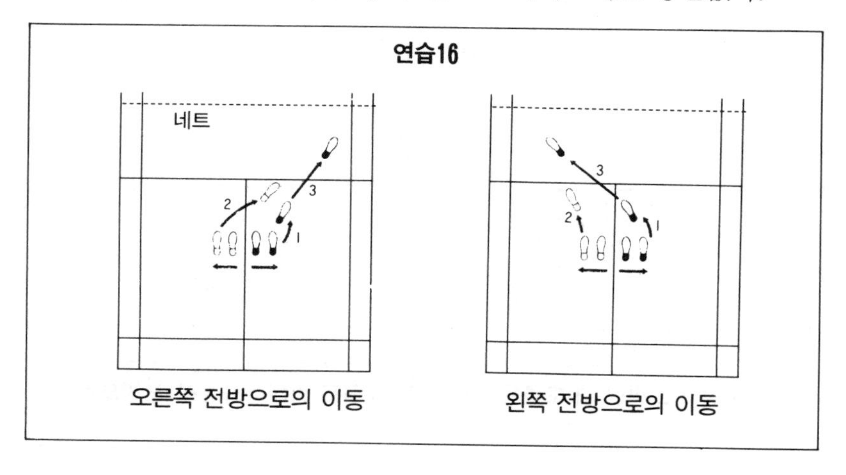

## 연습17 후방으로 이동한다

후방으로 이동할 때도, 홈 포지션은 코트 중앙보다 조금 뒤쪽에 가까운 곳이다.

### □우후방으로의 이동

우후방으로의 이동에는, 다음의 2가지의 방법이 있다.

A. 앞을 향한 채로 우후방으로 이동

상대가 셔틀콕을 치는 타이밍에 맞추어서 몸을 굽히고, 앞을 향한 채로, 오른발, 왼발, 오른발로, 3걸음으로 후퇴한다.

B. 뒤로 향한 자세로 우후방으로의 이동

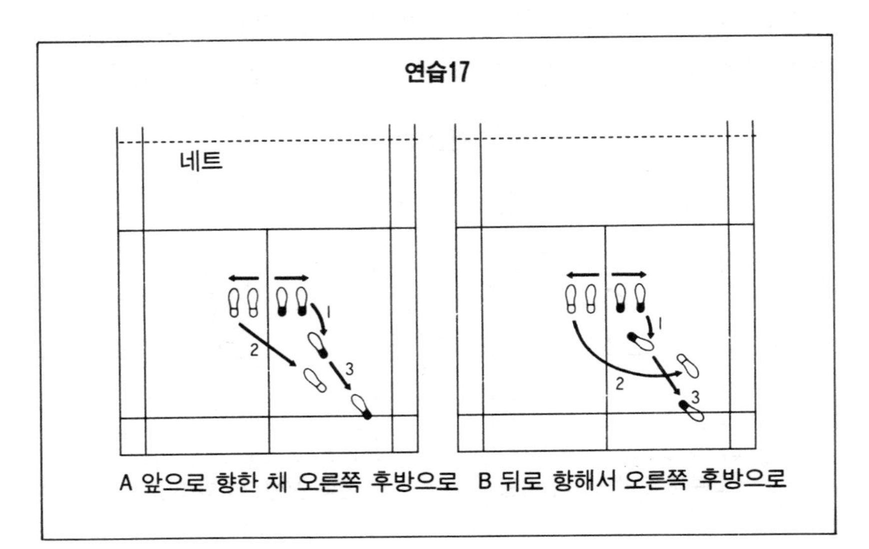

A 앞으로 향한 채 오른쪽 후방으로 B 뒤로 향해서 오른쪽 후방으로

몸을 굽힌 후, 뒤를 향하여, 오른발부터 3걸음 이동한다.

## □좌후방으로의 이동

우후방으로의 이동과 같이, 다음의 2가지의 방법이 있다.

A. 앞으로 향한 채로 좌후방으로 이동

상대의 타이밍에 맞추어서 몸을 굽히고, 앞을 향한 채로, 오른발, 왼발, 오른발로 3걸음 후퇴한다. 이 방법의 경우는, 포핸드 스트로크로 리시브한다.

B. 뒤로 향한 자세로 좌후방으로 이동

몸을 굽힌 동작 뒤, 오른발부터 3걸음 이동한다. 이 방법의 경우, 백 핸드 스트로크로 리시브하게 된다.

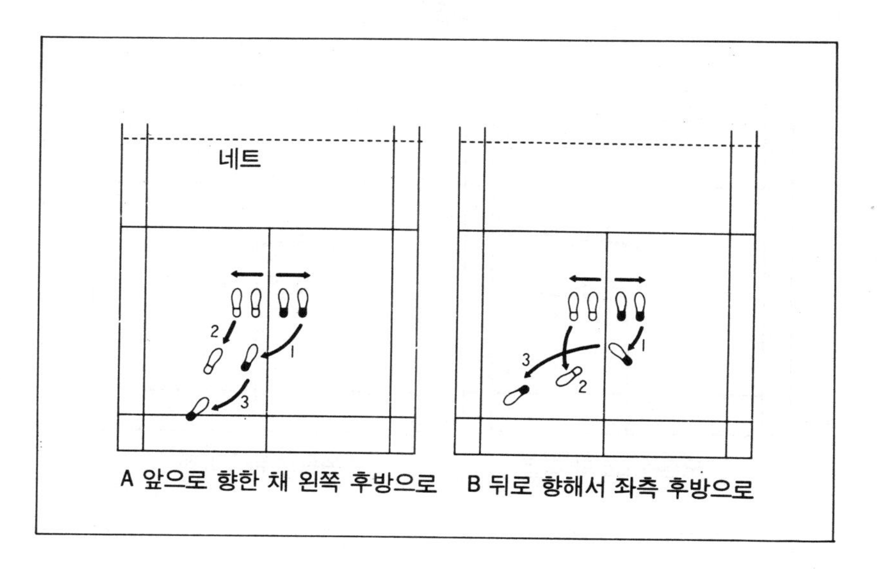

A 앞으로 향한 채 왼쪽 후방으로 B 뒤로 향해서 좌측 후방으로

## 연습18 좌우로 이동한다

홈 포지션은, 코트 중앙보다 조금 뒤에 가까운 곳이다.

좌우로 이동하는 경우는 몸을 굽힐 때, 움직이는 방향으로 1걸음 내디디는 것만으로 셔틀콕에 도달하는 일도 있으나, 보통은 다음의 요령으로 행한다.

### □오른쪽으로의 이동

몸을 굽힐 때, 오른발을 작게 내고, 왼발을 교차하여 다시 오른발을 낸다. 최후의 스텝은, 뒤꿈치부터 들어 가도록 한다.

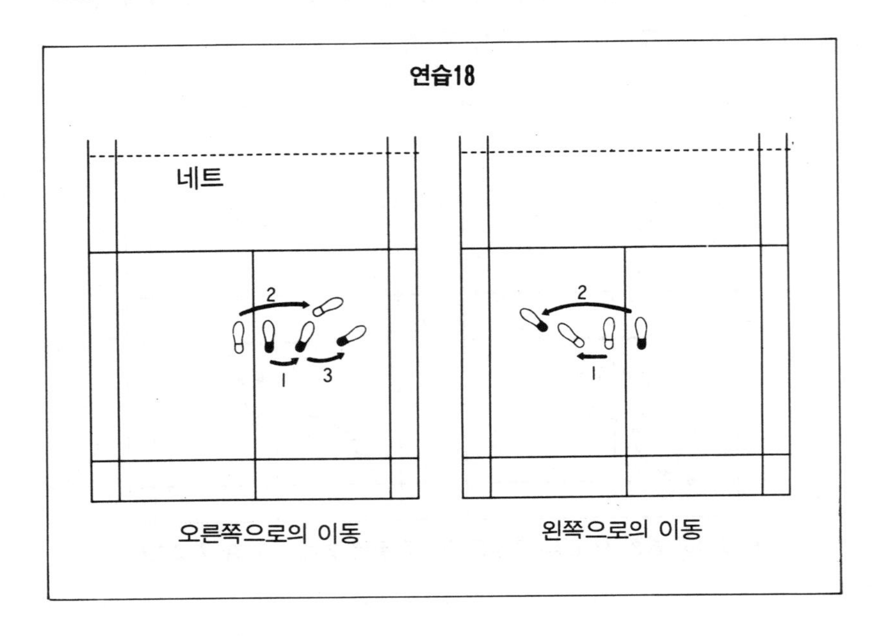

### □왼쪽으로의 이동

몸 굽히기를 할 때, 왼발을 작게 내고, 다음으로 오른발을 낸다.

## 연습19 셔틀콕을 옮긴다

### □좌우 방향으로 움직이는 연습

코트의 사이드 좌우 안쪽으로 셔틀콕을 1개씩 놓고, 자신도 1개 가진다. 왼쪽으로 이동하고, 왼쪽 사이드에 있는 셔틀콕과 바꿔가지고 반대 방향(오른쪽)으로 이동한다. 셔틀콕을 바꿔 가질 때는, 반드시 오른발을 앞으로 내고, 왼손으로 바꿔 가진다.(왼손잡이는 반대) 이 연습을 15~30초 행하고 익숙해지면 스피드를 올린다.

### □(X) 엑스 방향으로 움직이는 연습

셔틀콕을 오른쪽 코너에 3개 놔둔다. 홈 포지션을 취하고, 셔틀콕을 1개씩, 다른 코너에 두어간다. 3개 모두 두었다면, 다시 오른쪽 코너로 되돌아 간다.

이 때, 반드시 홈 포지션을 통과하고, X방향으로 움직이도록 한다. 또, 홈 포지션에서 움직이기 시작할 때에 일단 정지하여 몸 굽히기 동작을 하면 효과가 올라간다.

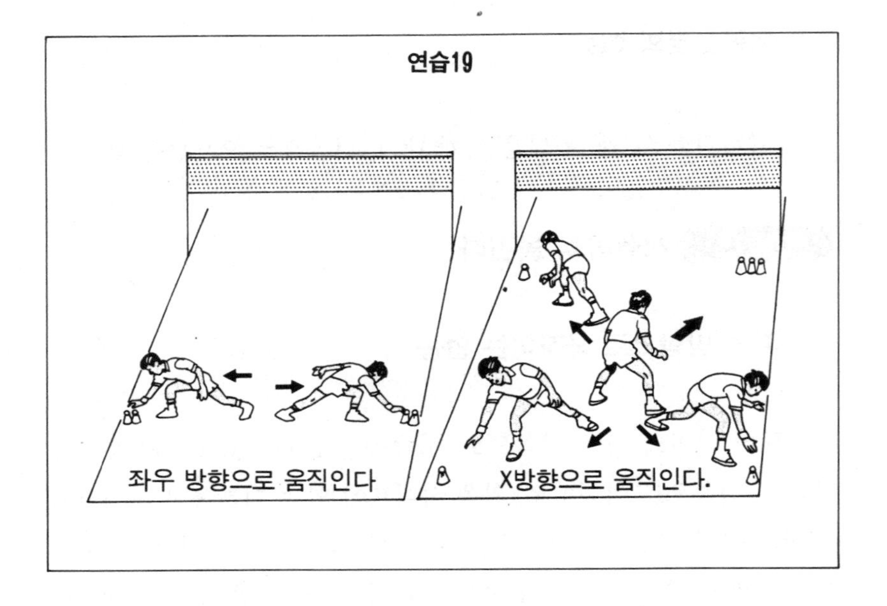


## 연습20 임의로 이동한다

네트 앞에 지시자를 두고, 이 지시자가 하는 대로 임의로 움직인다.

이동한 위치에서 스윙을 하는데, 셔틀콕이 있다치고 확실한 스윙을 하는 것이 중요하다. 또, 홈 포지션에서 한 번 멈추도록 한다.

2인조로 되어서, 15초 움직였다면 다음의 15초는 지시를 내리는 것같은 요령으로, 교대해서 몇 세트인가 행한다면 게임에 대비한 체력 만들기에도 효과가 있다.

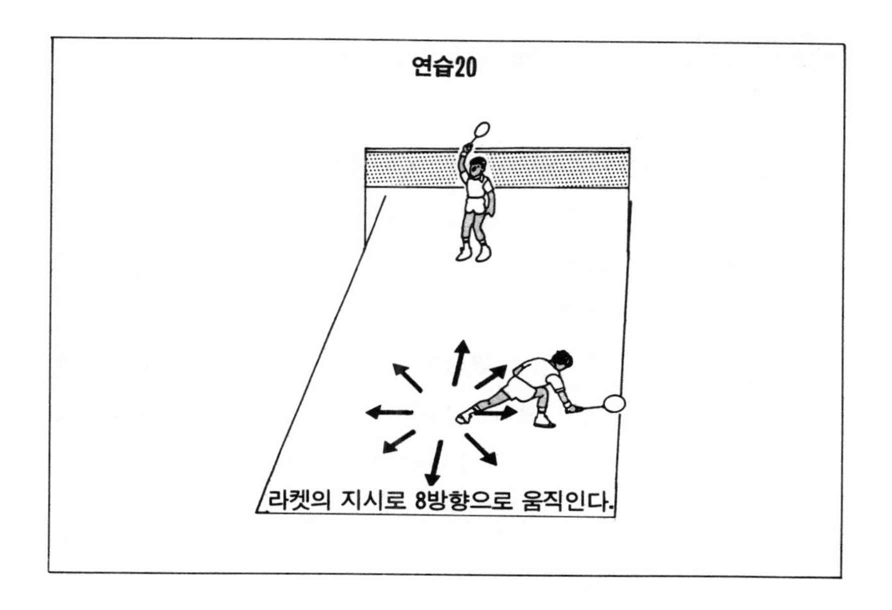


## 연습21 노크로 이동한다

셔틀콕 없이 움직일 수 있게 되었다면, 노크로 이동하는 연습을 하자.

셔틀콕이 있을 때와 없을 때에는 움직임이 전혀 다르다. 셔틀콕의 비행 스피드에 맞춘 움직임을 익히기 위해서는 노크(knock)는 효과적인 방법이다.

처음에는 움직이는 순번을 정해 두고, 익숙해지면 임의로 움직이도록 한다. 또, 전후나 좌우로와 같이 그 방향에서 시작하여 서서히 방향을 늘리는 것도 좋을 것이다.

## 연습22 짜 맞춘 연습으로 이동한다

다음으로, 각 코트 면에 1사람씩 들어가서, 실제로 셔틀콕을 서로 친다. 서비스를 ① 크로스 드롭 ② 헤어핀 ③ 크로스의 언더 클리어 ④ 스트레이트의 클리어의 순서로 리턴한다. 그 위에, ①~④까지를 될 수 있는 한 길게 반복한다.

이것은 크로스의 움직임을 연습하기 위한 한 예에 지나지 않지만, 각자의 움직임의 결점을 고치기 위하여 여러 가지 짜맞추기를 해서 연습하기 바란다. 짜 맞추기는 얼마든지 가능하다.

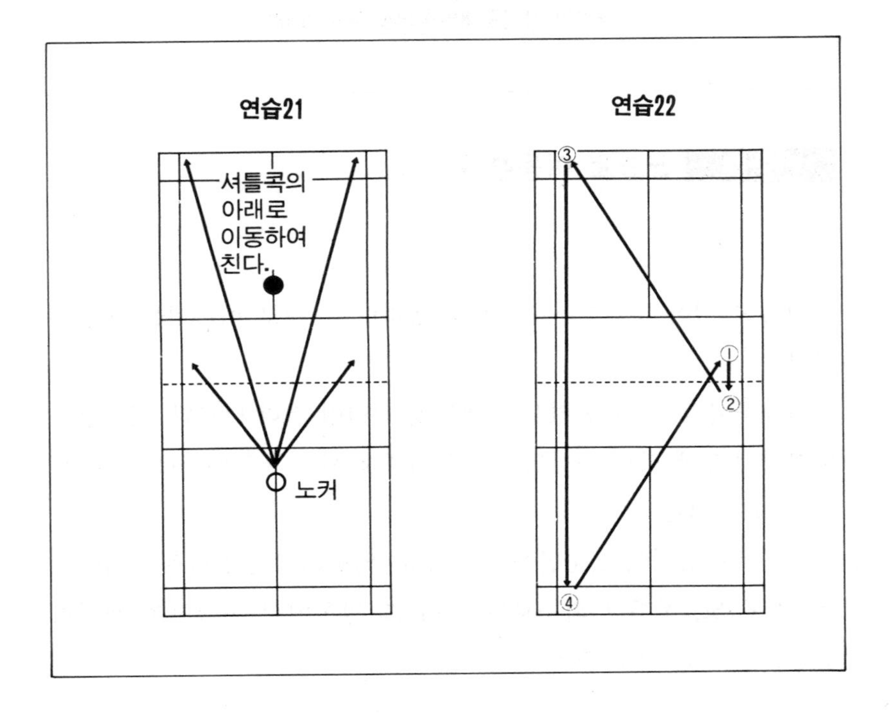

# 4.

# 서비스를 쳐 보자

## 서비스의 종류

### □쇼오트 서비스

네트에 닿을 듯 말 듯한 높이로, 상대의 쇼오트 서비스 라인 위나 혹은 라인을 조금 넘은 지점에 낙하하는 것이다.

### □드라이브 서비스

꽤 스피드가 있는 셔틀콕이 네트에 닿을 듯 말 듯한 높이로 네트를 넘어, 상대의 코트 깊숙이, 혹은 상대의 몸에 맞도록 하는 서비스이다.

## □프릭 서비스

쇼오트 서비스를 하는 듯이 준비 자세를 하고, 셔틀콕을 치기 직전에 변경하여, 상대의 라켓이 도달하지 않을 정도로 쳐올린다.

## □롱 하이 서비스

상대 코트의 후방 아슬아슬한 지점에 셔틀콕이 거의 수직으로 낙하하는 서비스이다.

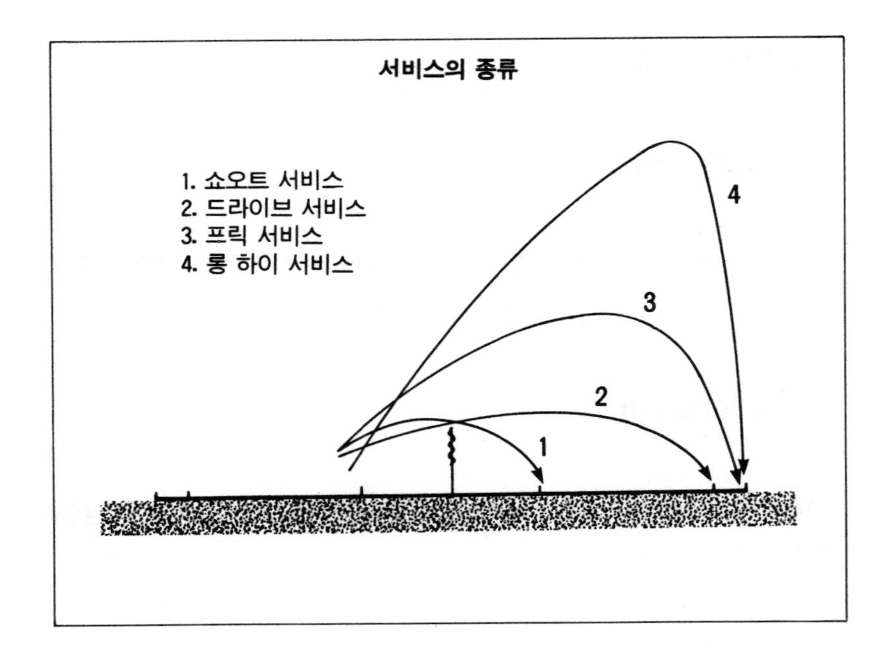

## □서비스의 구사

더블스 게임의 경우, 쇼오트 서비스가 중심이다. 드라이브 서비스나 프릭 서비스는 상대 의향의 허를 찌르는 것이다. 롱 하이 서비스를 올릴 때에는 상대로부터의 강렬한 스매시를 각오하지 않으면 안 된다.

싱글스 게임의 경우는, 롱 하이 서비스가 중심이다. 이것은 서비스의 엔드 라인의 깊이가 더블스보다 76cm 깊기 때문이다. 또, 최근의 남자 싱글스에서는, 스매시를 방지하기 위해서 쇼오트 서비스를 많이 사용한다.

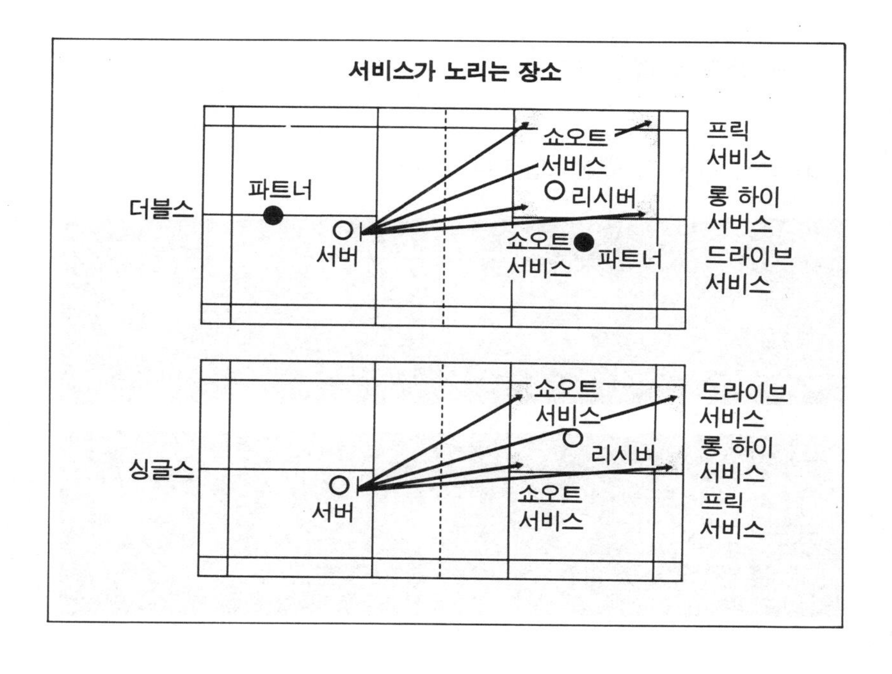

## 연습23 쇼오트 서비스의 연습

### □포핸드의 경우

① 왼발을 앞으로 하고, 왼쪽 어깨를 서비스하는 방향으로 향한다.

② 셔틀콕을 든 손은 가볍게 팔꿈치를 구부린다.

③ 뒷발에 걸린 체중을 몸을 비틀면서 앞발로 옮기고, 손목만으로 치지 말고, 몸 전체의 밸런스를 유지하면서, 셔틀콕을 밀어내듯이 친다.

### □백 핸드의 경우

① 발의 위치가, 포핸드일 때와 반대가 된다.

② 오른발에 중심을 두고, 상체는 조금 앞으로 향하게 한다.

③ 오른손은 손목, 팔꿈치를 구부리고, 라켓을 몸의 왼쪽으로 당긴다.

④ 셔틀콕을 손에서 놓음과 동시에, 오른쪽 팔꿈치를 펴고, 포핸드일 때보다, 손목으로 밀 듯이 친다.

## □쇼오트 서비스에서 주의해야 할 일

더블스 게임에서 쇼오트 서비스를 칠 때에는 다음의 세 가지 일에 주의하지 않으면 안 된다.

① 서비스된 셔틀콕은 네트를 넘어서부터는 절대로 뜨지 않을 것. 조금이라도 뜨면, 상대의 거친 푸시 공격을 정면으로 받기 쉽다.

② 쇼오트 서비스 라인을 정확하게 노려서 칠 것. 리시브하는 선수가 칠까, 치지 말까하고 판단에 망설임이 있을 정도로 정확한 타구를 쳐내는 것이 중요하다.

상대의 서투른 부분을 집요하게 공격할 것. 어떤 선수에게도 준비자세를 한 발의 위치나 라켓의 쥐는 법 등에 따라 치기 어려운 장소가 있다. 그 부분을 빨리 발견하여 신중하게 노려가는 것이 아주 중요하다.

또, 쇼오트 서비스에서는 특히 어버브 더 웨이스트, 어버브 더 핸드, 그리고 풋 폴트 등의 반칙을 범하기 쉬우므로 충분히 주의해야 한다.

## 연습24 롱 서비스의 연습

### □롱 하이 서비스

이 서비스는 싱글스 게임에서 많이 사용한다.

이 서비스의 목적은 상대의 선수를 백 바운더리 라인 부근까지 후퇴시키는 것이다. 그렇기 때문에, 절대로 낮게 되지 않도록 한다.

더블스의 롱 서비스 라인보다 앞에 떨어지면 상대의 스매시 공격을 받아서, 치명적인 상처를 받는다.

① 왼발을 앞으로, 오른발을 뒤로 한 자세로 준비한다. 셔틀콕은, 쇼오트 서비스일 때보다 높은 듯하게 잡는다.

② 셔틀콕을 손에서 놓음과 동시에, 체중을 뒷발에서 앞발로 이동시키면서, 자신의 배꼽을 중심으로 크게 원을 그릴 작정으로 팔을 치켜 올린다.

③ 임팩트에서는 손목의 힘을 충분히 이용해서 셔틀콕이 높이, 멀리 오르도록 타구한다.

④ 치고 났으면 라켓의 헤드를 머리 위 후방까지 스윙하는 것이, 보다 높고 깊은 서비스를 쳐낼 수 있는 것이다.

## □프릭 서비스

이 서비스가 성공하면 상대 선수는 클리어나 드롭으로 피하지 않으면 안 된다. 그러나 만일 실패하면, 호된 스매시 공격을 받으므로 충분히 주의하기 바란다.

① 쇼오트 서비스를 하는 듯이 준비 자세를 한다.

② 셔틀콕을 치기 직전에 갑자기 변경하여, 상대의 라켓이 닿지 않을 정도의 높이로 쳐올린다.

③ 셔틀콕이 손에서 벗어난 후에는 롱 하이 서비스의 요령과 거의 같다.

## □드라이브 서비스

이 서비스는 상대가 겨누고 있는 라켓을 피하여, 강한 타구를 낮게, 빠르게 쳐서 상대의 실수를 끌어내는 타법이다. 드라이브 서비스도 실패하면 참혹한 처지에 빠진다.

① 쇼오트 서비스와 같은 준비 자세를 한다.

② 셔틀콕을 손에서 놓음과 동시에, 손목의 힘을 충분히 이용하여, 직선적이고 스피드가 있는 셔틀콕을 타구한다.

③ 리시브 코트의 깊숙이, 혹은 상대의 몸을 겨냥하여 강한 타구를 보내는 것이 포인트이다.

## 연습25 서비스를 테스트한다

다음 그림의 그물친 부분에 목표물(타올 등)을 두거나, 라인을 그어서 몇 번 서비스를 해서 몇 번 들어가는가를 세어 본다.

예를 들어, 주 1회 통계를 내어서, 이것을 반 년간 계속하면 숙달 상태를 알게 된다.

또, 높이를 규제하기 위해서 네트의 위에 로프를 치고, 네트와의 사이에 셔틀콕을 통과하도록 해도 좋을 것이다.

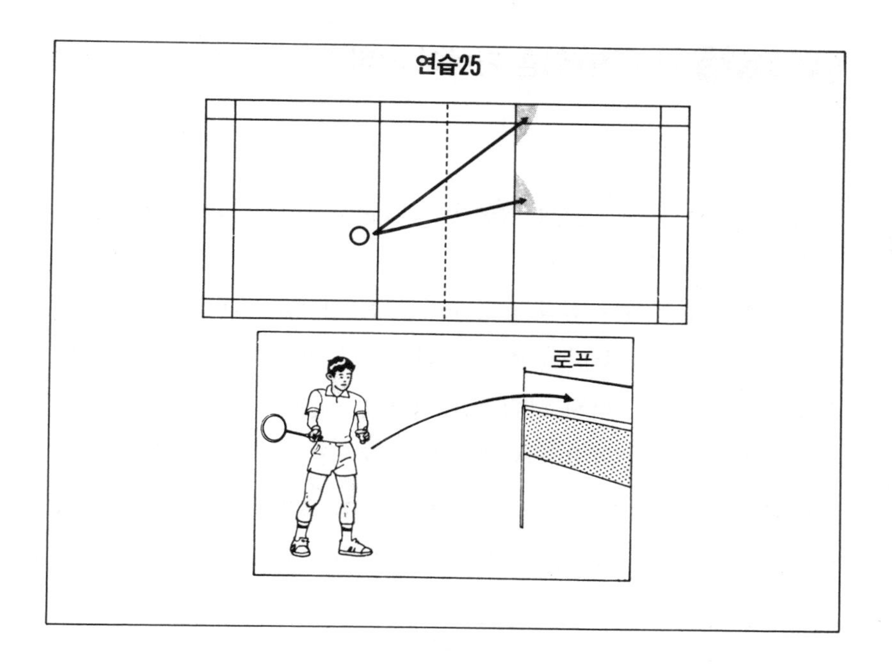


## 연습26 리시버를 세운 서비스

서비스를 할 때, 리시버가 있는가 없는가로 서버의 마음가짐이 아주 다르다. 거기서 리시버를 세워서, 서비스 연습을 해 보자.

익숙해지면, 서비스→서비스 리시브→3구째까지를 해 보자. 단, 서버는 리시버의 반구 코스를 예측하고 3구째를 망가뜨릴 수 있는 서비스를 내도록 궁리하자.

갑자기 이 연습을 하는 것이 무리라고 생각되면 처음에는 리시브 코스를 한 곳에 정해 두고, 다음에 두 곳, 세 곳, 점점 코스를 많게 하여 서비스 리시브를 망가뜨리는 연습을 하자.

## 연습27 부하(負荷)를 가하여 서비스를 보낸다

배드민턴의 게임중 심장 박동수는 더블스에서는 1분간 160 정도, 싱글스에서는 180 정도이다.

서비스 연습에서도 심장 박동수가 높은 상태로 서비스 연습을 해보자. 즉, 서비스를 했다면 백 바운더리 라인까지 달린다. 곧 원래의 위치로 되돌아가서 다시 서비스를 행하고, 이것을 몇 회이고 반복하는 것이다. 쇼오트 서비스의 연습이 끝났다면, 롱 서비스도 해본다.

좀더 부하를 가하기 위해서 서비스를 했다면, 그 자리에서 연속 점프를 하고, 또 서비스를 보내는 연습을 해보자.

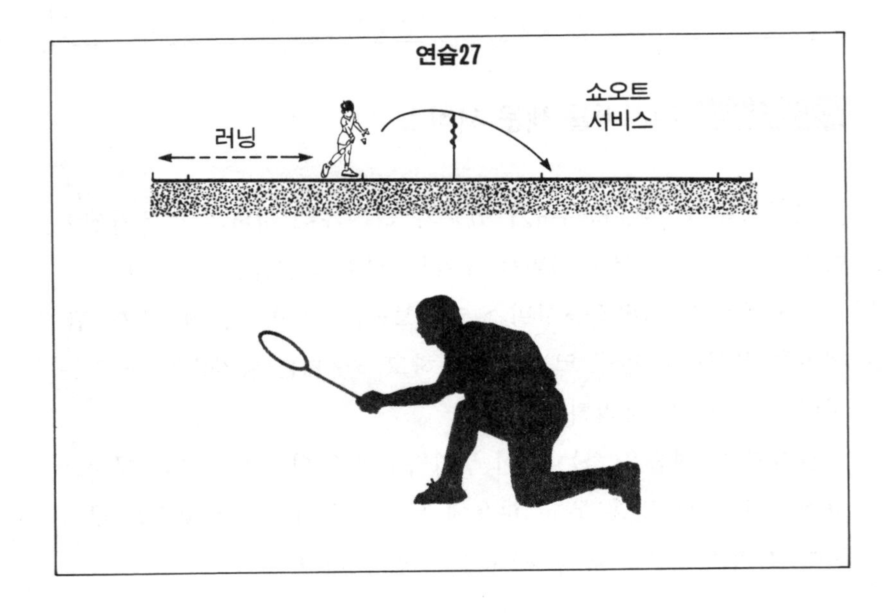

# 5.
# 서비스를 리시브하자

서비스를 쳐낼 수 있게 되었다면, 다음은 이 서비스를 리시브 해보자. 구체적인 연습에 들어가기 전에 기본적인 일을 조금 설명해 두겠다.

## 리시버의 위치

리시버의 위치는 싱글스 게임시와 더블스 게임시에 따라 다소 다르다.

우선, 싱글스의 경우는 쇼오트 서비스 라인의 후방, 라켓 2자루분 정도의 장소에서 준비 자세를 한다. 그리고 오른쪽 리시브 코트에서는 센터 라인 가까이에 위치한다. 또, 왼쪽 리시브 코트의 경우는

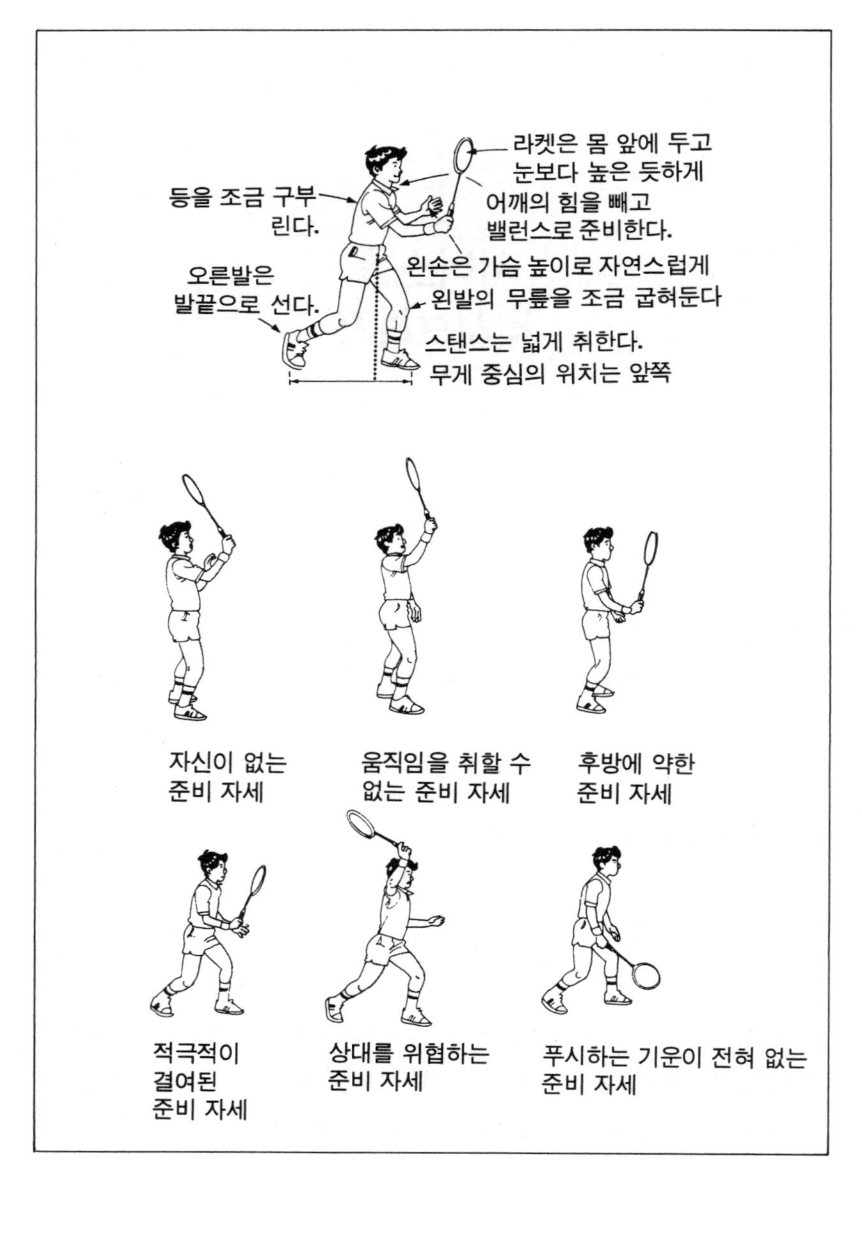
라켓은 몸 앞에 두고
눈보다 높은 듯하게
등을 조금 구부
린다.
어깨의 힘을 빼고
밸런스로 준비한다.
왼손은 가슴 높이로 자연스럽게
오른발은
발끝으로 선다.
왼발의 무릎을 조금 굽혀둔다
스탠스는 넓게 취한다.
무게 중심의 위치는 앞쪽
자신이 없는
준비 자세
움직임을 취할 수
없는 준비 자세
후방에 약한
준비 자세
적극적이
결여된
준비 자세
상대를 위협하는
준비 자세
푸시하는 기운이 전혀 없는
준비 자세

왼쪽 코트의 거의 중앙부(센터 라인과 사이드 라인의 중간 지점)에 위치한다.

다음으로, 더블스의 경우는 쇼오트 서비스 라인의 후방, 라켓 1자루분 정도의 장소에서 준비 자세를 한다. 그리고 오른쪽 리시브 코트에서는 센터 라인 가까이에 위치한다. 또, 왼쪽 리시브 코트에서는, 왼쪽 코트의 거의 중앙부(센터 라인과 사이드 라인의 중간 지점)이 리시버의 위치가 된다.

물론, 리시버의 위치는 어디로 한다는 규칙은 없다. 초보자는 위와 같은 위치에서 연습을 시작하고, 익숙해짐에 따라 각자가 가장 실수가 없는 유효한 위치를 발견하도록 한다.

## 서비스 리시브를 준비하는 법

준비 자세는 싱글스도 더블스도 거의 변하지 않는다. 왼쪽 그림과 같은 준비 자세가 가장 이상적이라고 할 수 있을 것이다.

이 외에도 다음과 같은 여러 가지 준비 자세가 있다.

## 쇼오트 서비스의 리시브

더블스 게임에서는 쇼오트 서비스의 리시브가 가장 중요한 요소이다. 서비스의 반구에 자신있는 선수는 시합을 유리하게 진행할 수가 있다. 랠리에 이기기 위해서는 먼저 선수를 쳐야 한다.

서비스를 아무리 잘 쳐도 셔틀콕이 네트를 넘을 때에는 반드시 네트보다 높게 된다. 서비스를 하는 것은 수비적인 샷을 치는 것을 의미한다. 그렇기 때문에 서비스를 리시브하는 선수는, 공격하는 찬스가 더 많이 주어진다.

상대의 서비스를 처리할 때는 셔틀콕이 보다 높은 위치에 있을 동안에 하는 것이, 보다 유리한 게임으로 이끌어 가는 데 도움이 된다.

그러면 드디어 리시브의 연습을 시작해 보자. 쇼오트 서비스를 보내는 사람은 적당히 처리하지 말고, 가능한 한 반구하기 어려운 낮은 서비스를 하기 바란다.

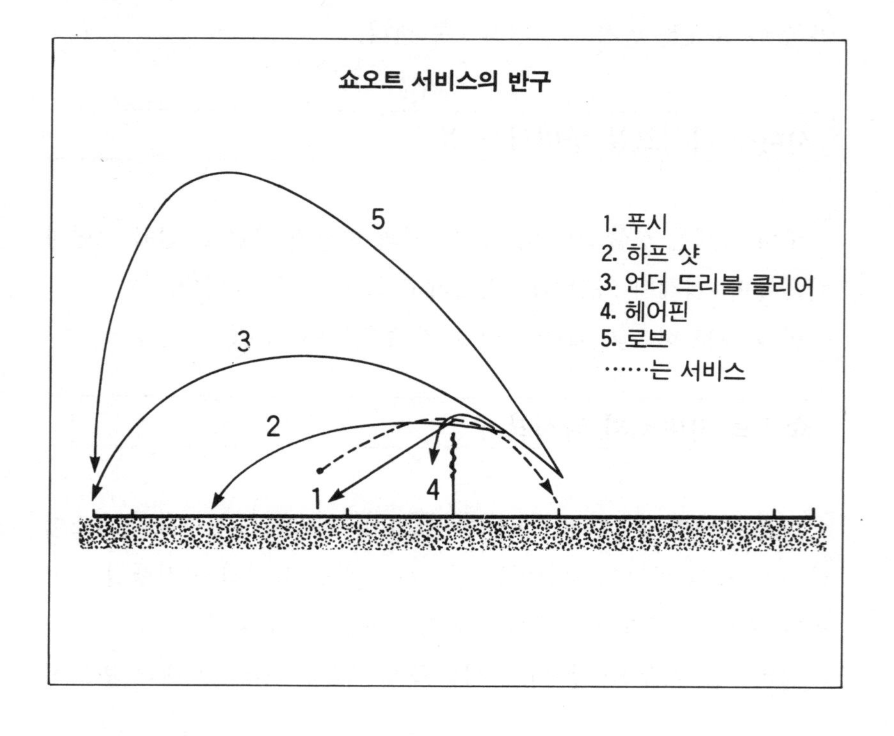

## 연습28 쇼오트 서비스를 푸시로 반구

쇼오트 서비스를 반구를 할 때, 푸시로 공격하는 것이 가장 효과적이다. 푸시를 할 수 있는가 없는가는 일순간의 타이밍으로 결정된다. 조금이라도 늦어지면 위력이 전혀 없어진다.

예리한 푸시를 하면 서버측은 반구를 할 수 없게 된다. 셔틀콕의 스피드를 서버가 따라갈 수 없는 것이다.

푸시는 무리하게 코너를 찌르기 보다는 치기 쉬운 곳에 치는 것이 안전하다. 단, 상대의 라켓 부근을 피하는 것은 말할 필요 없이 당연하다.

푸시를 하는 방법은 뒤에 나오는 '푸시를 연습하자'를 참고하기 바란다.

## 연습29 하프 샷으로 반구

쇼오트 서비스를 푸시하려고 대시를 하였지만 푸시를 할 수 없을 때에 친다.

노리는 장소는 상대 코트의 양쪽 사이드이다. 사이드 라인의 중간 정도의 곳은 서버로부터도, 파트너로부터도, 먼 거리이므로 어느쪽의 선수가 리시브해도 타점이 낮게 된다. 그 때문에, 잡을 수 있어도 반구가 뜨게 된다.

하프 샷은 다음의 공격을 쳐넣기 위한 연결의 타구이다. 그러므로 다 쳤으면 재빨리 홈 포지션으로 되돌아가는 연습도 병행해서 해야 한다.

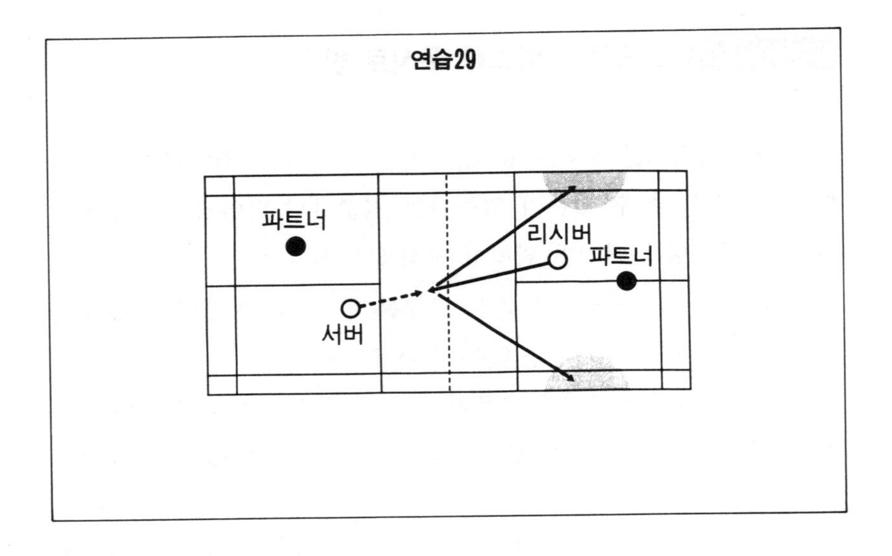


## 연습30 언더 드리븐 클리어로 반구

상대의 후방이 약하다고 판단했다면 쇼오트 서비스를 반구할 때부터, 언더 드리븐 클리어를 사용하여 자꾸 공격해야 할 것이다.

발이 느린 선수에게, 드리븐 클리어로 후방을 찌르는 것은 가혹한 공격이 된다. 또, 클리어가 날지 않는 선수에 대해서도 유효한 타구이다. 클리어의 반구가 느슨해졌다면 이것을 스매시의 희생물로 삼는다. 드리븐 클리어는 특히, 싱글스의 공격으로 아주 유효하다.

구체적인 타법에 대해서는 뒤에 나오는 '드라이브를 연습하자'에 설명되어 있다.

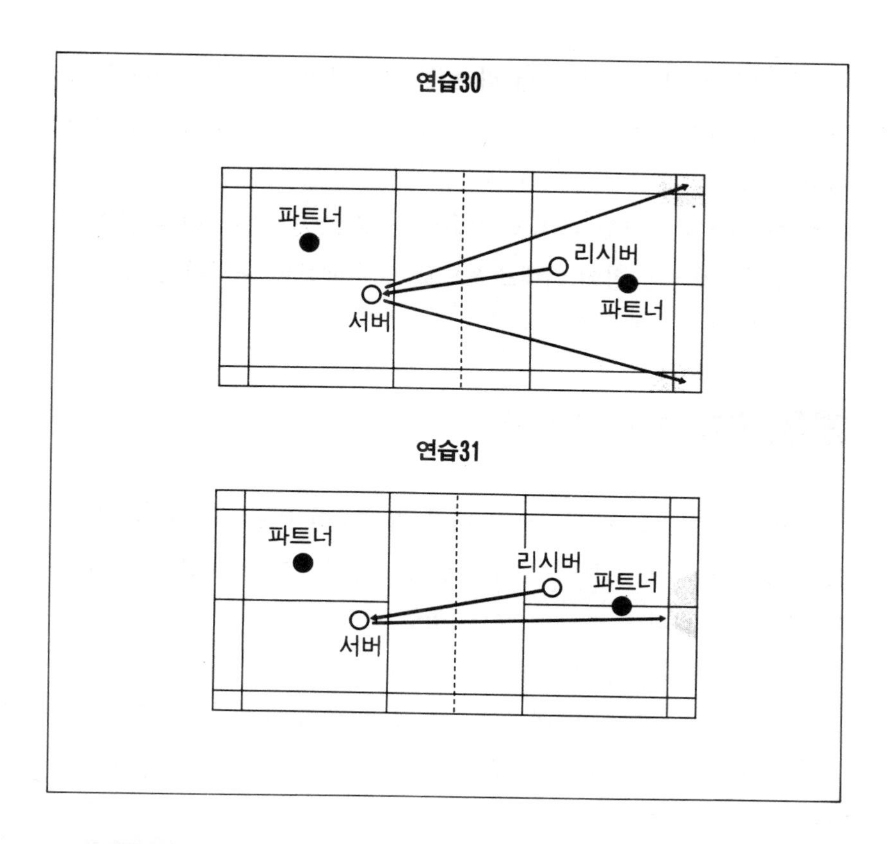


## 연습31 로브로 반구

쇼오트 서비스를 대시하지 말고 그 자리에서 잡아서, 언더 핸드 스트로크로 쳐올린다. 상대를 코트 후방까지 몰아 넣어서 거기에서 공격하게 할 때 이 로브를 사용한다.

로브는 되도록 높이 올리는 것이 유효하다. 셔틀콕은 적어도 더블스의 롱 서비스 라인을 넘어서 떨어지듯이 쳐야 한다.

셔틀콕의 낙하 지점은 센터 라인 근처가 가장 안전하다. 여기부터의 반구는 수비측에게 각도도, 거리도 한결같으므로 수비하기 쉽기 때문이다.

로브를 사이드 라인 근처에 쳐올렸을 경우, 여기로부터의 공격을 받으면 리시브하는 형이 비대조적으로 되기 때문에 수비하는 데 고도의 기술이 필요하게 된다.

## 연습32 헤어핀으로 반구

쇼오트 서비스를 헤어핀으로 네트 가장자리에 반구한다. 이 방법은, 상대에 대하여 로브를 올리도록 유도하거나 네트 미스를 끌어내는 것에 유용하다.

헤어핀은 셔틀콕에 탄력을 없애서 치는 방법이다. 상대가 기술적으로 미숙하다고 생각되면 네트로 유인해야 할 것이다.

또, 로브를 잘 못치는 선수에게 사용하면 다음 타구를 스매시하는 데에 기회가 좋은 반구를 기대할 수 있다.

헤어핀의 타법에 대해서는 뒤에 나오는 '헤어핀을 연습하자'를 참고 하기 바란다.

## 연습33 크로스 네트로 반구

헤어핀을 치고 싶으나 상대가 눈앞에 서서 위세를 떨치고 있어서 칠 수 없을 때에, 궁여지책으로 크로스 네트를 쓰는 때가 있다.

이 타법은 아주 어려우므로 웬만큼 실력이 있는 사람이 아니면 성공하지 못한다. 국가 대표 팀의 선수라도 성공률은 50% 정도이다. 그러나 확실하게 연습한다면 훌륭한 기술로 활용할 수 있다.

또한, 이 책에서는 롱 서비스의 리시브 연습에 대해서는 항목을 정해서 설명하지 않았다. 하이 클리어나 드라이브의 반구하는 법과 요령이 거의 같다고 생각하기 때문이다. 그것들을 마스터할 수 있다면, 롱 서비스도 어렵지 않게 리시브할 수 있다고 생각한다.

# 6.
# 치는 방법을 연습하기 전에

초보자는 날아 오는 셔틀콕을 취급하는 데에 익숙해져 있지 않다. 공중에서 날아오는 셔틀콕을 칠 때에는 큰 불안이 있다. 셔틀콕을 어떻게 해서든 잘 잡아보려고, 눈 근처까지 끌어 당겨서 치려고 한다. 그 때문에 팔꿈치가 구부러지고 팔이 자유롭게 되지 않아, 아주 치기 힘든 폼이 되고 만다.

폼이 나쁘면 셔틀콕은 잘 날지 않는다. 하루라도 빨리 셔틀콕의 비행 속도에 익숙해져 바른 폼으로 치는 것이 중요하다.

그러기 위해서는 노크에 의한 연습이 아주 효과적이다.  초보자는 적당한 빠르기의 타구를 정확히 노크해 받아서 연습을 반복하기 바란다.

끊임없이 연습하는 것이 배드민턴을 잘하는 지름길이며 포인트인 것이다.

## 쉬운 타법

셔틀콕을 칠 때 가장 쉬운 것은, 다음 그림과 같이 눈을 향해서 곧바로 날아오는 듯한 셔틀콕을 셔틀콕이 날아온 방향으로 되받아 치는 것이다.

같은 방법으로 되받아 치는 경우에도 타점이 눈에서 멀어질수록, 치기 어려워진다.

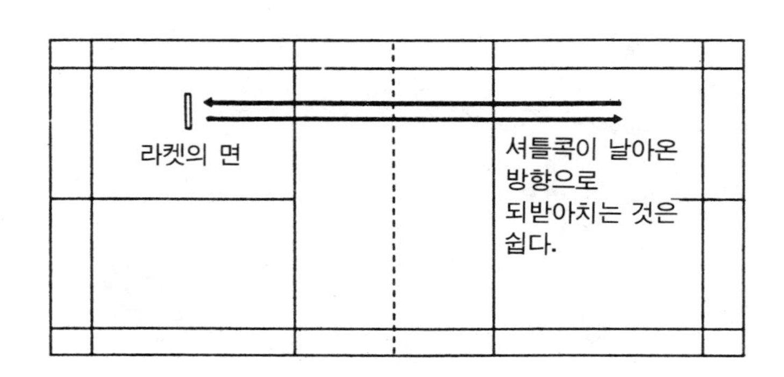
라켓의 면
셔틀콕이 날아온
방향으로
되받아치는 것은
쉽다.

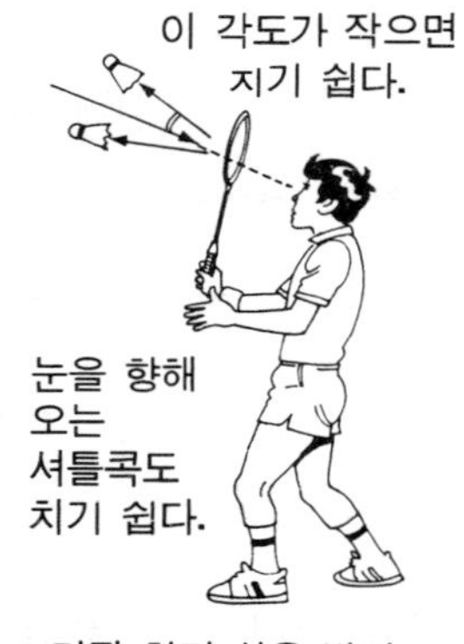
이 각도가 작으면
지기 쉽다.
눈을 향해
오는
셔틀콕도
치기 쉽다.

가장 치기 쉬운 방법.

셔틀콕이 눈에서
멀어짐에 따라
치는 법은
어렵게 된다.

밑에서 위로
칠 때는
눈에서
멀어지므로
조금 어렵다.

## 어려운 타법

다음 그림과 같이, 셔틀콕의 비행 방향을 바꾸어서 치는 것은 아주 어려운 일이다.

되받아치는 각도가 크면 클수록 또, 타구의 속도차가 크면 클수록 어려움은 더해온다.

특히, 위에서 수직으로 떨어져 오는 셔틀콕은, 가장 치기 어려울 것이다. 초보자는 낙하 속도를 파악하기 어렵다.

또, 낮은 셔틀콕을 위로 쳐올리는 것도  꽤 어렵다고 느낄 것이다.

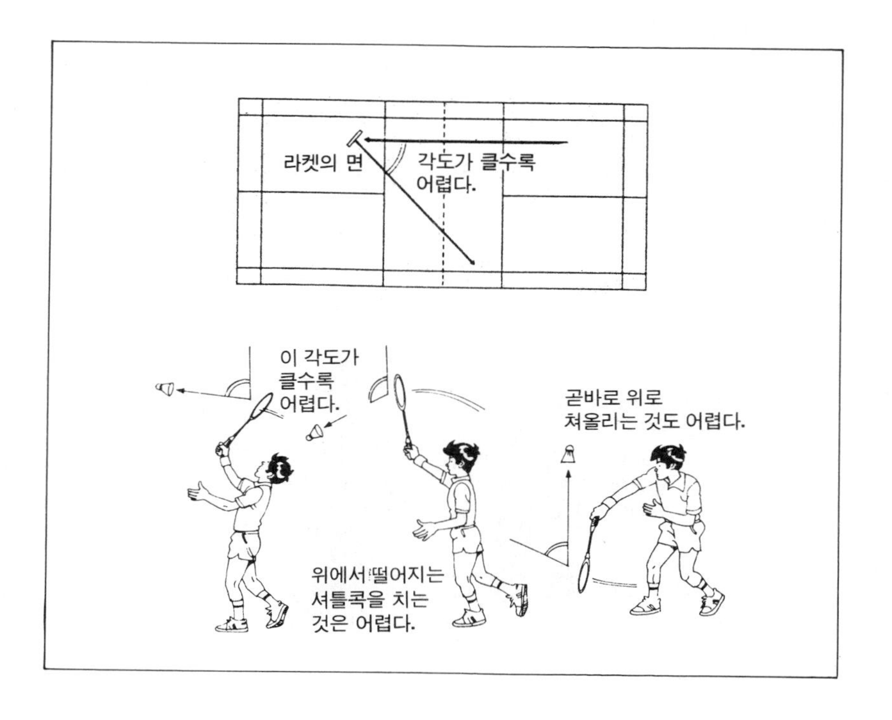

## 라켓면의 사용법

일반적인 라켓면의 사용법을 다음의 그림으로 표시하겠다.

그림의 중앙 부분은 상황에 따라서 라켓의 앞뒤 면을 사용하는 부분이다. 전방의 네트 부근은 언더 암 스트로크, 좌우가 사이드 암 스트로크, 코트의 후방은 오버 헤드 스트로크로 치는 부분을 표시한다는 것이다.

라켓면은 특별히 어느 쪽을 사용하지 않으면 안 된다는 제한은 없다. 오버 헤드 스트로크로 표시된 위치에서도 때를 놓쳐서 언더 암 스트로크로 치지 않으면 안 되는 경우도 있다.

또, 언더 암 스트로크로 표시된 위치에서도 오버 헤드 스트로크로 쳐야 할 때가 있다.

요컨대, 다음 그림은 기준이며 그 선수가 사용하기 쉬우면, 어떤 형으로든 어느 쪽의 면이든 사용해도 좋다.

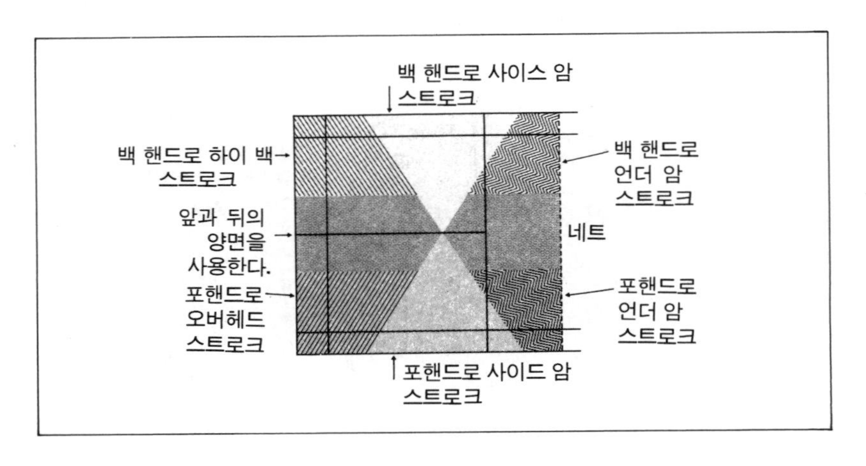

## 라켓의 앞면을 사용한 스트로크

## 라켓의 뒷면을 사용한 스트로크

## 타구의 종류

셔틀콕의 비행 코스에 따른 타구를 분류하면, 다음의 그림과 같이 된다.

여기에서는 어떤 타구가 어떤 비행 코스를 가지는가 예비 지식으로 머리속에 넣어 두기 바란다.

각 타구의 타법이나 효용에 대해서는, 뒤에 순서에 따라서 설명되어 있으므로 그것들을 참고하기 바란다.

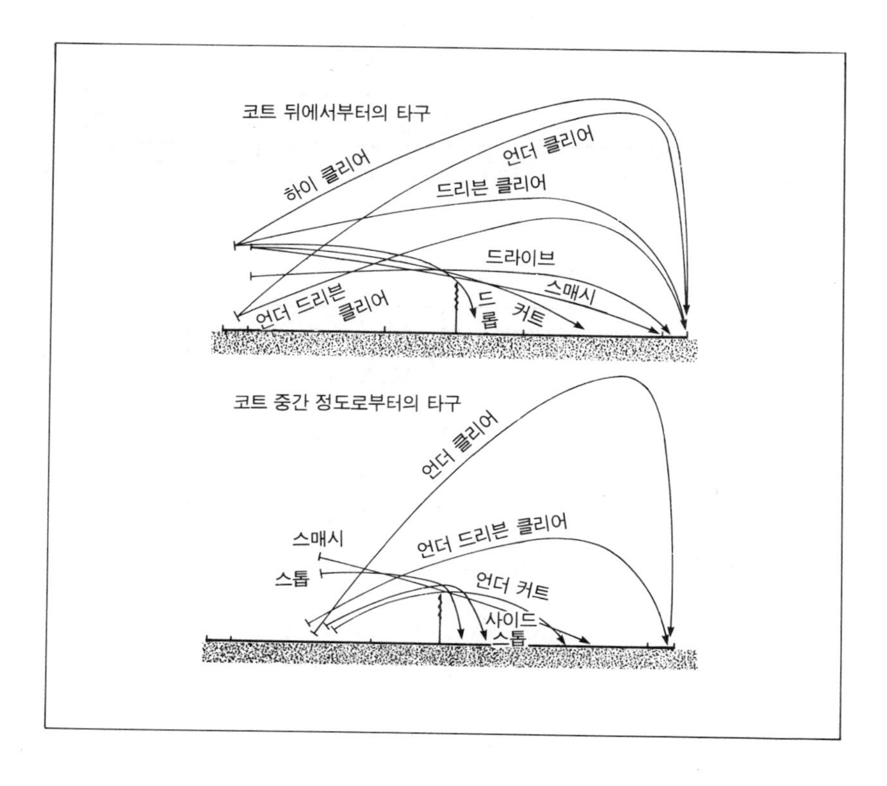

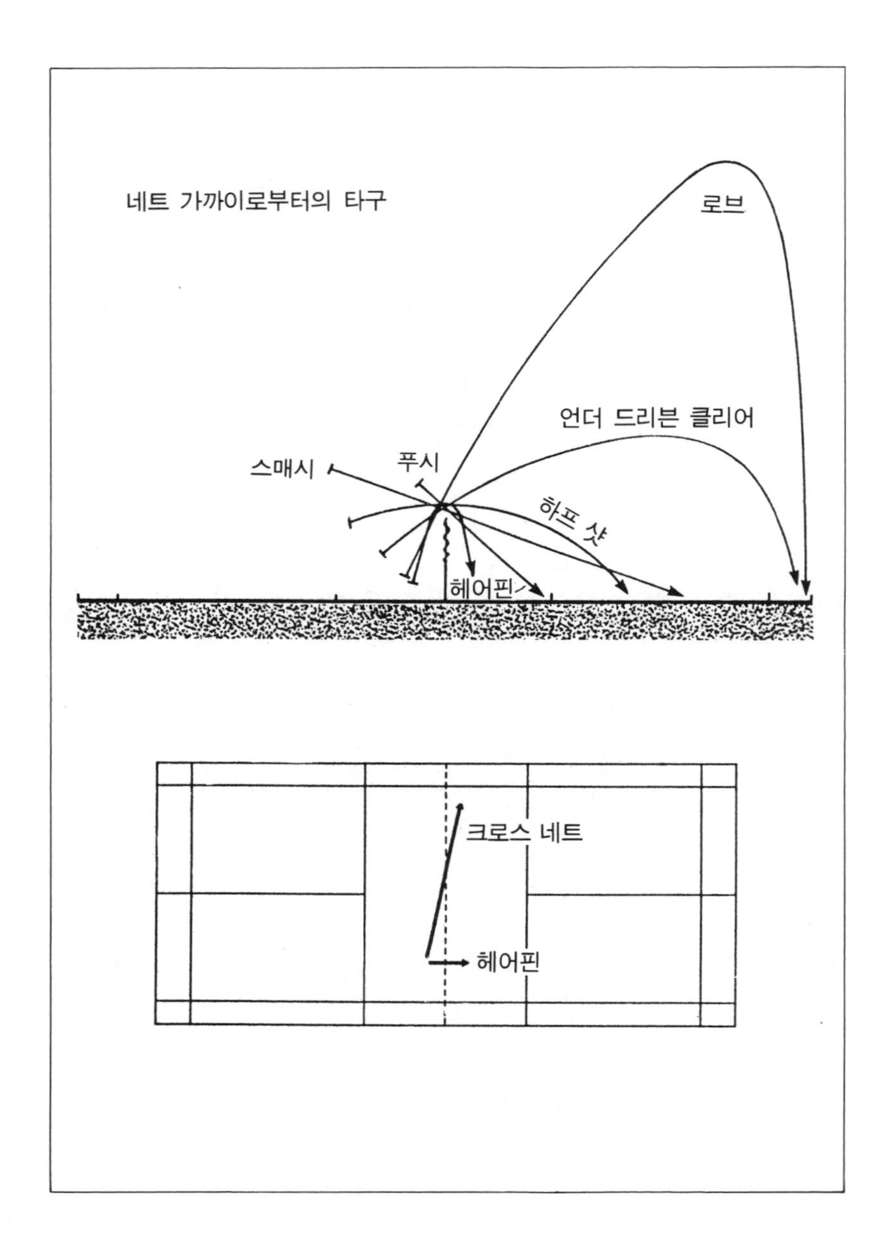
네트 가까이로부터의 타구
로브
언더 드리븐 클리어
스매시
푸시
하프 샷
헤어핀
크로스 네트
헤어핀

## 스트로크의 종류

스트로크는 라켓에 의한 타구를 말한다.

실제 게임에서는 상대로부터 반구되는 셔틀콕의 방향, 스피드, 높이 등이 일정하지 않기 때문에 명확히 분류하는 것은 어렵다.

그러나 기본적인 스트로크를 치는 높이에 따라 분류하면, 오버 헤드 스트로크, 사이드 암 스트로크, 언더 암 스트로크의 3가지로 나눌 수 있다.

### □오버 헤드 스트로크

스매시나 클리어와 같이, 타구를 머리보다 높은 위치에서 잡는 것을 오버 헤드 스트로크라고 한다.

다음 그림에서도 알 수 있듯이 클리어, 드롭, 커트, 스매시는 같은 형의 스트로크에서 나온다. 각 타구의 차이는 셔틀콕을 치는 위치와 그 때의 라켓의 기울기에 의한다.

또, 타구의 빠르기는 스윙의 빠르기로 결정된다. 스매시, 커트, 드라이브는 타구의 빠르기에 따라서 여러 가지가 있다. 이 타구들은 상대를 공격할 때에 사용되어 진다.

그러므로 공격하는 선수는 상대에게 불리한 타구를 컨트롤하여 치는 일이 아주 중요하다.

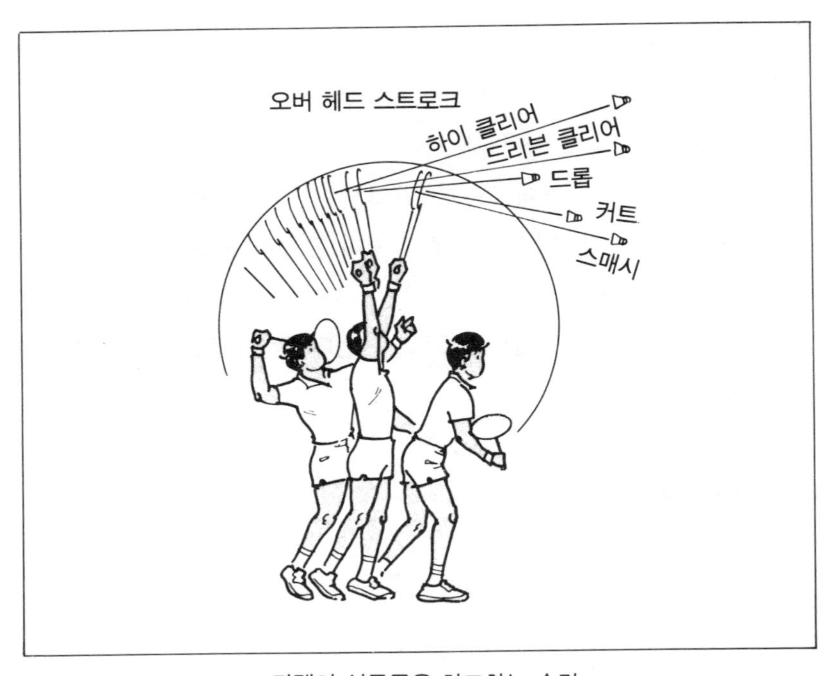


라켓이 셔틀콕을 히트하는 순간

'클리어' '드롭' '스매시'

## □사이드 암 스트로크

어깨부터 무릎 정도까지의 높이에서 셔틀콕을 포착하여 몸의 옆에서 처리할 때의 스트로크를 말한다.

상대로부터 반구된 셔틀콕을 오버 헤드로 치기에는 너무 밑으로 내려가 있고 언더 암으로 처리하는 것은 피하고 싶을 때에 이 사이드 암 스트로크를 사용한다.

코스만 좋으면, 에이스가 될 가능성도 있는 스트로크이다.

## □언더 핸드 스트로크

헤어핀과 같이 낮은 위치에서 셔틀콕을 위로 쳐올리는 스트로크를 말한다.

이 스트로크는 수비적 요소가 아주 많으므로 특별히 정확함이 요구된다.

# 7.
# 클리어를 연습하자

클리어에는 2종류의 타법이 있다. 그것은 하이 클리어와 드리븐 클리어이다.

상대를 후방으로 유도할 때 사용하는 타법이나, 하이 클리어는 불리한 자세로부터 도망칠 때에 쓰이는 수비 타구라고 말할 수 있다. 한편, 드리븐 클리어는 상대 코트의 후방을 노릴 때 사용하는 공격적 타구라고 할 수 있다. 특히, 드리븐 클리어는 양쪽 사이드를 노린다.

셔틀콕이 낙하하는 지점은 백 바운더리 라인에 닿을 듯 말 듯한 곳이어야 한다. 조금이라도 짧으면 상대의 강렬한 공격을 받기 때문에 효과가 없다.

클리어 샷은 고도의 컨트롤 기술과 근력을 필요로 하는 타법이므로 기본적인 타구를 충분히 연습하고, 확실하게 완성해 두어야 한다.

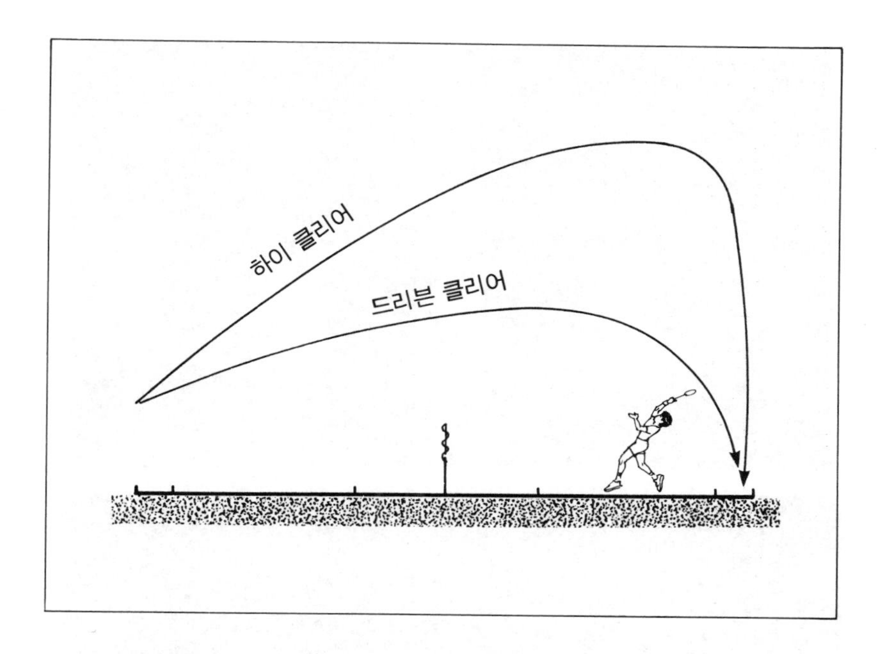


## 하이 클리어의 타법

서술한 것과 같이 하이 클리어는 수비적 타구이다. 드리븐 클리어 등으로 공격당했을 때, 불리한 자세를 재정비할 때에 사용한다.

그러므로, 셔틀콕이 공중에 있는 시간이 길면 길수록 좋은 것이다. 셔틀콕을 가능한 한 높이, 상대 코트 깊숙한 곳까지 날린다. 백 바운더리 라인 위에 수직으로 셔틀콕이 떨어진다면 가장 좋다.

하이 클리어는 또, 상대를 코트의 후방으로 유도하는 역할을 한다. 이 때문에, 상대가 공격하기 어려운 상태로 몰아넣는 효과가 있다.

하이 클리어

하이 클리어의 타법은 다음의 요령으로 한다.

① 상대가 셔틀콕을 치는 데 맞추어서 몸을 내려 굽힌다.

② 셔틀콕의 낙하 지점으로 밸런스 좋게 이동한다.

③ 타구의 자세를 취한다. 즉, 오른발을 뒤쪽으로 당기고 체중을

오른발에 건다. 상체는 가볍게 뒤쪽으로 젖히고, 오른쪽 팔꿈치, 오른쪽 어깨를 뒤쪽으로 당기면서, 왼쪽 어깨는 네트 방향으로 향하고, 라켓을 치켜 올린다.

④ 머리 위의 가능한 한 높은 위치, 즉, 오른팔을 전부 뻗은 근처에서 셔틀콕을 잡아서, 몸을 비틀어서 상체를 네트 방향으로 향하고 손목의 힘을 이용하여 타구한다.

타구의 순간은 왼발에 체중이 완전히 이동해 있고, 라켓 헤드에서 왼발끝을 잇는 선이 거의 일직선으로 되어 있다.

⑤ 타구 후에는 힘을 빼고 라켓을 자연스럽게 내린다.

## 하이 클리어의 반구

상대가 하이 클리어를 쳐올렸을 때는, 코트의 가장 깊은 위치에서 '자, 쳐 봐라'라고 재촉당하고 있는 것을 의미한다. 단, 높이 쳐 올린 타구는 가장 먼 지점에서 공격을 하지 않으면 안 되므로, 공격하는 측으로서는 꽤 불리하다. 수비측은 이 위치에서 공격당하는 것이 가장 안전한 것이다.

하이 클리어에 대한 공격은 먼저 스매시, 드롭, 그리고 커트이다. (그림1)

그 다음은 드리븐 클리어로 상대 코트의 후방을 찌르는 일이다. (그림2)

리시브에 자신이 있으면 한 번 더 하이 클리어를 되받아 쳐서, 먼저 상대로부터 공격을 하게 하는 전법도 있다.(그림3)

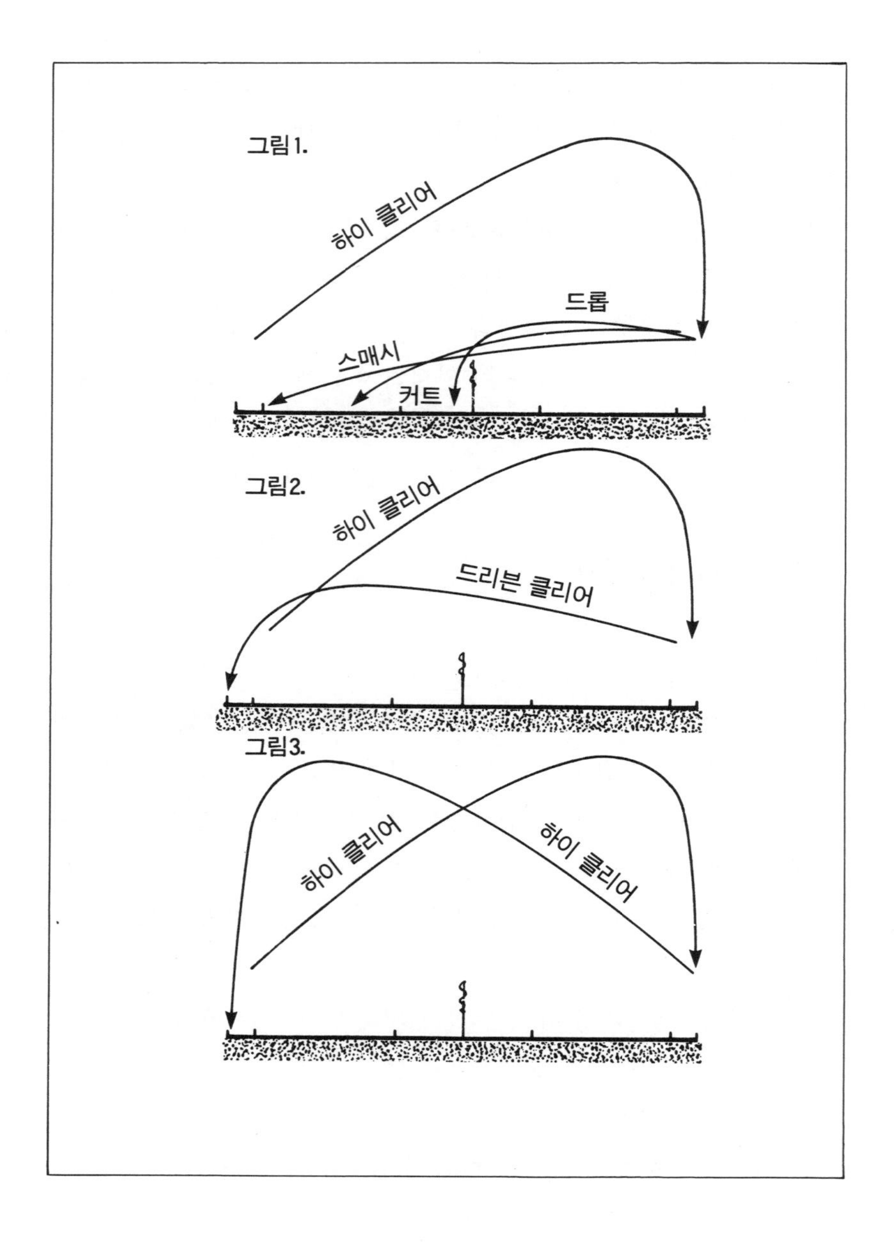
그림1.
하이 클리어
드롭
스매시
커트
그림2.
하이 클리어
드리븐 클리어
그림3.
하이 클리어
하이 클리어

이 타법들에 스트레이트로 치기, 크로스로 치기를 더하여서 타구에 변화를 주면, 기술이 다채로워져서 찬스를 얻기가 용이하다.

## 드리븐 클리어의 치는 방법

드리븐 클리어는 공격용의 클리어이다. 공격에 쓰이므로 타구는 빠른 편이 효과가 있다. 타구는 상대 코트의 중간 정도로, 상대의 라켓이 미치지 않을 정도의 높이로 되도록 낮게 빠르게 친다.

타구의 요령은, 하이 클리어일 때와 거의 같다. 단, 하이 클리어가 되도록 높게 쳐올리는 것인 데에 반하여, 드리븐 클리어는 상대에 뺏기지 않을 정도의 높이로 치는 점이 다르다.

또, 앞에서 그림으로 표시한 것같이, 라켓이 셔틀콕을 잡는 순간이 하이 클리어에 비해서 아주 조금 앞쪽으로 되어 있다.(p436 참조)

말로 설명하면 조금 어렵게 생갈될지  모르겠으나, 실제로 셔틀콕을 쳐보면, 하이 클리어와 드리븐 클리어의 차이를 알 수 있을 거라고 생각한다.

싱글스 시합에서 드리븐 클리어를 사용하여 싸울 때는 상당히 체력을 소모한다. 싱글스 게임에서 이기기 위해서는, 빠른 게임 전개에 견디낼 수 있도록 강인한 체력을 만들어 두지 않으면 안 된다.

클리어에는 이 외에, 언더 암 스트로크에 의한 로브와, 언더 드리블 클리어가 있다. 로브에 대해서는 뒤에 말하겠지만, 타구의 효과에 대해서는 하이 클리어나 드리븐 클리어와 완전히 같다고 생각해도 지장이 없다.

## 드리븐 클리어의 반구

드리븐 클리어의 반구는 원리적으로 하이 클리어와 같으나, 타구가 낮게, 빠르게 나는 것만큼 공격적인 요소가 강하다. 또, 체력의 소모도 심하다.

드리븐 클리어의 반구로서 먼저 스매시, 드롭, 커트로 공격하는 방법이 있다. 이것이 가장 많은 패턴이다. 상대 선수에게, 셔틀콕을 네트보다 낮은 위치에서 리시브하게 하여, 다음의 변화로 연결해 간다.(그림1)

다음으로 많은 것이 드리븐 클리어로서, 맹렬하게 되받아치는 전법이다. 이것은 여자의 싱글스에서 잘 이용된다. 상대의 선수를 코트 후방으로 밀어 붙여 두고 네트 가장자리에서 무너뜨리는 전법이다.(그림2)

세번째 방법은, 하이 클리어를 반구하여 상대의 태도를 살핀다. 소극적인 전법이라고 말할 수 있으나 상대의 미스를 기다리는 것도 꽤 좋은 방법이다. 공격력에 자신이 없는 사람에게 유리한 방법이다.(그림3)

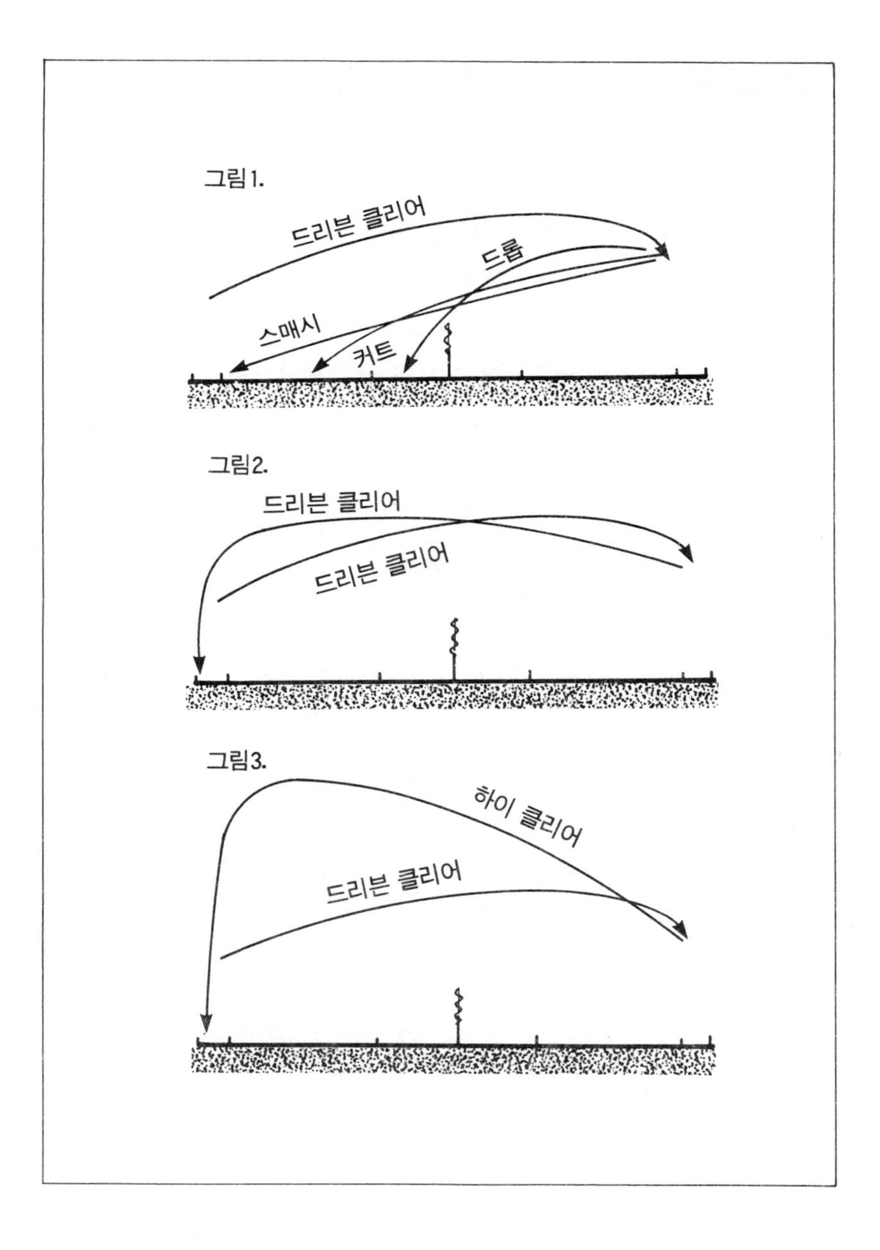
그림1.
드리븐 클리어
드롭
스매시
커트
그림2.
드리븐 클리어
드리븐 클리어
그림3.
하이 클리어
드리븐 클리어

## 연습34 노크로 클리어를 연습

초보자의 클리어 연습은 노크가 제일 적합하다.

A는 비행거리의 트레이닝이다. 선수에게 5~10개를 계속해서 치게 하여 매트 위에 올려진 셔틀콕의 수를 평가하는 방법이다.

B는 A보다 조금 고도의 연습이다. 큰 종이 박스 등의 목표물을 두고, 이것을 겨냥하여 클리어를 쳐서 컨트롤의 힘을 기른다.

종이 박스를 오른쪽 코너, 왼쪽 코너, 중앙 등 여러 군데에 두고 연습해 보자.

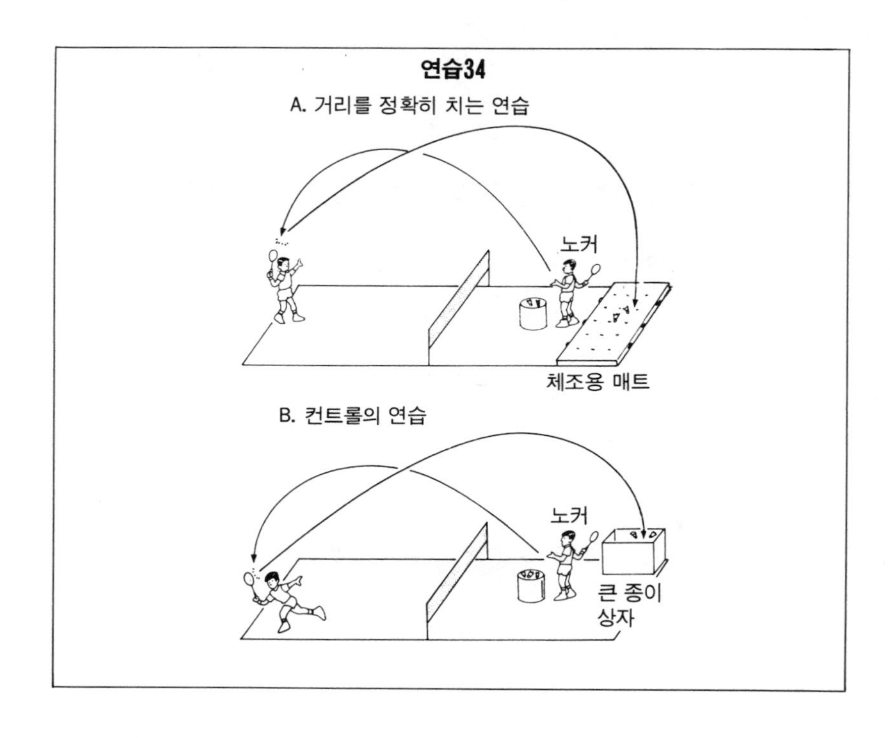

## 연습35 두 사람이 클리어를 연속하여 친다

코트의 후방에서 클리어를 연속하여 치고 받는다. 몸을 사이드 라인과 평행하게 준비 자세를 취한 곳에서, 몸을 비틀어서 한 발 내디뎌서 치듯이 한다.

## 연습36 몸을 이동시켜 클리어를 친다

클리어를 치고나면, 곧 대시를 하고 라켓으로 의자에 닿은 후, 다시 상대의 클리어를 타구한다. 익숙해짐에 따라 의자를 멀리 해간다.

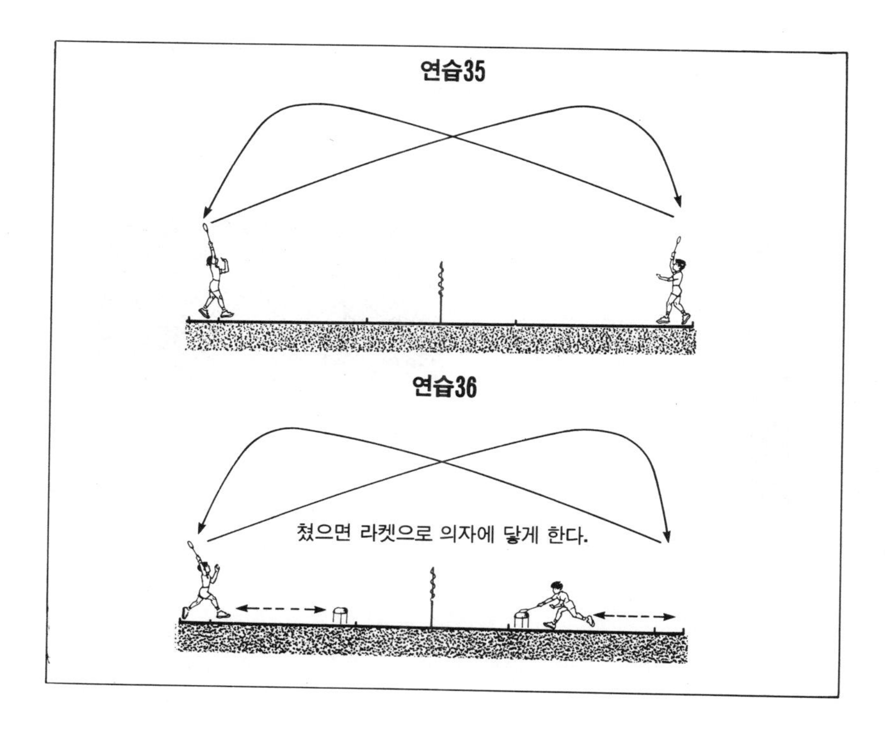

연습35, 36을 하이 클리어와 드리븐 클리어의 두 가지 방법으로 해보자. 그 위에 크로스, 역 크로스도 행하여 보자.

## 연습37 반 쪽 코트에서 올 롱

A는 크로스로 빗금친 부분으로, B는 전부 사선 부분으로, 클리어로 반구한다. 이것을 몇 번이고 계속한다.

B가 검은 부분으로 반구하는 것으로, 크로스의 연습을 하자. 또, 역 크로스도 해보자.

연습37

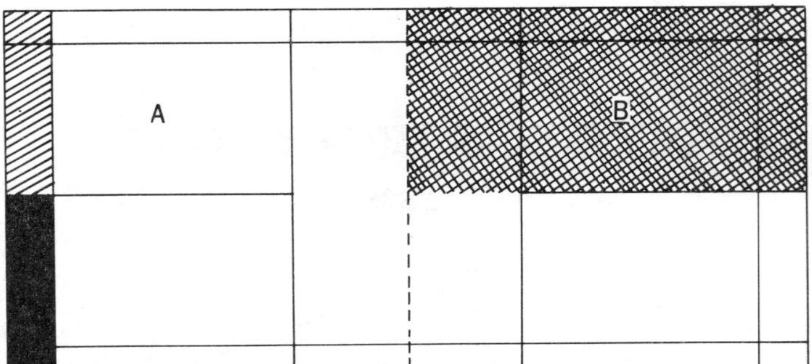

A

B

## 연습38 한 쪽이 크로스, 다른 한 쪽이 스트레이트

이동하면서 크로스의 클리어를 치는 것이 무리라면 크로스를 치는 사이드에 두 사람이 들어가도 좋다.(○과 ◌)

## 연습39 3점과 1점으로 연습

A는 ①, ②, ③으로, B는 전부 ④로, 클리어로 반구한다.

이외에도 ①을 ①로 하거나, ④를 ④로 하거나, 여러 가지 궁리를 하여 연습하자.

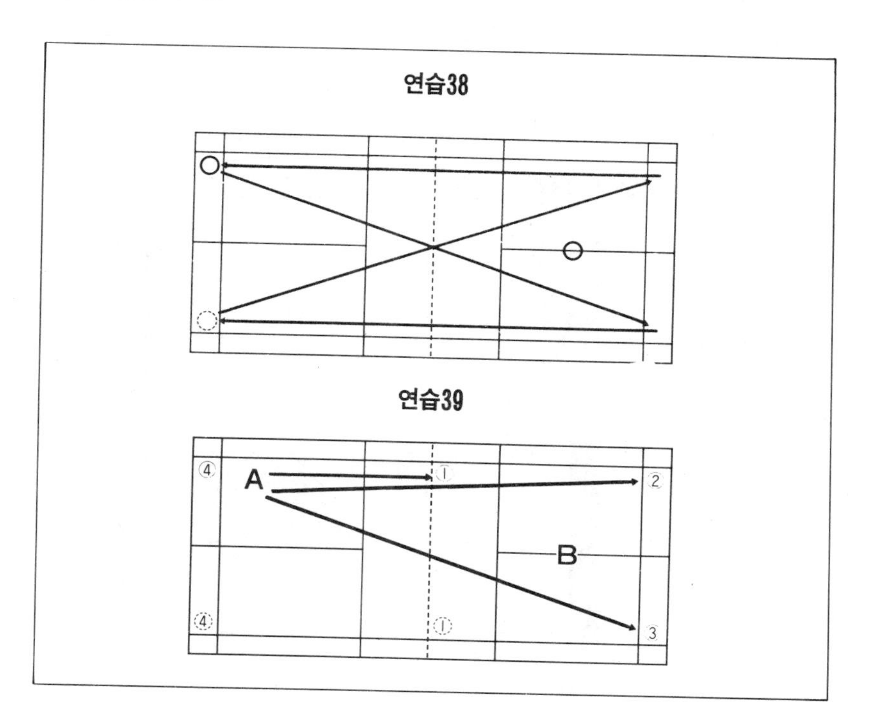

## 연습40 클리어만으로 게임을 한다

서로 표시된 구역만을 사용하여 게임을 한다.

익숙해지면 그물친 부분으로 타구한 후, 홈 포지션으로 일단 되돌아가는 연습도 해보자. 실제 게임에서의 풋 워크를 체득할 수 있다.

## 연습41 코트 전체에서 올 롱

A와 C는 사선 부분으로, B는 전부 후방의 검은 부분으로 반구한다. 또, A와 C의 두 사람으로 하지 말고 한 사람으로 해도 상관없다.

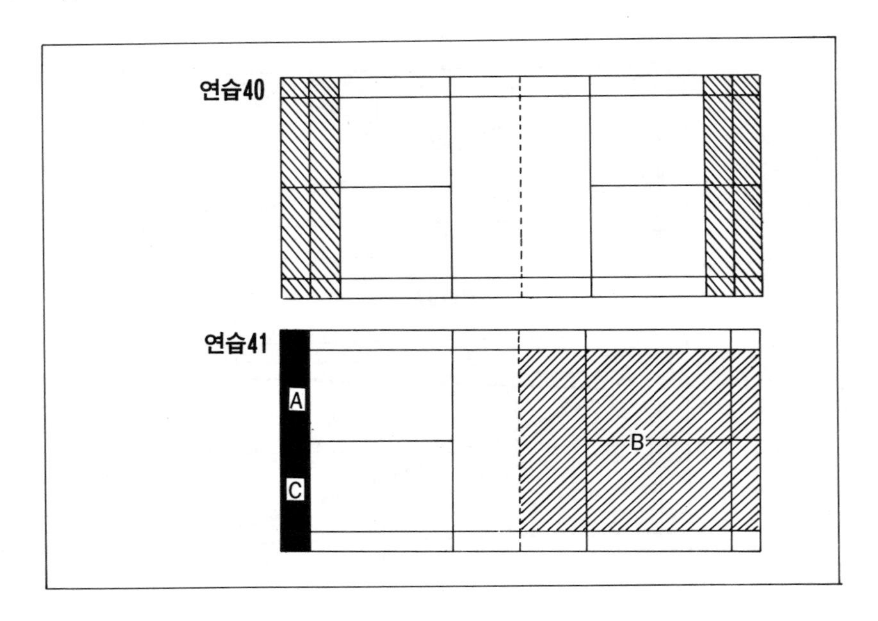

# 8. 드라이브를 연습하자

드라이브는 더블스 게임에서 자주 쓰는 타법이다. 빠른 타구를 네트에 닿을 듯 말 듯하게 보내어서, 상대의 실수를 유도한다. 카운트 샷으로 써도 유효하다.

단, 초보자의 경우는 드라이브로 랠리에 이기려고 하는 것보다도, 다음 찬스를 얻기 쉽게 하기 위하여 타구의 코스나 속도에 변화를 주어서 치는 것이 현명하다고 할 수 있다.

## 드라이브의 치는 방법

### □포핸드의 경우

① 홈 포지션에서 조금 스탠스를 넓게 취하고, 오른쪽 팔꿈치를 구부려서 라켓을 세워서 준비한다.

② 셔틀콕의 방향으로 발을 내디더서 라켓을 내민다.

③ 손목의 힘을 이용하여 네트에 닿을 듯 말 듯한 높이를 노려서, 예리하게 타구한다.

타구의 순간에는 체중이 완전히 오른발로 이동해 있다.

④ 친 후에는 재빨리 홈 포지션으로 되돌아간다.

⑤ 왼손은 라켓을 휘두른 힘을 없애기 위해 몸안으로 들어간다.

드라이브(포핸드)

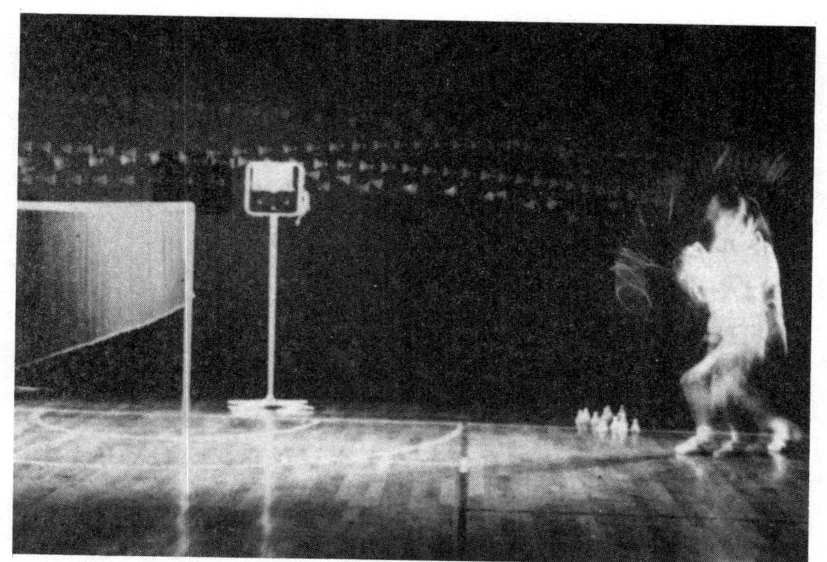

드라이브 시 셔틀콕의 모습

## □백 핸드의 경우

① 포핸드일 때와 같이 홈 포지션으로 조금 넓게 스탠스를 취하고, 라켓을 세워서 준비한다.

② 셔틀콕의 타점은 몸의 앞쪽이나 특히, 백 핸드의 경우, 늦어버리면, 셔틀콕을 날리는 일이 어렵게 되므로 재빨리 이동한다.

③ 타구할 때 스탠스는 크게 취하고, 왼손은 몸의 바깥쪽으로 벌린다. 그리고 왼쪽 손목의 스냅을 이용하여 예리하게 친다.

④ 타구 후는, 재빨리 홈 포지션으로 되돌아간다.

드라이브(백 핸드)

## 드라이브의 반구

드라이브는 더블스에서 전위의 공격을 피하는 데에 아주 유효한 타법이다.

일반적으로 드라이브에 대해서는 드라이브로 싸운다. 다음 그림과 같이, 스트레이트의 드라이브에는 스트레이트를 반구하고, 크로스의 드라이브에는 크로스의 전법이 많은 것같다.

또 드라이브를 전위가 인터셉트(intercept)해서 네트에 멈추게 하는 스톱도 있다. 이 스톱은 라켓을 셔틀콕에 맞추어서, 뒤로 당기면서 스피드를 죽여서 잡는 방법이다.

랠리의 흐름을 바꾸는데 아주 유효한 타법으로 최근, 세계 랭킹의 남자 선수가 더블스에서 자주 사용한다.

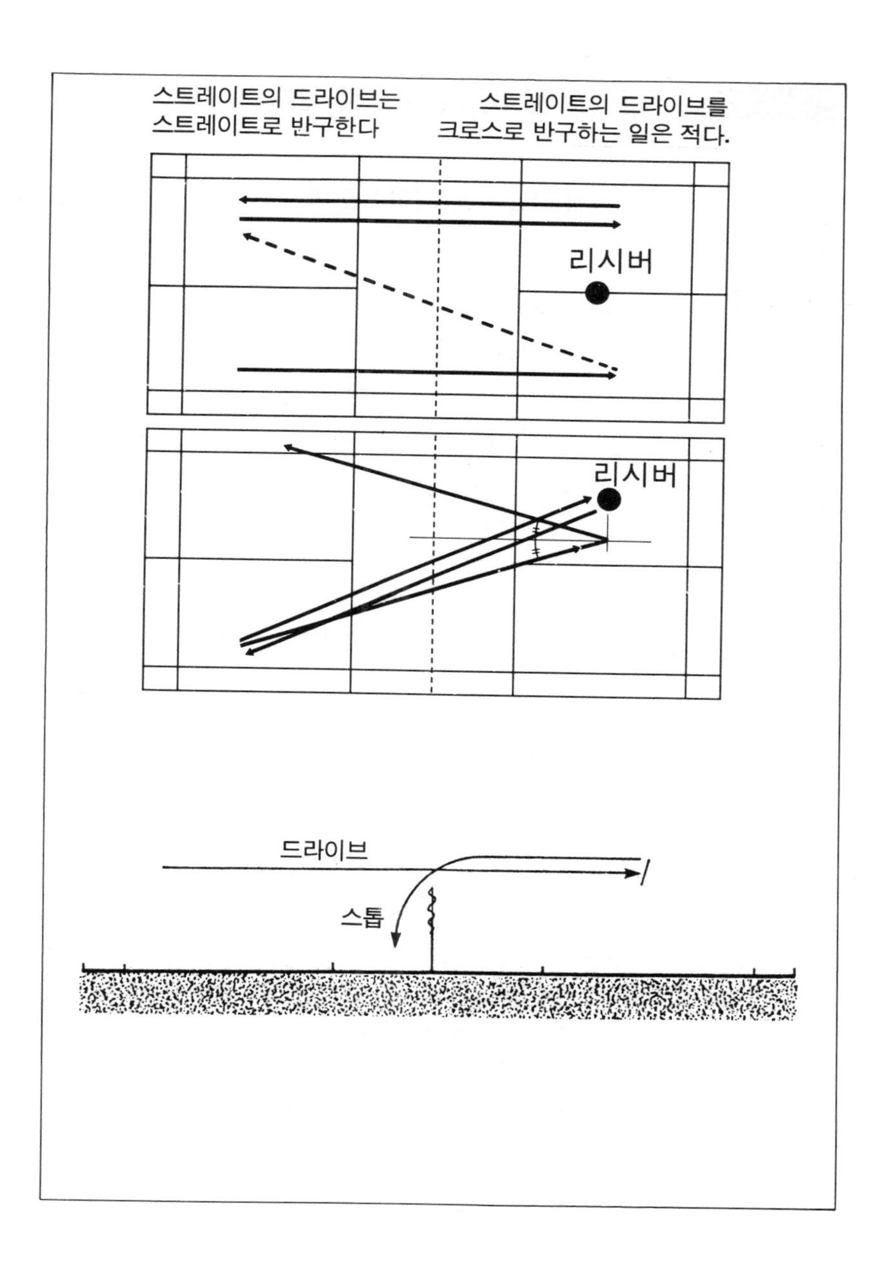
스트레이트의 드라이브는
스트레이트로 반구한다
스트레이트의 드라이브를
크로스로 반구하는 일은 적다.
리시버
리시버
드라이브
스톱

## 연습42 셔틀콕이 날아온 방향으로 친다

셔틀콕이 날아온 방향으로 그대로 코스를 바꾸지 않고, 드라이브를 치고 받는다.

1대 1로 스트레이트의 드라이브를 치고 받는다.(그림1)

그것에 익숙해지면, 1대 1로 크로스의 드라이브를 연습한다.(그림 2)

또, 연습일지라도 드라이브는 전부 셔틀콕이 뜨지 않도록 주의한다. 셔틀콕이 네트에 닿을 듯 말 듯한 높이로 코트면과 거의 평행이

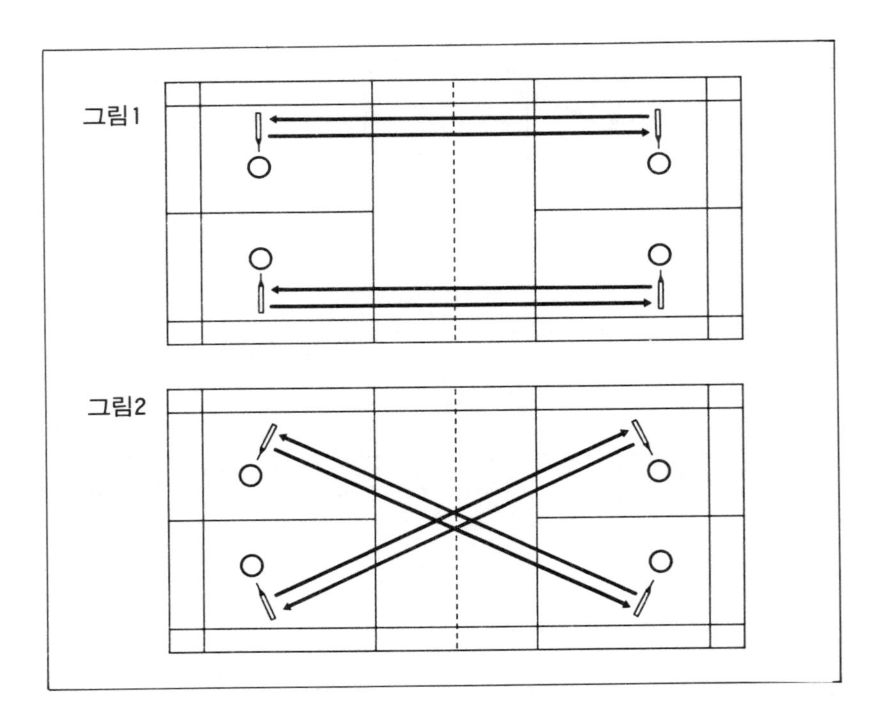

되도록 치는 것이 중요하다.

## 연습43 코스를 바꾸어서 친다

1대 1, 혹은 2대 1로 드라이브를 치고 받는다. 한 쪽이 크로스, 한 쪽이 스트레이트를 치고, 코스를 바꾸어서 치는 연습을 한다.(그림 3)

1대 1, 혹은 2대 1로, 크로스와 스트레이트를 자유로이 나누어 치고, 드라이브를 치고 받는다.(그림4)

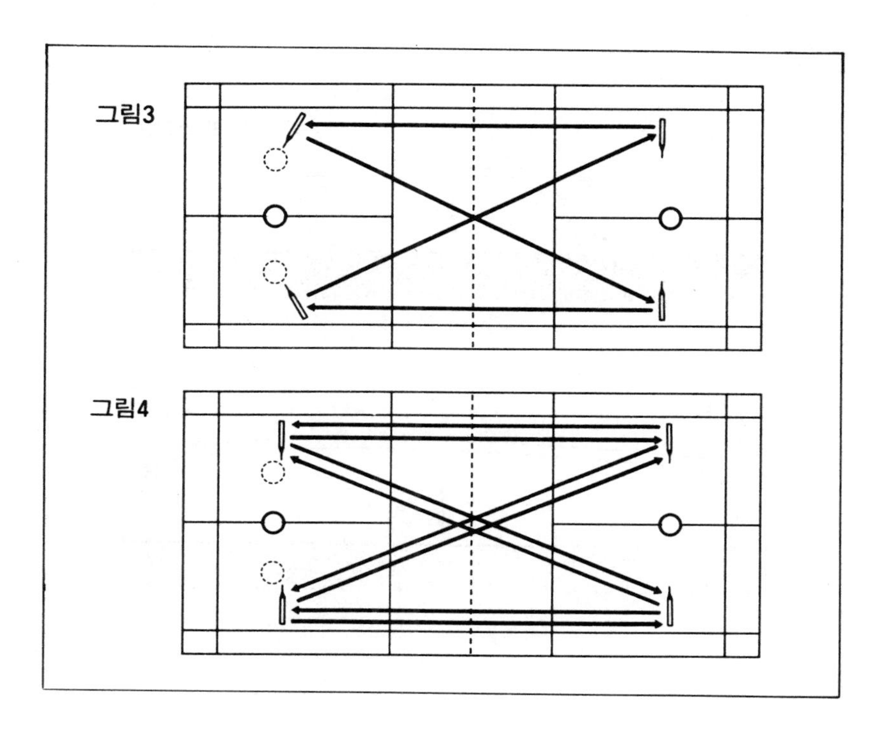

## 연습44 짧은 드라이브나 긴 드라이브를 친다

서로 네트 가까이 즉, 쇼오트 서비스 라인의 후방에 서서, 비행거리가 짧은 드라이브를 치고 받는다.(그림5)

거리가 짧은 만큼 셔틀콕이 곧 되돌아온다. 타점은 어디까지나 몸의 전방에서 몸을 릴렉스시키고, 리듬을 타서 행한다.

서로 코트의 후방인 더블스의 롱 서비스 라인의 뒤에 서서, 비행거리가 긴 드라이브를 치고 받는다.(그림6)

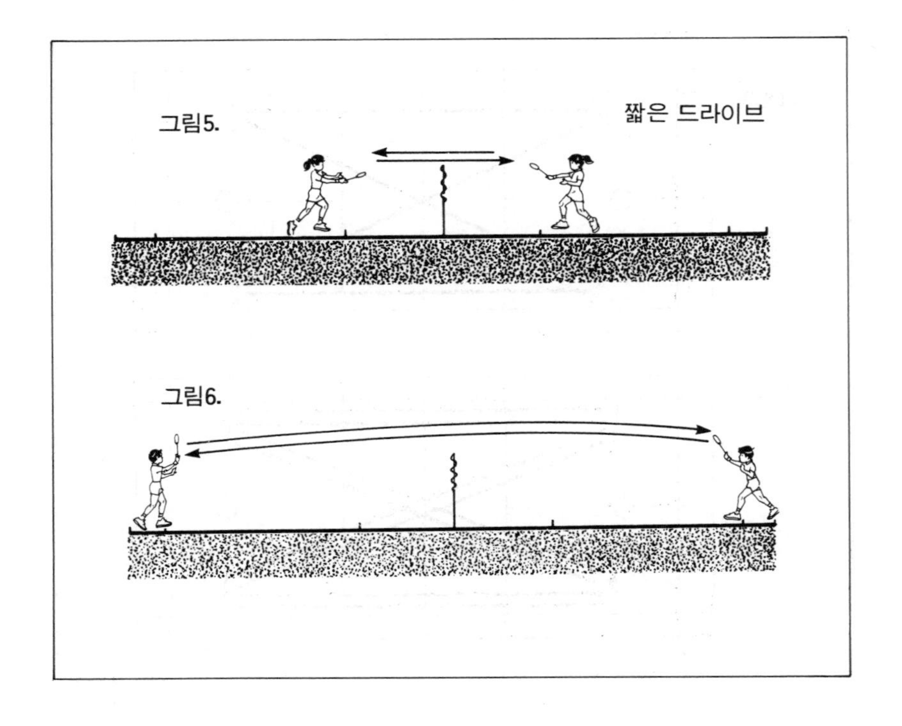

거리가 길므로 셔틀콕이 떠오르기 쉽다. 셔틀콕이 되도록 코트면과 평행으로 날도록 힘있게, 예리하게 타구하자.

## 연습45 스매시를 드라이브로 반구한다

스트레이트의 스매시를 송구해 받아서, 그것을 스트레이트의 드라이브, 혹은, 크로스의 드라이브로 되받아친다.(그림7)

크로스의 스매시를 송구해 받아서, 그것을 크로스의 드라이브, 혹은 스트레이트의 드라이브로 반구한다.(그림8)

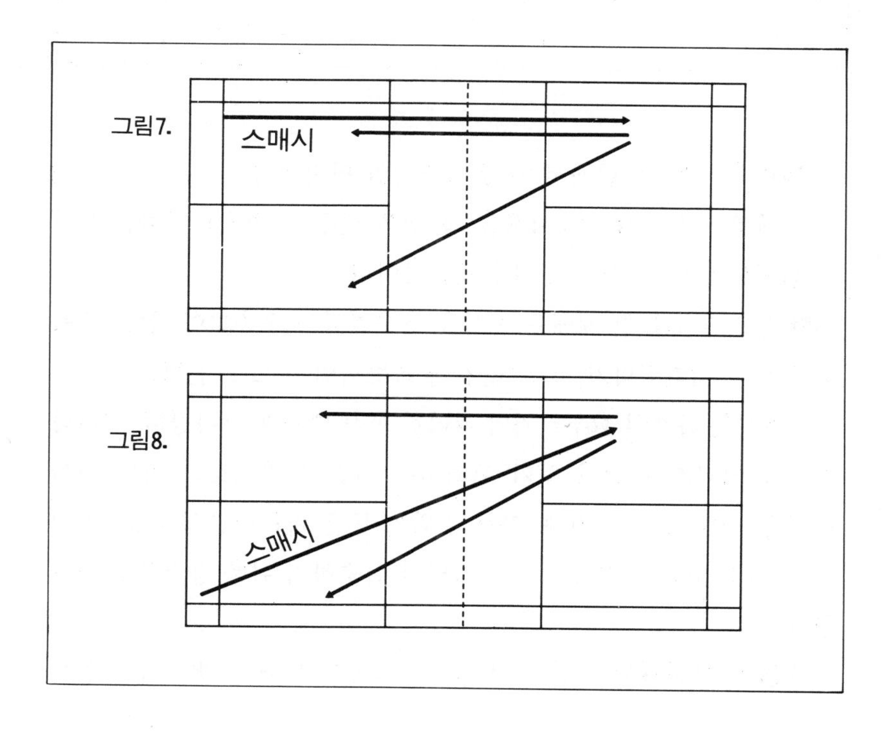

# 9.
# 스매시를 연습하자

스매시는 배드민턴에서 가장 공격적인 타법이다.

톱 레벨의 선수가 스매시했을 때, 상대 선수의 곁에 도달하는 시간은 남자는 0.35초, 여자도 겨우 0.40초이다.

빠른 스매시를 칠 때에는 전신을 용수철같이 수축하여, 힘을 충분히 모으며 기다렸다가, 치는 순간에 폭발적인 힘으로 친다.

스매시는 라켓의 휘두르기가 예리한 만큼 빠르게 날아간다. 그러나 스매시 에이스를 많이 얻기 위해서는 단순히 힘으로만 치는 것이 아니라, 상대의 준비 자세, 라켓의 위치 등을 확인하면서 각도, 스피드, 그리고 코스를 컨트롤하여, 상대가 실수하기 쉬운 장소를 노리고 친다.

오른쪽 사진에서도 알 수 있듯이, 스매시할 때 라켓의 움직임은

스매시할 때 셔틀콕이 날아가는 모습

원을 그린다. 또 스매시 포인트는 머리위 조금 앞쪽이다.

다음 사진은 전 일본 선수권 대회에서 7번 우승한 제니야 킨지 선수의 폼이다. 라켓 면이 앞에서 뒤로 변하는 시간이 아주 짧은 것을 잘 알 수 있다. 스트로보의 한 화면은 1 / 200초이다.

이 사진에서는 스매시의 스윙에서, 라켓이 상대 코트에 정면으로 마주하는 것은 셔틀콕을 잡는 순간뿐이라는 것을 알 수 있다.

연습의 수칙으로서는, 라켓이 셔틀콕을 치는 순간에 단숨에 손목을 앞지르도록 스윙해야 한다.

다음 페이지부터 스매시의 타법을 구체적으로 설명해 가기로 한다.

제니야킨지 선수의
스매시

## 스매시를 치는 방법

① 네트에 정면으로 대하고, 전신의 긴장을 푼다. 팔꿈치나 손목을 가볍게 구부려서, 라켓 헤드를 위로 올려 양발꿈치를 조금 띄우고 이동하기 쉬운 자세로 준비한다.

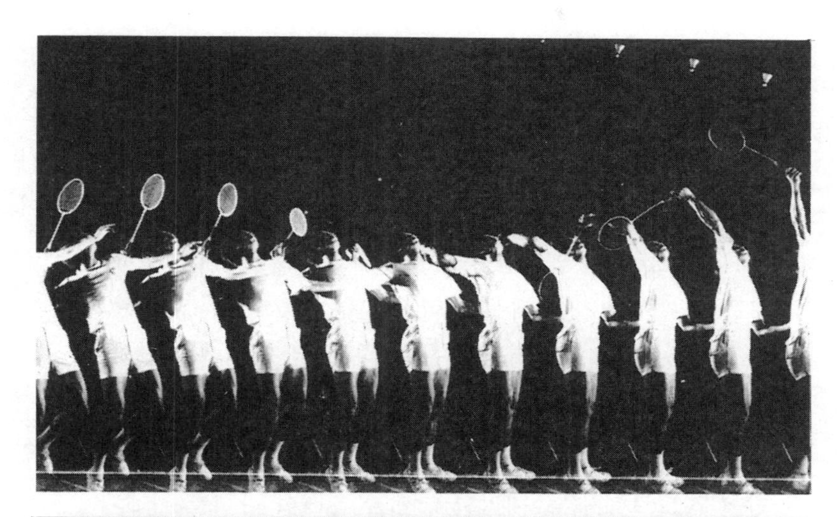

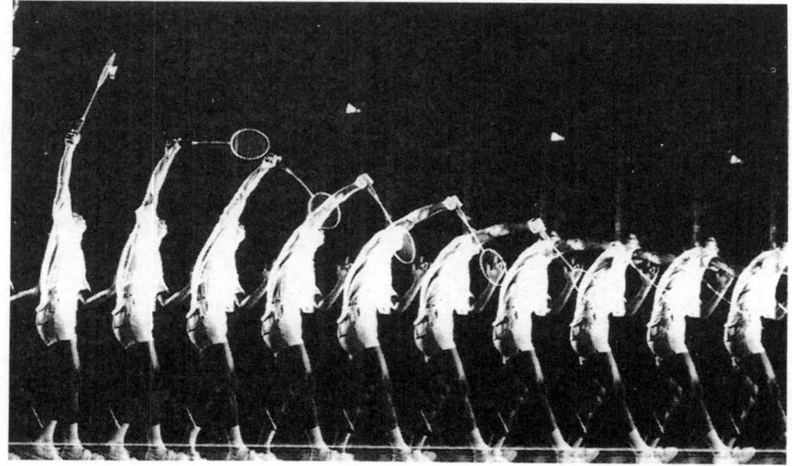

스매시

② 홈 포지션에서 셔틀콕의 낙하 지점으로 재빨리 이동한다.

③ 타구의 자세로 들어간다. 즉, 오른발을 뒤쪽으로 당기고, 체중을 완전히 오른발에 건다. 오른쪽 팔꿈치, 오른쪽 어깨를 뒤쪽으로 당기고, 상체를 젖히면서 양 어깨를 이은 선이 네트에 대해서 거의 직각이 되도록 상체를 오른쪽으로 비튼다. 이때, 몸을 수축시켜서, 힘을 충분히 모은다. 팔꿈치가 몸에서 떨어지지 않도록 한다.

④ 라켓을 치켜 올려서 정면 위보다 조금 앞에서 셔틀콕을 잡는다.

⑤ 타구의 순간에 체중을 완전히 왼발로 옮기고, 라켓 헤드가 밑으로 향할 정도로 손목을 내리고 어깨를 돌려서 라켓을 쳐낸다.

⑥ 이때, 왼손은 몸을 껴안는다. 오른발은 크게 앞쪽으로 올린다. 이것에 의해 라켓 스피드의 큰 힘과의 밸런스를 잡는다.

⑦ 타구 후는 되도록 빨리 자세를 고치고, 홈 포지션으로 되돌아간다.

스매시를 정면에서 본다

점핑 스매시

## 스매시를 노리는 장소

### □싱글스 게임의 경우

원칙으로 스매시는 양 쪽 사이드를 공격한다.(그림1) 특히, 상대 선수의 무게 중심이 높을 때에 유효한 공격법이다.

또, 스트레이트로 스매시를 타구하고, 보디를 노려도 좋을 것이다.(그림2)

이보다 어태크는 상대의 라켓 반대쪽 손 근처를 공격한다. 이 장소에 스매시를 하면, 라켓 방향을 바꾸려고 하여서 손이 움직이므로 상대의 실수를 유도한다.

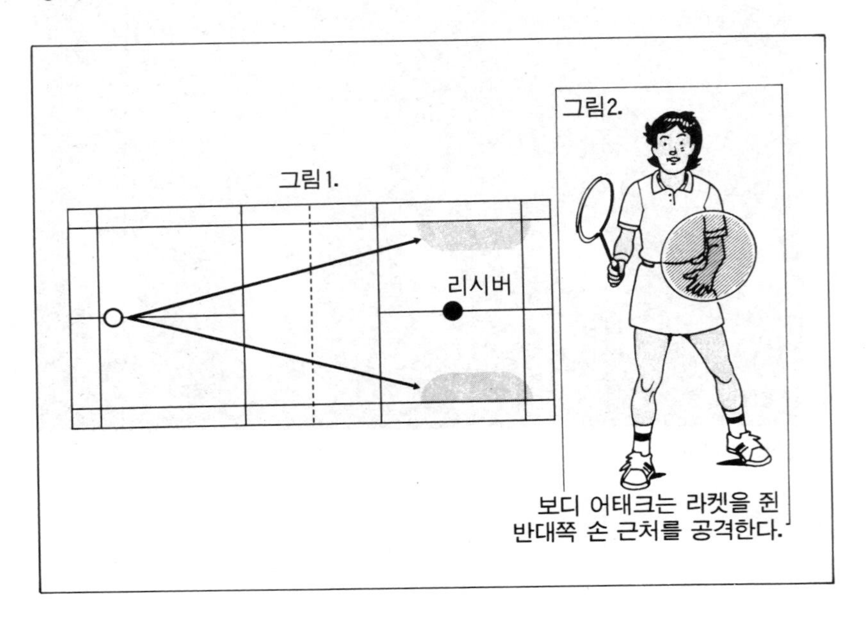

## □더블스 게임의 경우

더블스에서는 보통, 클리어를 올려서 수비 자세로 들어갔을 때에는, 사이드 바이 사이드 진형을 만든다.

[그림3]과 같이, 왼쪽 깊숙한 곳으로 클리어가 올라왔을 경우, 스매시 코스는 원칙으로 [그림3]의 코스이다. 이와 같이 리시버의 포핸드측에 강한 스매시를 치면, 리시버는 반구를 스트레이트로 되받아 치는 것이 고작이다. 이것을 파트너가 푸시로 성공시킨다.

그러나 [그림4]와 같이, 코트의 중앙측을 노려서 치면, 리시버는 타점을 늦추어서라도 크로스로 반구할 수 있다. 이 경우는 공격한 쪽의 팀이 불리해지는 경우가 많다. 역 사이드의 경우도 마찬가지

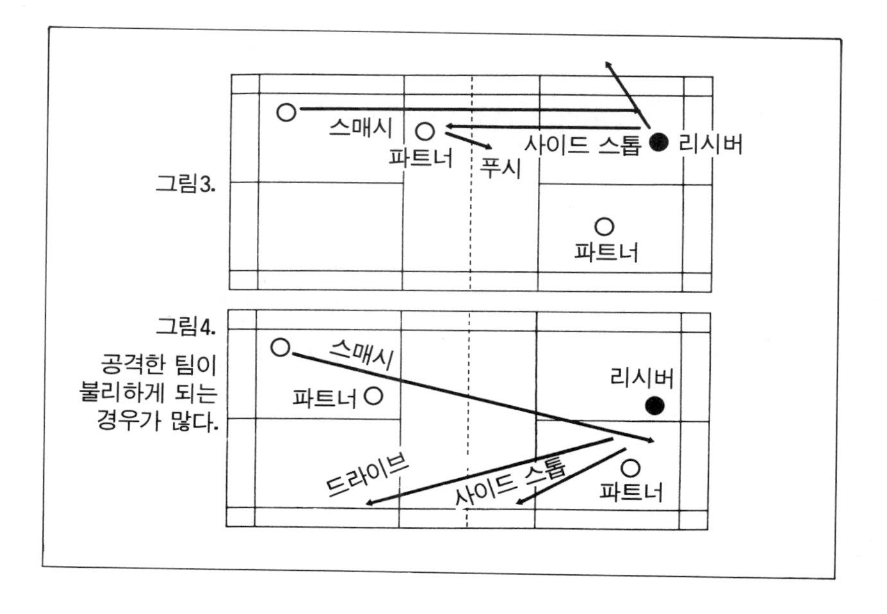

이다.

여기에는 그림으로 표시되어 있지 않으나, 셔틀콕이 중앙부에 올라왔을 때는, 센터 공격이 가장 적합하다. 반구되어도 아주 수비하기 쉬운 셔틀콕이 돌아온다.

## 연습46 목표물을 겨냥해서 스매시

그냥 단순하게 노크된 공을 스매시로 반구하는 것만이 아니라, 목표물을 두고 그것을 겨냥하여 스매시해 보자.

또, 노크하는 사람은 아래쪽으로 쳐서 되도록 치기 쉬운 공을 올린다.

처음에는 코트의 중앙으로 노크한다. 익숙해지면 양 사이드, 코트의 후방 등 코스를 정해서 노크한다. 최후에는 랜덤으로 쳐 올린다.

목표물의 위치도 여러 가지로 바꾸어서 연습해 본다.

### □탁구대를 맞힌다

리시버는 노크된 셔틀콕을, 탁구대를 향해서 스매시한다. 처음에는 둔한 소리밖에 들리지 않으나, 스매시에 위력이 붙게 되면 '탕'하는 좋은 소리가 난다.

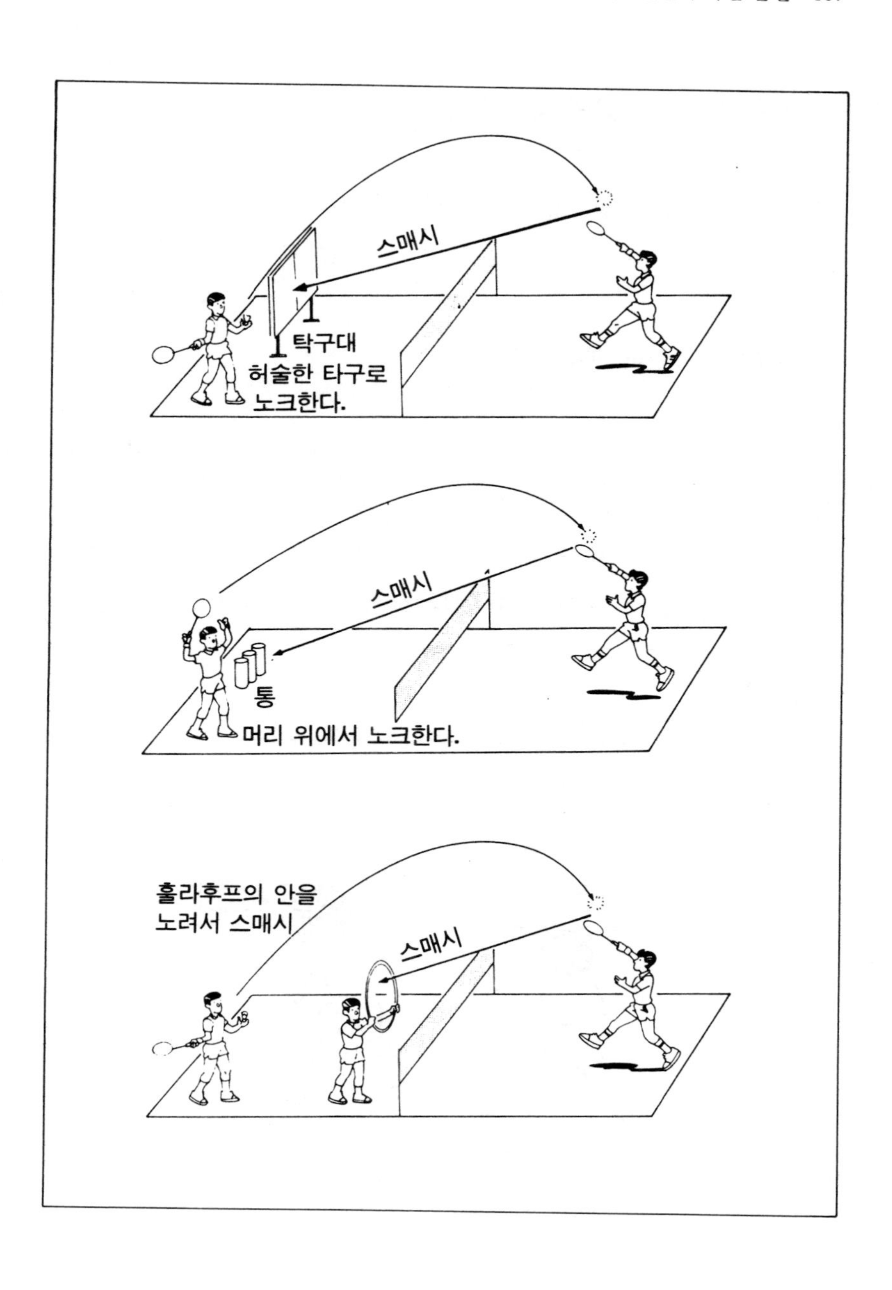
스매시
탁구대
허술한 타구로
노크한다.
스매시
통
머리 위에서 노크한다.
훌라후프의 안을
노려서 스매시
스매시

## □셔틀콕이 들어있던 통을 맞힌다

셔틀콕의 빈 통을 몇 개, 나란히 세운다. 리시버는 이 통을 겨냥하여 스매시를 쳐 넣는다. 맞으면 통이 쓰러지므로 기분이 상쾌하다.

## □훌라후프 안에 통과시킨다

노크하는 사람 외에도 또 한 사람이 훌라후프를 들어 올려서 선다. 스매시를 하여 셔틀콕을 이 고리안으로 쳐넣는다.

이외에도 노크를 쳐올리는 코치를 겨냥하여, 스매시하는 방법도 있다. 스트레스를 푸는 데 아주 적당하다. 특히, 코치의 권력이 절대적인 국민학생, 중학생에게 효과가 있다.

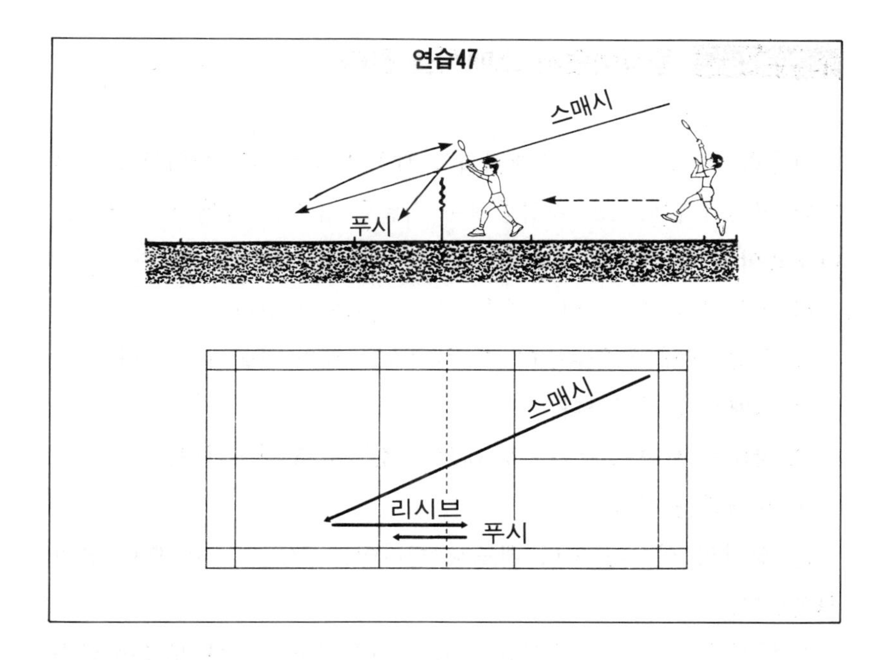


## 연습47 스매시→푸시의 연습

코트 깊숙이 쳐올려진 공을 스매시하여 곧 네트 가장자리로 대시한다. 계속하여 네트 가장자리에 반구된 공을 푸시로 반구한다.

A. 이것을 10회 연속해서 행한다. 도중에 실수했을 때에는 처음부터 다시하여 실수를 없애는 연습을 한다.

B. 안쪽에서 스매시를 2번 치고, 코트 가까이로 이동하여, 푸시한다. 이것을 7번 계속해 본다.

C. 안쪽에서 스매시를 3번 치고, 푸시한다. 이것을 5번 계속한다.

똑같은 일을 위의 그림과 같이 크로스로도 연습해 보자.

## 연습48 움직이면서 스매시를 친다

아무리 스피드가 있는 스매시라도, 네트에 걸리거나 사이드를 벗어나면 의미가 없다. 또, 게임중에는 격렬한 움직임 속에서 스매시를 타구해야 한다.

다음과 같이 연습하여 실수를 하지 않도록 훈련하자.

① 우선, 상대 선수로부터 롱 서비스를 높이 쳐올려 받는다.

② 스매시를 타구한다.

③ 상대는 사이드 스톱으로 네트 가장자리로 반구한다.

④ 헤어핀을 친다.

⑤ 상대의 선수는 언더 핸드로 클리어를 코트의 후방으로 높이 쳐올린다.

A. 위에 쓴 ①~⑤의 움직임을 10회 연속해서 행한다. 도중에 실수

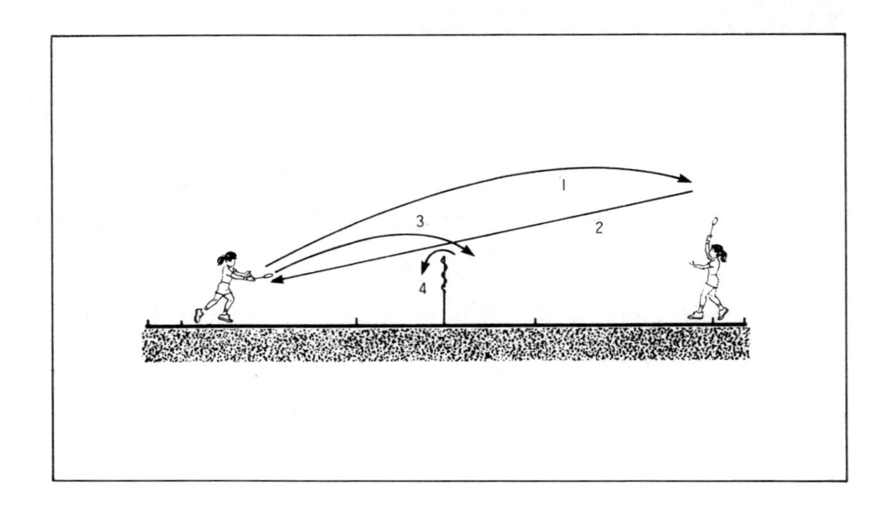

를 했을 경우는 처음부터 다시 한다.

B. 스매시를 2회로 하여 같은 동작을 7회 반복한다.

C. 스매시를 3회로 하여 같은 동작을 5회 반복한다.

D. 스매시를 5회로 하여 같은 동작을 3회 계속한다.(더블스에서는 최저 5회 이상 스매시를 쳐야 한다.)

## 연습49 좌우로 이동하여 연속 스매시

노크하는 사람은 코트의 왼쪽 깊숙한 곳, 오른쪽 깊숙한 곳으로 10번 정도 연속해서 셔틀콕을 쳐올린다.

이것을 전부 스매시로 반구한다. 이때, 스매시가 사이드 라인에서 밖으로 나가 버리기 쉽다. 몸을 코트의 센터로 끌어 당기듯이 하여 사이드를 벗어나지 않도록 주의한다.

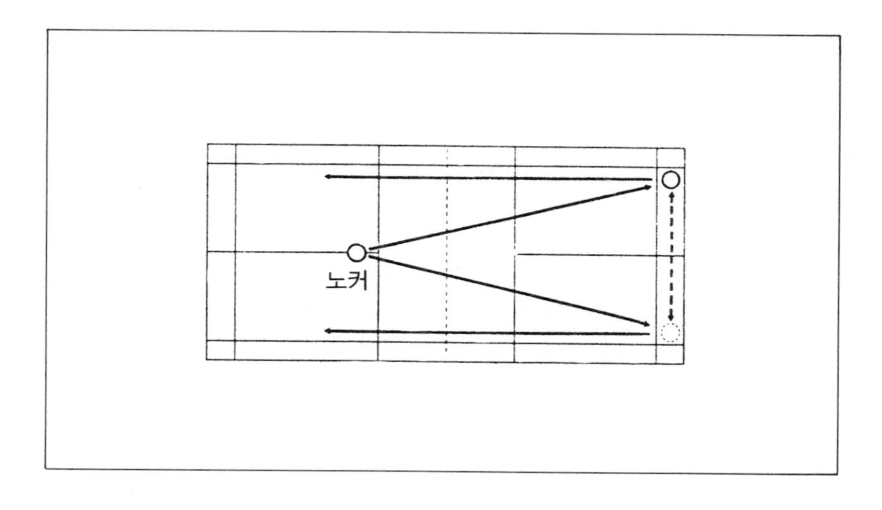

## 연습50 코트 전체에서 스매시

두 사람이 쳐오는 셔틀콕을 전부 스매시로 한다. 노크로 연습하는 방법이라도 상관없다.

어디로 셔틀콕이 올 지 모르기 때문에, 스매시를 치는 사람은 홈 포지션에서 움직이기 쉬운 자세로 준비하자.

전력으로 결정타를 노리는 스매시만이 아니라, 손목만으로 셔틀콕을 눌러서 상대의 자세를 무너뜨리는 스매시도 중요하다. 스매시를 많이 치고 있는 사이에 어느 코스로, 어떤 빠르기로 타구하면 효과적인가를 점점 알게 되리라고 생각한다.

또, 첫번째 스매시보다 두번째, 세번째로 갈수록 조금씩 바깥쪽으로 치는 용기도 필요하다. 사이드 라인에 아슬아슬하게 떨어지는 스매시는 아주 유효한 공격법이다.

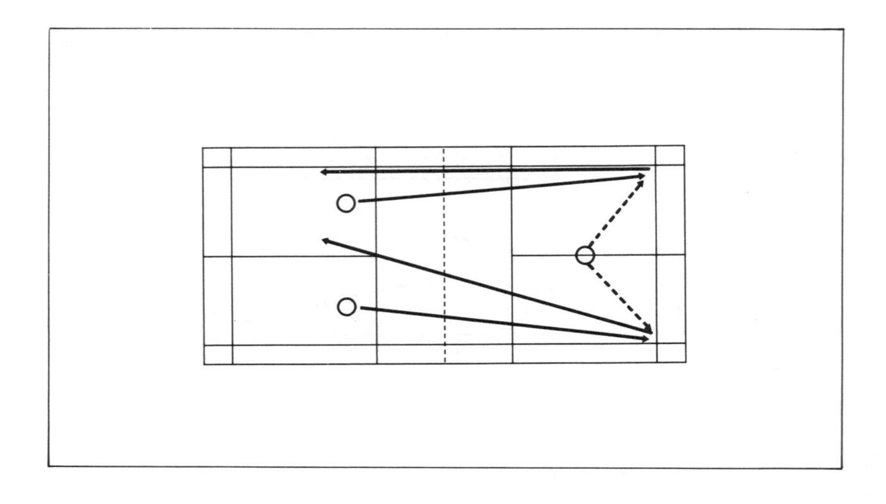

## 10. 스매시의 반구를 연습하자

스매시 리시브의 타구에는 다음의 4종류가 있다.

① 사이드 스톱……싱글스에서 아주 유효한 수단이다.

② 언더 드리븐 클리어……상대 코트의 후방에서 한 번 더 치게 할 때 사용한다.

③ 사이드 커트……더블스에서 유효한 방법이다.

④ 드라이브……상대의 실수를 유도하는 타구이다.

이 타구들에 각각 크로스 샷을 더하면, 아주 변화가 풍부한 반구가 가능하다. ①~③에 대해서는 연습51~53에서 설명하겠으나, ④에 관해서는 '드라이브를 치는 법'을 참고로 하기 바란다.

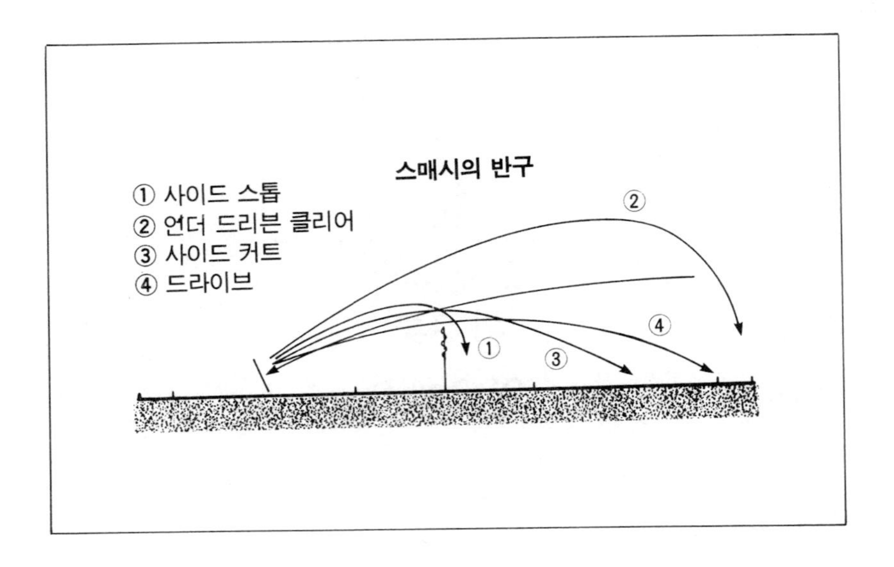


## □반구의 포인트

상대가 같은 장소에서 치게 하지 않도록 코스를 바꾸어 반구한다. 클리어를 제외한 반구는 셔틀콕이 네트에서 멀리 떨어지지 않도록 낮은 타구를 보내는 것이 중요하다.

## □리시브의 코스

네트에 멈추게 할까, 안쪽으로 반구할까 하는 것만으로도 다음과 같은 많은 코스가 있다. 스매시의 반구는 단조롭게 하지 않는 것이 중요하다. 여러 가지 코스를 연습하자.

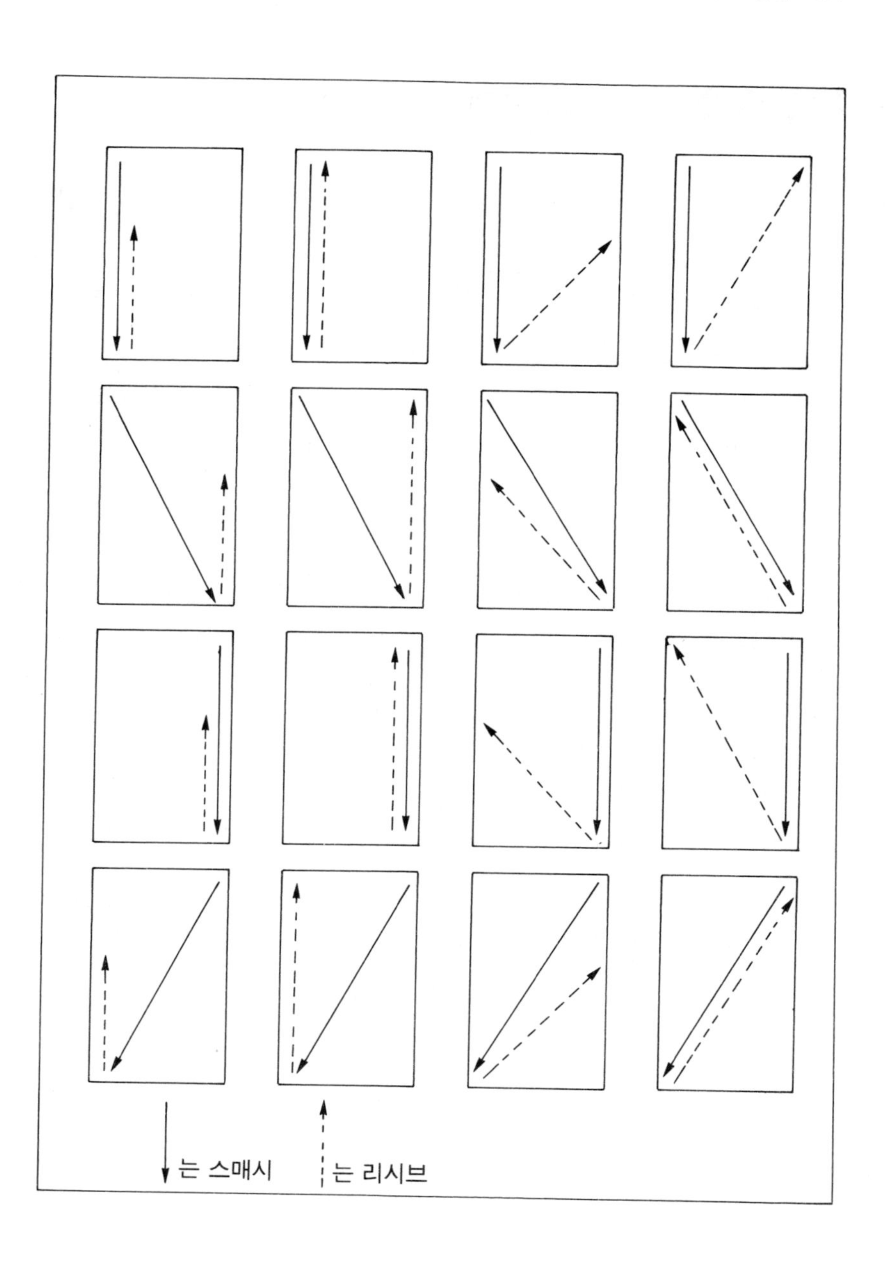
는 스매시
는 리시브

## 연습51 사이드 스톱으로 반구

이것은 스매시를 네트에 멈추게 하는 타법이다. 특히 싱글스 게임에서는 꼭 마스터해야 할 기술이다.

상대가 스매시를 치고나서 셔틀콕이 자신의 곁에 도달하기까지의 시간은 겨우 0.3~0.4초밖에 되지 않는다.

스매시가 맞기 직전까지 두 발을 어깨폭 정도로 벌려둔다. 허리는 높은 듯이 유지한 채로 무릎, 허리, 팔꿈치를 가볍게 구부려서 자연스러운 준비 자세를 취하고, 근육을 릴렉스시킨 상태로 리듬을 타고 기다린다.

상대가 스매시하는 데에 맞추어서 재빨리 양 발을 벌리면서 허리를 낮추어서 몸을 굽힌다. 무게 중심을 낮게 하여 움직임을 민첩하게 한다.

날아오는 셔틀콕에 맞추어서 몸의 방향을 바꾸어 라켓을 셔틀콕에 가볍게, 그리고 정확하게 맞춘다.

라켓은 몸의 전방에서 셔틀콕에 맞추고 크게 휘둘지 않도록 주의하자.

이 요령으로 사이드 스톱을 하면, 셔틀콕은 다음의 사진과 같이, 깨끗한 궤도를 그려서 네트를 넘어간다.

## 연습52 언더 드리블 클리어로 반구

스매시를 한 선수는 상대의 네트 샷(사이드 스톱)에 대응하기 위해서, 치면서 앞으로 대시해 온다. 언더 드리블 클리어는 이 움직임의 반대를 노리는 것이다. 그러므로 상대의 스태미나를 소모시키는 데에 아주 좋은 타법이다.

그러나 만일 타구가 낮게 되면, 강렬한 스매시의 희생물이 된다. 이 때문에 상대 코트의 중간 정도에서는 절대 라켓이 미치지 않을 듯한 높이로 셔틀콕을 쳐올려야 한다. 이 타구를 올릴 때에는 정확하게 백 바운더리 라인 위로 떨어지도록 하는 것이 포인트이다.

또, 언더 드리븐 클리어는 비행중의 속도가 생명이므로, 손목의 스냅을 충분히 이용하여 쳐야 한다.

## 연습53 사이드 커트로 반구

사이드 커트(하프 샷)는 랠리를 구성할 때에 사용하는 타구로서, 상대 코트의 사이드 라인의 중간 부근으로 느슨한 셔틀콕을 낮게 보낸다.

사이드 커트는 스매시의 리시브일 때만이 아니고, 더블스의 서비스 리시브일 때에도 사용한다.

에이스 샷을 노리는 것보다도 오히려 상대에게 사이드 암 스트로크나, 언더 암 스트로크 등의 무리한 자세로 리시브시켜서 수비를 어지럽히거나 허점있는 반구를 하게 하기 위한 것이다. 더블스 게임에서는 아주 유효한 타법이다.

치는 법은, 연습51의 사이드 스톱과 거의 같다. 단, 사이드 스톱보다 셔틀콕의 비행 거리가 길기 때문에 상대로부터 다시 공격당하지 않도록 충분히 주의한다. 그러므로 사이드 라인 아슬아슬한 지점을 겨냥하여 타구하자.

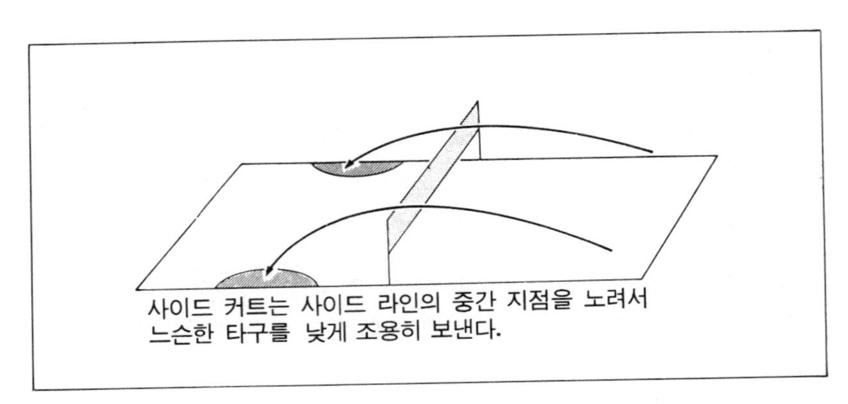
사이드 커트는 사이드 라인의 중간 지점을 노려서
느슨한 타구를 낮게 조용히 보낸다.

## 연습54 목표물의 위에 스매시를 반구

노크된 스매시를 단순하게 반구하는 것만으로는 아무래도 질리고 만다. 거기서 목표물을 두고, 그 위에 반구하는 연습을 해 보자.

### □체조용의 매트 위에 올린다

코트의 후방에 체조용 매트를 깐다. 이 매트 위에 노크된 스매시를 반구해 보자.

반구가 조금이라도 낮으면, 게임은 생명을 잃게 된다. 백 바운더리 라인 위를 겨냥하여 작은 스윙이라도 예리하게, 힘있게 휘두를 수 있도록 명심한다.

또, 타법은 언더 드리븐 클리어가 적당하지만, 로브를 쳐올려도 상관없다.

매트 위에 많은 셔틀콕이 오르도록 되었다면, 바스타올이나 타올 등, 목표물을 점점 작게하여 좌우의 코너에 둔다.

### □탁구대의 위에 올린다

먼저, 탁구대를 네트 가장자리에 둔다.

① 연습하는 사람은 탁구대가 없는 쪽 코트의 거의 중앙에서, 스매시를 치기 쉬운 서비스를 보낸다.

② 상대는 스매시를 타구해 준다.

③ 이 스매시를 탁구대 위에 떨어지도록, 사이드 스톱으로 멈추게 한다.

10개의 셔틀콕 중, 몇 개가 탁구대에 오르는가로 연습의 성과를 알 수 있다.

이후, 목표물을 점점 작게 하여 네트 가장자리의 좌우의 코너로 나누어 두도록 한다.

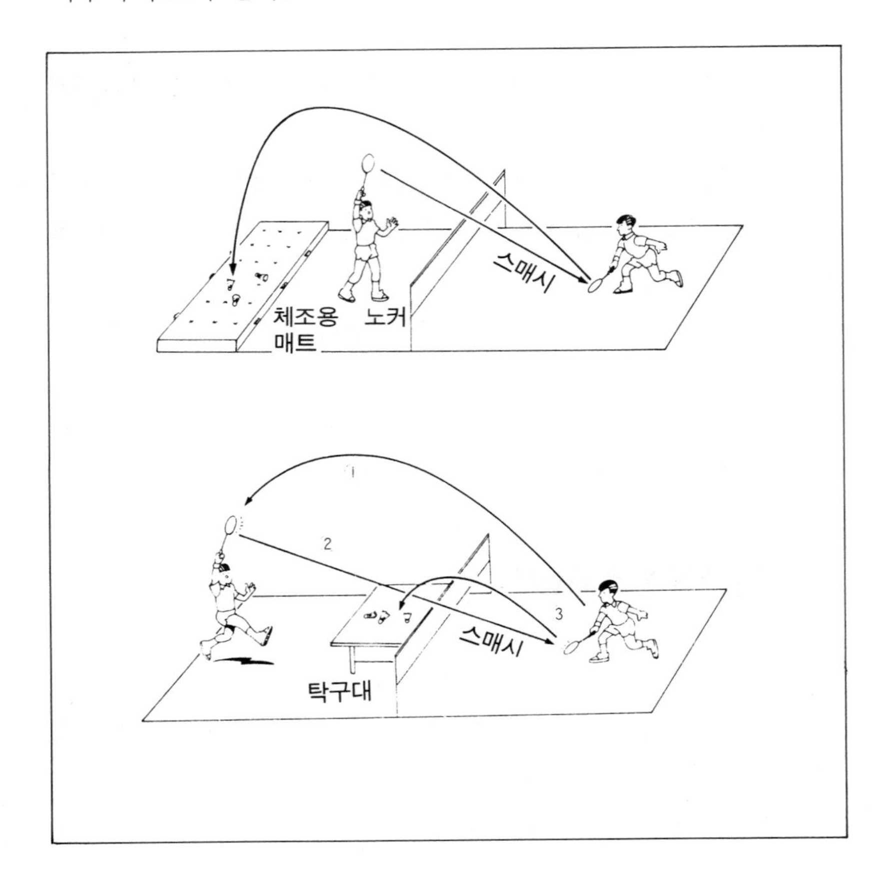

## 연습55 토스된 셔틀콕을 반구

네트 옆에서 토스된 셔틀콕을 사이드 스톱이나 언더 드리븐 클리어로 친다.

처음에는 좌우 교대로 토스를 던진다. 숙달되면 랜덤으로 행한다.

## 연습56 1대 4로 연습

한 쪽의 4인이 올 스매시하고 이것을 한 사람이 네트 가장자리로, 혹은 코트 후방으로 리시브한다.

스매시를 받는 사람은 긴장을 푼 자세로 홈 포지션에서 준비한다.

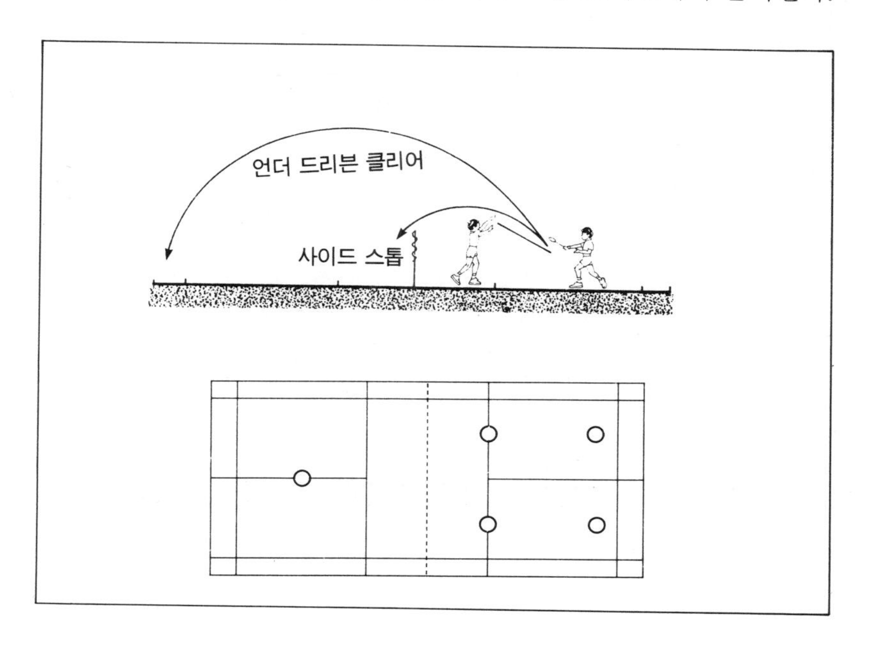

## 연습57 연속 스매시와 연속 리시브

1대 1로 연습한다. 한 쪽이 스매시를 연속하여 치고 그것을 또 한 쪽의 사람이 언더 드리븐 클리어로 타구한다.

처음에는 치고 받기가 장시간 계속되지 않을지 모르나, 연습을 거듭하면 잘 할 수 있게 된다.

아무래도 모두 사람 다 반구가 허술해지기 쉽다. 실제 게임이라고 생각하여 서로 예리한 반구를 할 수 있도록 노력한다.

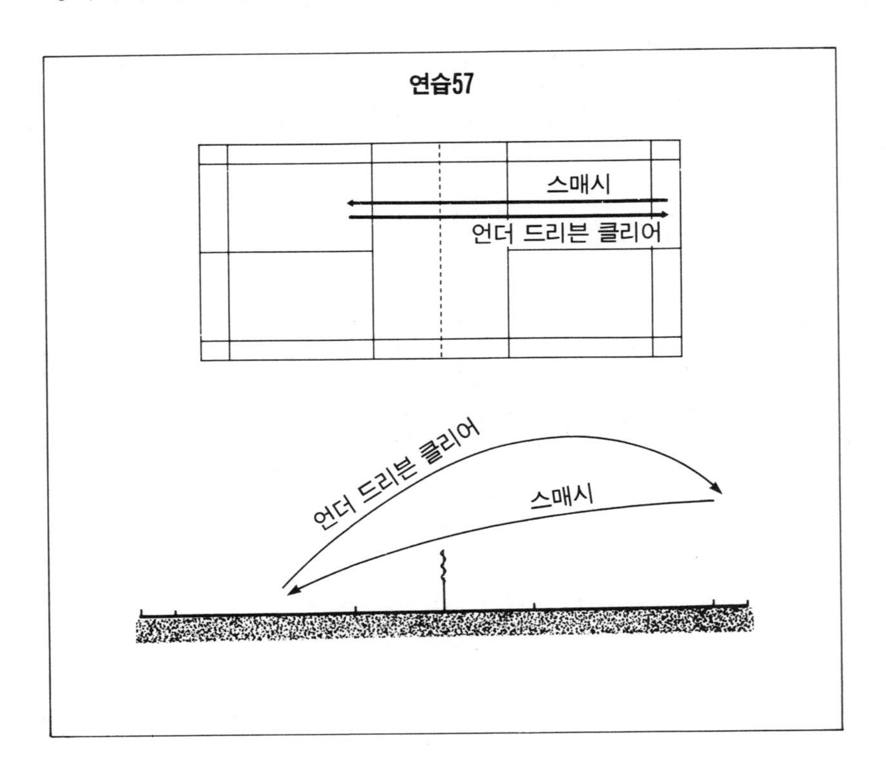

## 연습58 서로 스매시와 리시브

① 먼저 A가 스매시를 친다.

② 이것을 B가 네트로 사이드 스톱으로 되받아친다.

③ A는 앞쪽으로 대시하고, 네트 가장자리에 반구된 셔틀콕을 코트의 후방으로 로브로 높게 쳐올린다.

④ B가 이것을 스매시로 반구한다.

⑤ A는 B가 친 스매시를 네트의 옆에 사이드 스톱으로 멈추게 한다.

⑥ B는 전방으로 대시하고, 네트 가까이에 반구된 셔틀콕을 코트의 후방으로 로브로 쳐올린다. ①~⑥까지를 되도록 길게 반복한다.

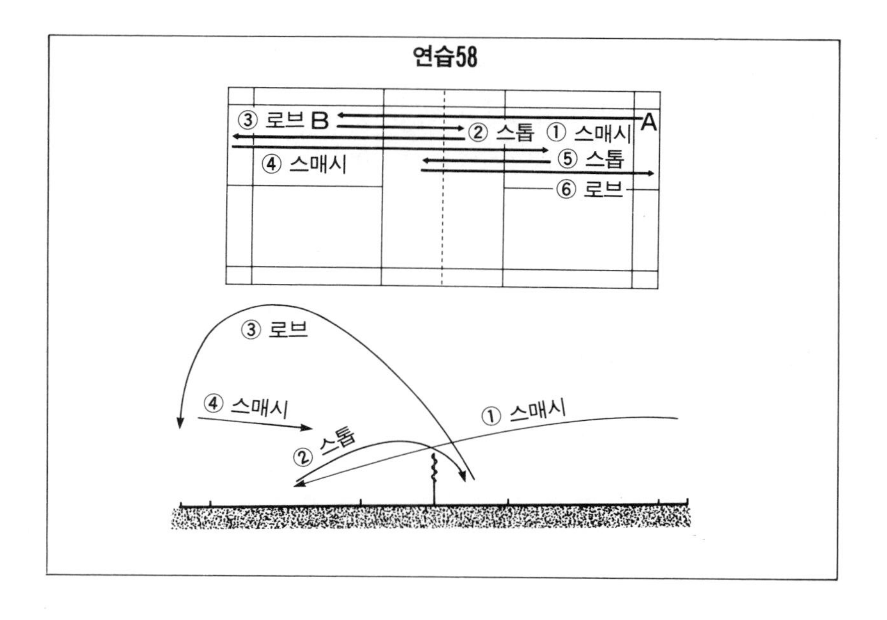

# 11. 푸시를 연습하자

푸시는 에이스율이 뛰어나게 높은 샷이다. 공격 타구 중에서는 스매시보다도 강력한 타법이라고 할 수 있다.

요즘은 라켓이 아주 가볍기 때문에 재빨리 라켓을 움직일 수 있다. 그 때문에 코트의 후방에서 맞은 스매시는 좀처럼 에이스 샷으로 되지 않는다.

그 점에서 네트 가장자리로부터의 푸시는 리시브하는 측의 선수가 리시브 가능한 스피드의 한계를 넘고 있기 때문에 대부분의 타구가 에이스 샷이 된다.

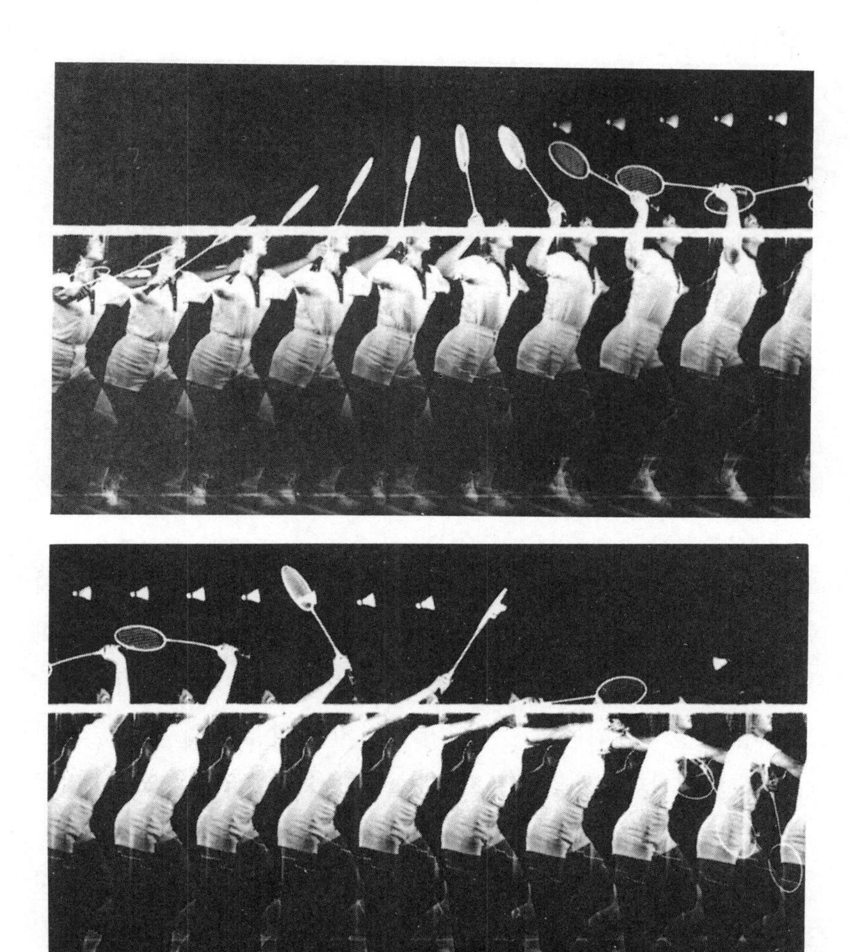

푸시

## 푸시를 치는 법

① 셔틀콕이 네트 가까이로 떠올랐다면 푸시 공격의 찬스이다. 재빨리 네트 가장자리로 이동한다.

② 왼발을 앞으로, 오른발을 뒤로 준비하여 오른발을 내디디면서 굽힌 팔꿈치를 중심으로 라켓을 작게, 예리하게 스윙한다.

③ 셔틀콕이 높은 위치에 있을 때에 스윙하고, 라켓으로 정확하게 쳐내린다.

④ 라켓면이 셔틀콕을 잡기 직전부터 팔꿈치를 편다. 몸에서 비스듬한 앞쪽의 타구 포인트에서는 팔과 라켓은 거의 일직선으로 되어 있다.

⑤ 타구 후에는 자연스럽게 라켓을 내린다. 네트 가까이에서 푸시되면 아무리 잘하는 선수라도 리시브를 할 수가 없다. 이와 같이 가까운 거리에서 맞으면 몸의 반사 동작이 미처 따라가지 못한다.

특히, 더블스 게임에서는 푸시가 랠리의 낙착을 짓기 위한 중요한 기술로 되어왔다. 또 쇼오트 서비스에는 예리한 푸시가 결정타로 된다.

푸시의 낙하점은 네트와 가까울수록 유효하다. 절대 피해야 할 것은 상대의 라켓이 있는 위치에 치는 일이다. 이것만 조심하면 유력한 공격법이 된다.

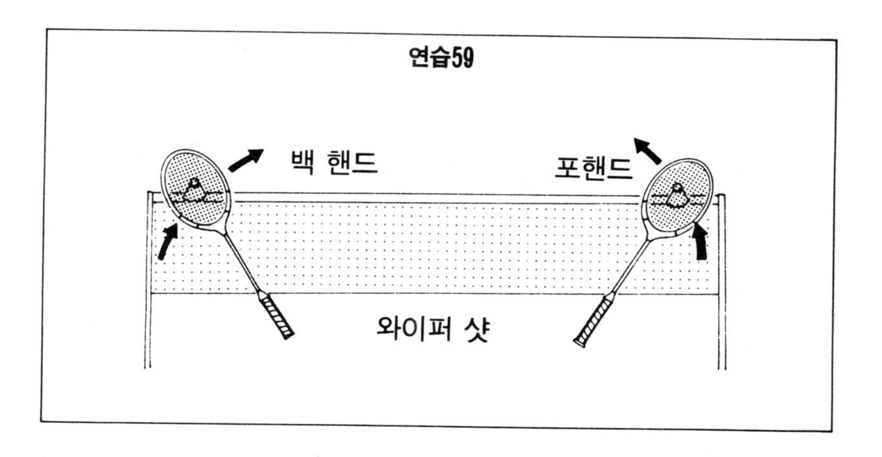


## 연습59 와이퍼 샷으로 푸시

셔틀콕의 코르크 부분이 몸 앞으로 향하도록, 깃털을 네트에 끼우고 가볍게 닿으면 떨어지는 상태로 둔다.

라켓을 와이퍼같이 움직이고, 네트에 끼워져 있는 셔틀콕을 쳐서 상대 코트에 떨어뜨린다.

## 연습60 라켓을 밀어 올려서 푸시

연습59와 같이 셔틀콕을 네트에 끼운다.

라켓을 밀어올리는 것으로 상대 코트의 옆에 셔틀콕을 떨어뜨린다.

푸시의 목적은 셔틀콕을 빨리 상대의 코트에 떨어뜨리는 것이다. 연습59, 60과 같은 타법을 궁리하여 연습해 보자.

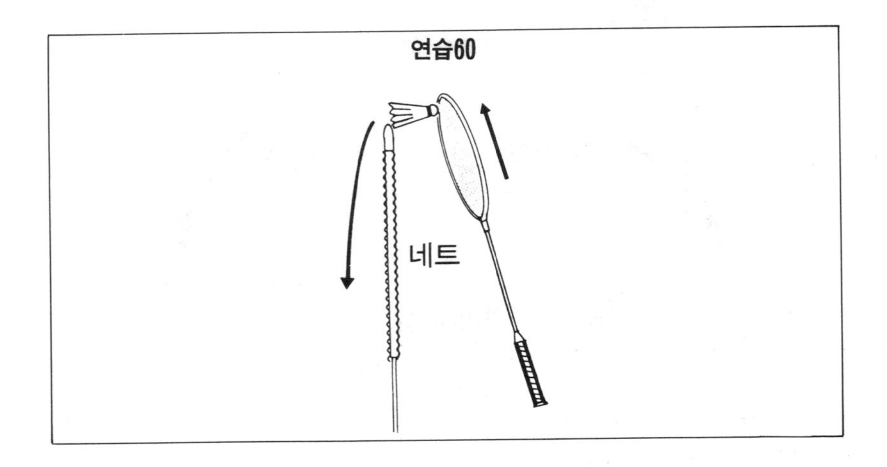


## 연습61 노크된 셔틀콕을 푸시

밑에서부터 혹은 수평으로, 또 위에서부터 떨어지듯이 노크된 셔틀콕을 푸시하는 연습을 한다.

능숙하게 셔틀콕을 노크할 수 없을 때는 손으로 셔틀콕을 토스하여도 상관없다.

## 연습62 한 걸음 내디뎌서 푸시

오른쪽 그림과 같이 A와 B가 토스한 셔틀콕을 교대로 한 걸음 내디뎌서 푸시를 친다.

또, 1대 1로 한 쪽이 노크한 셔틀콕을 다른 한 쪽 사람이 한 걸음 내디뎌서 푸시하는 연습도 해두기 바란다. 처음에는 셔틀콕을 좌우로, 익숙해지면 랜덤으로 토스한다.

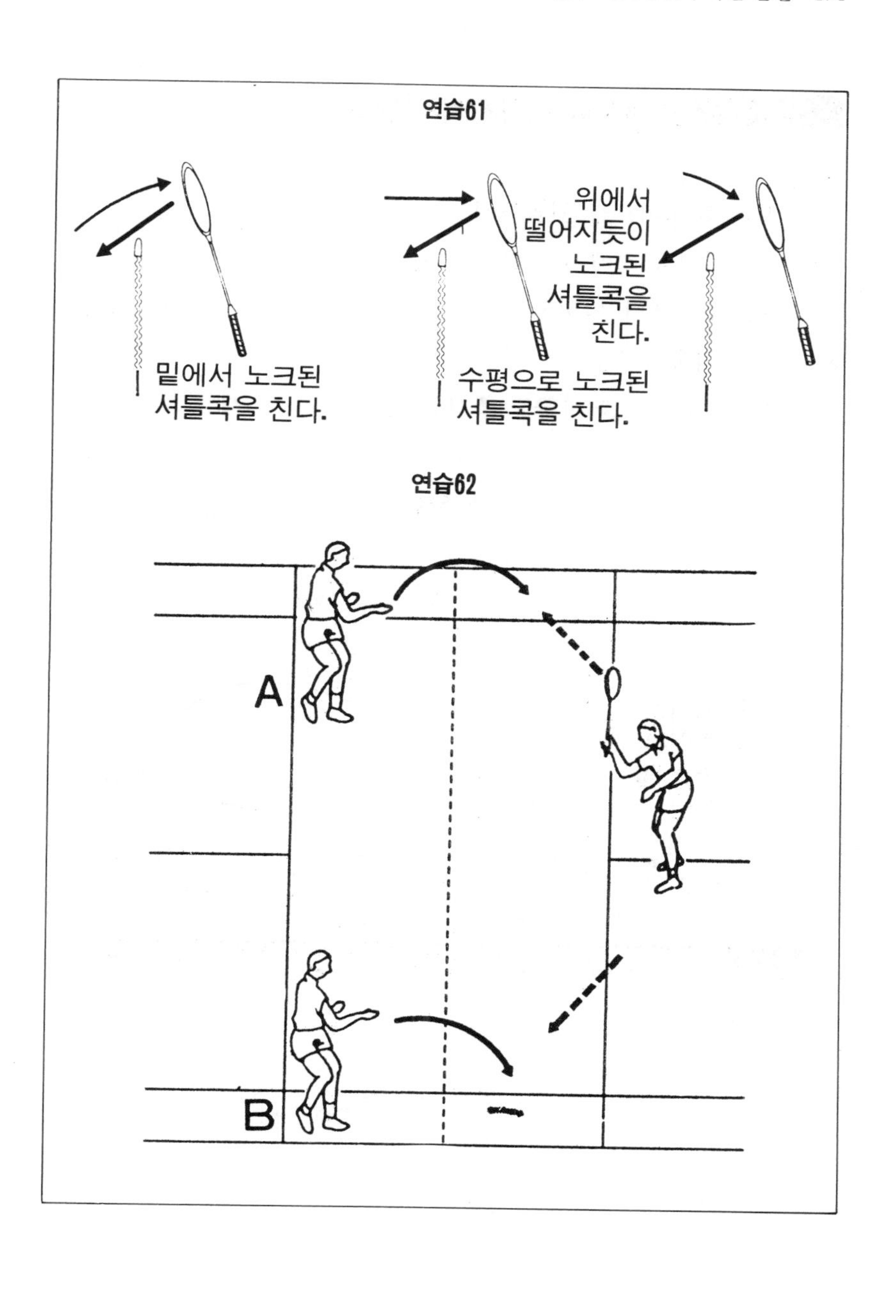
연습61
밑에서 노크된
셔틀콕을 친다.
수평으로 노크된
셔틀콕을 친다.
위에서
떨어지듯이
노크된
셔틀콕을
친다.
연습62
A
B

## 연습63 스매시와 조화시켜서 연습

① A가 롱 서비스를 쳐올린다.

② B가 이것을 스매시로 반구한다.

③ A는 B로부터 날아온 스매시를 리시브하고 네트 가장자리로 찬스 볼을 쳐올린다.

④ B는 전방으로 대시하고 푸시한다.

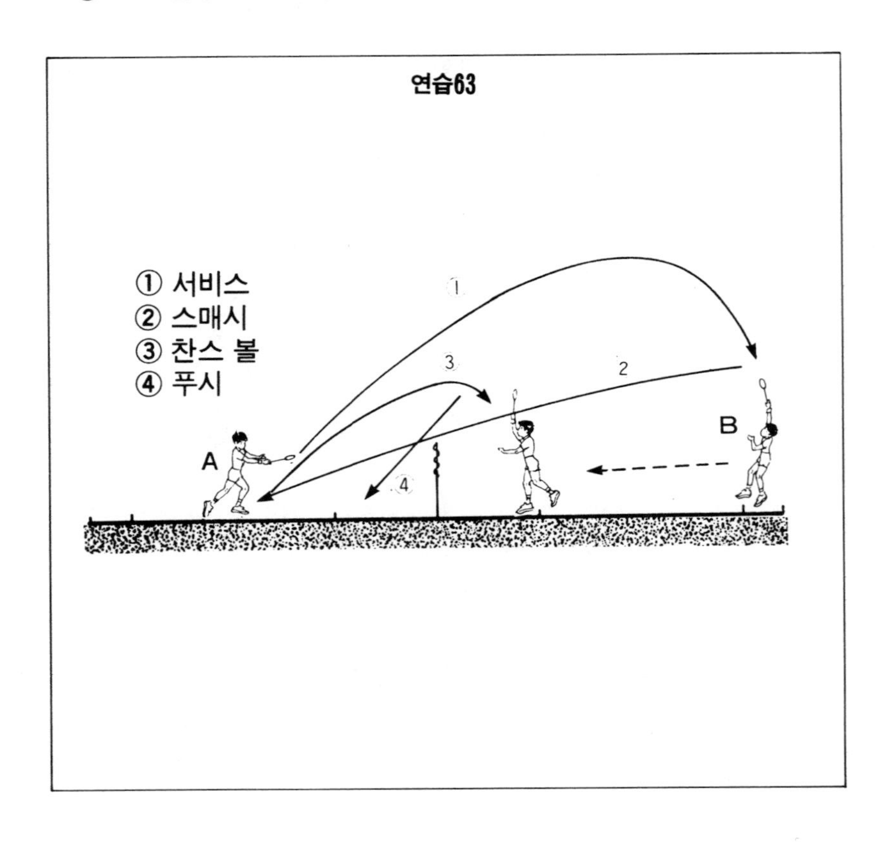

①~④까지를 몇 번이고 반복하여 연습하기 바란다.

또, ③에서 A가 찬스 볼을 쳐올릴 때 스트레이트로 반구하는 것만이 아니고, 아래 그림과 같이 전방에서 크로스로도 반구하자. B는 이것을 스트레이트로 푸시한다.

시합중 크로스로 반구된 셔틀콕을 그대로 크로스로 푸시하면 상대방의 라켓이 있는 곳으로 가고 말기 때문에 치명타가 되는 경우가 가끔 있다.

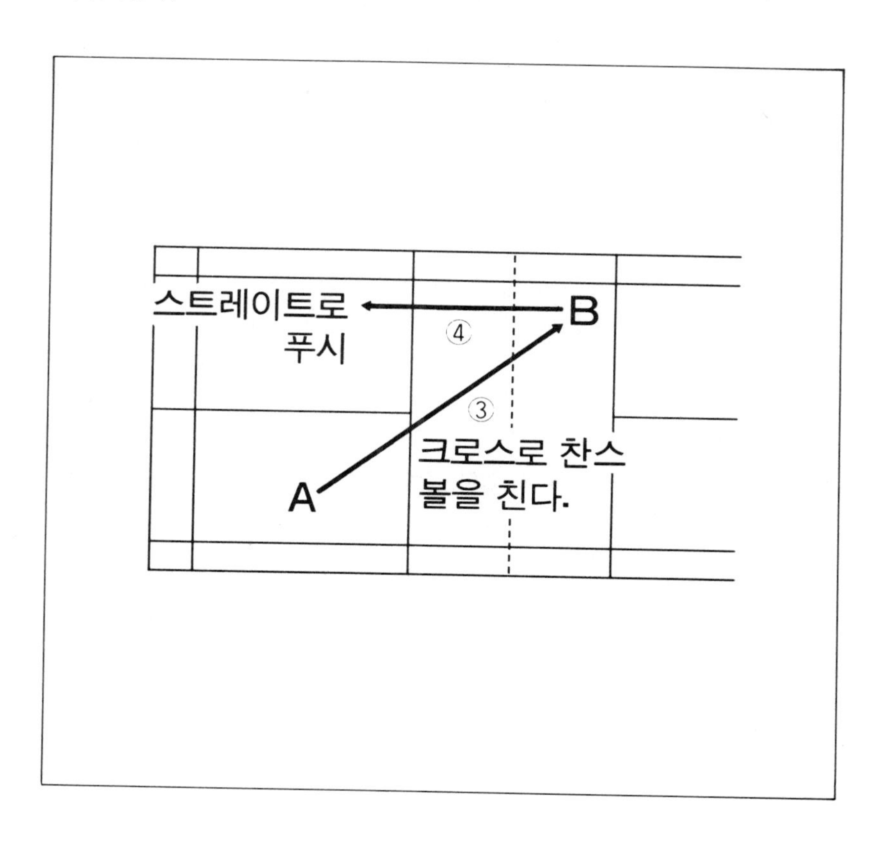

# 12.

# 드롭을 연습하자

드롭은 상대가 코트의 중앙, 또는 이것보다 후방에 있어서 스매시나 클리어를 예상하고 있을 때에 네트 가장자리까지 끌어당기기 위한 것이다.

그러므로 타구를 네트 가까이에 떨어뜨리는 편이 효과가 있다. 셔틀콕은 그림의 A가 좋고, B와 같이 높이 올라가면 비행 시간이 길게 되고 효과가 없다. B와 같은 좋지못한 드롭은 상대의 푸시 공격을 만나고 만다.

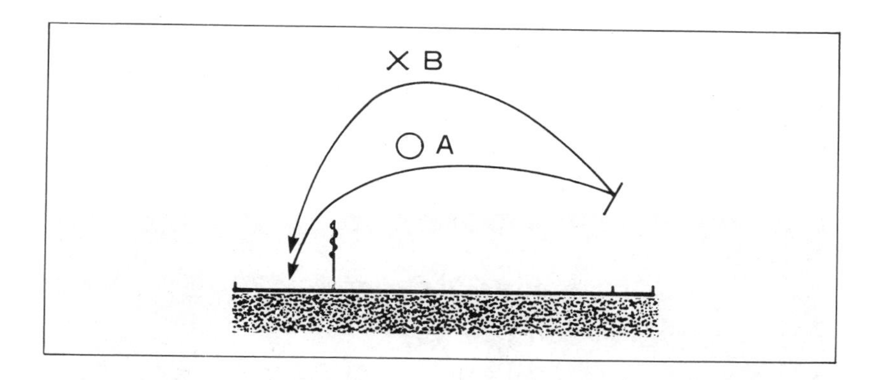


## 드롭을 치는 방법

드롭을 치는 법은 스매시나 클리어의 치는 법과 비슷하다. 스매시와 다른 점은 라켓의 움직임이 느린 점과 타점이 스매시보다도 뒤에 있는 점이다.

① 홈 포지션에서 셔틀콕의 낙하 지점으로 이동한다.

② 오른발과 오른쪽 팔꿈치를 뒤로 당기고, 스매시와 같은 준비 자세를 한다. 이때, 체중은 오른발에 걸려있다.

③ 무게 중심을 오른발에서 왼발로 옮기면서 라켓을 치켜 올리나 스윙의 힘을 될 수 있는 만큼 뺀다.

④ 셔틀콕을 머리 위 전방에서 잡아서 셔틀콕을 라켓면으로 스치듯이 가볍게 치도록 한다.

⑤ 타구 후에는 재빨리 홈 포지션으로 되돌아간다.

드롭을 칠 때에 중요한 것은 상대가 눈치채지 못하게 하는 것이다. 그 때문이라도 치기 직전의 폼은 언제라도 스매시를 칠 수 있는 자세로 해두는 것이 필요하다.

상대가 스매시를 예상하고 스매시의 리시브 자세를 취하고 있을 때 드롭을 치면 아주 효과가 있다.

## 드롭의 코스와 효용

드롭이 유효한 코스는 스트레이트와 크로스이다. 셔틀콕의 낙하 지점은 네트에 가까우면 가까울수록 효과적이다.

크로스 드롭은 능숙하게 사용하면 훌륭한 전력이 된다.

보통 드롭은 스트레이트 치기는 0.9초, 크로스 치기는 1.0초 속도로 네트를 넘는다.

다음 그림과 같이 크로스 드롭으로 상대를 네트 가장자리의 ①로 불러내어서 헤어핀으로 반구시킨 타구를 낮은 듯한 드리븐 클리어로 ②의 장소로 유인해 낸다.

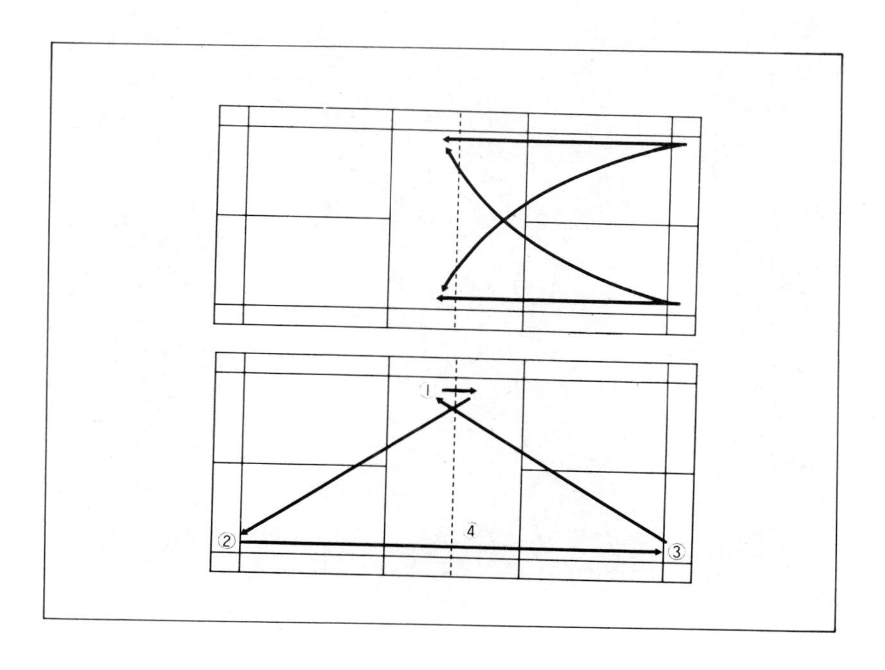

①과 ②를 능숙하게 공격하면 멀지 않아 상대는 발이 따라가지 못하게 되어 타구가 ③이나 ④의 지점으로밖에 되돌아갈 수 없게 된다. ③의 지점에서 크로스 드롭을 치는 타이밍일 때, 상대를 ②의 장소로 몰아 넣어 두면 드롭으로 에이스 포인트를 올릴 수가 있다.

그러나 크로스의 드롭은 사이드를 벗어나기 쉬우므로 거듭거듭 주의가 필요하다.

점프하여 공중에서 라켓면의 각도를 바꾸고 코스를 바꾸어서 네트 가장자리에 셔틀콕을 떨어뜨리는 드롭도 있다. 이 기술도 가능하다면 마스터해 두는 편이 좋을 것이다.

## 연습64 노크된 셔틀콕을 드롭

드롭은 셔틀콕의 스피드가 느슨하므로 쉬운 듯이 보이지만 라켓면의 사용법이 의외로 어렵다.

드롭의 연습은 준비 자세를 취한 뒤에 노크된 타구를 목표 장소에 컨트롤하는 연습을 하면 숙달이 빠르다. 연습 때에는 목표를 확실히 정하여 즐겁게 하도록 하자. 또, 목표물은 점차 작은 것으로 한다.

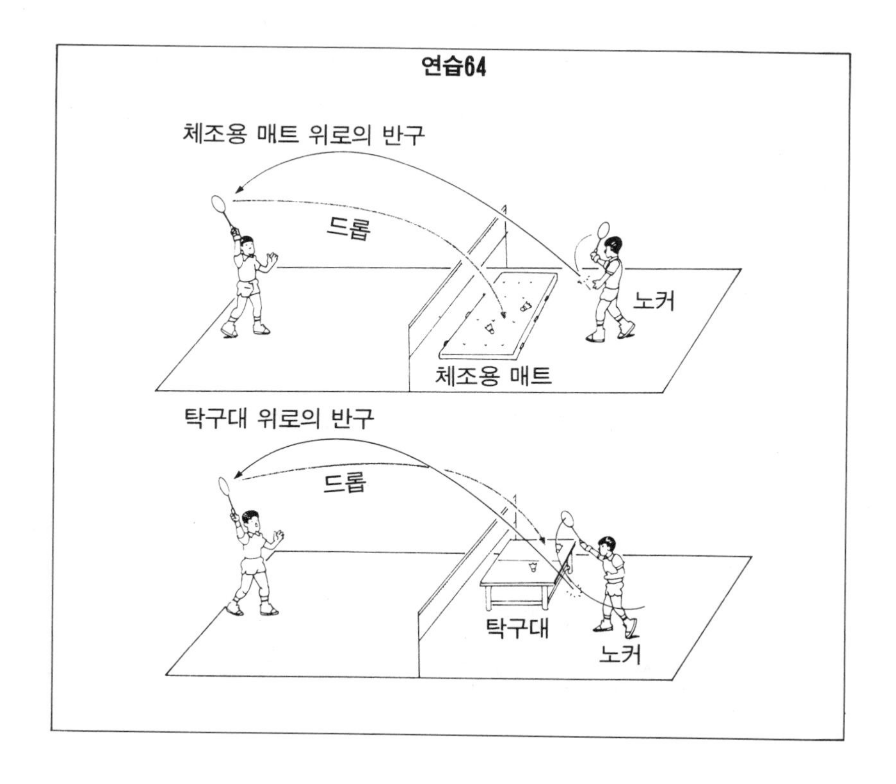

## 연습65 연속해서 드롭

계속해서 쳐올려진 셔틀콕을 연속하여 드롭으로 반구한다. 오른쪽 깊숙한 곳으로부터의 스트레이트와 크로스, 왼쪽 깊숙한 곳으로부터의 스트레이트와 크로스 이 4개의 코스를 연습한다.

## 연습66 네트 인을 노려서 드롭

드롭을 치는 사람은 네트 인을 겨냥하여 타구한다. 3분간에 몇 번 네트에 맞고, 상대 코트에 셔틀콕이 들어가는가 수를 세어 보자.

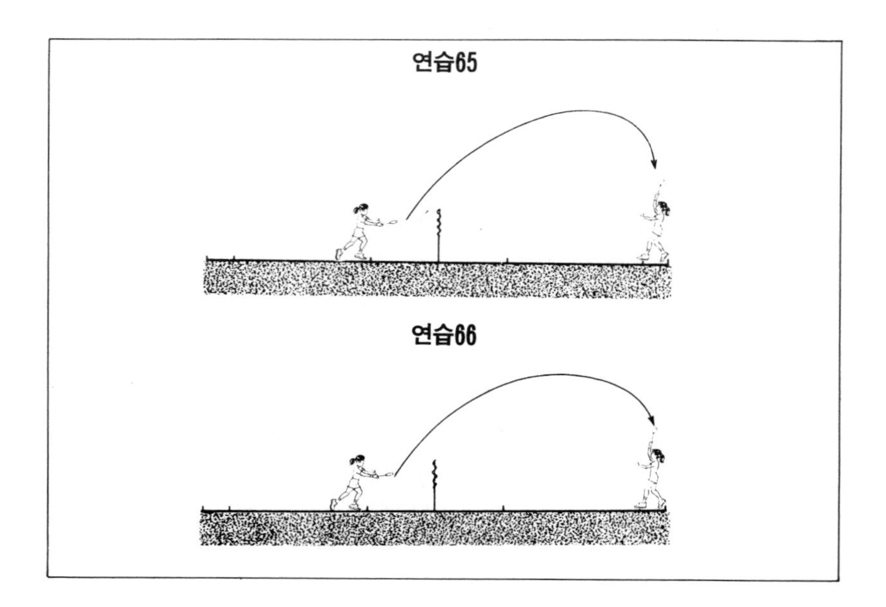

## 연습67 커트의 효용

배드민턴을 막 시작한 사람은 타구의 속도가 일정해서 빠르게도 느리게도 칠 수가 없다. 초보자의 타구가 공중에 있는 시간은 0.6초이다.

점차 연습을 거듭해 감에 따라서 빠르게도 느리게도 칠 수 있게 되면, 스매시의 0.4초와 드롭의 0.9초를 중심으로 한 2개의 산으로 나누어진다. 보통 선수는 이 단계에 있다.

이 2개의 산을 메우는 기술로서 커트가 있다.

스매시, 커트, 드롭이 일그러진 일련의 기술로 해서 완성되면 '맞은 셔틀콕이 공중에 머무는 시간'과 '도수'의 관계는 테이블형이 된다.

스매시, 커트, 드롭의 타구가 일련의 이음매가 없는 기술로써 완성되면, 타구의 속도에 여유를 가진 수비하기 힘든 공격용의 무기가 된다.

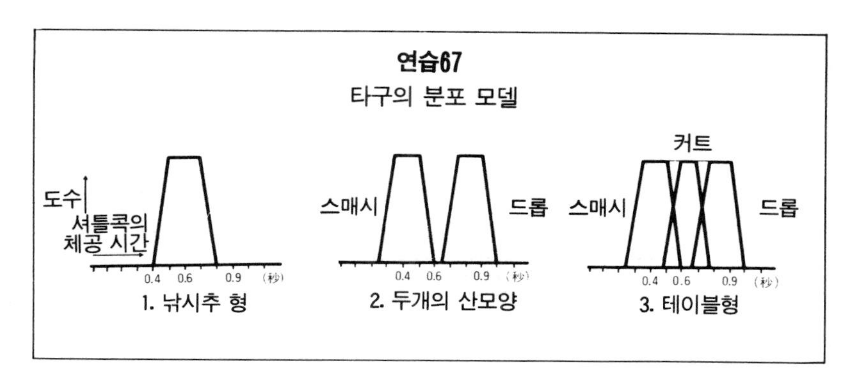

이 기술은 꽤 난이도가 높은 것이나, 일단 습득하면 적극적인 랠리를 전개할 수가 있다.

커트는 클리어, 스매시, 드롭 등과 같은 폼으로 치지만 라켓으로 셔틀콕을 치는 순간에 강하게 셔틀콕을 '자른다'는 느낌으로 친다. 커트라는 이름은 여기에서 연유한 것이다.

영국에서는 퍼스트 드롭, 미국에서는 슬로우 패스드 스매시라고 부르고 있다.

커트로 노리는 코스는 코트의 거의 중앙, 양쪽 사이드 라인이 닿을 듯 말 듯한 지점이다.

싱글스 게임은 이 커트가 아주 위력을 발휘한다. 상대의 코트에서 클리어로 되돌아 온 타구를 코트 안쪽에서 공격할 때 스매시 만으로는 위력이 약하다. 그러나 커트를 섞어서 치면, 랠리 전개가 아주 쉽게 된다.

커트 연습에서는 다음 그림과 같은 크로스 커트에 특히 힘을 넣기 바란다. 이때, 사이드를 벗어나기 쉬우므로 충분히 주의한다.

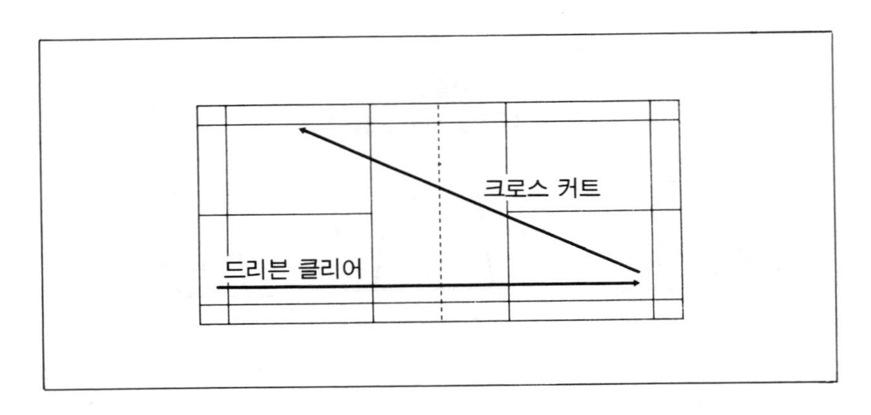

# 13. 드롭의 반구를 연습하자

날카로운 드롭의 반구에는 로브나 헤어핀밖에 없다.

허술한 드롭에 대해서는 여러 가지 공격을 시도해 본다.

높은 위치에서는 푸시 공격, 낮은 위치로부터는 드리븐 클리어로 후방을 공격한다.

①의 타자에 가까운 코너는 수비하기 어렵다.

②로의 로브는 중앙으로, 백 바운더리 라인에 빠듯하게 높이 쳐올린다.

허술한 드롭은 ③과 같이 푸시로 잡는다. 이 때 코스를 그다지 생각할 필요는 없다. 이 위치는 몸의 반사 운동의 한계를 넘는 위치이다. 푸시가 무리일 때는 위에서 막아도 효과가 있다.

④의 언더 드리븐 클리어는 낮은 듯하게 빨리 친다.

⑤로의 헤어핀은 네트 인이 최고이다. 피할 곳이 없을 때는 ⑥의 방향으로 크로스 네트를 정확하게 행한다. 크로스 네트의 성공률은 그다지 높지 않으나 연습해 두자.

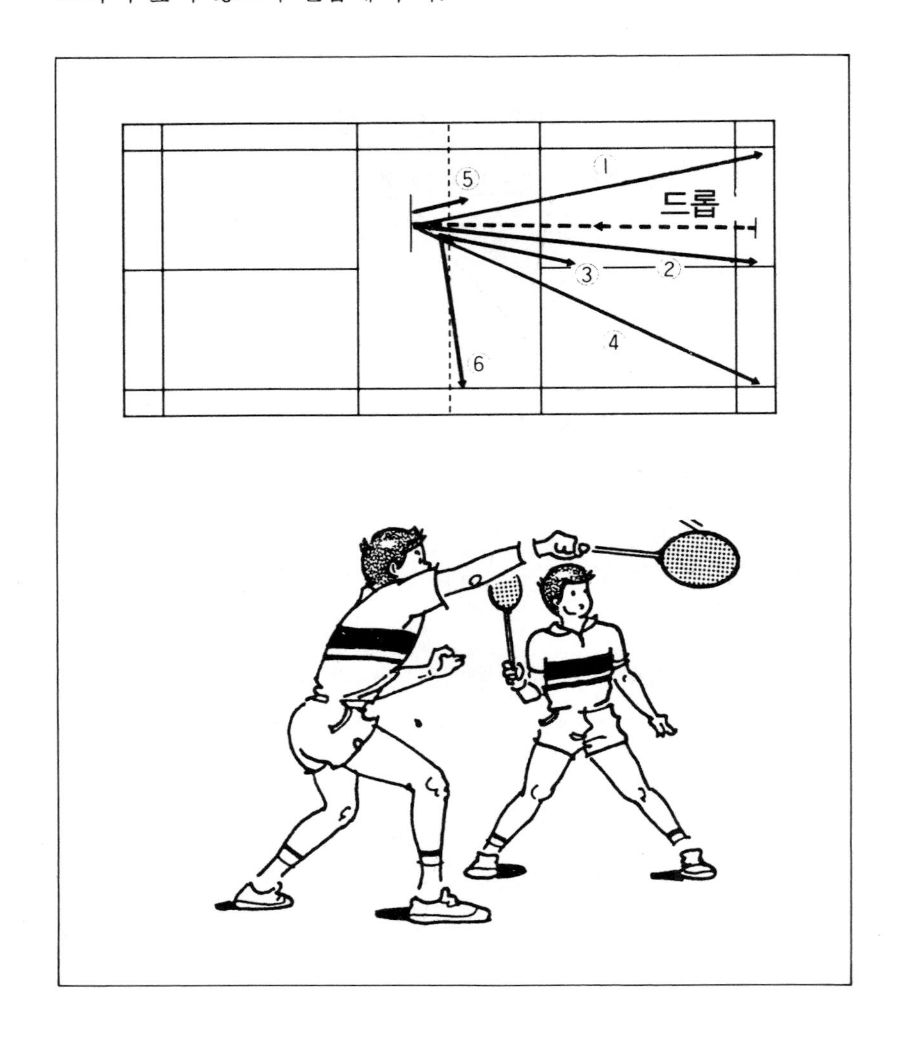

## 연습68 노크된 셔틀콕을 반구

노크하는 사람은 네트 앞에 서서 손에 든 셔틀콕을 토스해도 상관없다. 익숙해지면 리시버는 한 걸음 내디뎌서 치도록 한다.

## 연습69 드롭 턴

A는 ① 클리어와 ③ 네트를 교대로, B는 전후로 이동하여 ② 드롭과 ④ 네트를 교대로 친다. 이것을 연속해서 연습한다.

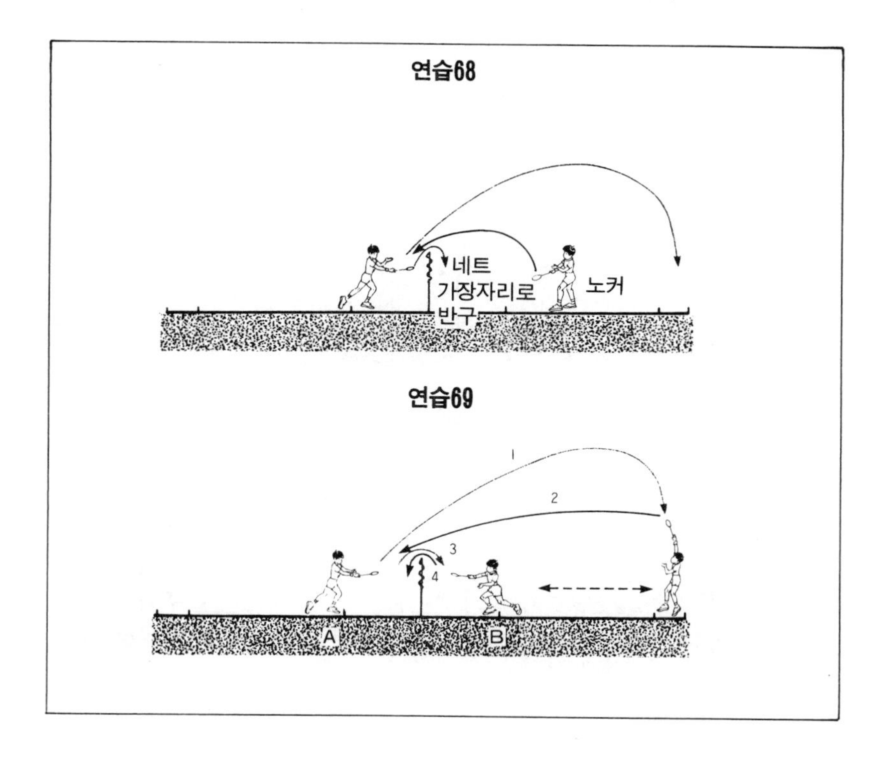

## 연습70 이동하면서 드롭과 리시브

A가 ① 클리어, B가 ② 드롭, A가 ③ 헤어핀, B가 ④ 클리어, A가 ⑤ 드롭으로 서로 이동하면서 드롭과 리시브의 연습을 한다.

## 연습71 코트 반쪽에서 올 쇼오트

코트의 반 쪽을 사용하여 A와 B는 각각 지정된 범위 내에 타구한다. 숙달되면 조건을 반대로 해서 A´, B´ 의 패턴으로 행한다. B와 A´ 는 노 터치를 범하지 않도록 노력하기 바란다.

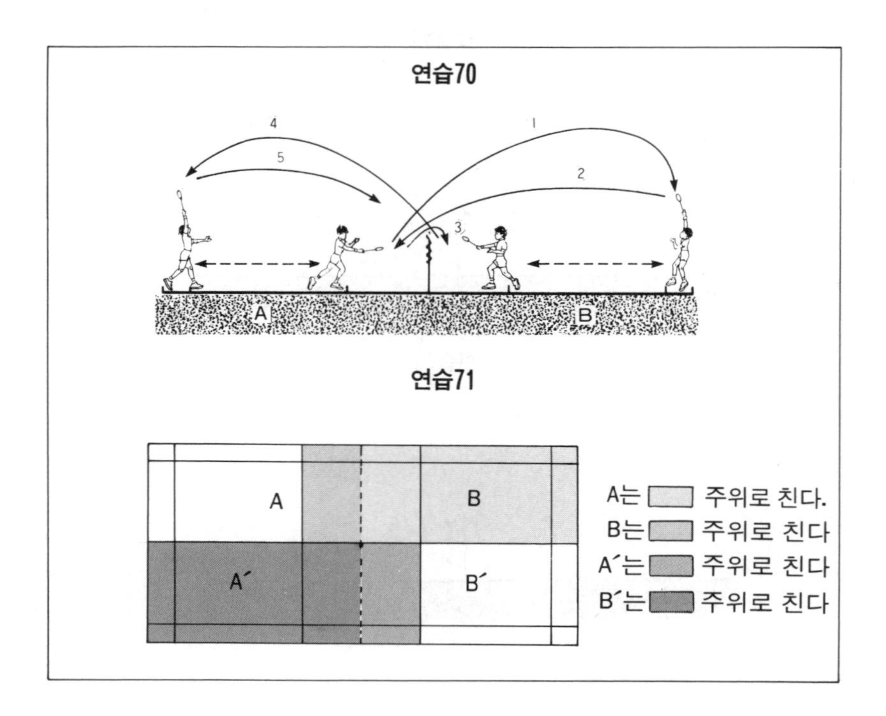

## 연습72 3점과 1점으로 연습

다음 그림과 같이 A는 ①, ②, ③으로, B는 전부 ④로 반구한다. A의 ③으로의 반구가 허술해지기 쉬우므로 확실하게 크로스로 치기 바란다. 반대 사이드의 연습도 해보자.

또, 그림과 같이 앞을 ②으로 반구하는 연습도 한다. 크로스 네트의 연습이 된다.

## 연습73 코트 전체에서의 올 쇼오트

A는 상대 코트의 전면으로, B는 네트의 옆으로 반구한다. A측의 인원을 늘여서 C를 넣어 2대 1로 연습해도 상관없다.

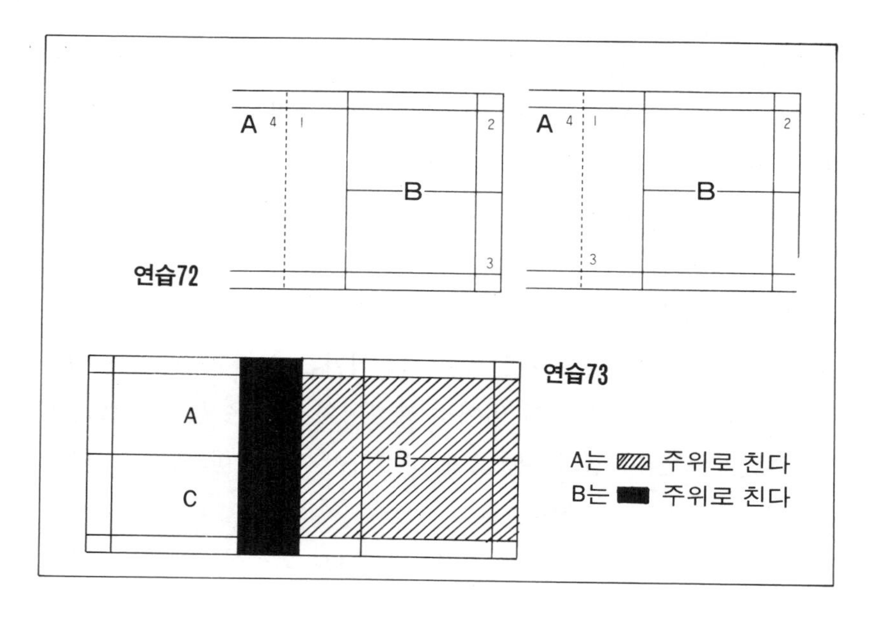

# 14. 로브를 연습하자

로브는 로빙이라고 불린다. 드롭이나 헤어핀으로 네트로 유인되었을 경우, 네트 플레이로 싸우지 않는 편이 유리하다고 판단되었을 때에 사용하는 타법이다.

로브는 하이 클리어와 같은 이유로 코트의 안쪽 깊이 높게, 정확하게 치는 것이 요구된다.

로브의 제1 목적은 랠리 중에 네트 근처에서 싸우는 것이 불리하게 되었을 때, 자신이 홈 포지션으로 되돌아가는 시간을 버는 때이다. 그러므로 쳐올린 셔틀콕이 떨어질 때까지의 시간은 통상의 랠리의 2~3배(2~3초)가 걸리도록 높게 타구하여 셔틀콕이 백 라인 위에 수직으로 낙하하도록 친다.

제2의 목적은 주니어 선수의 경우 등 뒤로 되돌아가서 치는 것이 서투른 선수에 대하여 상대의 밸런스를 무너뜨린다거나 체력을 소모시켜서 실수를 유도하기 위한 것이다. 이때의 로브는 공격적인 작용을 한다.

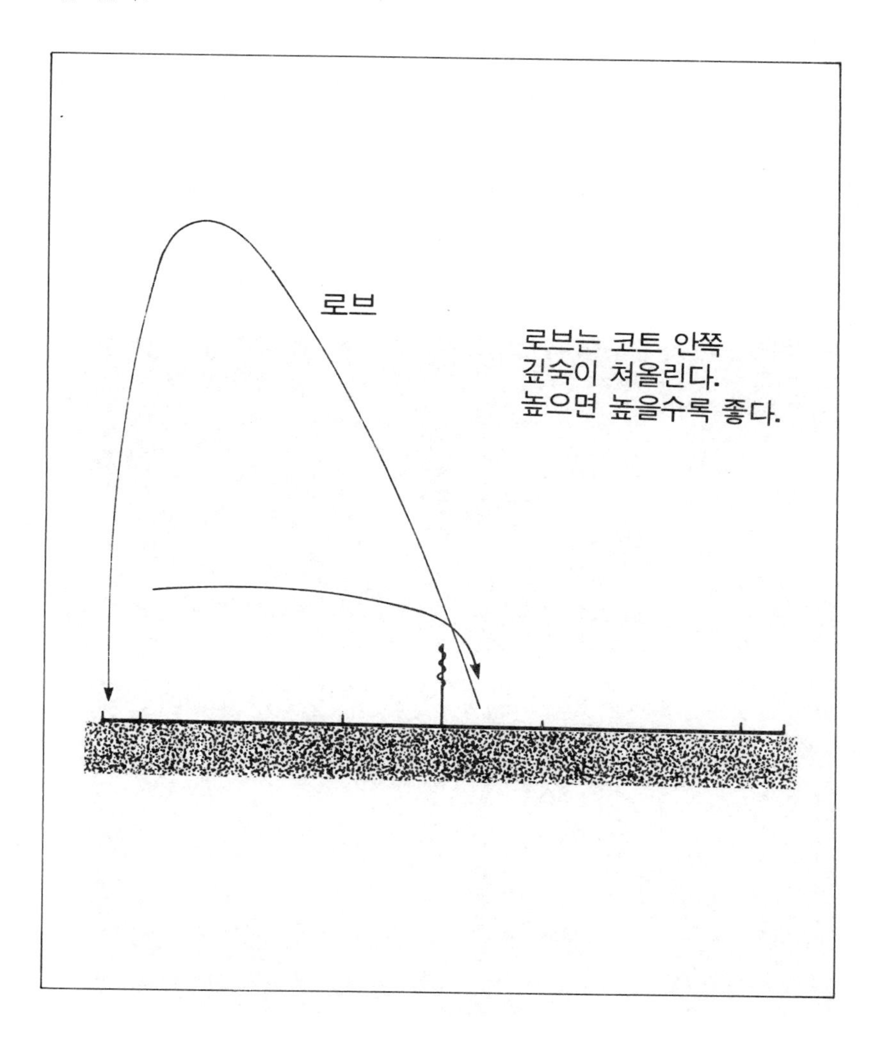

## 로브를 치는 법

### □포핸드의 경우

① 준비 자세에서 오른발을 크게 내디뎌서 무게 중심을 완전히 오른발에 건다.

② 타점은 오른발의 앞쪽으로 팔을 앞으로 내면서 손목을 오른쪽에서 원을 그리듯이 돌리고 건져 올리는 듯이 라켓을 쳐올린다.

③ 임팩트 후는 왼쪽 어깨 방향으로 라켓을 마음껏 휘두른다.

### □백 핸드의 경우

① 준비 자세에서 오른발을 앞으로 크로스시켜서 크게 내디디고, 그 발에 전 체중을 진다. 이때 얼굴은 네트의 방향으로 향하고 날아오는 셔틀콕을 주시한다.

② 타점은 오른발의 앞쪽에서 팔을 앞으로 내면서 손목을 왼쪽부터 돌려서 건져 내듯이 하여 라켓을 탄력있게 쳐올린다.

③ 타구 후의 팔로우 스루는 손목을 되돌려서 유연하게 한다.

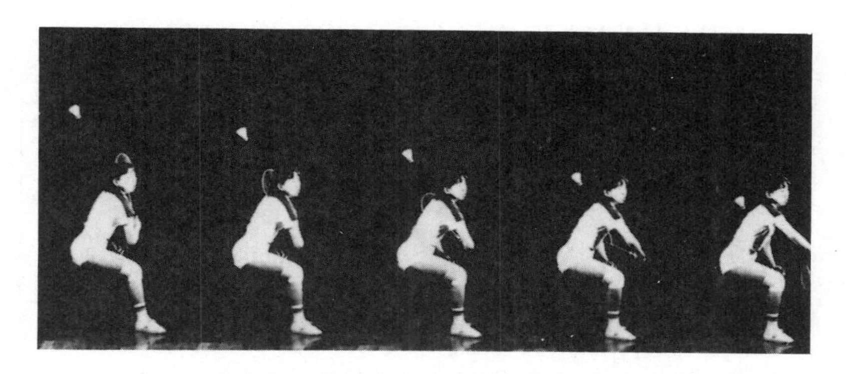

## 연습74 한걸음 내디뎌서 로브를 친다

상대 코트에서 토스된 셔틀콕을 한 걸음 내디뎌서 로브를 쳐올린다.

## 연습75 후방에서 대시하여 로브를 친다

A의 드롭을 B는 홈 포지션보다도 후방에서 대시하여 로브를 친다. 타구 후는 곧바로 홈 포지션보다 후방으로 되돌아간다. 이것을 계속하여 연습하자.

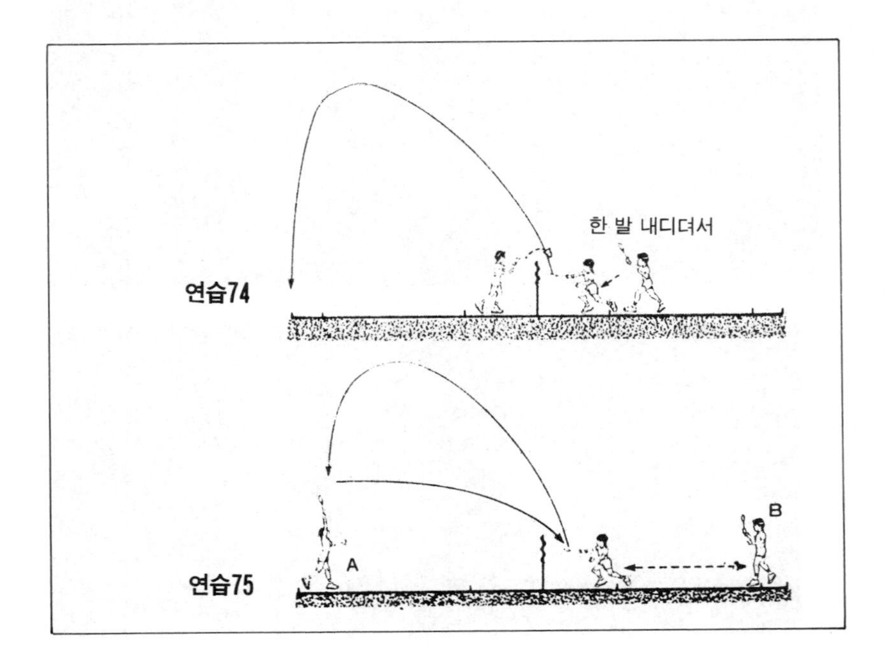

anon

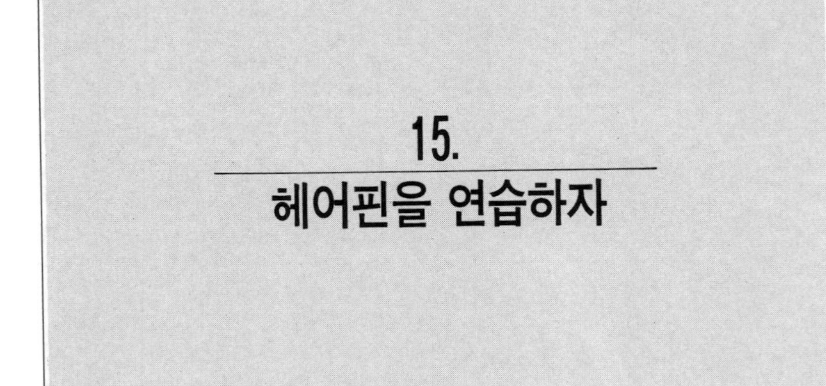

# 15. 헤어핀을 연습하자

헤어핀은 랠리에 낙착을 보기 위한 키 샷이다. 드롭 등으로 네트를 노려서 낮추어서 온 타구를 네트로 반구할 때 이용한다.

헤어핀과 같은 느린 타구를 처리하는 기술은 랠리를 유리하게 전개

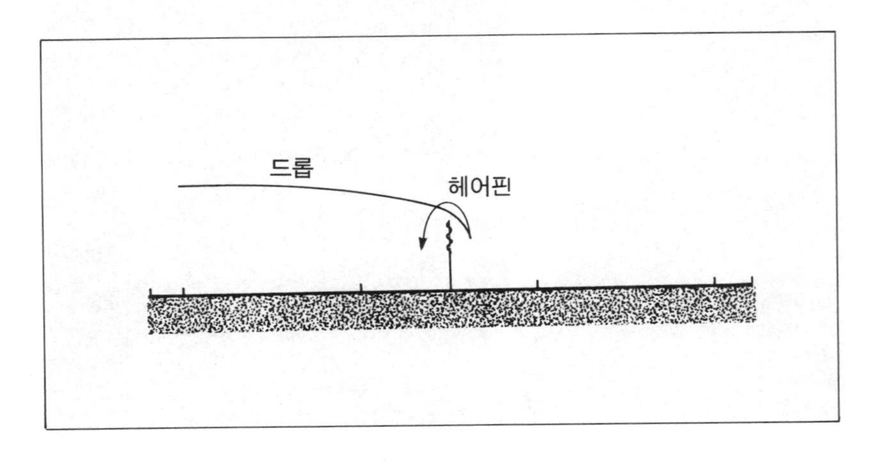

시킬 때 아주 중요하다.

### □헤어핀을 치는 법

포핸드에서도 백 핸드에서도 헤어핀을 치는 요령은 거의 같다.

① 오른발을 크게 내디뎌서 단단하게 허리를 집어 넣는다. 이때, 오른발은 뒤꿈치부터 들어간다.

② 오른발에 무게 중심을 걸어서 손목은 부드럽게 그립을 단단히 잡고, 라켓에 셔틀콕을 얹도록 하여 준비한다.

③ 셔틀콕은 되도록 높은 위치에서 잡고, 타구의 정점을 자신의 코트쪽에 두고 라켓면을 정확하게 정하는 것이 포인트이다.

④ 네트 인이 최고의 샷이다.

⑤ 타구 후는 오른발을 당기고 기본 자세로 되돌아간다.

## 헤어핀에서 주의해야 할 일

헤어핀은 아주 델리케이트한 타법이다. 셔틀콕이 떠버리면 푸시에 의한 치명적인 상처를 받는다.

헤어핀을 칠 때에는 상대에게 공격의 찬스를 주지 않는 것이 중요하다. 즉, 상대가 로브나 헤어핀으로 되돌려주는 것 외에는 달리 방법이 없도록 정확한 타법을 몸에 익힌다.

헤어핀의 연습에서는 다음과 같은 점에 주의하자.

① 셔틀콕의 정점은 반드시 자신의 코트에 두도록 친다.

② 친 셔틀콕은 상대 코트의 네트에 닿을 듯 말 듯한 지점에 떨어지도록 한다. 그러기 위해서는 타구의 순간에 라켓면으로 셔틀콕을 올려놓는 느낌으로 잡아서 절대로 튀게 하지 않도록 주의하자.

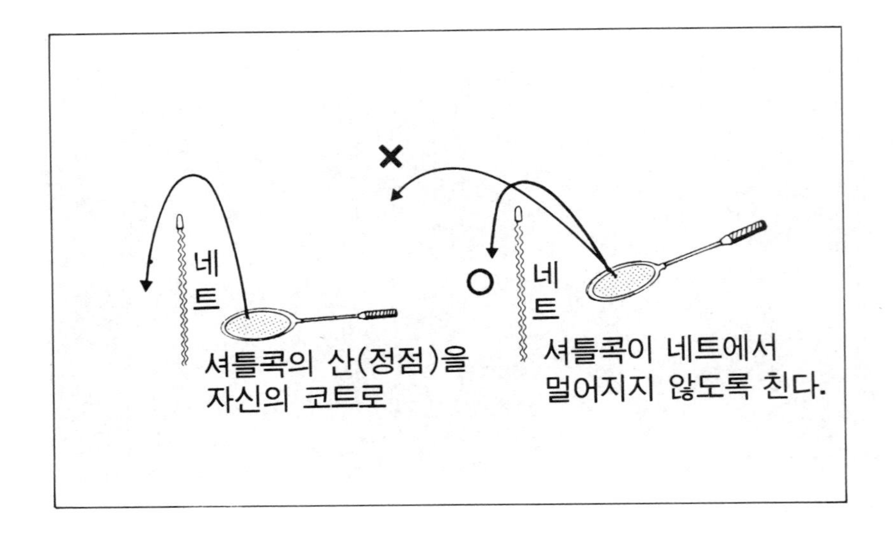

## 셔틀콕에 회전을 준다

헤어핀을 치는 기술이 향상되었다면 셔틀콕에 회전을 주어보자.

먼저 라켓을 앞으로 떠미는 듯한 느낌으로 셔틀콕을 라켓의 위에서 세로로 굴리듯이 하여 뒷방향으로 네트를 넘게 한다.

다음으로 라켓을 가로로 슬라이드시켜서 셔틀콕을 라켓 위에서 가로로 회전시켜서 네트를 넘는다.

이것들은 이른바 스핀 샷으로 불려지는 것으로 리시브하는 상대에 따라서는 아주 잡기 힘든 타구이다.

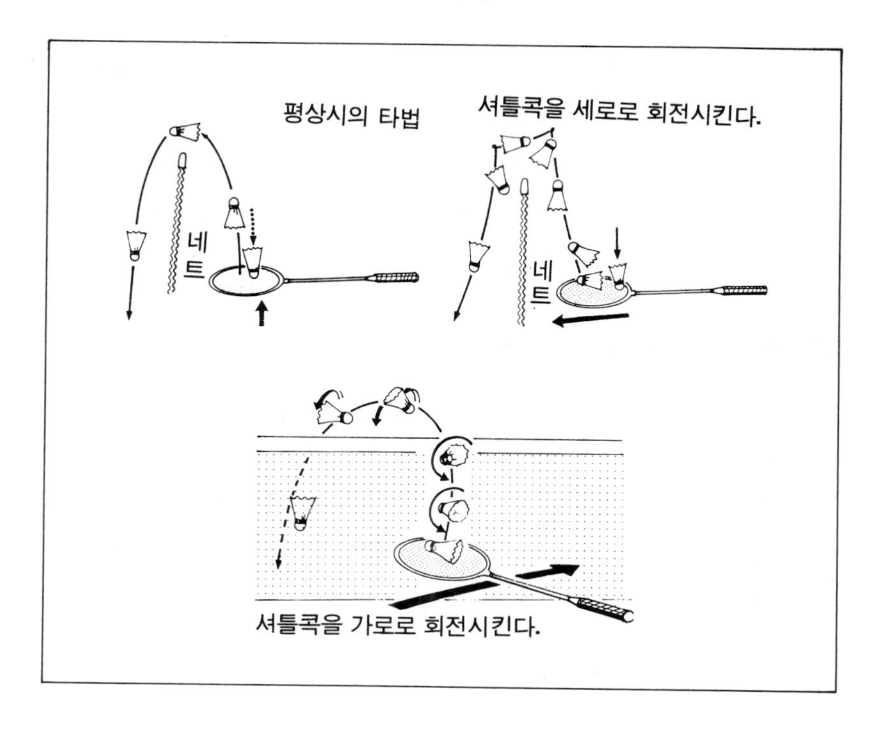

## 연습76 노크된 셔틀콕을 친다

헤어핀 샷은 라켓 다루기 중에서도 아주 어려운 타법이다.

헤어핀을 숙달시키는 지름길은 네트를 사용하여 연습하는 것보다 먼저 코트 밖에서 셔틀콕을 라켓의 앞면이나 뒷면으로 자유로이 받아내는 연습을 하는 것이다.('셔틀콕에 익숙해지자'의 항목을 참조)

다음에 코트 안에서 연습한다.

① 네트 가까이에 서서 상대가 노크하거나 토스한 셔틀콕을 선 장소에서 네트로 쳐서 막는다.

② 네트로부터 조금 떨어져 서서 오른발을 한 걸음 내디뎌서 반구한다.

③ 더욱 네트로부터 떨어져서 겨우 잡을 수 있는 장소에서 친다.

이와 같이 점점 네트로부터 떨어져서 발의 동작을 넣어서 연습하자.

## 연습77 두 사람이 헤어핀

서로 쇼오트 서비스 라인의 후방에 서서 헤어핀을 연속하여 치고 받는다. 이때 너무 네트에 가까이 가지 않도록 주의하자.

포핸드와 백 핸드를 섞어서 라켓과 셔틀콕 다루기에 빨리 익숙해지도록 하자.

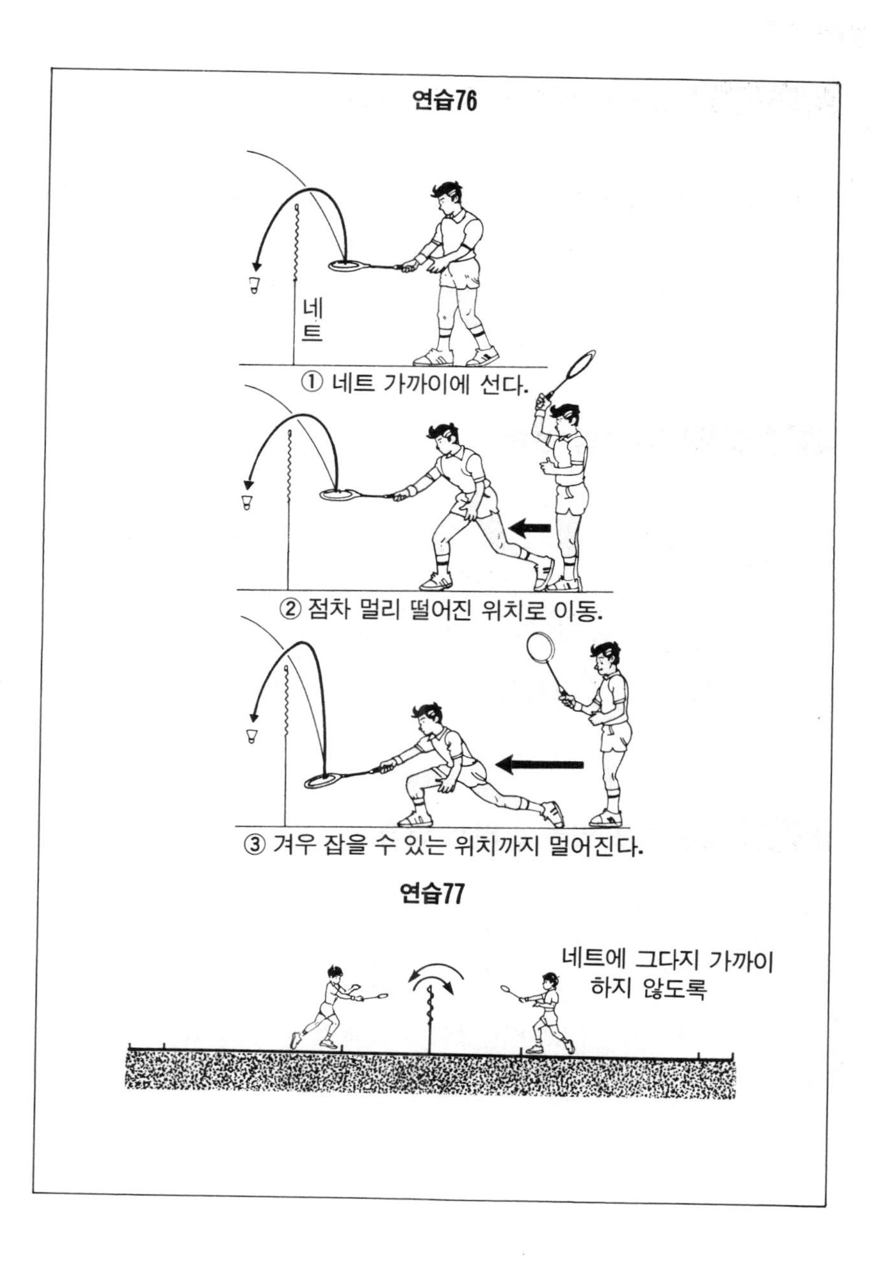
연습76
네트
① 네트 가까이에 선다.
② 점차 멀리 떨어진 위치로 이동.
③ 겨우 잡을 수 있는 위치까지 멀어진다.
연습77
네트에 그다지 가까이
하지 않도록

## 연습78 크로스 네트를 치고 받는다

네트를 끼고 대각선으로 마주하여 크로스 네트를 치고 받는다. 포핸드와 백 핸드 양쪽의 연습을 행한다. 또, 등이 항상 코트의 중심을 향하도록 준비하고 코트의 바깥쪽을 향하지 않도록 주의하자.

사이드를 벗어나기 쉬우므로 신중하게 치기 바란다.

## 연습79 2대 1의 연습

A와 B는 검은 부분으로 C는 사선 부분으로 헤어핀을 연속하여 반구한다.

서로 스트레이트와 크로스를 나누어 친다. 처음에는 A와 B가 크로스, C가 스트레이트로 정해서 연습해도 좋을 것이다.(물론 그 반대도 생각할 수 있다)

## 연습80 네트 인을 노려서 연습

헤어핀은 네트 인이 최고이다. 이 네트 인을 노려서 셔틀콕을 친다.

3분간 몇 번 네트에 맞아서 상대 코트에 넣을 수 있었던가 세어보자.

상대로부터의 송구는 노크라도, 토스라도 어느 쪽도 상관없다.

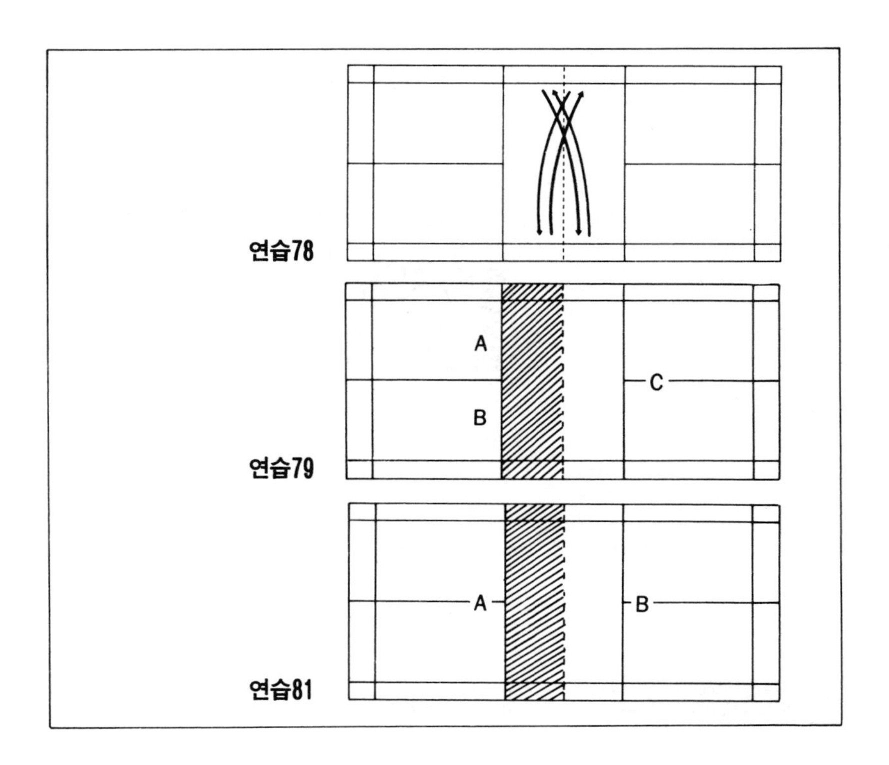


## 연습81 헤어핀으로 게임

위의 그림의 표시된 부분만을 사용하여 헤어핀으로 게임을 해보자.

막상 게임이 시작되면 셔틀콕이 아무래도 떠오르기 쉽다. 셔틀콕의 정점이 자신의 코트쪽으로 되도록 또 네트에 닿을 듯 말 듯한 위치에서 상대 코트의 네트 가장자리로 낙하하도록 치기 바란다.

1대 1만이 아니고, 2대 2로도 게임을 해보자.

# 16.
# 종합적인 연습을 하자

## 연습82 코트 반 쪽에서의 게임

코트의 반 쪽만 사용하여 싱글스 게임을 한다. 코트가 좁으므로 타구를 컨트롤하는 기술이 몸에 붙는다.

똑같이 코트의 반 쪽에서 더블스 게임을 행한다. 빠른 스매시를 막는 연습으로도 된다.

똑같은 것으로 크로스 코트로 해보자. 또, 스매시 없이 헤어핀 없이 등 타구를 제한해도 좋을 것이다.

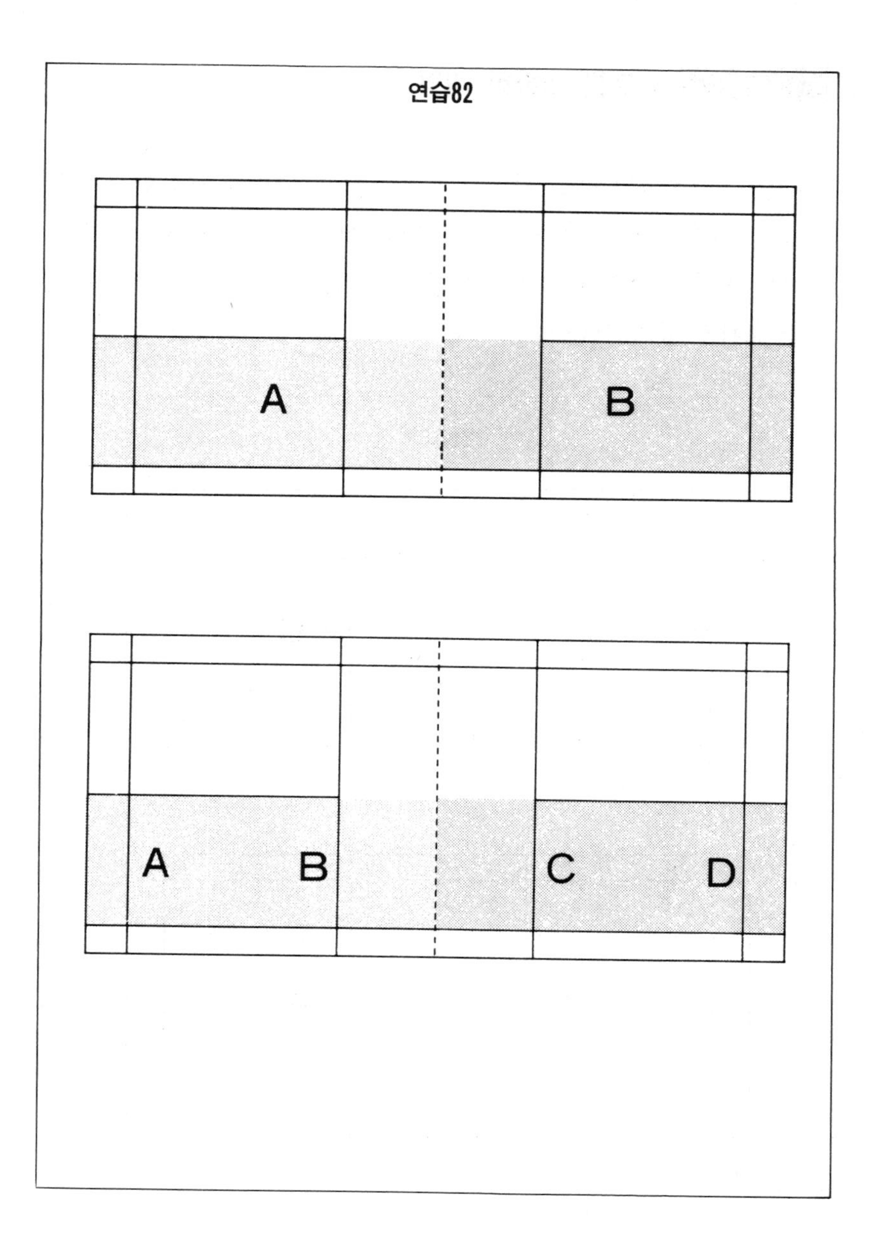
연습82
A
B
A
B
C
D

## 연습83 코트를 제한한 게임

코트를 전후로만 혹은 좌우로만 사용하여, 코트를 제한한 게임을 해보자. 다음 그림의 흰 부분에 떨어진 셔틀콕은 아웃이라고 한다.

코트 반 쪽에서의 게임은 정확하게 컨트롤하는 힘을 기르는 데에 아주 효과가 있는 연습 방법이다.

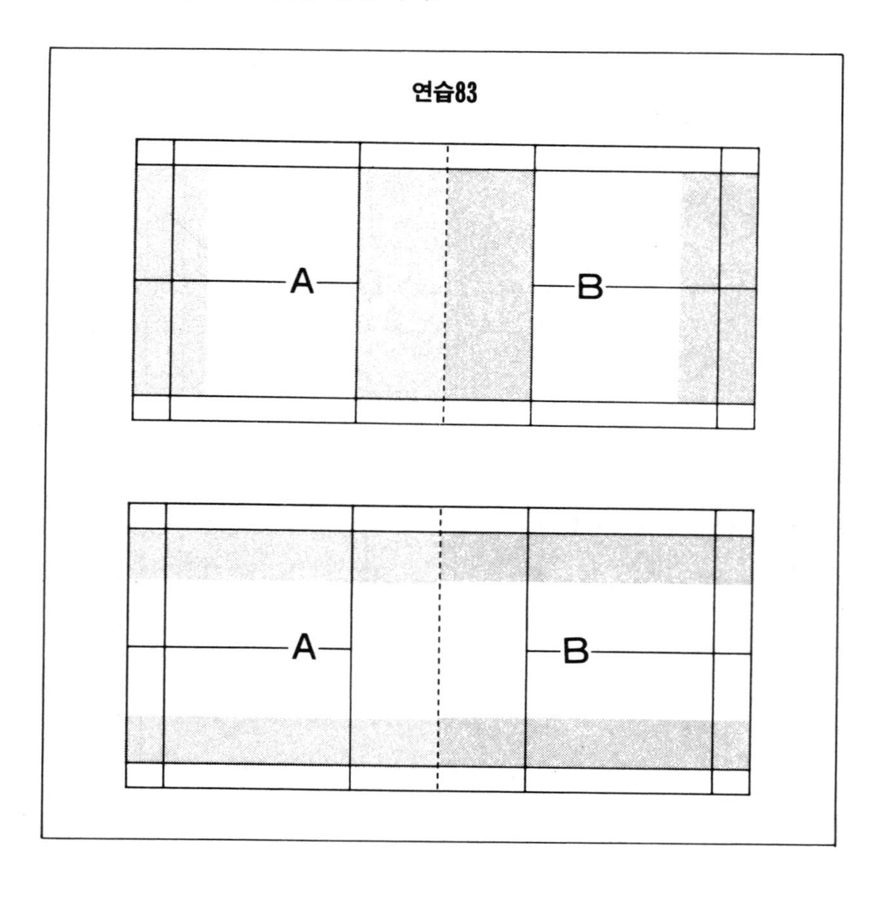

## 연습84 인원을 늘여서 게임한다

배드민턴의 시합에서는 한 쪽 코트에 두 사람보다 많이 들어가는 일은 없으나 3인 대 3인, 혹은 4인 대 4인으로 시합을 해보자. 이 경우 셔틀콕을 치기 위한 이동 거리는 짧게 되지만 상대 팀도 인원이 늘어 있으므로 보다 정확한 컨트롤이 필요하게 된다.

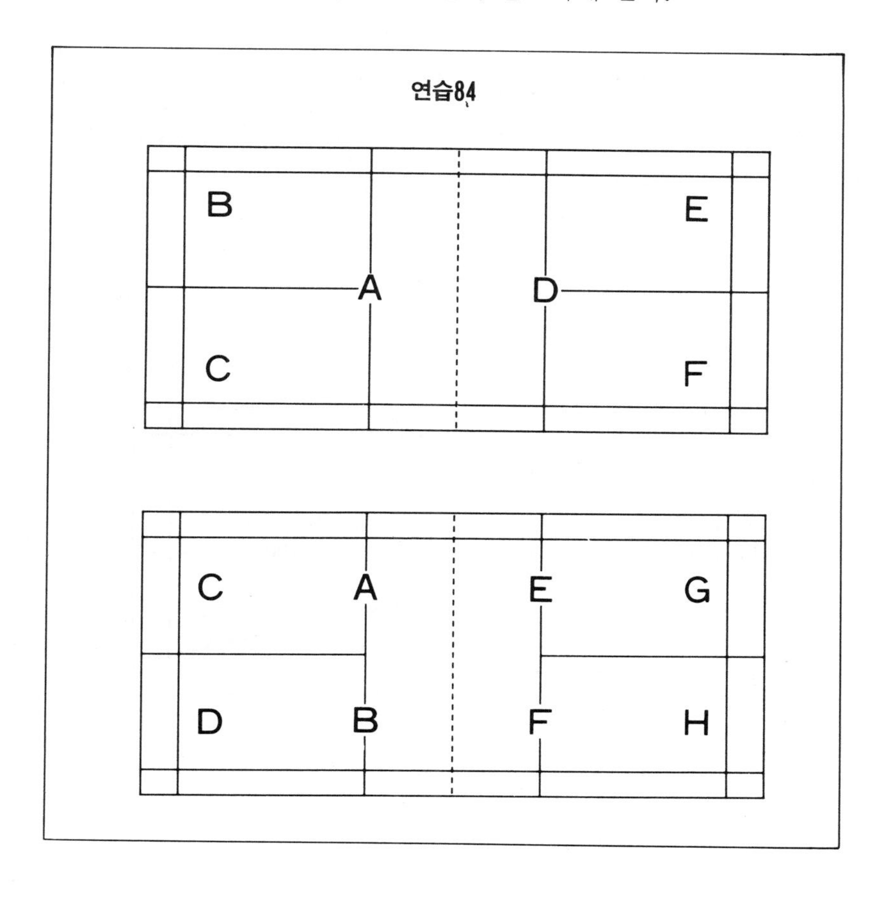

## 연습85 노크로 비스듬하게 이동

리시버가 비스듬히 이동하도록 코트의 2개의 코너에 노크한다. 리시버는 홈 포지션을 통과할 때에 반드시 일단 멈추고 '몸 굽히기'의 동작을 하고나서 움직이는 습관을 붙이자.

처음에는 교대로 노크하지만 숙달되면 랜덤으로 노크한다. 반대의 비스듬한 방향으로도 행한다.

또 노크하는 사람이 받침대 위에 올라서서 위에서 셔틀콕을 내어주는 방법이 최고이지만 이것이 불가능할 때는 손으로 토스를 해도 좋겠다.(연습86도 같다)

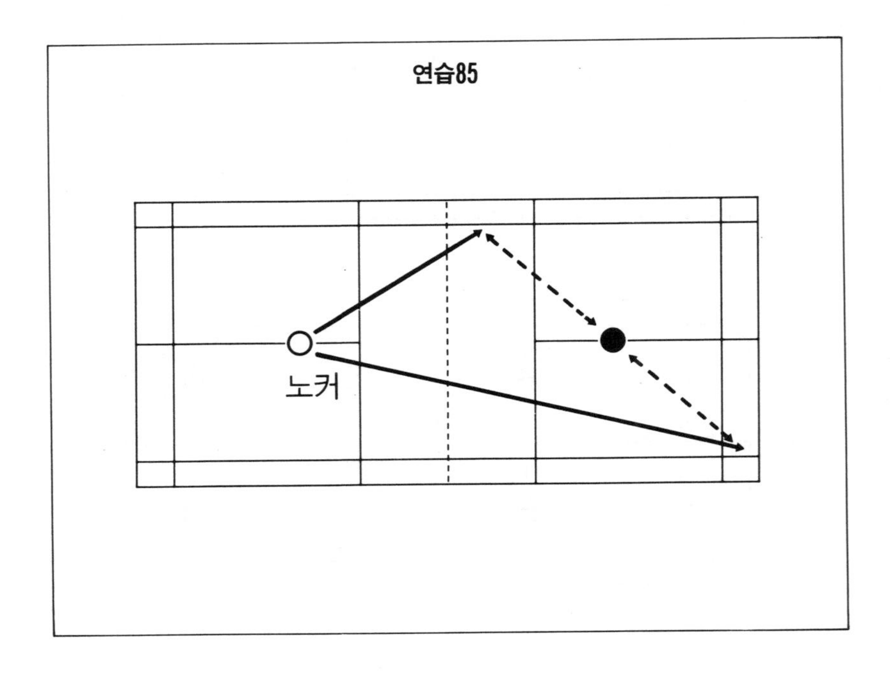

## 연습86 노크로 4방향으로 이동

코트의 4개 코너로 차례로 노크된 셔틀콕을 리시브한다. 연습85와 같이 리시버는 홈 포지션을 통과할 때에 반드시 일단 멈추고 '몸 굽히기'의 동작을 하고나서 움직이기 시작하도록 한다.

처음에는 노크하는 순번을 정해둔다. 익숙해지면 랜덤으로 노크하기 바란다.

연습 시간도 1인 1회, 3~5분 정도로 정해둔다.

또 2인조가 되어서 교대로 각각 10~15개의 노크를 받는 방법이라도 상관없다. 이것을 몇 세트 쯤 행한다.

타구의 방법도 다음과 같은 순서로 점차 어렵게 해가도 좋을 것이다.

① 처음에는 움직임의 밸런스를 만들기 위하여 어디에 반구하여도 좋은 것으로 한다.

② 리드미컬한 움직임이 나오기 시작하면 점차 반구하는 구질을 정해간다.

③ 곧 타구의 높이나 속도를 컨트롤하여 셔틀콕의 낙하점을 정확히 해간다.

④ 다음에 그림으로 표시한 올 네트, 올 클리어 등에 의해 여러가지 자세의 같은 샷을 연습한다.

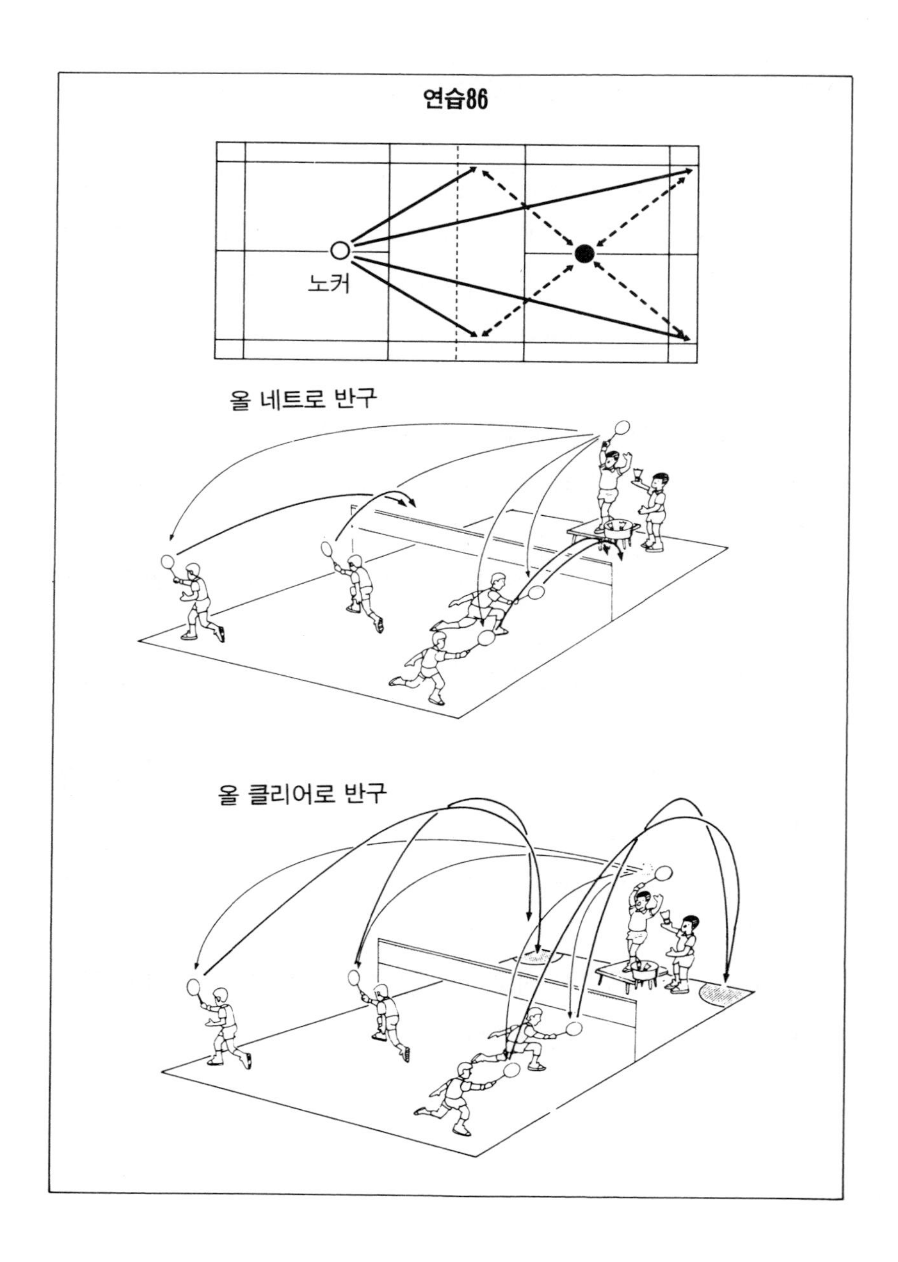
연습86
노커
올 네트로 반구
올 클리어로 반구

## 연습87 짜맞추기 연습

짜맞추기 연습은 움직임과 움직이면서 치는 샷의 결점을 고치는데 효과가 있다.

노크로 진행되는 다섯 타가 한 조로 된 연습의 예를 아래에 들어 두겠다.

이것은 한 예에 불과하다. 자신이 치기 어려운 샷이나 장소를 짜맞추어서 여러 가지 연습을 하기 바란다.

또 다음의 짜맞추기는, 선수들끼리 하는 연습의 예이다. 두 사람이 정한 순번대로 랠리를 계속해간다. ( )안은 그 샷을 치는 선수를 나타내고 있다.

① 서비스 (A)→② 드롭 (B)→③ 헤어핀 (A)→④ 클리어 (B)→⑤ 드롭 (A)→⑥ 헤어핀 (B)→⑦ 클리어 (A)

짜맞추기 연습은 얼마든지 생각해낼 수 있다. 서로의 결점을 고치거나, 장점을 살리기 위하여 여러 가지로 궁리해 보자.

## 연습88 코트에 번호를 붙여서 연습

코트를 9개의 부분으로 나누어 번호를 정해 둔다. 예를 들어 ⑤→6→③→7→⑨ →3→③이라는 식이다.

또 노크로 연습하는 것도 가능하다. 이 경우는 예를 들어 ③에 노크된 셔틀콕은 2로, ⑦로 노크된 셔틀콕은 9로 반구하는 등으로 정해두고 리시버는 그대로 반구한다.

**연습87**

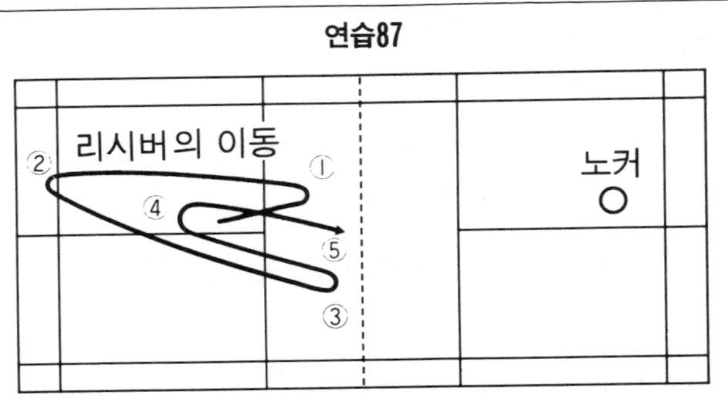


① 네트로 친다⇨로브 ② 드리븐으로 뒤를 공격한다⇨드리븐 클리어
③ 네트로 친다⇨헤어핀 ④ 코트 중앙부로 올린다⇨스매시
⑤ 네트로 올린다⇨푸시

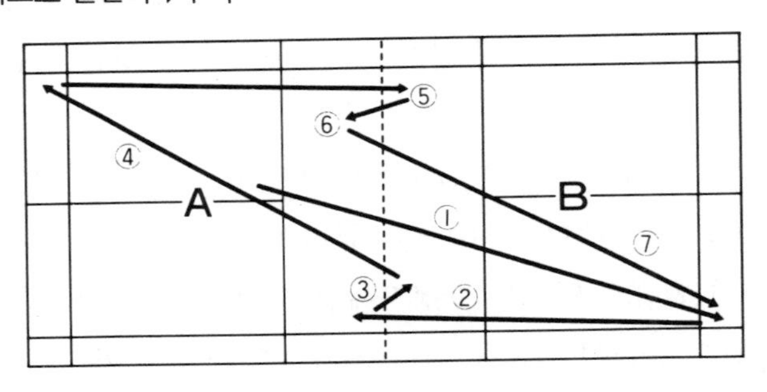


**연습88**

| | | | | | |
|---|---|---|---|---|---|
| 9 | 8 | 7 | 1 | 2 | 3 |
| 6 | 5 | 4 | 4 | 5 | 6 |
| 3 | 2 | 1 | 7 | 8 | 9 |

## 연습89 에이스 샷을 만드는 연습

특기로 하는 에이스 샷을 많이 가지고 있으면 있을수록 시합을 유리하게 전개할 수 있다. 그래서 에이스 샷을 만드는 연습을 해보자.

### □2타로 성공시킨다

① 드리븐 서비스를 보낸다→상대에게 하이 클리어를 치게 하여서 받는다.

② 에이스 샷인 드롭을 친다.

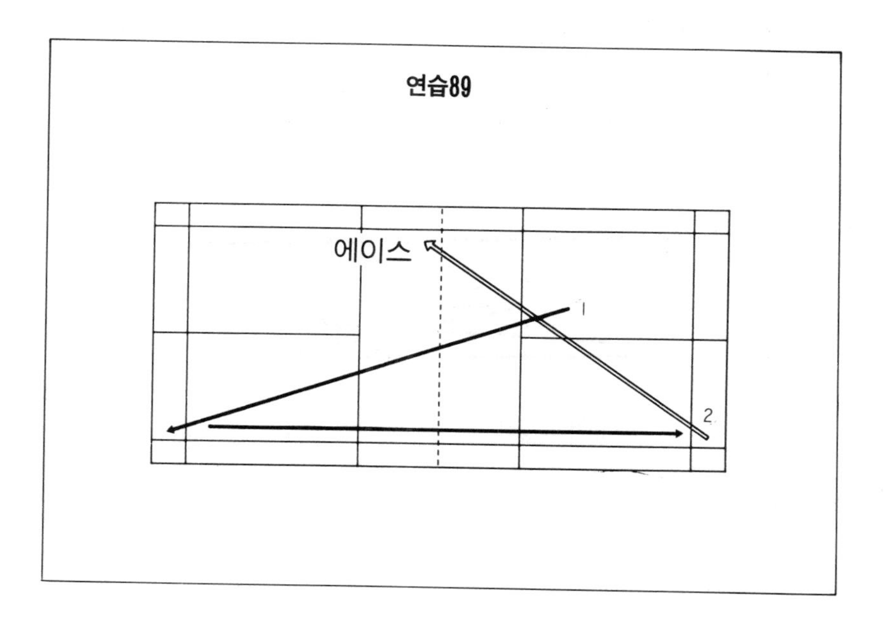

## □3타로 성공시킨다

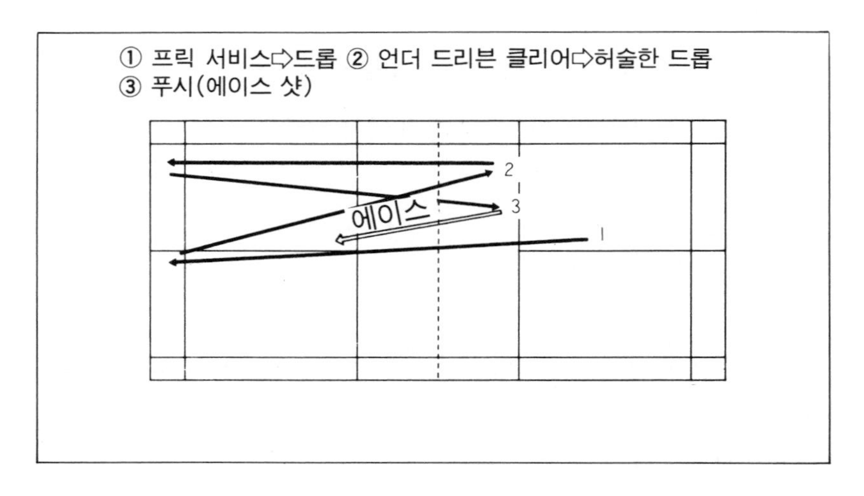


## □4타로 성공시킨다

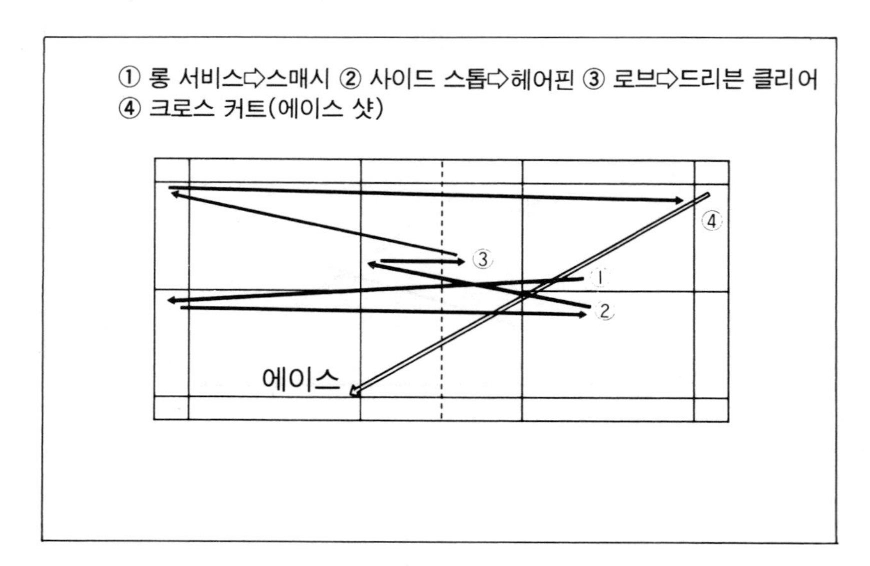

## □5타로 성공시킨다

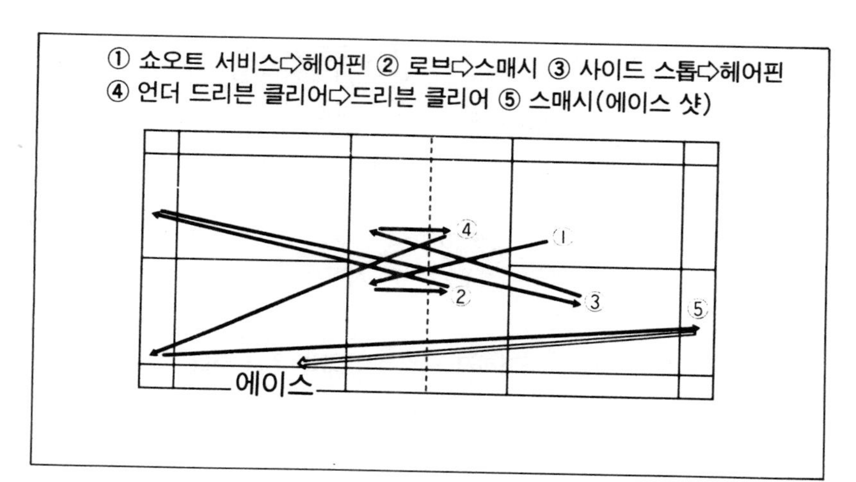


## 연습90 약속 연습

실제의 시합에서는 대부분의 랠리가 5타 이내에서 끝나고 있다. 그래서 5타째까지는 공격하지 않고 가서 랠리가 5타를 넘었을 때에 공격을 개시하는 연습을 해보자.

이외에도 서비스에서 3타째까지는 공격하지 않는다. 혹은 4타째까지는 공격하지 않는다 라는 약속을 하여 연습을 행하기 바란다.

이와 같은 연습은 타구를 컨트롤 하는 힘과 스태미나를 기르는데에 아주 효과가 있다.

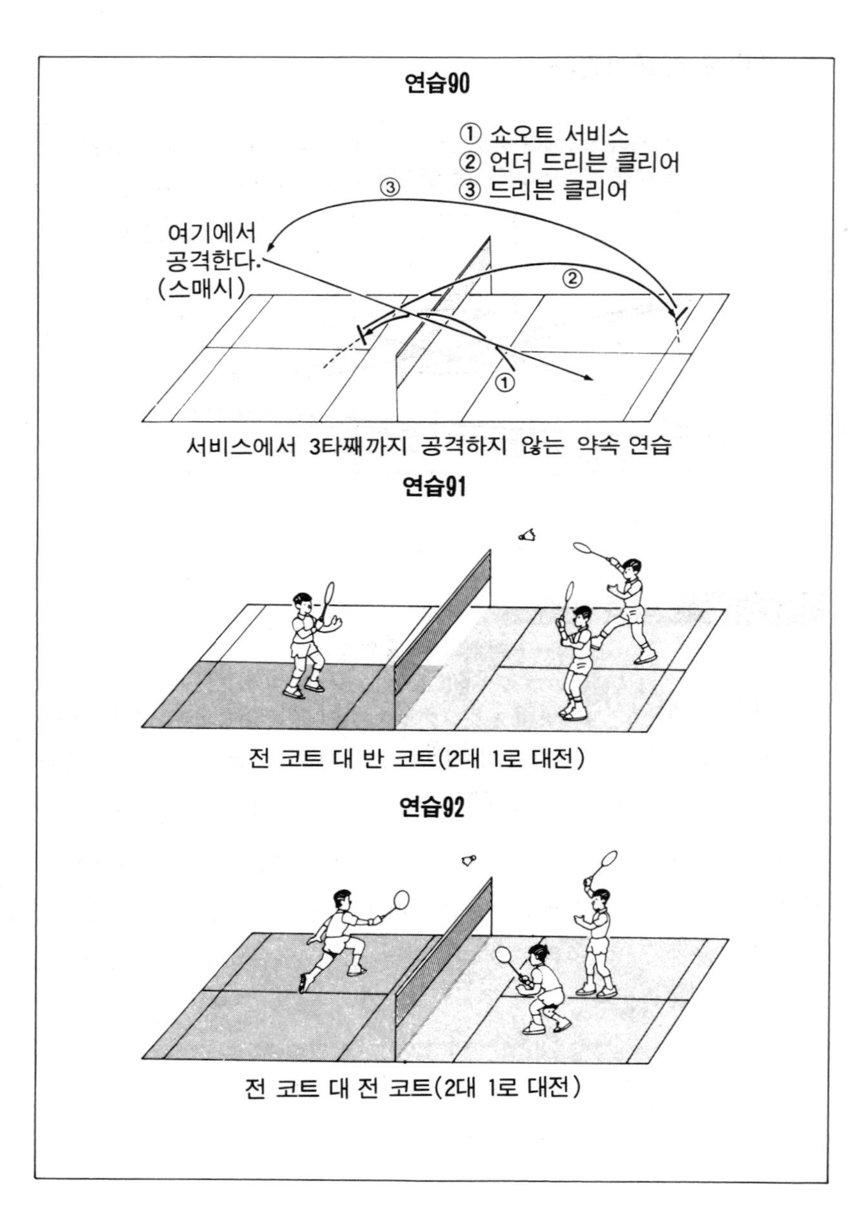
연습90
① 쇼오트 서비스
② 언더 드리븐 클리어
③ 드리븐 클리어
③
여기에서
공격한다.
(스매시)
②
①
서비스에서 3타째까지 공격하지 않는 약속 연습
연습91
전 코트 대 반 코트(2대 1로 대전)
연습92
전 코트 대 전 코트(2대 1로 대전)

## 연습91 제한 연습

2대 1로 행하는 연습일 때, 2인의 코트를 전면, 1인의 코트를 한쪽으로 제한하여 2인조의 타구에도 다음과 같은 제한을 하면 더욱 효과가 오른다.

① 스매시 없이 반구한다.

② 올 롱과 올 쇼오트만 친다.

③ 핸디캡 게임……1인이 8점, 2인조가 0점, 8대 0부터 15점 승부를 한다.

④ 노 터치 게임……2인조가 10분간 몇 번 노 터치로 성공시킬 수 있는지 또는 5타를 노 터치만으로 행한다.

## 연습92 코트 전체에서 2대 1로 연습

코트 전체를 사용하여 2인 대 1인의 시합을 한다. 1인 측의 선수는 아주 힘든 상황에 놓여지지만 그만큼 밀도 높은 연습을 할 수 있다.

또 단순히 2대 1로 시합을 하는 것만이 아니고 아래와 같은 제한을 추가하는 등 여러 가지 궁리를 해보자.

① 1인 측은 어떤 타구를 해도 좋다.

② 2인 측은 스매시없이 반구한다.

③ 핸디캡 게임 등을 한다.

또 2인조는 더블스를 1인은 싱글스의 게임을 함에 따라, 더블스와 싱글스의 차이를 배우는 것도 좋은 연습이 된다.

# 17.
# 더블스를 연습하자

더블스의 구체적인 연습에 들어가기 전에 더블스의 포메이션에 대해 설명해 두겠다.

더블스는 2인으로 페어를 만들어서 행하는 것이므로 서로의 수비범위를 충분히 파악해 두지 않으면 안 된다.

더블스의 기본적인 포메이션에는 다음과 같은 것이 있다.

## □사이드 바이 사이드 형

센터 라인을 경계로 하여 코트를 좌우로 2등분하여 1인이 오른쪽 코트 반을 또 1인이 왼쪽 코트 반을 방어하는 방법이다.

이 사이드 바이 사이드 형은 초보자가 가장 알기 쉽고 방어하는데 적합하다.

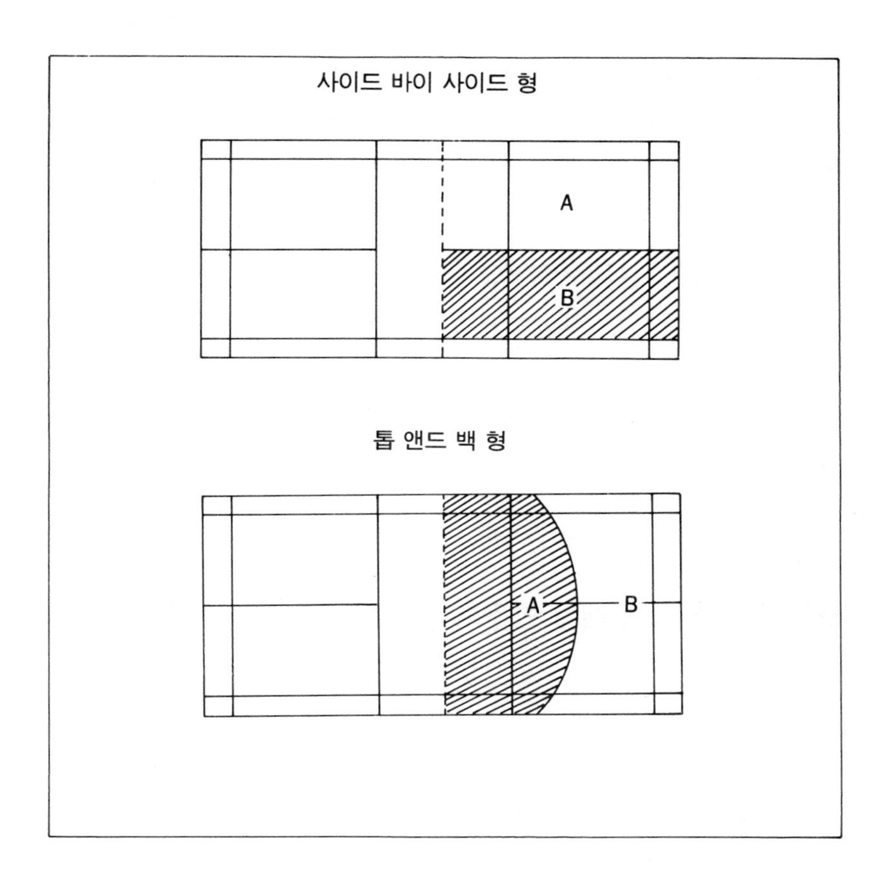


## □톱 앤드 백 형

1인이 쇼오트 서비스 라인 근처에서 전방을, 또 1인이 그 후방을 방어하는 방법이다.

일반적으로는 서버가 서비스하면 전위가 되고 그 파트너가 후위가 된다. 또 리시버가 전위가 되고, 그 파트너가 후위가 된다.

이 톱 앤드 백 형은 어느 쪽인가 하면 공격에 적합하다. 또 파트너의 기량이 다른 경우에 약한 선수를 전위에 두고, 강한 플레이어는 후위가 된다.

이 외에도 인 앤드 아웃 형 등의 포메이션이 있다.

인 앤드 아웃 형이란 것은 공격의 경우는 톱 앤드 백 형으로 플레이하고 방어의 경우는 사이드 바이 사이드 형으로 이동하면서 플레이하는 방법이다.

어느 쪽도 톱 앤드 백 형과 사이드 바이 사이드 형이 기본으로 되므로 이 2개의 형태를 철저하게 연습해 두는 것이 중요하다.

## 연습93 공격 패턴 만들기의 연습

페어를 만들어서 코트에 들어간다.

①, ②, ③의 위치로 계속해서 노크해 받는다. 이것을 ① 스매시, ② 하프로부터의 스매시, ③ 푸시로 사이드로 반구한다. 이때 파트너는 X1, X2, X3의 위치로 이동하고 기본 자세로 준비한다.

다시 ①, ②, ③의 위치로 계속하여 노크해 받는다. 이것을 전번에 파트너였던 사람이 전번과 같이 ① 스매시, ② 하프로 부터의 스매시 ③ 푸시로, 사이드로 반구한다. 이때 이번의 파트너는 X1, X2, X3의 위치로 이동하고 기본 자세로 준비한다.

이것을 몇 번쯤 반복한다.

또 반대 사이드로도 연습하기 바란다. 리시브에 힘이 있는 선수나 코치가 있을 때는 ①, ②, ③을 하나의 셔틀콕으로 행하여도 상관없다.

이 연습은 공격의 패턴 만들기에 효과가 있는 것만이 아니고, 인 앤드 아웃 형의 포메이션을 터득하기 위해서도 아주 효과가 있다.

## 연습94 톱 앤드 백의 연습

교대로 톱 앤드 백으로 코트에 들어가서 드라이브만으로 서로 공격한다. 되도록 톱에 선 A와 C가 셔틀콕을 막도록 한다.

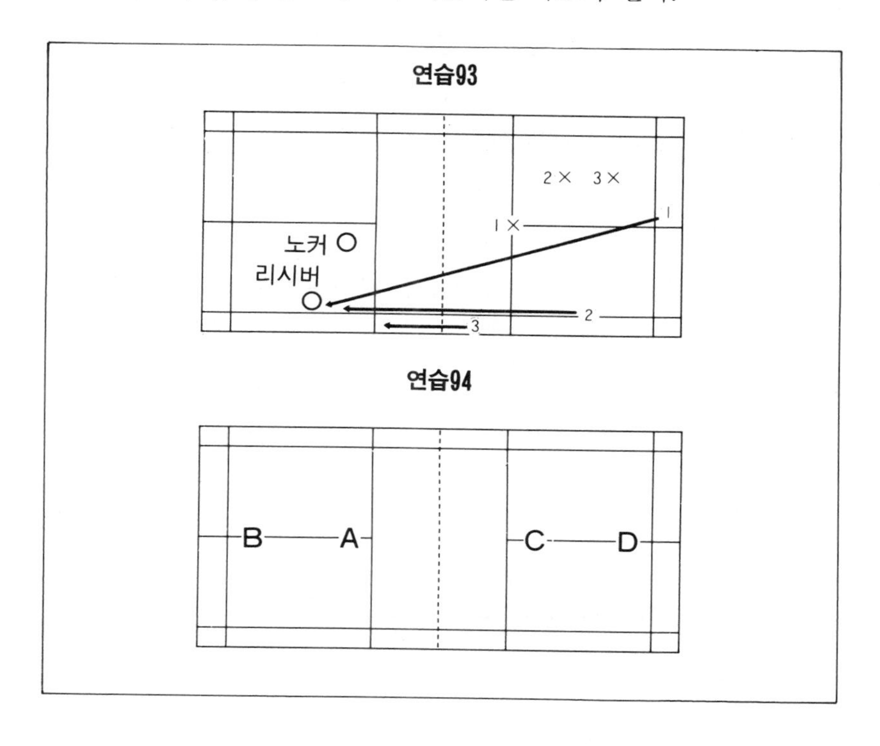

## 연습95 다른 포메이션으로 연습

AB조는 톱 앤드 백으로 공격 연습을 행한다. 또 CD조는 사이드 바이 사이드로 수비 연습을 한다.

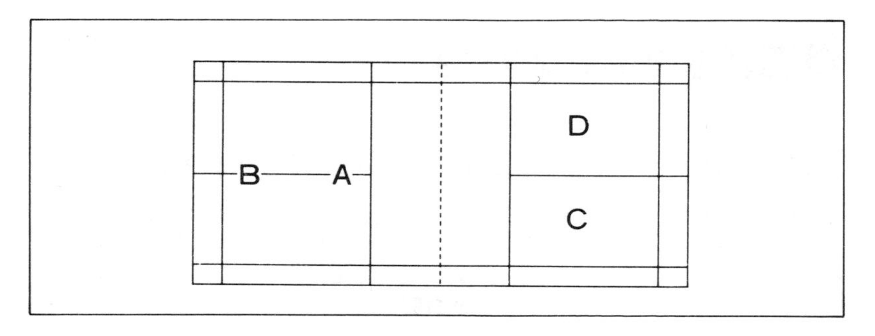


지금부터 말하는 것같은 방법이나, 독자적으로 궁리한 방법으로 여러 가지 연습을 해보기 바란다.

AB조로부터의 스트레이트의 스매시를, 리시브측의 CD조는 네트로 반구한다. 이것을 AB조가 막는 연습을 하기 바란다. 또, 반대 사이드도 행하자.

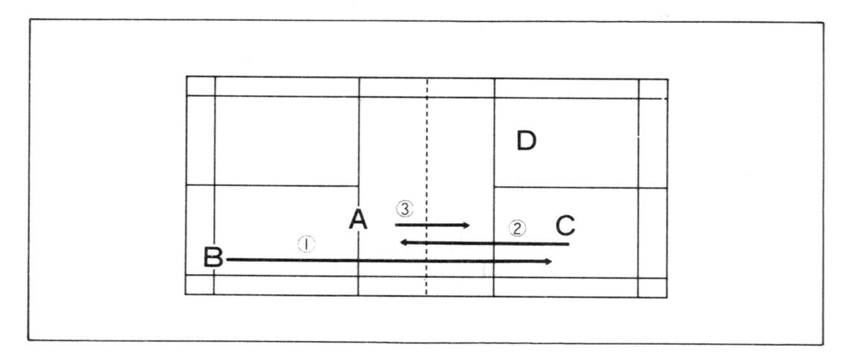

센터에 맞은 스매시를 CD조는 톱의 A가 수비하지 못하도록 드라이브로 반구한다.(반대 사이드도)

B는 공격당한 셔틀콕을 커버하는 연습을 하기 바란다.

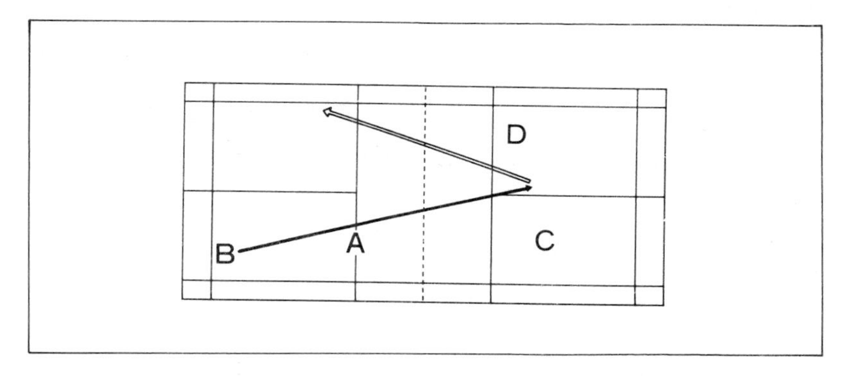


AB조는 전부 스매시를 친다.

CD조는 그 스매시를 좌우로 크게 휘둘러서 리시브하고, AB조가 허술한 스매시를 친 순간에 라켓을 올려서 네트에 들어가서 스매시를 막는 연습을 한다.

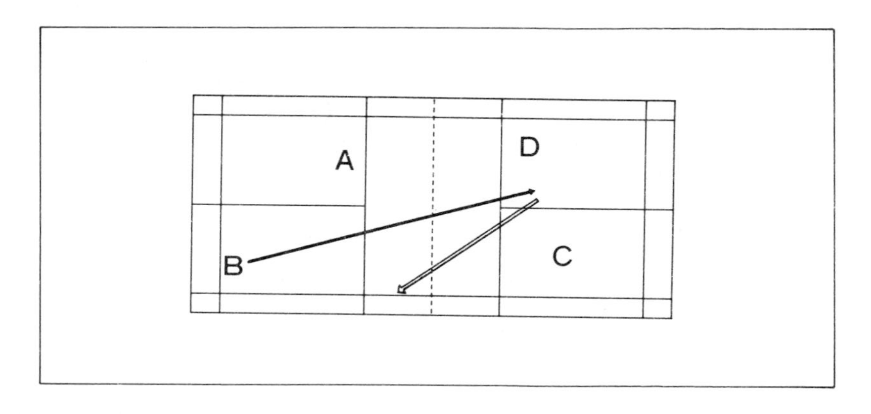

AB조는 공격하고 있으면서 도중에 CD조로 셔틀콕을 올린다. CD조는 이 찬스에 드롭이나 클리어로 연결하지 말고 스매시로 공격하는 연습을 한다. 다음 그림과 같이 C가 스매시를 할 때에 D는 재빨리 이동하여 톱에 들어간다.

또 싱글스 게임의 연습에 대하여서는 이 책에 다루지 않았다. 지금까지의 연습을 착실하게 하면 싱글스 시합에서 어떤 반구일 때 어떤 타구를 보내야 할 것인가를 저절로 알게 될 것이라고 생각하기 때문이다.

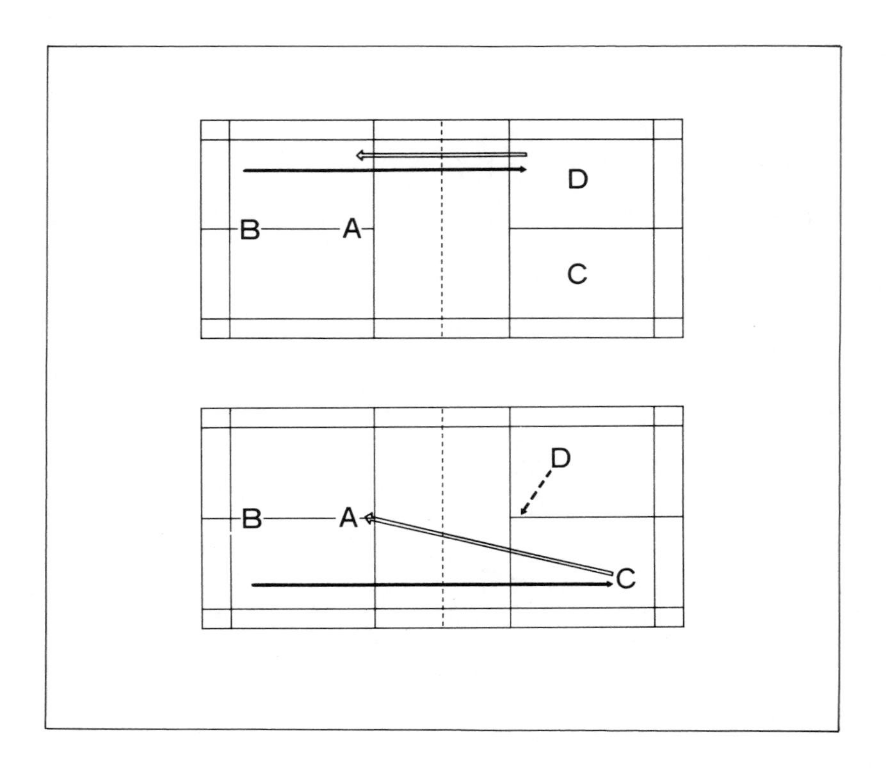

# 부록(1)

## 심판원의 마음가짐

① '배드민턴 경기 규칙'을 올바로 이해하고 있을 것.

② 모든 점에 있어서 주심의 결정이 최종적인 것이다. 단, 플레이어가 경기 규칙에 대해서 하소연하는 것만은 가능하다.

③ 선심의 판정은 그가 담당하는 라인에 관해서는 최종적인 것이다. 비록 주심이라도 선심의 결정을 번복할 수는 없다. 만일 선심이 없었을 경우는 주심이 판정하고, 판정을 할 수 없을 경우에는 무효가 된다.

④ 서비스 저지(Judge)가 임명되어 있는 경우는 뒤에 나오는 '서비스 저지'의 ㉖에 기술되어 있는 대로이다. 또, 서비스 저지의 판정은 서비스에 관한 모든 것에 있어서 최종적인 것이다. 주심은 리시버에게 특히 주목해야하는 책무를 가지고 있다.

⑤ 모든 어나운스와 콜은 플레이어와 관객이 명확히 알아듣도록 큰 목소리로 확실히 말해야 한다. 그 경우 시기를 놓치지 말고 권위를 가지고 콜을 하는 것이 중요하다. 그러나 틀리게 어나운스 혹은 콜을 했을 경우, 솔직히 인정하고 사과하고 나서 정정해야 한다.

⑥ 서비스 저지나 선심이 판정을 할 수 없었을 경우는, 주심이 판정한다. 주심도 판정할 수 없을 경우는 무효로 한다.

⑦ 주심은 선심의 담당 이외의 모든 라인에 대해 책임을 지고 있다.

⑧ 주심 또는 서비스 저지는 경기 중 경기 규칙에 관하여 망설임이 생겼을 경우 '폴트'를 선고하지 말고 게임을 진행시켜야 한다.

## □시합 전

주심은,

⑨ 심판장으로부터 득점 용지를 받아들고 필요 사항을 기입한다.

⑩ 사용되는 득점 표시 장치가 바르게 기능을 하는지를 확인한다.

⑪ 네트의 높이가 '배드민턴 경기 규칙'에 정해진대로 되어 있는지를 체크하고 포스트가 라인 위에 있는지 어떤지를 점검한다.

⑫ 선심과 서비스 저지가 바른 장소에 위치하고 있는지 각각의 역할을 잘 알고 있는지를 확인한다.

⑬ 플레이 중의 지체를 없애기 위하여 '배드민턴 경기 규칙' 제4조에 정해진 셔틀콕인지를 점검하고 시합을 위하여 충분히 용인되는지를 확인한다.

## □시합 개시

주심은,

⑭ 토스가 바르게 행해져서 '배드민턴 경기 규칙'의 제8조에 정해진 대로 토스의 승자가 ㄱ) 최초에 서비스한다. ㄴ) 최초에 서비스하지 않는다. ㄷ) 엔드를 고른다. 이 세 가지 중에 한 개를 선택하고 토스의 패자는 그 나머지의 어느 쪽인가를 선택할 것인가 어떤가를 확인한다.

⑮ 더블스의 경우는 각 팀의 오른쪽의 서비스 코트에서 서비스를

시작하는 플레이어를 심판 용지에 표시한다. 이렇게 해두면 각 플레이어가 바른 서비스 코트에 있는지 어떤지를 시합 중 언제라도 확인할 수 있다. 시합 중 플레이어가 부주의로 틀린 서비스 코트에서 플레이를 하고 있는데 경기가 계속 되었을 경우, 거기에 응해서 심판 용지의 표시를 바꾼다.

⑯ 플레이어의 웜 업(Warm up)이 끝냈을 때, 어나운스를 아래의 요령으로 한다.

ㄱ) 대회의 경우

'……의 결승', 혹은 '……의 준결승'이라고 말한다. 준준결승 이전일 때는 아무것도 말하지 않는다.

ㄴ) 대회 또는 대항 시합의 경우

• 플레이어 이름과 소속을 말한다. 소속은 국명, 시 · 도명, 클럽명 등을 적당히 말한다.

• 최초의 서버 이름과 더블스의 경우에는 최초의 리시버 이름을 말한다.

• '러브 올 플레이'의 콜로 시합은 개시된다.

## □시합

⑰ 주심은 시합 중 득점을 기록하고 콜한다.

⑱ 득점 콜의 방법은 다음의 요령으로 행한다.

ㄱ) 반드시 서비스 사이드의 득점을 먼저 콜한다.

ㄴ) 싱글스의 경우 서버가 졌을 때는 '서비스 오버'로 콜하고 이어

서 새로운 서비스 사이드의 득점을 먼저 콜한다.

ㄷ) 더블스의 경우, 게임의 최초에는 득점만을 콜하고, 최초의 서버가 서비스를 하는 동안은 이것을 계속한다. 서비스권을 잃었을 때는 '서비스 오버'라고 콜하고, 새로운 서비스 사이드의 득점을 콜한다. 그 뒤의 이닝에서 제1서버가 서비스권을 잃었을 때는 '세컨드 서버'에 이어지는 득점을 콜한다. 제2서버가 서브하고 있을 동안은 득점 뒤에 '세컨드 서버'를 계속 콜한다. 한쪽 사이드가 서비스권을 잃었을 때는 '서비스 오버'라고 콜하고 계속해서 새로운 서비스 사이드의 득점을 콜한다.

ㄹ) 한쪽 팀이 14점(여자 싱글스의 경우는 10점)이 되었을 때에 처음 한 번만 '게임 포인트', 혹은 '매치 포인트'라고 콜한다. 세팅 후에 다시 게임 포인트 또는 매치 포인트가 되었을 때는 다시 처음에 한 번만 콜한다. 또 '게임 포인트', 혹은 '매치 포인트'의 콜은 서버의 득점 콜 직후에 행하며 계속해서 리시버의 득점을 콜한다.

ㅁ) 세팅에서 득점이 되었을 때 먼저 득점한 사이드에 '아 유 세팅(Are you setting)'이라고 묻는다. 세팅하는 경우는 '세팅 2(3 또는 5) 포인트 러브 올'이라고 콜한다. 세팅을 하지 않는 경우는 '게임 낫 세트(Game not set)'라고 콜한다. 세컨드 서버의 경우는 '세컨드 서버'를 덧붙인다.

ㅂ) 제 3게임에서 체인지 엔드의 득점이 되었을 때는, 득점 다음에 '체인지 엔드'라고 콜한다. 거듭 플레이어가 엔드를 교체했을 때는 또 한 번 득점을 반복한 후에 '플레이'라고 콜한다.

⑲ 불필요한 지연은 없는가, 플레이어가 주심의 허가를 받지 않고

코트를 떠나는 일은 없는가에 주의한다.

⑳ 그 시합에 관계가 없는 셔틀콕이나, 그 외의 것이 코트나 경기 구역의 내부에 침입한 경우는 무효를 선언한다.

㉑ 다음의 여러 가지 점에 주의한다.

ㄱ) 서비스 저지가 임명되어 있지 않은 경우에 심판대의 위에서 오버 웨이스트나 오버 핸드를 발견하는 것이 곤란하기 때문에 의심스러울 때에는 선수에게 주의를 촉구하고 서비스 저지를 요청한다.

ㄴ) 서버가 셔틀콕을 칠 때 라인 크로스, 풋 폴트 혹은 페인트(서버가 서비스를 하기 위한 위치에 도착한 후, 리시버가 불리할 정도로 긴 시간 동안 셔틀콕을 치는 것을 지연시키는 일)가 있는지, 만일 반칙이라고 담당 심판이 간주했을 경우에 심판은 서비스 직후에 폴트를 선언한다. 또 판정은 각각의 케이스에 따라서 해야 하는 것이나 서버가 너무 길게 시간을 끄는 경향이 있다고 판단되었을 때에 주심은 그 권한에 의해 또는 서비스 저지의 요청에 따라서 시간을 계속 끈다면 폴트로 하는 것을 경고해야한다(뒤에 나오는 ㉜항 참조).

ㄷ) 서비스가 끝나기까지 리시버의 풋 폴트(본문 반칙편 참조), 혹은 셔틀콕이 맞기 전까지 움직이지 않는지 어떤지,

ㄹ) 스트로크할 때 드리블, 더블터치, 홀딩 등 폴트가 없는지 어떤지.

ㅁ) 플레이어가 '노 샷', '폴트' 등의 발언을 하게 해서는 안 된다. 또 상대방의 기세를 떨어뜨리는 언동이 있을 경우, 그 플레이어에 경고한다.

ㅂ) 인터페어가 없는지 어떤지.

ㅅ) 서비스 및 리시브의 순번이나 코트가 잘 되어 있는가, 또 잘못을 발견했을 경우는 어떻게 처리해야 하는가에 정통해 있을 것.

ㅇ) 오버 더 네트, 터치 더 네트, 터치 더 보디의 폴트가 없는지 어떤지.

ㅈ) 세팅의 선택이 바르게 행해지고 있는지 어떤지, 플레이어의 의지를 확인하는 것이 주심의 의무이다.

ㅊ) 제3게임에서 득점 때에 바르게 체인지 엔드가 되어 있는지 어떤지.

ㅋ) 플레이어가 셔틀콕의 스피드에 지장을 주고 있는지 어떤지, 만일 그런 일이 있었던 경우에는 플레이어에게 경고를 하고, 필요하다면 셔틀콕을 교환한다.

### □게임 종료

㉒ 게임 종료시는 '게임', '게임 원바이(Game won by), 플레이어명, 소속명, 득점'이라고 콜한다.

### □시합 종료

㉓ 시합 종료 후는, '게임', '매치 원 바이(Matchwon by), 플레이어명, 소속명, 2—0(2--1)'이라고 콜한다.

㉔ 득점용지의 기입을 완료한 후 서명하고 곧 심판장에게 제출한다.

## □서비스 저지

㉕ 서비스 저지는 네트 포스트 가까이에서 낮은 의자에 앉는다. 주심의 반대측이 바람직하나, 상황에 따라서는 같은 쪽에 위치해도 상관없다.

㉖ 서비스 저지는 서버의 다음 모든 점에 주의해야 할 책임이 있다.

ㄱ) 셔틀콕을 칠 때까지 두 발의 일부를 서비스 코트내의 코트면에 정지한 상태로 붙이고 있는가?(=풋 폴트),

ㄴ) 서비스를 위한 위치에 도착한 후, 리시버가 불리할 정도로 긴 시간 동안 셔틀콕을 치는 것을 지연하고 있지 않은가?(=페인트),

ㄷ) 서비스를 위해 전방에 내민 라켓을 도중에 멈추지 않는가?(=보크),

ㄹ) 라인을 밟거나, 넘어가지 않는가?(라인 크로스),

ㅁ) 서비스가 맞는 순간에, 헤드의 일부가 있는 손보다도 높은 위치에 있지 않는가?(=오버 핸드 다음 그림 참조),

ㅂ) 서비스가 맞는 순간에 셔틀콕의 어떤 부분이 서버의 웨이스트보다 위에 있지 않은가?(오버 웨이스트),

ㅅ) 서비스할 때 라켓과 셔틀콕의 최초의 접촉점이 셔틀콕의 받침대 부분인가?

㉗ 서버가 앞항 중 하나라도 지키지 않았을 때에 즉시 서비스 저지는 큰 목소리로 '폴트'라고 콜하고 주심이 들었는지 확인한다. 비록 주심이라고 해도 서비스 저지가 서버 또는 리시버를 폴트로 판정한

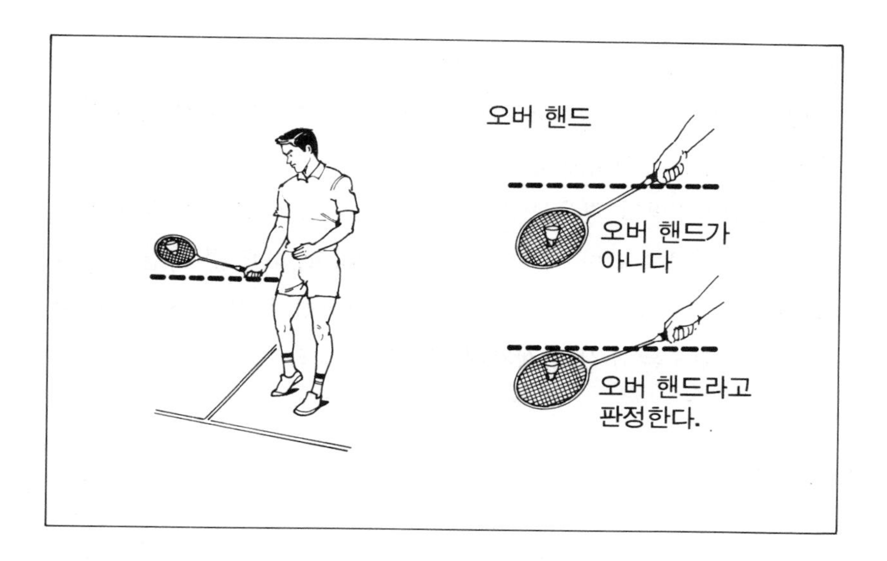


것을 번복할 수 없다. 또, 주심은 서비스 저지와 상담한 후 통상의 담당 사항 이외의 역할을 결정할 수 있다. 그 경우 플레이어에게 미리 알려야 한다.

## □선심(線審)

㉘ 선심은 담당하는 라인에 관해서 전적인 책임을 진다. 셔틀콕이 라인의 바깥에 떨어진 경우는, 아무리 멀리 떨어졌을 때라도 곧 플레이어와 관중이 들을 수 있도록 큰 소리도 확실히 '아웃'이라고 콜함과 동시에, 주심이 잘 보도록 양 팔을 수평으로 벌려서 신호한다. 또 셔틀콕이 라인 안쪽에 떨어졌을 경우에는 무언으로, 오른손으로 라인을 가르킨다. 보이지 않았던 경우는 즉시 양 손을 교차시켜서 눈을

덮는 동작을 해서 주심에게 알린다.

㉙ 선심은 각각 담당하는 라인의 연장선상 코트의 끝에서, 주심과 마주보는 위치의 의자에 앉는다.

㉚ 선심이 3명일 경우는 2명이 백 바운더리 라인(더블스일 때는 롱 서비스 라인도 담당한다.)을 각각 분담하고, 다른 한 사람은 주심이 위치하는 반대 측의 사이드 라인을 담당한다. 또 선심이 네 명 이상 있을 경우는 주심의 생각에 따라서 담당하는 라인을 결정한다.

### □해설

㉛ 서버 혹은 리시버가 한발 혹은 두 발의 어느 쪽인가의 부분을 들어올린 경우에도, 두 발의 일부가 코트면의 동일 장소에서 계속 접촉하고 있다면 폴트가 아니다.

㉜ 서버가 위치에 도착한 후, 셔틀콕을 치기 전에, 전방에 한 걸음 내디뎌도 폴트가 아니다. 단 한 걸음 내디디기 전에 전방에 라켓을 내밀고 있지 않아야 한다.

# 부록(2)

## 콜하는 법

시합을 하는 경우 어떻게 콜하는가에 대해서 구체적으로 시합의 경과에 따라 순서대로 설명해 두겠다. 또, '심판원의 마음가짐'이란 항에서도 말했듯이 콜은 선수 및 관객이 확실히 들을 수 있도록 큰 목소리로 명료하게 해야 한다.

**① 최초의 서버와 엔드를 결정할 때**

'토스'

**② 플레이어를 소개할 때**

**싱글스의 경우**: '온 마이 라이트(on my right), A군, 소속', '온 마이 레프트(on my left), B군, 소속'(말하면서 우, 좌를 가리킨다.) '서버 A군'

**더블스의 경우**: '온 마이 라이트, A군, B군, 소속', '온 마이 레프트, C군, D군, 소속', '서버 A군, 리시버 C군'

**③ 시합을 시작할 때**

'러브 올 플레이(love all play)'

**④ 셔틀콕이 코트 바깥에 떨어졌을 때**

'아웃'

**⑤ 셔틀콕이 코트 안에 떨어졌을 때**

'인'

**⑥ 폴트 상태가 일어났을 때**

'폴트'

〈주〉: '아웃' 이외는 먼저 '폴트'라고 콜하고, 필요하다면 그 반칙을 설명한다.

⑦ 서비스 사이드가 이겼을 때

'포인트'

⑧ 서비스 사이드가 졌을 때

특히 콜을 하지 않고, ⑨의 더블스에서의 제1서버의 경우와 같은 요령으로 득점만을 콜한다.

상대측의 서비스가 되는 경우 : '서비스 오버'

더블스에서 제2서버의 서비스가 되는 경우 : '세컨드 서버'라고 콜하고 이어서 득점을 말한다.

⑨ 득점을 콜할 때

싱글스의 경우, 또는 더블스의 각 게임의 제1이닝의 경우, 제2이닝 이후에서 제1서버의 경우

예1 : 서비스 사이드의 득점이 7점 리시브 사이드가 2점인 경우는 '세븐 투(seven two)'

예2 : 4대 4 동점인 경우는 '포 올(four all)'

이상의 예로,

더블스에서 제2서버의 서비스인 경우 : '세븐 투 세컨드 서버', '포 올 세컨드 서버'

⑩ 서빙 사이드의 득점이 14점(여자 싱글스에서는 10점)에 도달한 최초의 기회일 때

서비스 사이드가 이기면 게임이 종료되는 경우는 '게임 포인트',

서비스 사이드가 이기면 시합(매치)이 종료되는 경우는 '매치 포인트'

주1 : 서비스 사이드의 득점 직후에 콜하고 리시브 사이드의 득점을

콜한다. 예를 들어 '포틴(fourteen), 게임(매치) 포인트, 나인(nine)'이라는 요령으로,

**주2**: 세팅 후, 게임이나 시합의 최종 포인트에 도달한 때에는 그 최초의 기회에 위에서 말한 것과 같은 콜을 한다. 예를 들어 '포 게임(매치) 포인트, 투'라는 요령으로,

**주3**: 더블스에서 제2서버의 서비스 때에는 득점에 이어서 '세컨드 서버'라고 콜한다. 예를 들어 '포틴, 게임(매치) 포인트, 텐, 세컨드 서버'라는 요령으로,

**⑪ 세팅을 했을 때**

**싱글스의 경우, 혹은 더블스의 제1서버의 서비스인 경우**: '세팅, 투(쓰리, 파이브) 포인트, 러브 올'

**더블스에서 제2서버의 서비스인 경우**: '세팅, 쓰리(파이브) 포인트, 러브 올, 세컨드 서버'

**⑫ 세팅을 하지 않을 때**

'게임 낫 세트'

**⑬ 플레이를 중단할 때**

'플레이 이즈 서스펜디드(Play is suspended)'.

**⑭ 중단한 플레이를 재개할 때**

'아 유 레디(Are you ready), (득점 후에) 플레이'

**⑮ 게임이 종료 되었을 때**

'게임'

**제1게임이 종료되었을 경우**: 예를 들어 A군이 15대 11로 이겼을 때는 '게임', '게임 원 바이(Game won by) A군(소속), 피프틴 일레

븐'이라는 요령으로, 제2게임이 종료되고 게임 카운트가 1대 1이 되었을 경우는 예를 들어, B군이 15대 9로 제2게임에 이겼을 때는 '게임', '게임 원 바이(Game won by) B군(소속), 피프틴 나인, 원 게임 올(1—1)이라는 요령으로 콜한다.

**⑯ 제2게임을 시작할 때**

'세컨드 게임, 러브 올, 플레이'

**⑰ 제3게임을 시작할 때**

'파이널 게임, 러브 올, 플레이'

**⑱ 엔드를 교체시킬 때**

'체인지 엔드'

**⑲ 시합이 종료되었을 때**

예를 들어 A군이 2대 1로 이겼을 때는 '게임', '매치 원 바이(Match won by) A군(소속), 투 원(2—1)'

# 부록(3)

# 배드민턴의 용어 해설

• **아웃** : 친 공이 코트의 밖에 나가 버리는 일.

• **아웃 사이드** : 서비스를 받는 측, 인 사이드에 대칭하여 말함.

• **어버브 더 핸드** : 서비스를 칠 때, 라켓 헤드의 일부분이 그립보다도 높은 위치에 있는 일, 반칙의 하나.

• **언더 핸드 스트로크** : 허리보다 낮은 위치에서 건져 올리듯이 치는 타법.

• **앤티시페이션** : 상대가 치는 플라이트나 코스를 순간적으로 판단하여 정확히 대항하는 일.

• **이스턴 그립** : 라켓을 쥐었을 때 라켓면이 바닥과 수직으로 되게 쥐는 법.

• **인 사이드** : 서비스를 하는 측. 아웃 사이드에 대칭하여 말함.

• **인터벌** : 제2게임과 제3게임의 사이에 있는 휴식 시간. 원칙으로 5분간. 단, 대회에 따라서는 3분간 일 때도 있음.

• **인터페어** : 고의로 상대의 플레이를 방해하는 일. 반칙의 일종.

• **임팩트** : 공이 라켓면에 맞는 순간.

• **인 플레이** : 서비스가 쳐진 후, 랠리가 끝날 때까지의 플레이중의 시간.

• **웨스턴 그립** : 라켓을 쥐었을 때 라켓면이 바닥과 평행으로 되게 치는 법.

• **에이스** : 결정타를 말함. 완벽하게 득점이 될 수 있는 결정적인 샷을 가르킴.

• **에러** : 미스. 실패.

• **엔드** : 네트를 경계로 한, 절반씩의 코트.

• **오버 더 네트** : 임팩트할 때 타점이 네트를 넘어서 상대 코트에 나가고 마는 일. 반칙의 하나.

• **오버 헤드 스트로크** : 어깨보다 높은 위치에서 치는 타법.

• **오펜스** : 공격.

• **커트** : 공을 자르듯이 해서 치는 타법. 혹은, 앞수비가 후방까지 나는 듯한 플라이트를 앞에서 막아 버리는 의미에도 사용된다.

• **거트** : 라켓에 치는 실을 말하는 것으로 스트링이라고도 한다. 본래는 양의 내장을 원재료로 한 것이었으나, 현재에는 나이론제 등 여러 가지의 것이 나오고 있다.

• **클리어** : 상대 코트의 가장 깊은 곳까지 높이 날리는 플라이트. 하이 클리어와 드리블 클리어의 두 가지가 있다.

• **그립** : 라켓의 쥐는 부분.

• **크로스샷** : 코트의 대각선 위를 나는 샷. 반대로, 사이드 라인에 평행으로 나는 샷을 스트레이트 샷이라고 한다.

• **게임** : 테니스나 배구에서 말하는 세트의 뜻. 여자 싱글스는 11 포인트, 더블스, 또는 남자 싱글스는 보통 15포인트를 1게임으로 하고 있다. 또, 시합 전체를 가르켜 게임이라고 할 때도 있다.

• **게임 올** : 쌍방이 1게임씩 이기고 게임 카운트가 1대 1로 되는 일.

• **게임 세트** : 시합이 전부 끝나는 일.

• **콜** : 심판이 시합의 진행상 득점이나 폴트의 선고를 행하는 일.

• **콤비네이션** : 더블스에서 파트너가 서로 연계 동작을 잘 하는 일.

• **사이드암스트로크**:거의 어깨부터 허리의 높이 정도의 위치에서 치는 타법.

• **사이드 앨리**:싱글스 · 더블스의 각 사이드 라인에 둘러싸인 지역.

• **사이드 라인**:코트의 양 사이드의 구획선.

• **서비스**:게임을 시작할 때에 치는 최초의 샷.

• **서비스 오버**:서비스권이 상대측으로 옮아가는 일.

• **서비스 코트**:쇼오트 서비스 라인, 롱 서비스 라인, 또는 센터 라인, 사이드 라인에 둘러싸인 지역.

• **서비스 저지**:서비스를 하는 사람이 반칙을 하지 않을까 어떨까를 보는 심판.

• **서버**:서비스를 하는 사람.

• **섬 업**:이스턴 그립으로 백 핸드를 칠 때, 핸들의 측면에서 엄지를 펴서 붙이는 쥐는 법.

• **셔틀콕**:배트민턴에서 사용하는 깃털.

• **샤프트**:라켓에서 프레임 부분과 핸들 부분을 연결하는 막대기 모양의 부분.

• **쇼오트 서비스**:네트 가장자리의 아슬아슬한 높이로 통과하고, 상대의 쇼오트 서비스 라인 근처에 공이 낙하하도록 하는 서비스.

• **쇼오트 서비스 라인**:서비스 코트의 네트에 가까운 구획선.

• **싱글스**:1대 1의 시합

• **스윙**:라켓의 휘두름. 백 스윙, 포워드 스윙, 임팩트, 팔로우 스루로 구성되어 있다.

• **스탠스** : 발의 준비 자세.

• **스트링** : 거트와 같은 의미.

• **스매시** : 높은 위치에서 상대 코트의 바닥에 거의 일직선으로 낙하하는 플라이트.

• **세컨드 서버** : 더블스에서 퍼스트 서버가 서비스권을 잃고 나서 다음에 서비스를 행하는 서버를 말함.

• **세팅** : 배트민턴 독특의 연장전. 11포인트 게임의 경우는 9올과 10올, 15포인트 게임의 경우는 13올과 14올일 때 세팅의 찬스가 있음.

• **센터 라인** : 코트의 중앙선.

• **터치 더 네트** : 인 플레이 중에 라켓이나 몸의 일부가 네트에 닿고 마는 일. 반칙으로 됨.

• **터치 더 보디** : 공이 인 플레이 중에 플레이어의 몸의 일부에 닿고 마는 일. 반칙의 하나.

• **더블스** : 2인 대 2인의 시합. 남자 더블스, 여자 더블스, 남녀 혼합 더블스 등이 있다.

• **더블 터치** : 더블스에서, 공이 두 사람의 라켓에 닿고 마는 일. 한 사람이 공을 치고, 그 공이 상대 코트에 도달하기 전에, 파트너가 한 번 더 계속해서 공을 치고 마는 경우에 더블 터치가 되어서 반칙으로 된다.

• **체인지 엔드** : 엔드를 바꾸는 일.

• **디펜스** : 수비, 오펜스의 상대어.

• **디셉션** : 상대가 예상한 곳의 허를 찌르는 일.

• **토스** : 시합 전에, 서비스를 얻을까, 코트를 고를까를 정하기 위해 행하는 일. 코인을 던져 올려서 그 앞뒤를 맞추는 방법이다.

• **드라이브** : 바닥과 평행에 가까운 비행선을 그리는 플라이트로 상당한 스피드가 나온다.

• **드리블** : 같은 사람이 두 번이나 계속해서 공을 치고 마는 일, 반칙이 된다.

• **드리블 클리어** : 하이 클리어만큼 높이 오르는 일이 없고, 거기다 어느 정도의 스피드를 가지고 상대 코트의 가장 깊은 부분에 낙하하는 플라이트.

• **드리블 서비스** : 네트 위 가장자리 아슬아슬하게 통과하고, 어느 정도의 스피드를 가지고 바닥에 평행에 가깝게 날아가는 서비스.

• **드롭** : 후방에서 네트 가장자리에 떨어뜨리는 플라이트.

• **네트 샷** : 네트 가장자리에서 행하는 여러 가지 샷을 총칭하여 말함. 헤어핀, 푸시, 스톱 등이 있다.

• **하이 클리어** : 높이, 멀리, 거기다 상대 코트의 가장 깊은 곳 부근에 거의 수직으로 낙하하는 듯한 플라이트.

• **하이 백 핸드 스트로크** : 라켓을 쥔 손과 반대측으로 날아온 공을 머리 위에서 높이 치는 타법.

• **백 앨리** : 싱글스의 백 바운더리 라인과 더블스의 롱 서비스 라인에 낀 지역.

• **백 스윙** : 스윙의 최초에 라켓을 뒤로 당기는 동작.

• **백 바운더리 라인** : 코트의 제일 뒤에 있는 구획선. 엔드 라인이라고도 한다.

• **백 핸드 스트로크** : 라켓을 쥔 손과 반대의 몸측에서 치는 타법.

• **파트너** : 더블스에서 짜는 페어라는 말.

• **파이널 게임** : 제3게임.

• **포핸드 스트로크** : 라켓을 쥔 손과 같은 몸쪽에서 치는 타법.

• **포메이션** : 더블스의 진형.

• **폴트** : 반칙. 경기 규칙에 위반하는 일.

• **팔로우 스루** : 스윙의 최종 동작. 임팩트부터 피니시까지의 스윙을 가르킴.

• **푸시** : 네트 앞에서 상대 코트에 밀어 넣듯이 치는 일.

• **풋 폴트** : 서비스할 때 서버 또는 리시버의 양발의 일부가 서비스가 쳐질 때까지 바닥에 정지하고 있지 않는 일. 반칙으로 된다.

• **플라이트** : 공이 날아가는 법.

• **플레이스먼트** : 상대의 약점이나 코너 등, 상대가 치기 어려운 코스를 노리고 공을 쳐넣는 일.

• **프레임** : 라켓 헤드의 테두리 부분.

• **헤어핀** : 네트 샷의 하나. 네트 가장자리에 떨어져 온 공을 거꾸로 네트 아슬아슬하게 상대 코트로 치는 일.

• **보크** : 서비스할 때, 서버가 리시버를 어지럽히기 위한 듯한 동작을 하는 일. 반칙의 하나.

• **홉 스텝** : 한 발로 연속해서 가볍게 뛰는 발의 이동법.

• **홈 포지션** : 자기 코트의 어느 곳에서도 빨리 이동할 수 있는 위치, 즉, 코트의 중앙부.

• **홀딩** : 공을 순식간에 치지 않고, 라켓에 일시 정지를 시키거나

하는 듯한 불명확한 타법. 반칙으로 된다.

• **매치** : 시합. 앞으로의 1포인트로 시합이 종료될 때의 포인트를 매치 포인트라고 한다.

• **라이트 코트** : 네트를 향해서 오른쪽 절반의 코트, 라이트 하프 코트라고도 함.

• **라인 크로스** : 서비스할 때, 서버 또는 리시버의 발이 라인을 밟든가 또는 라인을 넘고 마는 일. 반칙의 하나.

• **라인즈 맨** : 선심.

• **라운드 더 헤드 스트로크** : 오버 헤드 스트로크의 변형으로 몸의 뒤쪽에 높게 온 공을 포핸드로 돌려 넣어 치는 스트로크.

• **러닝 스텝** : 보통의 달음질과 같이 좌우의 발을 교대로 내딛는 발의 이동법.

• **리스트** : 손목.

• **리턴** : 공을 상대에게 되받아 치는 일. 반구.

• **리치** : 플레이어가 공에 도달하는 거리를 뜻함.

• **리시브** : 서비스를 받는 일.

• **리시버** : 서비스를 받는 사람.

• **레트** : 다시 하는 일. 레트로 되었을 때 플레이어가 다시 서비스를 한다.

• **레프트 코트** : 네트를 향해서 왼쪽 절반의 코트. 레프트 하프 코트라고 함.

• **롱 서비스** : 리시브 코트의 후방에 공을 높이 멀리 날리는 서비스. 주로 싱글스의 시합에 쓰인다.

# 정통 배드민턴

2022년 1월 15일 재판
2022년 1월 20일 발행

**엮은이** | 현대건강연구회
**펴낸이** | 최 원 준

**펴낸곳** | 태 을 출 판 사
서울특별시 중구 다산로 38길 59(동아빌딩내)
**등 록** | 1973. 1. 10(제1-10호)


※잘못된 책은 구입하신 곳에서 교환해 드립니다.

■ 주문 및 연락처
우편번호 04584
서울특별시 중구 다산로 38길 59(동아빌딩내)
전화 : (02)2237-5577 팩스 : (02)2233-6166

ISBN 978-89-493-0657-5 13690